الصحيح المختار
من علوم العترة الأطهار
الجزء الثالث

بسم الله الرحمن الرحيم

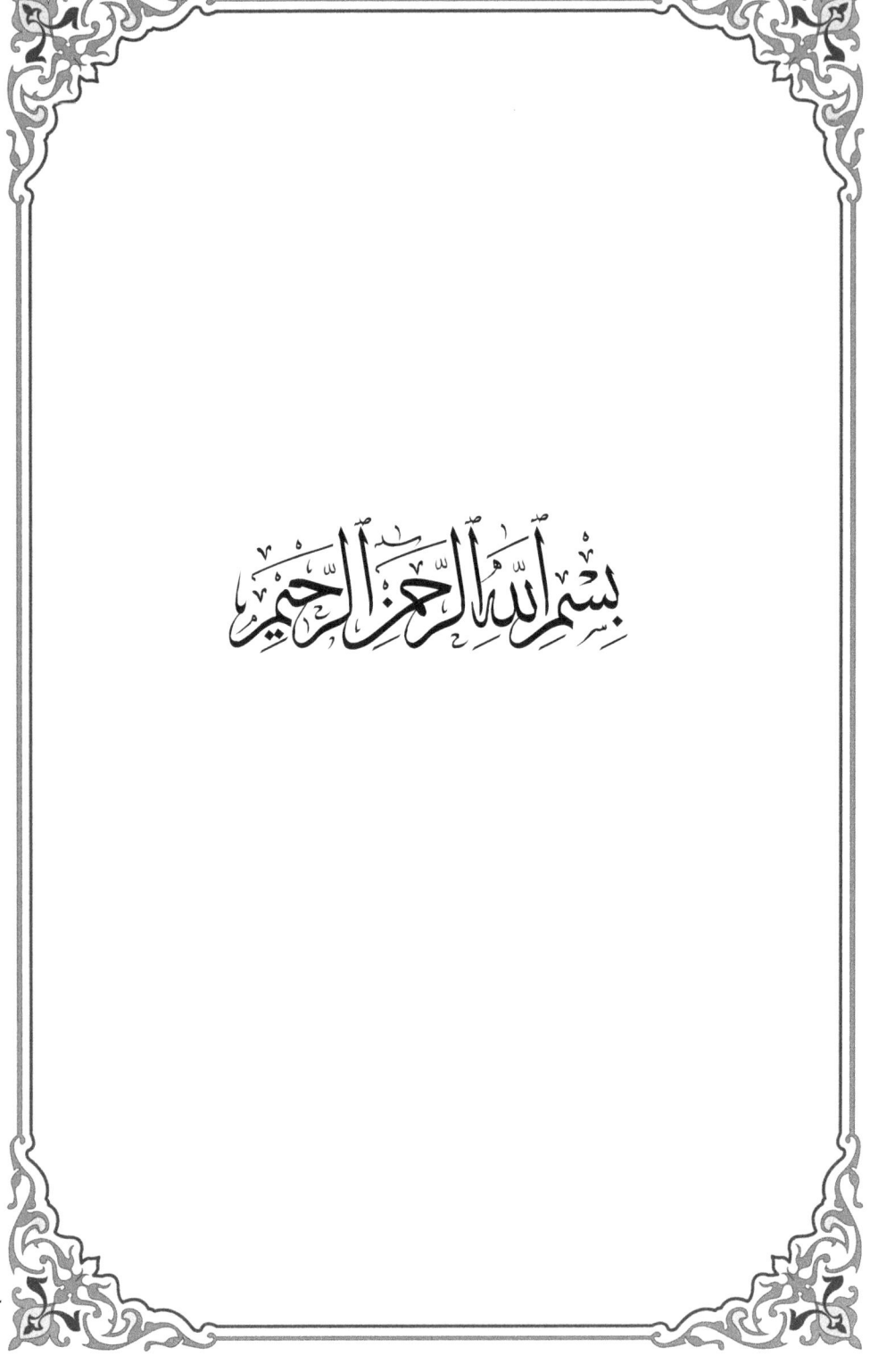

الصحيح المختار
من علوم العترة الأطهار

جمعه السيد العلامة المحدث
محمد بن الحسن بن محمد بن يحيى العجري المؤيدي
(تـ1430هـ/2009م)

تحقيق
إبراهيم يحيى عبد الله الدرسي

الجزء الثالث

مؤسسة الإمام زيد بن علي الثقافية

دار النضيري للدراسات والنشر
Dar Al-Nadhiri for Studies & Publications

دار النضيري للدراسات والنشر
Dar Al-Nadhiri for Studies & Publications

الصحيح المختار في علوم العترة الأطهار ج3
محمد العجري (مؤلف)
إبراهيم الدرسي (محقق)
469 صفحة، (تحقيقات تراثية 5)
17×24.4

المالك والمدير العام
أسامة بن أبو بكر النضيري
الموقع الإلكتروني:
https://www.daralnadhiri.com
البريد الإلكتروني:
daralnadhiri@gmail.com
هاتف: 911682 7961 44+

ISBN: 978-1-7398252-8-7

«الآراء التي يتضمنها الكتاب لا تعبر بالضرورة عن وجهة نظر الدار».

لندن- المملكة المتحدة

مؤسسة الإمام زيد بن علي الثقافية

جميع الحقوق محفوظة
لا يسمح بإعادة إصدار أو طبع أو نشر هذا الكتاب أو أي جزء منه أو تخزينه في نطاق استعادة المعلومات أو نقله بأي شكل من الأشكال دون إذن خطي سابق من دار النضيري للدراسات والنشر.
الطبعة الأولى: 1444هـ-2023م

المحتويات

كتاب البيع	19
باب القول في فضل البيع والاكتساب على العيال	19
باب القول في الفقه ثم المتجر	22
باب القول في الربا وبيع العينة والحلف عند البيع	23
باب القول في الإمام يتجر في الرعية	27
باب القول فيما نهي عنه من البيوع	27
باب القول في الإحتكار والغش وتلقي الركبان	32
باب القول في البيع والشراء في ولاية الظالمين	34
باب القول في الخيار في البيع وفي المغبون	36
باب القول فيمن باع عبداً وله مال	39
باب القول في البيع غير الصحيح	39
باب القول القول في بيع أمهات الأولاد والمدبر	40
باب القول في بيع المصاحف وتعليم القرآن بالأجرة وبيع السيوف المُحَلَّيَة	44
باب القول في المبيع المعيوب وبيع المجازفة والمرابحة	46
باب القول في تجارة العبد وبيع خدمته وفي رد الولد على الجارية	47
باب القول في الإسبراء للجارية إذا بيعت	49
باب القول فيمن ملك ذا رحم محرم	50
باب القول في بيع الحيوان بالحيوان والحيوان باللحم	51

باب القول في كراهة بيع العاجل بآجل وبيع الأصناف جملة	51
باب القول فيما يوزن أو يكال إذا بيع بعضه ببعض	52
باب القول في الدراهم كيف كانت على عهد النبي صلى الله عليه وآله وسلم	54
باب القول فيما لا يحل بيعه	55
باب القول في السلم	56
باب القول في الإقالة	58
باب القول في الشفعة	58
باب القول في المضاربة	60
باب القول في الرهن	61
باب القول في العارية والوديعة	63
باب القول في الهبة والصدقة	64
باب القول في الشركة	68
باب القول في الشوارع والطرق إذا تشاجر أهلها	70
باب القول في العمرى والرقبى	71
باب القول في الإجارة	73
باب القول في المزارعة والمعاملة	74
باب القول في الحوالة والكفالة والوكالة	75
باب القول في الغصب	76
باب القول في أحرام الآبار والغيول وغيرهما	76
باب القول في القرض والترغيب فيه	78
باب القول في الإقرار	80
باب القول في الوقف	82
باب القول في التفليس	82
باب القول في الصلح	84
باب الحجر	86

باب القول في العتق والكتابة والتدبير	86
باب الشهادات	88
باب القول في الدعاوى والبينات	94
باب القول في الأيمان التي تكفر والتي لا تكفر	95
باب القول في اللقطة واللقيط واللقيطة وجعل الآبق	98
كتاب الحدود	103
باب القول في حد الزاني	103
التثبت في الحدود ودرؤها بالشبهات	115
النهي عن الشفاعة في الحدود	117
باب القول في حد القاذف	117
باب القول فيمن جلد على القذف فثنّى بقذف قبل أن يفرغ من جلده	121
باب القول في حد اللوطي	121
باب القول في حد من شرب الخمر	126
باب القول في حد السارق وفي كم يقطع؟ ومن أين يقطع؟	130
باب القول في حد الساحر والديوث والزنديق	140
باب القول في حكم قاطع الطريق والمرتد	143
باب القول في حد اللاعب بالنرد	143
باب القول في حد العبيد	145
باب القول في الحد هل يقام بأرض العدو	146
باب القول في التعزير	147
باب القول في حدود أهل الكتاب	149
باب القول في حد المحاربين	149
خاتمة لكتاب الحدود هل يقام الحد وإن تقادم عهده	151
النهي عن الانتفاع بالخمر	152
هل تشترط التوبة وإن أقيم الحد أم الحد كاف	153

المملوك مَن يقيم عليه الحدَّ الإمامُ أو السيدُ	154
المستكرهة على نفسها هل تحد أم لا	154
كتاب الديات والجراحة والجنايات	159
الوعيد لقاتل النفس عمدًا	159
باب القول في دية النفس والعين والأنف واللسان وغيرها من سائر الأعضاء	160
[ترجمة أشعث بن سوار]	164
باب القول في أورش الجنايات وتحديد الدية بالعملة في عصرنا	175
باب القول في دية المماليك	180
[تراجم الحكم بن ظهير، والسدي وعبد خير]	180
باب القول في دية النساء وجراحاتهن	183
باب القول فيما تعقل العاقلة وما لا تعقل	184
باب القول في دية أهل الذمة	186
باب القول في الفارسين إذا تصادما، وفي رجل سقط فتعلق به آخر	189
باب القول في القسامة	191
باب القول فيمن أخرج من حده شيئاً، وفي الدابة تنفح برجلها	194
باب القول في جنين الحرة والأمة واليهودية والنصرانية	197
باب القول فيمن عض إنساناً فانتزع المعضوض يده من فم العاضّ فسقط شيء من أسنانه، هل يضمن أم لا؟	199
باب القول في القصاص	200
باب القول فيمن قتل وله أولاد صغار	206
باب القول في الطبيب يفسد ما يعالج هل يضمن أم لا	208
باب القول في القاتل هل يرث أم لا ولمن تكون الدية	209
باب القول فيمن يقتص منه فيموت	211
كتاب الفرائض	215
الترغيب في تعلم الفرائض	215

باب القول في فرائض الكتاب العزيز	215
باب القول في فرائض السنة المجمع عليها	218
باب القول في العصبات	220
باب القول في زوج وأبوين، وزوجة وأبوين	221
باب القول في مسائل متفرقة، وفي الأكدرية	222
باب القول في الحجب والإسقاط	224
باب القول في ميراث ذوي الأرحام	238
باب القول في ميراث العمومة وبنيهم	240
باب القول في ميراث ابن الابن وبنات الابن	242
باب القول في المشتركة	243
باب القول في ميراث الجد والجدة	246
باب القول في الكلالة	252
باب القول في الرد، وهو مع عدم العصبات	254
باب القول في العول	255
باب القول في المناسخة	257
باب القول في أصول المسائل	258
باب القول في ميراث الغرقى والهدمى والحرقى والمفقود	263
باب القول في ميراث الخناثا	265
باب القول في ميراث المجوس وأهل الكتاب	268
باب القول في توارث المسلمين والذميين	270
باب القول في مواريث الأحرار والمماليك، وفي المكاتب يعتق بعضه كيف يرث	270
باب القول في الولاء ولمن يكون	272
باب القول في قسمة المواريث وتحريم أجر القاسم	274
كتاب الصيد	277
باب القول في صيد الكلاب والجوارح	277

باب القول في الصيد بالليل	283
باب القول في صيد السمك وتحريم الطافي منه	284
كتاب الذبح	289
باب القول في الذبح بالظفر والسن والعظم وغيرها	289
باب القول في ذبيحة الصبي والمرأة والأغلف والفاسق وغيرهم	290
باب القول في ذبائح اليهود والنصارى	293
باب القول في الذبيحة يبين رأسها، وفي ذكاة الجنين ذكاة أمه	296
باب القول في البقرة تند أو البعير	297
كتاب الأضاحي	301
باب القول فيما يجزي من الأضحية	301
باب القول في أيام الأضحى	305
باب القول في الدعاء عند الذبح	306
باب القول في إدخار لحوم الأضاحي، والنهي عن بيع جلودها	307
باب القول في العقيقة عن المولود	309
خاتمة لكتاب الذبائح	314
كتاب الأطعمة	321
باب القول في غسل الأيدي قبل الأكل وبعده وآداب الأكل	321
باب القول فيما يكره أكله	323
باب القول في فضل موائد آل محمد ومن أكل من طعامهم	330
باب القول في إجابة الدعوة وما يستحب من الوليمة	332
باب القول في أكل الطين وخل الخمر والأكل بالشمال	333
باب القول في الذباب أو نحوه يقع في الطعام	335
باب القول في بركة ما دعا عليه رسول الله صلى الله عليه وعلى آله	336
باب القول في أكل الجراد	337
باب القول في أكل اللحم	339

باب القول في التمر والرمان والعنب والزبيب 339	
باب القول في القرع والبطيخ والملح والعسل والعدس 341	
باب القول في الطعام الذي يسقط من أثر المائدة، وفي ذم الشبع 343	
باب القول في دهن الزيت والورد والبنفسج 344	
باب القول في معاء الكافر 344	
كتاب الأشربة 349	
باب القول في تحريم شرب الخمر وكل مسكر 349	
باب القول في الشرب في آنية الذهب والفضة 357	
باب القول في الإيثار لأصحاب اليمين في الشرب، وفي الشرب قائماً، والشرب من سور الإبل 357	
كتاب اللباس 361	
باب القول في تحريم لبس الحرير والذهب على الرجال 361	
باب القول في لبس الخز والمشبع بحمرة 363	
باب القول في لبس الخاتم 364	
باب القول في دباغ الإهاب طهوره 366	
باب القول في الخضاب 367	
باب القول في المرأة تصل شعرها بغيره 368	
باب القول في النهي عن كشف العورة 369	
خاتمة في ما نهي عنه 370	
باب القول في تحريم الغناء وآلات اللهو 372	
باب القول في عشر من السنة وفي الختان 381	
كتاب الوصايا 385	
باب القول في أنه لا وصية لوارث 385	
باب القول في الوصية بأكثر من الثلث 386	
باب القول في إشارة الموصي برأسه 387	

باب القول فيمن يوصي بمثل نصيب أحد ورثته 388	
باب القول في وصية الهادي عليه السلام ومن أحب أن يوصي بمثل وصيته 389	
كتاب القضاء 397	
باب القول فيما يجب على القاضي أن يفعله............................ 397	
باب القول في أول القضاء 398	
باب القول في ذم القضاء، والقضاء بغير علم، وخطأ القاضي 399	
باب القول في القاضي هل له أن يحبس أحداً 400	
باب القول في أعلم الأمة وأقضاها بعد الرسول صلى الله عليه وآله وسلم . 401	
باب القول في القضاء في الشرب 404	
باب القول في القضاء بين أهل الأسواق في المجالس 405	
باب القول في إعطاء القاضي رزقاً على قضائه، وفي الرشوة على الحكم 406	
خاتمة لكتاب القضاء 407	
كتاب السير 411	
باب القول في الإمام الذي تجب طاعته 411	
باب القول فيما يثبت به عقد الإمامة 417	
العدد الذي يجب معه التغيير 420	
باب القول في إمامين في وقت واحد 421	
باب القول في المعدن الذي تجوز فيه الإمامة 422	
باب القول فيما يلزم الإمام لرعيته وما يلزمهم له 428	
باب القول في الاستعانة بالمخالفين على الظلمة الفاسقين 433	
باب القول في أهل الجمل وصفين والنهروان......................... 435	
[ترجمة ابن أبي الحديد] 436	
باب القول في حكم من حارب أمير المؤمنين والمتخلف عنه والشاتم له ... 437	
باب القول فيمن نكث بيعة محق 439	
باب القول في كيفية أخذ البيعة 440	

باب القول فيما يبطل إمامة الإمام	441
باب القول في مباينة الظالمين والبعد عنهم	442
باب القول في فضل الجهاد	444
باب القول في وصية الإمام لسراياه	448
باب القول في الألوية والرايات	451
باب القول في محاربة أهل البغي من أهل القبلة	451
[ترجمة عمرو بن القاسم الكوفي]	455
[ترجمة مسلم الملائي]	456
[ترجمة حبة بن جوين العرني]	456
باب القول في غنيمة أهل البغي وقسمتها	457
باب القول في الغلول	460
باب القول في قسمة الفيء وكم يعطى كل إنسان	460
باب القول في خمس الغنيمة لمن يكون	461
باب القول في الأسير الذي لا ينبغي أن يقتل	464
باب القول في قتل الجاسوس	465
باب القول البيات	466
باب القول في حكم المرتد والمعاهد والذمي	467
باب القول في عطايا الظلمة وجوائزهم	468
باب القول في فضل الإمام العادل والانتظار له	469

كتاب البيع

بسم الله الرحمن الرحيم

كتاب البيع

باب القول في فضل البيع والاكتساب على العيال

[1952] **مجموع زيد بن علي -عليهما السلام- [صـ177]**: حدثني زيد بن علي، عن أبيه، عن جده، عن علي -عليهم السلام-، قال: ((الاكتساب من الحلال جهادٌ، وإنفاقك إياه على عيالك وأقاربك صدقةٌ، ولدرهمٌ حلالٌ من تجارةٍ أفضل من عشرةٍ حلالٌ من غيره)). انتهى.

[1953] **أمالي أحمد بن عيسى -عليهما السلام- [3/ 154]**: وأخبرنا محمد، قال: حدثني أحمد بن عيسى، عن حسين، عن أبي خالد، عن زيد، عن آبائه، عن علي -عليه السلام-، قال: قال رسول الله -صلى الله عليه وآله وسلم-: ((إن الله يحب العبد سهل البيع، سهل الشراء، سهل القضاء، سهل الاقتضاء)).

[1954] أخبرنا محمد، قال: حدثني أحمد بن عيسى، عن حسين، عن أبي خالد، عن زيد، عن آبائه، عن علي -عليهم السلام-، قال: سمعت رسول الله -صلى الله عليه وآله وسلم- يقول: ((تحت ظل العرش يوم لا ظل إلا ظله، رجل خرج ضارباً في الأرض يطلب من فضل الله يعود به على عياله)). انتهى.

[1955] **علي بن بلال في شرح الأحكام [إعلام الأعلام (صـ343)]**: أخبرنا السيد أبو العباس -رحمه الله-، قال: أخبرنا عبد العزيز بن إسحاق الكوفي، قال: حدثنا علي بن محمد النخعي، قال: حدثنا سليمان بن إبراهيم المحاربي، قال: حدثنا نصر بن مزاحم، قال: حدثني إبراهيم بن الزبرقان، عن أبي خالد، عن زيد بن علي، عن أبيه، عن جده، عن علي -عليهم السلام-، قال: (جاء رجل إلى

النبي -صلى الله عليه وآله وسلم- فقال: يا رسول الله أي الكسب أفضل ؟.

فقال -صلى الله عليه وآله وسلم-: ((عمل الرجل بيده، وكل بيع مبرور)). انتهى.

رجال هذا الإسناد قد تقدم الكلام عليهم، واعلم أن كل إسناد لم نتكلم عليه فقد تكلمنا على رجاله، سواء نبهنا عليه أم لا.

[1956] **مجموع زيد بن علي -عليهما السلام-** [صـ 177]: حدثني زيد بن علي، عن أبيه، عن جده، عن علي -عليهم السلام-، قال: سمعت رسول الله -صلى الله عليه وآله وسلم- يقول: ((تحت ظل العرش يوم لا ظل إلا ظله، رجل خرج ضارباً في الأرض يطلب من فضل الله [ما] يعود به على عياله)).

[1957] حدثني زيد بن علي، عن أبيه، عن جده، عن علي -عليهم السلام-، قال: قال رسول الله -صلى الله عليه وآله وسلم-: ((إن الله يحب العبد سهل البيع، سهل الشراء، سهل القضاء، سهل الاقتضاء)).

[1958] **وفيه أيضاً** [صـ 178]: حدثني زيد بن علي، عن أبيه، عن جده، عن علي -عليهم السلام-: (جاء رجل إلى النبي -صلى الله عليه وآله وسلم- فقال: يا رسول الله أي الكسب أفضل؟.

فقال -صلى الله عليه وآله وسلم-: ((عمل الرجل بيده، وكل بيع مبرور، فإن الله يحب العبد المؤمن المحترف، ومن كد على عياله كان كالمجاهد في سبيل الله -عز وجل-)).

[1959] حدثني زيد بن علي، عن أبيه، عن جده، عن علي -عليهم السلام-، قال: (من طلب الدنيا حلالاً تعطفاً على والد، أو ولد، أو زوجة بعثه الله تعالى ووجهه على صورة القمر ليلة البدر).

[1960] **وفيه أيضاً** [صـ 180]: حدثني زيد بن علي، عن أبيه، عن جده، عن علي -عليهم السلام-، قال: قال رسول الله -صلى الله عليه وآله وسلم-: ((خير

تجاراتكم البز، وخير أعمالكم الخرز، ومن عالج الجلب لم يفتقر)).

[1961] حدثني زيد بن علي، عن أبيه، عن جده، عن علي -عليهم السلام-، أتى رسول الله -صلى الله عليه وآله وسلم- رجل، فقال: يا رسول الله إني لست أتوجه في شيء إلا حورفت فيه، فقال رسول -صلى الله عليه وآله وسلم-: ((انظر شيئاً قد أصبت فيه مرة فالزمه)) قال: القرَض قال -صلى الله عليه وآله وسلم-: ((الزم القرَض)). انتهى.

[1962] **أمالي أحمد بن عيسى -عليهما السلام-** [3/164]: أخبرنا محمد، قال: حدَّثني أحمد بن عيسى، عن حسين، عن أبي خالد، عن زيد، عن آبائه، عن علي -عليهم السلام-، قال: (جالب الطعام مرزوق).

[1963] **وفيها أيضاً** [3/165] أخبرنا محمد، قال: حدَّثني أحمد بن عيسى، عن حسين، عن أبي خالد، عن زيد، عن آبائه، عن علي -عليهم السلام-،، أتى رسول الله -صلى الله عليه وآله وسلم- رجل، فقال: يا رسول الله إني لست أتوجه في شيء إلا حورفت فيه، فقال رسول -صلى الله عليه وآله وسلم-: ((انظر شيئاً قد أصبت فيه مرة فالزمه)) قال: القرَض قال: ((فالزم القرَض)).

[1964] **وفيها أيضاً** [3/154]: أخبرنا محمد، قال: أخبرنا إبراهيم بن محمد، عن مصعب، عن سعد، عن أبي جعفر قال: قال رسول الله -صلى الله عليه وآله وسلم-: ((يا معشر التجار، أما إني لا أسميكم السماسرة، ولكني أسميكم التجار، والتاجر فاجر، والفاجر في النار، إلا من أخذ الحق وأعطاه)). انتهى.

رجال هذا الإسناد قد تكلمنا عليهم، ومحمد هو ابن منصور، وإبراهيم بن محمد هو ابن ميمون، ومصعب هو ابن سلام، وسعد هو ابن طريف، وجميعهم من ثقات محدثي الشيعة.

[1965] **الهادي -عليه السلام- في الأحكام** [2/6]: وبلغنا عن أمير المؤمنين -عليه السلام-، أنه قال: قال رسول الله -صلى الله عليه وآله وسلم-: ((إن الله يحب العبد يكون سهل البيع، سهل الشراء، سهل القضاء، سهل الاقتضاء)). انتهى.

باب القول في الفقه ثم المتجر

[1966] **مجموع زيد بن علي -عليهما السلام-** [صـ177]: حدثني زيد بن علي، عن أبيه، عن جده، عن علي -عليهم السلام-: أن رجلاً أتاه، فقال: يا أمير المؤمنين، إني أريد التجارة فادع الله لي، فقال له -عليه السلام-: (أَوَ فَقِهْتَ في دين الله -عز وجل-؟!) قال: أو يكون بعض ذلك؟، قال: (ويحك، الفقه ثم المتجر، إن من باع واشترى، ولم يسأل عن حلال ولا حرام ارتطم في الربا، ثم ارتطم). انتهى.

[1967] **أمالي أحمد بن عيسى -عليهما السلام-** [3/ 154]: أخبرنا أبو جعفر محمد بن منصور، قال: حدثني أحمد بن عيسى، عن حسين، عن أبي خالد، عن زيد، عن آبائه أن رجلاً أتى علياً -عليه السلام- فقال: يا أمير المؤمنين، إني أريد التجارة فادع الله لي. فقال له علي -عليه السلام-: أفقهت في دين الله؟ قال: أَوَ يكون بعض ذلك؟ قال: ويحك، الفقه قبل المتجر، ثم المتجر، إن من باع واشترى ولم يسأل عن حلال ولا حرام ارتطم في الربا، ثم ارتطم). انتهى.

الهادي -عليه السلام- في الأحكام [2/ 6]: قال: يحيى بن الحسين -عليه السلام-: ينبغي لمن أراد التجارة أن يتفقّه في الدين، وينظر في الحلال والحرام من كتاب الله رب العالمين، حتى يأمن على نفسه الزلل والخطأ في المضاربة، والبيع والشراء.

[1968] وفي ذلك: ما بلغنا عن أمير المؤمنين -عليه السلام-: أن رجلاً أتاه فقال: يا أمير المؤمنين، إني أريد التجارة فادع الله لي. فقال له أمير المؤمنين: أوفقهت في دين الله؟ قال: أو يكون بعض ذلك؟ قال: ويحك، الفقه، ثم المتجر، إن من باع واشترى ثم لم يسأل عن حلال ولا حرام ارتطم في الربا، ثم ارتطم). انتهى.

باب القول في الربا وبيع العينة والحلف عند البيع

[1969] **مجموع زيد بن علي -عليهما السلام- [صـ 178]:** حدثني زيد بن علي، عن أبيه، عن جده، عن علي -عليهم السلام-، قال: ((لعن رسول الله -صلى الله عليه وآله وسلم- آكل الربا، ومؤكله، وبائعه، ومشتريه، وكاتبه، وشاهديه)).

[1970] حدثني زيد بن علي، عن أبيه، عن جده، عن علي -عليهم السلام-، قال: قال رسول الله -صلى الله عليه وآله وسلم-: ((إني مخاصمٌ من أمتي ثلاثةً يوم القيامة، ومن خاصمته خصمته: رجلٌ باع حراً وأكل ثمنه، ومن أخفر ذمتي، ومن أكل الربا وأطعمه)). انتهى.

[1971] **أمالي أحمد بن عيسى -عليهما السلام- [3/ 155]:** أخبرنا محمد، قال: حدثني أحمد بن عيسى، عن حسين، عن أبي خالد، عن زيد، عن آبائه، عن علي -عليهم السلام-، قال: ((لعن رسول الله -صلى الله عليه وآله وسلم- الربا آكله، ومؤكله، وبائعه، ومشتريه، وكاتبه، وشاهديه)). انتهى.

[1972] **الهادي -عليه السلام- في الأحكام [2/ 8]:** وفي الربا ما يقول رسول الله -صلى الله عليه وآله وسلم-: ((مانع الزكاة، وآكل الربا، حرباي في الدنيا والآخرة)) وفي ذلك ما بلغنا عن أمير المؤمنين -عليه السلام- أنه قال: (لعن رسول الله -صلى الله عليه وآله وسلم- الربا، وآكله، وموكله، وبايعه، ومشتريه، وكاتبه، وشاهديه).

[1973] **وفيه [2/ 9]:** ما حدثني أبي، عن أبيه: عن بعض مشايخه، وسلفه عن آبائه، عن علي بن أبي طالب -عليه السلام- أنه قال: قال رسول الله -صلى الله عليه وآله وسلم-: (لدرهم رباً أشد عند الله من أربع وثلاثين زنية أهونها إتيان الرجل أمه). انتهى.

قوله: عن بعض مشائخه وسلفه، يحتمل أن يكون ابن أبي أويس، عن حسين بن عبدالله بن ضميرة، عن أبيه، عن جده، عن علي -عليه السلام-.

ويحتمل أن يكون أحد العترة المطهرين -عليهم السلام-، وهو الأولى، والله أعلم. انتهى.

[1974] **أبو طالب -عليه السلام- في الأمالي [صـ 556]**: وبه قال: حدثنا أبو عبد الله أحمد بن محمد الآبنوسي، قال: حدثنا أبو القاسم عبد العزيز بن إسحاق بن جعفر، قال: حدثنا علي بن محمد بن كأس النخعي، قال: حدثنا سليمان بن إبراهيم المحاربي، قال: حدثني نصر بن مزاحم المنقري، قال: حدثني إبراهيم بن الزبرقان التيمي، قال: حدثني أبو خالد الواسطي، قال: حدثنا زيد بن علي، عن أبيه، عن جده، عن علي -عليهم السلام-، قال: قال رسول الله -صلى الله عليه وآله وسلم-: «لا تزال أمتي يكف عنها، ما لم يظهروا خصالاً، عملاً بالربا، وإظهار للرشا، وقطعاً للأرحام، وترك الصلاة في جماعة، وترك هذا البيت أن يؤم، فإذا ترك هذا البيت أن يؤم لم يناظروا» انتهى(1).

رجال هذا الإسناد قد تقدم الكلام عليهم، وهم من ثقات محدثي الشيعة.

[1975] **أمالي أحمد بن عيسى -عليهما السلام-** [3/ 165]: أخبرنا أبو جعفر محمد بن منصور، قال: أخبرنا عبدالله بن داهر، قال: أخبرني عمرو بن جميع، عن جعفر [بن محمد](2)، عن أبيه، قال: قال رسول الله -صلى الله عليه وآله وسلم-: ((غبن المسترسل ربا)). انتهى.

رجال هذا الإسناد قد مر الكلام عليهم جميعاً، وهم من ثقات محدثي الشيعة رضي الله عنهم.

والإسترسال: الإستئناس، والطمأنينة إلى الإنسان، والثقة فيما يحدثه، وأصله السكوت والثبات، ومنه الحديث ((غبن المسترسل ربا)). انتهى نهاية.

الهادي -عليه السلام- في الأحكام[2/ 20]: حدثني أبي، عن أبيه: في الرجل

---

(1) وفي بعض نسخ الأمالي (عملاً بالرياء) بالياء المثناة من تحت ولعله الصواب تمت مؤلف.

(2) في الأصل فراغ قدر كلمة وما بين القوسين من الأمالي.

يبيع الطعام إلى أجل معلوم بأقل من سعر يومه الذي باعه فيه.

فقال: يكره هذا عندنا، وعند من رأى رأينا من علمائنا، وهو العينة، وهو الازدياد، والربا إنما هو الازدياد.

[1976] وقد ذكر عن عبد الله بن الحسن، عن خاله علي بن الحسين رضي الله عنه، أنه كان يقول: (إنما الربا الازدياد). انتهى.

[1977] **الإمام زيد بن علي في كتاب مدح القلة وذم الكثرة -عليهما السلام- [مجموع الامام زيد صـ 239]**: وقد قال رسول اللّه -صلى الله عليه وآله وسلم-:((إن من أشراط الساعة: مطراً ولا نبات، وتبايع الناس بالعينة، وكثرة أولاد الزنا، وترك العمل بكتاب اللّه تعالى، وتجارات النساء، وتجارات الراعي في أمته))، مع شرائط كثيرة. انتهى.

قال في الروض النضير: العينة -بكسر العين، وسكون الياء المثناة من تحت-: وصورتها أن يبيع سلعة بثمن معلوم إلى أجل، ثم يشتريها من المشتري بأقل ليبقى الكثير في ذمته.

وقيل: لهذا البيع عينة؛ لأن مشتري السلعة إلى أجل يأخذ بدلها عيناً، أي نقداً حاضراً، ذكره في المصباح. انتهى.

[1978] **مجموع زيد بن علي -عليهما السلام- [صـ 192]**: حدثني زيد بن علي، عن أبيه، عن جده، عن علي -عليهم السلام-، قال: قال رسول الله -صلى الله عليه وآله وسلم-: ((ثلاثةٌ لا يكلمهم الله تعالى ولا ينظر إليهم يوم القيامة ولا يزكيهم ولهم عذابٌ أليمٌ: رجلٌ بايع إماماً إن أعطاه شيئاً من الدنيا وفى له، وإن لم يعطه لم يف له، ورجلٌ له ماءٌ على ظهر الطريق يمنعه سابلة الطريق، ورجلٌ حلف بعد العصر لقد أعطي في سلعته كذا وكذا فأخذها الآخر مصدقاً للذي قال وهو كاذبٌ)).

[1979] **وفيه أيضاً** [صـ 179] حدثني زيد بن علي، عن أبيه، عن جده، عن

علي -عليهم السلام-، قال: قال رسول الله -صلى الله عليه وآله وسلم-: ((اليمين تنفق السلعة، وتمحق البركة، وإن اليمين الفاجرة لتدع الديار من أهلها بلاقع)). انتهى.

[1980] **أمالي أحمد بن عيسى -عليهما السلام-**[3/ 164]: أخبرنا محمد، قال: حدثني أحمد بن عيسى، عن حسين، عن أبي خالد، عن زيد، عن آبائه، عن علي -عليهم السلام- - قال: قال رسول الله -صلى الله عليه وآله وسلم-: ((ثلاثة لا ينظر الله -عز وجل- إليهم يوم القيامة، [ولا يزكيهم] ولهم عذاب أليم:

رجل بايع إماماً، فإن أعطاه شيئاً من الدنيا وفى له، وإن لم يعطه لم يف له.

ورجل له ماء على ظهر طريق يمنعه سايبة(3) الطريق.

ورجل حلف بعد العصر لقد أعطي بسلعته كذا وكذا، فأخذها الآخر بقوله مصدقاً له وهو كاذب)). انتهى.

الهادي -عليه السلام- في الأحكام [2/ 20]: قال يحيى بن الحسين -صلوات الله عليه-: ولا خير في اليمين في البيع والشراء، نكرهها للصادق ليس عليه فيها إثم، إذا كان صادقاً، فأما الآثم الكاذب فيها فذلك كافر لنعم الله فاجر.

[1981] وفي ذلك: ما بلغنا عن رسول الله -صلى الله عليه وآله وسلم- أنه قال: (ثلاثة لا ينظر الله إليهم يوم القيامة ولا يزكيهم ولهم عذاب أليم:

رجل بايع إماماً عادلاً فإن أعطاه شيئاً من الدنيا وفى له، وإن لم يعطه لم يف له.

ورجل له ماء على ظهر الطريق يمنعه سايبة الطريق(4).

ورجل حلف لقد أعطي بسلعته كذا وكذا فأخذها الآخر بقوله مصدقاً له وهو كاذب). انتهى.

---

(3) في أمالي أحمد بن عيسى (يمنعه سابلة الطريق)

(4) في نسخة سابلة الطريق تمت حاشية.

باب القول في الإمام يتجر في الرعية

[1982] **مجموع زيد بن علي -عليهما السلام- [صـ 178]:** حدثني زيد بن علي، عن أبيه، عن جده، عن علي -عليهم السلام-، قال: قال رسول الله -صلى الله عليه وآله وسلم-: ((إني لعنت ثلاثةً فلعنهم الله تعالى: الإمام يتجر في رعيته، وناكح البهيمة، والذكرين ينكح أحدهما الآخر)). انتهى.

[1983] **أمالي أحمد بن عيسى -عليهما السلام- [3/ 255]:** أخبرنا محمد، قال: حدثني علي بن أحمد بن عيسى، عن أبيه، عن حسين، عن أبي خالد، عن زيد، عن آبائه، عن علي عليهم السلام قال: قال رسول الله -صلى الله عليه وآله وسلم-: ((إني لعنت الإمام يتجر في رعيته)).

قال محمد: يعني لا يتجر الإمام في رعيته؛ لأن الرعية تهابه. انتهى.

الهادي -عليه السلام- في الأحكام- [2/ 7]: بلغنا عن أمير المؤمنين -عليه السلام- أنه قال: قال رسول الله -صلى الله عليه وآله وسلم-: ((إني لعنت الإمام يتجر في رعيته)). انتهى.

باب القول فيما نهي عنه من البيوع

[1984] **مجموع زيد بن علي -عليهما السلام- [صـ 181]:** حدثني زيد بن علي، عن أبيه، عن جده، عن علي -عليهم السلام-، قال: ((نهى رسول الله -صلى الله عليه وآله وسلم- عن شرطين في بيع، وعن سلفٍ وبيعٍ، وعن بيع ما ليس عندك، وعن ربح ما لم يضمن، وبيع ما لم يقبض، وعن بيع الملامسة، وعن بيع المنابذة، وطرح الحصاة، وعن بيع الغرر، وعن بيع الآبق حتى يقبض)).

[1985] حدثني زيد بن علي، عن أبيه، عن جده، عن علي -عليهم السلام-، قال: ((نهى رسول الله -صلى الله عليه وآله وسلم- عن بيع الخمر، والخنازير، والعذرة، وقال -صلى الله عليه وآله وسلم-: هي ميتةٌ، وعن أكل ثمن شيءٍ من ذلك، وعن بيع الصدقة حتى تقبض، وعن بيع الخمس حتى يحاز)). انتهى.

قال أبو خالدٍ -رحمه الله-: فسر لنا زيد بن علي -عليهما السلام-:

عن شرطين في بيع: أن تقول: بعتك هذه السلعة، على أنها بالنقد بكذا، أو بالنسيئة بكذا، أو على أنها إلى أجل كذا بكذا، وإلى أجل كذا بكذا.

وعن سلفٍ وبيعٍ: أن تسلف في الشيءِ ثم تبيعه قبل أن تقبضه، وعن بيع ما ليس عندك، أن تبيع السلعة ثم تشتريها بعد ذلك فتدفعها إلى الذي بعتها إياه.

وربح ما لم يضمن: أن يشتري الرجل السلعة ثم يبيعها قبل أن يقبضها، ويجعل له الآخر بعض ربحٍ.

وبيع ما لم يقبض: أن يشتري الرجل السلعة ثم يبيعها قبل أن يقبضها.

وبيع الملامسة: بيعٍ كان في الجاهلية، يتساوم الرجلان في السلعة فأيهما لمس صاحبه وجب البيع، ولم يكن له أن يرجع.

وبيع المنابذة: أن يتساوم الرجلان فأيهما نبذها إلى صاحبه فقد وجب البيع.

وبيع الحصاة: أن يتساوم الرجلان فأيهما ألقى حصاةً فقد وجب البيع.

وبيع الغرر: بيع السمك في الماء، واللبن في الضرع، وهذه بيوعٌ كانت في الجاهلية. انتهى.

[1986] **أمالي أحمد بن عيسى -عليهما السلام-**[3/ 156]: أخبرنا محمد، قال: أخبرنا أحمد بن صبيِّح، عن حسين، عن أبي خالد، عن زيد، عن آبائه، عن علي قال: نهى رسول الله -صلى الله عليه وآله وسلم- عن شرطين في بيع، وعن سلف وبيع، وعن بيع ما ليس عندك، وعن ربح ما لم يضمن. انتهى.

[1987] **علي بن بلال في شرح الأحكام [إعلام الأعلام صـ]**: أخبرنا أبو العباس -رحمه الله-، قال: أخبرنا عبد العزيز بن إسحاق الكوفي، قال: حدثنا علي بن محمد النخعي، قال: حدثنا سليمان بن إبراهيم المحاربي، قال: حدثنا نصر بن مزاحم، عن إبراهيم بن الزبرقان، عن أبي خالد، عن زيد بن علي، عن أبيه،

عن جده، عن علي -عليهم السلام-، قال: نهى رسول الله -صلى الله عليه وآله وسلم-: ((عن شرطين في بيع، وعن سلف وبيع، وعن بيع ما ليس عندك، وعن ربح ما لم يضمن، وعن بيع ما لم يقبض، وعن بيع الملامسة، وعن بيع المنابذة، وطرح الحصاة، وعن بيع الغرر، وعن بيع العبد الآبق)). انتهى.

رجال هذا الإسناد قد مر الكلام عليهم وجميعهم من ثقات محدثي الشيعة.

[1988] **أمالي أحمد بن عيسى -عليهما السلام-** [3/ 156]: أخبرنا محمد، قال: حدثنا أحمد بن صبيح، عن حسين، عن أبي خالد، عن زيد بن علي، عن آبائه، عن علي -عليهم السلام-، قال: نهانا رسول الله -صلى الله عليه وآله وسلم- عن بيع الملامسة، وطرح الحصاة، وعن بيع الشجرة حتى تعقد، وعن بيع التمر حتى يصفر ويحمر، ونهانا رسول الله -صلى الله عليه وآله وسلم- عن بيع العذِرَة، وقال: ((هي ميتة)).

قال محمد بن منصور: كانت الحصاة بيع الجاهلية إذا سام الرجل الرجل بالسلعة، فإذا طرح أحدهما حصاة فقد وجب البيع. انتهى.

رجال هذا الإسناد قد مر الكلام عليهم وهم من ثقات محدثي الشيعة.

[1989] **علي بن بلال في شرح الأحكام** [إعلام الأحكام (449)]: أخبرنا أبو العباس الحسني -رحمه الله-، قال: أخبرنا عبد العزيز بن إسحاق، قال: حدثنا علي بن محمد النخعي، قال: حدثنا المحاربي، قال: حدثنا نصر بن مزاحم، قال: حدثنا إبراهيم بن الزبرقان، عن أبي خالد، قال: حدثني زيد بن علي، عن أبيه، عن جده، عن علي -عليهم السلام-، قال نهى رسول الله -صلى الله عليه وآله وسلم-: (عن بيع الصدقة حتى تقبض، وعن بيع الخمس حتى يحاز). انتهى.

رجال هذا الإسناد قد مر الكلام عليهم وجميعهم من ثقات محدثي الشيعة.

[1990] **مجموع زيد بن علي -عليهما السلام-** [صـ 186]: حدثني زيد بن علي، عن أبيه، عن جده، عن علي -عليهم السلام-، قال: ((نهى رسول الله -

صلى الله عليه وآله وسلم- عن بيع المحاقلة، والمزابنة، وعن بيع الشجر حتى يعقد، وعن بيع التمر حتى يزهو، -يعني يصفر- أو يحمر)).

قال الإمام زيد بن علي -عليهما السلام-: بيع المزابنة: بيع التمر بالتمر، والمحاقلة: بيع الزرع بالحنطة، والإزهاء: الإصفرار والإحمرار. انتهى.

[1991] **صحيفة علي بن موسى الرضا -عليهما السلام- [صـ 390]**: حدثني أبي موسى بن جعفر، قال: حدثني أبي جعفر بن محمد، قال: حدثني أبي محمد بن علي، قال: حدثني أبي علي بن الحسين، قال: حدثني أبي الحسين بن علي، قال: خطبنا أمير المؤمنين -صلوات الله عليه-، وقال: (سيأتي على الناس زمان عضوض يعض الموسر على ما في يده، ولم يؤمر بذلك. قال الله تعالى: ﴿وَلَا تَنسَوُاْ ٱلۡفَضۡلَ بَيۡنَكُمۡۚ إِنَّ ٱللَّهَ بِمَا تَعۡمَلُونَ بَصِيرٌ ٢٣٧﴾[البقرة: 273] وسيأتي على الناس زمان يقدم الأشرار، ويستذل الأخيار، ويبايع المضطرون، وقد نهى رسول الله -صلى الله عليه وآله وسلم- عن بيع الغرر، وعن بيع الثمر قبل أن يدرك، فاتقوا الله أيها الناس، وأصلحوا ذات بينكم، واحفظوني في أهلي). انتهى.

[1992] **مجموع زيد بن علي -عليهما السلام- [صـ 187]**: حدثني زيد بن علي، عن أبيه، عن جده، عن علي -عليهم السلام-، قال: ((نهى رسول الله -صلى الله عليه وآله وسلم- عن بيع الغرر)).

قال زيد بن علي -عليهما السلام-: بيع ما في بطن الأمة غررٌ، وبيع ما في بطون الأنعام غررٌ، وبيع ما تحمل الأنعام غررٌ، وبيع ما تحمل النخل هذا العام غررٌ، وبيع ضربة الغائص غررٌ، وبيع ما تخرج شبكة الصياد غررٌ. انتهى.

[1993] **علي بن بلال في شرح الأحكام** [إعلام الأعلام صـ 349]: أخبرنا السيد أبو العباس الحسني -رحمه الله-، قال: أخبرنا عبد العزيز بن إسحاق، قال: حدثنا علي بن محمد، قال: حدثنا المحاربي، قال: حدثنا نصر بن مزاحم، قال: حدثني إبراهيم بن الزبرقان، قال: حدثني أبي خالد، قال: حدثني زيد بن علي، عن أبيه، عن جده، عن علي -عليهم السلام- قال: نهى رسول الله -صلى

الله عليه وآله وسلم-: ((عن بيع الشجر حتى تعقد، وعن بيع الثمرة حتى تزهو، يعني تصفر أو تحمر)). انتهى.

علي بن محمد: هو النخعي، والمحاربي: هو سليمان بن إبراهيم المحاربي، وقد تقدم الكلام عليهم غير مرة.

[1994] **أمالي أحمد بن عيسى -عليهما السلام-**[3/ 164]: أخبرنا محمد، قال: أخبرنا عثمان بن أبي شيبة، قال: أخبرنا وكيع، عن سفيان الثوري، عن ابن طاووس، عن أبيه قال: قال رسول الله -صلى الله عليه وآله وسلم-: ((من ابتاع طعاماً فلا يبيعه حتى يكتاله)). انتهى.

رجال هذا الإسناد من ثقات محدثي الشيعة، وقد مر الكلام عليهم، وابن طاووس هو عبدالله.

(قوله: (فلا يبيعه)؛ هكذا في الأمالي).

[1995] **وفي أمالي أحمد بن عيسى أيضاً** [3/ 157]: أخبرنا محمد، قال: أخبرنا أحمد بن صبيح، عن حسين، عن أبي خالد، عن زيد، عن آبائه، عن علي -عليهم السلام- قال: نهانا رسول الله -صلى الله عليه وآله وسلم- (عن أكل كل ذي ناب من السبع، وعن لحوم الحمر الأهلية، وعن الحبالى أن يوطين إذا كان الحبل من غيرك، أصبتها شراءً أو خمساً.

وقال رسول الله -صلى الله عليه وآله وسلم-: ((الماء يسقي الماء، ويشد العظم، وينبت اللحم))، وعن مهر البغي، -يعني أجر الزانية-، وعن أجر كل عسيب وهي الفحولة، وعن ثمن الخمر، وبيع الصدقة حتى تحاز، وعن بيع الخمس حتى يحاز). انتهى.

رجال هذا الإسناد قد مر الكلام عليهم وهم من ثقات محدثي الشيعة.

الهادي -عليه السلام- في الأحكام[2/ 10]: قال يحيى بن الحسين -صلوات الله عليه-: لا يجوز شرطان في بيع ولا بيع ما ليس عندك، ولا يجوز سلف وبيع

ولا ربح ما لم يضمن.

[1996] قال: وكذلك بلغنا عن رسول الله -صلى الله عليه وآله وسلم-: (أنه نهى عن ذلك، وعن بيع الملامسة، وعن طرح الحصاة، وعن بيع الشجر حتى يعقد، وعن بيع العذرة -وقال: هي ميتة-، ونهى -صلى الله عليه وآله وسلم- عن أكل كل ذي ناب من السباع، أو مخلب من الطير، وعن أكل لحم الحمر الأهلية، وعن وطئ الحبالى حتى يضعن، أصبن شراء أو خمساً، إذا كان الحمل من غيره، -وقال رسول الله -صلى الله عليه وآله وسلم-: (الماء يسقي الماء ويشد العظم وينبت اللحم)-، وعن مهر البغي يعني أجر الزانية، وعن أكل أجر عسب(5) الفحل، -وهي الفحول التي تقرع الإناث-، وعن ثمن الميتة، وثمن الخمر، وعن بيع الصدقة حتى تحاز، وعن بيع الخمس حتى يحاز). انتهى.

باب القول في الإحتكار والغش وتلقي الركبان

[1997] **مجموع زيد بن علي** -عليهما السلام-[صـ192]: حدثني زيد بن علي، عن أبيه، عن جده، عن علي -عليهم السلام-، قال: ((جالب الطعام مرزوقٌ، والمحتكر عاصٍ ملعونٌ)). انتهى.

[1998] **أمالي أحمد بن عيسى** -عليهما السلام-[3/157]: أخبرنا محمد، قال: حدثني أحمد بن عيسى، عن حسين، عن أبي خالد، عن زيد، عن آبائه، عن علي -عليهم السلام-، قال: (محتكر الطعام آثم عاص). انتهى.

[1999] **علي بن بلال في شرح الأحكام** [إعلام الأعلام صـ 354]: أخبرنا أبو العباس الحسني -رحمه الله-، قال: أخبرنا أبو زيد العلوي، قال: حدثنا محمد بن منصور، قال: حدثنا أحمد بن عيسى، عن الحسين، عن أبي خالد، عن زيد بن علي، عن آبائه، عن علي -عليهم السلام-، قال: (محتكر الطعام آثم عاص). انتهى.

[2000] **الهادي** -عليه السلام- **في الأحكام**[2/10]: وبلغنا عن أمير

_____
(5) بالعين المهملة والسين المهملة والباء الموحدة من أسفل هكذا في الأحكام تمت مؤلف.

المؤمنين عليه السلام أنه قال: محتكر الطعام آثم عاص، وكان يطوف على القصابين فينهاهم عن النفخ، ويقول: إنما النفخ من الشيطان، فلا تنفخوا في طعام ولا شراب ولا هذا. -يعني الغنم عند السلخ-. انتهى.

[2001] **أمالي أحمد بن عيسى -عليهما السلام-** [3/ 158]: أخبرنا محمد، قال: حدثني أحمد بن عيسى، عن حسين، عن أبي خالد، عن زيد، عن آبائه -عليهم السلام-: أن علياً -عليه السلام-: كان يطوف على القصابين فينهاهم عن النفخ، وقال: (إنما النفخ من الشيطان، فلا ينفخ في طعام ولا شراب ولا هذا) -يعني الشاة-.

قال محمد: كره النفخ للبائع من أجل الشراء، فأما غيره فلا بأس به. انتهى.

[2002] **المرتضى -عليه السلام- في كتاب النهي [مجموع المرتضى** (2/ 770)]: عن أبيه، عن آبائه، عن علي -عليهم السلام-، عن النبي -صلى الله عليه وآله وسلم- أنه: (نهى عن النفخ في الطعام والشراب). انتهى.

[2003] **مجموع زيد بن علي -عليهما السلام-** [صـ191]: حدثني زيد بن علي، عن أبيه، عن جده، عن علي -عليهم السلام-، قال: ((مر رسول الله -صلى الله عليه وآله وسلم- على رجلٍ يبيع طعاماً؛ فنظر رسول الله -صلى الله عليه وآله وسلم- إلى خارجه فأعجبه فأدخل يده إلى داخله فأخرج منه قبضةً فكان أردأ من الخارج، فقال رسول الله -صلى الله عليه وآله وسلم-: ((من غشنا فليس منا)). انتهى.

[2004] **صحيفة علي بن موسى الرضا -عليهما السلام-** [صـ489]: عن أبيه، عن آبائه، عن علي بن أبي طالب -عليهم السلام- قال: قال رسول الله -صلى الله عليه وآله وسلم-: ((ليس منا، من غش مسلماً، أو ضره، أو ماكره)). انتهى.

[2005] **مجموع زيد بن علي -عليهما السلام-** [صـ184]: حدثني زيد بن علي، عن أبيه، عن جده، عن علي -عليهم السلام-، في قوله -تعالى-:﴿لَا

تَخُونُواْ ٱللَّهَ وَٱلرَّسُولَ وَتَخُونُوٓاْ أَمَٰنَٰتِكُمۡ وَأَنتُمۡ تَعۡلَمُونَ ﴿٢٧﴾ [الأنفال:27] قال: ((من الخيانة الكذب في البيع والشراء)). انتهى.

[2006] **وفي المجموع أيضاً** [صـ191]: حدثني زيد بن علي، عن أبيه، عن جده، عن علي -عليهم السلام- ، قال: قال رسول الله -صلى الله عليه وآله وسلم-: ((لا يبع حاضرٌ لبادٍ، دعوا الناس يرزق الله بعضهم من بعضٍ، ونهانا رسول الله -صلى الله عليه وآله وسلم- عن تلقي الركبان)). انتهى.

الهادي -عليه السلام- في الأحكام [2/ 30]: باب القول في معنى قول رسول الله -صلى الله عليه وآله وسلم-: (لا يبيعن حاضر لباد)، قال يحيى بن الحسين -صلوات الله عليه-:

هذا خبر قد روي ولسنا ندري كيف صحته، وقد يكون فيمن يأتي السلعة، ويقدم بها إلى المصر، كالمرأة التي لا تحب أن تبدو للشراء والبيع، والإنسان الضعيف الذي لا يحسن البيع والشراء، وليس هذا مما يصح فيه الخبر، لأن رسول الله -صلى الله عليه وآله وسلم- كان رحيماً، وهذا فقد ينفع فيه الناس بعضهم بعضاً، إلا أن يدخل في ذلك ضرر على المسلمين، أو مضارة بين المتبايعين، فينظر إمام المسلمين في ذلك. انتهى.

وفي الأحكام أيضاً [2/ 30]: قال يحيى بن الحسين -صلوات الله عليه-: لا ينبغي للحاضرين أن يستقبلوا البادين خارجاً من المصر، فيشتروا منهم جلبهم ثم يدخلوه هم فيبيعونه لأنفسهم، لأن في ذلك خديعة لأهل الجلب، ولكن تترك حتى يدخلوا به في سوقهم ويبيعوه بين تجارهم. انتهى.

باب القول في البيع والشراء في ولاية الظالمين

الجامع الكافي[5/ 8]: قال الحسن بن يحيى: أجمع آل رسول الله -صلى الله عليه وآله وسلم- في البيوع على أن البيع والشراء والملك جائز في كل عصر عدل أو جور، وأن التجارة والملك لا يفسده جور الجائرين، ولكن على التاجر

والصانع والمالك أن يعملوا في ذلك بالحق، وترك الظلم، واتباع السنن في جميع البيع، والشراء، والإكتساب، والملك.

وفيه [5 / 11]: من كلام للحسن بن يحيى -عليه السلام-[(6)] -أنا اختصرته ما لفظه-: ولم يزل الناس يعالجون في التجارات، والأجرة في الحرث، والعمل بأبدانهم بعهد رسول الله -صلى الله عليه وآله وسلم- حتى قبضه الله إليه، ثم لم يزل في عهد من تولى الأمر بعده على مثل ذلك، وفيهم علي بن أبي طالب وهو إمام المسلمين وسيدهم، وأولى الناس بالناس، يمد ليهودي دلواً بتمرة، وقد غرس واستخرج الأرضين، والغالب عليها الجور، وأخذ العطاء، ولم يقسم بين الناس بالسوية على سنة رسول الله -صلى الله عليه وآله وسلم- إذا كان أعطى قليلاً من كثير من ما يجب من حقه في بيت مال المسلمين، واشترى أمهات الأولاد، ونكح، والدار فاسدة، ولو كانت المسألة في دهر من تولى عليه الأمر أفضل من الاكتساب، لاختار أمير المؤمنين -عليه السلام- الفضل في ذلك لمن كان بعهده، ولم يقتد به من بعده.

وفيه أيضاً [5/ 14]: قال الحسن: إن دار الإسلام أَحَلَّتْ ما فيها، ودار الكفر حَرَّمَت ما فيها، ولم تزل دار الإسلام بعهد رسول الله -صلى الله عليه وآله وسلم- وبعده إلى يومنا هذا يتسع فيها معاشرة المنافقين ومبايعتهم ومناكحتهم؛ لأنهم قد أقروا بجملة الإسلام، ولا ينكر ذلك منكر، ولا يبالي سواه أحد.

قال: وأجمع آل رسول الله -صلى الله عليه وآله وسلم- على كراهة بيع السلاح في الفتنة.

ونهي عن بيع الظالم ما يستعين به على الظلم. انتهى.

الهادي -عليه السلام- في الأحكام [2/ 21]: ولا بأس بالاشتراء من أهل الشرك وبيعهم، إذا لم يباعوا سلاحاً ولا كراعاً؛ لأن الله سبحانه أحل البيع

(6) كلام الحسن -رضي الله عنه- جواب على من قال أن المسألة للناس مما في أيديهم أفضل من الاكتساب في ولاية الظلمة. تمت مؤلف.

وأجازه، ولم يذكر شركاً ولا غيره، وقد بعث رسول الله -صلى الله عليه وآله وسلم- ببعض ما كان يغنم، فباعه من المشركين، واشترى به سلاحاً، وغيره مما في أيديهم. انتهى.

باب القول في الخيار في البيع وفي المغبون

[2007] **مجموع زيد بن علي -عليهما السلام-** [صـ183]: حدثني زيد بن علي، عن أبيه، عن جده، عن علي -عليهم السلام-، قال: قال رسول الله -صلى الله عليه وآله وسلم-: ((من اشترى مصراةً فهو بالخيار فيها ثلاثاً فإن رضيها وإلا ردها، ورد معها صاعاً من تمرٍ، ومن اشترى محفلةً فهو بالخيار فيها ثلاثاً فإن رضيها وإلا ردها ورد معها صاعاً من تمرٍ)).

قال أبو خالدٍ -رحمه الله تعالى-: فسر لنا زيد بن علي -عليهما السلام-: المصراة من الإبل، والمحفلة من الغنم: وهي التي يترك لبنها أياماً انتهى.

[2008] **أمالي أحمد بن عيسى -عليهما السلام-** [3/ 160]: أخبرنا محمد، قال: حدثني أحمد بن عيسى، عن حسين، عن أبي خالد، عن زيد، عن آبائه، عن علي -عليهم السلام - قال: قال رسول الله -صلى الله عليه وآله وسلم-: ((البيِّعان بالخيار ما لم يفترقا عن رضى)). انتهى[7]

[2009] **مجموع زيد بن علي -عليهما السلام-** [صـ183]: حدثني زيد بن علي، عن أبيه، عن جده، عن علي -عليهم السلام-، قال: قال رسول الله -صلى الله عليه وآله وسلم-: ((البيعان بالخيار فيما تبايعا فيه ما لم يفترقا عن رضىً))[8]. انتهى[9].

---

(7) في أمالي أحمد بن عيسى المطبوع باسم العلوم: ((البيعان بالخيار فيما تبايعا حتى يفترقا عن رضى)).

(8) في المجموع الحديثي والفقهي المطبوع: ((البيعان بالخيار فيما تبايعا حتى يفترقا عن رضى)).

(9) فائدة قال في البحر ما لفظه: مسألة وهو [أي الخيار] قبل التفرق بالأقوال ثابت إجماعاً (زيد، القاسمية، وأبو حفيفة وأصحابه، والليث ومالك، والثوري، والعنبري، الإمامية) ولا خيار بعده، إذ لزم العقد بنفس العقد، فلا يثبت بعده إلا بالشرط، لقوله -صلى الله عليه وآله وسلم- =

[2010] **علي بن بلال في شرح الأحكام** [إعلام الأعلام صـ 345]: أخبرنا السيد أبو العباس -رحمه الله-، قال: أخبرنا أبو زيد العلوي، قال: حدثنا الحسين بن القاسم، قال: حدثنا أحمد بن محمد، عن خالد أبي هاشم، قال: حدثني أبوك الحسين بن علي، عن أبيه، عن جده، عن علي بن الحسين عليهم السلام، قال: قال رسول -صلى الله عليه وآله وسلم-: ((كل متبايعين فكل واحد منها على صاحبه بالخيار ما لم يفترقا أو يكون خيار)).

رجال هذا الاسناد قد تقدم الكلام عليهم وهم من ثقات محدثي الزيدية.

[2011] **مجموع زيد بن علي -عليهما السلام-** [صـ]: حدثني زيد بن علي، عن أبيه، عن جده، عن علي -عليهم السلام-: أن رسول الله -صلى الله عليه وآله وسلم- جاءه رجل فقال: يا رسول الله إني أخدع في البيع، فجعل له رسول الله -صلى الله عليه وآله وسلم- فيما اشترى أو باع الخيار ثلاثاً.

[2012] حدثني زيد بن علي، عن أبيه، عن جده، عن علي -عليهم السلام-، أن رسول الله -صلى الله عليه وآله وسلم- جعل عهدة الرقيق ثلاثاً. انتهى.

((إذا اختلف المتبايعان فالقول قول البائع))، ولم يفصل، ونحوه.

(علي -عليه السلام-، وابن عمر، وأبو هريرة، وأبو برزة) ثم (الشعبي والحسن البصري، وطاووس، وعطاء، والزهري، والصادق والباقر وزين العابدين والناصر وأحمد بن عيسى، والإمام يحيى، والأوزاعي، وأحمد، وإسحاق، وأبو ثور والشافعي) قال -صلى الله عليه وآله وسلم- ((البيعان بالخيار ما لم يفترقا))، ونحوه.

قلنا: معارض بقوله تعالى {إلا أن تكون تجارة عن تراض} {أوفوا بالعقود} {وأشهدوا إذا تبايعتم} ولم يفصل، ولا صرح في خبركم بفرقة الأبدان فحملناه على تفرق الأقوال، جمعاً بين الظواهر، وظاهر خبركم أصرح إلا أنه يعضد ظاهرنا القطع بأصله، والقياس على النكاح والإجارة.

قلت: إن أجمع على صحة خبرهم فهو أقوى، ولا يعارضه ما ذكرنا بل كالمطلق والمقيد، والخبر أولى من القياس. انتهى.

قلت: الحديث صحيح فقد أخرجه في المجموع، وأمالي أحمد بن عيسى، والجامع الكافي، وشرح التجريد، وشرح القاضي زيد، وشرح الأحكام، والهادي في الأحكام، وأخرجه البخاري ومسلم والترمذي والنسائي وابن ماجة ومالك عن ابن عمر، وأخرجه من ذكر إلا مالك عن حكيم بن حزام مرفوعاً، وكذلك عن ابن عمر مرفوعاً. تمت من حاشية على الأصل، قال فيها: تمت مؤلف، والله الموفق، وعليها إمضاء المؤلف محمد بن حسن بن يحيى العجري.

[2013] **علي بن بلال في شرح الأحكام** [إعلام الأعلام صـ 344]: أخبرنا السيد أبو العباس -رحمه الله- قال: أخبرنا عبد العزيز بن إسحاق، قال: حدثنا علي بن محمد النخعي، قال: حدثنا المحاربي، قال: حدثنا نصر مزاحم، قال: حدثني إبراهيم بن الزبرقان، قال: حدثني أبو خالد، قال: حدثني زيد بن علي، عن أبيه، عن جده، عن علي -عليهم السلام-: (البيعان بالخيار فيما تبايعا [فيه] حتى يفترقا عن رضى). انتهى.

رجال هذا الإسناد قد تقدم الكلام عليهم جميعاً.

[2014] **أمالي أحمد بن عيسى -عليهما السلام-**[3/ 160]: أخبرنا محمد، أخبرنا أحمد بن عيسى، عن حسين، عن أبي خالد، عن زيد، عن آبائه، عن علي -عليهم السلام-، قال: قال رسول الله -صلى الله عليه وآله وسلم-: ((من اشترى مصراة فهو فيها بالخيار ثلاثاً، فإن رضيها وإلا ردها، ورد معها صاعاً من تمر)).

قال محمد بن منصور: المصراة من الإبل: تصر يعني ضرعها، وتسمى من الغنم محفلة انتهى.

الهادي -عليه السلام- في الأحكام[2/ 14]: قال يحيى بن الحسين -صلوات الله عليه-: البيعان بالخيار ما لم يفترقا كما قال رسول الله -صلى الله عليه وآله وسلم-. انتهى.

وفي الأحكام أيضاً [2/ 15]: حدثني أبي عن أبيه، أنه سئل عن معنى حديث رسول الله -صلى الله عليه وآله وسلم- في قوله: ((البيعان بالخيار ما لم يفترقا)).

قال: هما بالخيار ما لم يفترقا عن رضى، ومقاطعة في السلعة، فإذا تقاطعا فالسلعة لمشتريها، إلا أن يستقيل هو البايع فيقيله الآخر.

[2015] **وفيها أيضاً** [2/ 15]: وقد روي عن رسول الله -صلى الله عليه وآله وسلم- في ذلك أنه قال: ((من اشترى مصراة فهو فيها بالخيار، فإن رضيها جاز عليه البيع، وإن لم يرضها ردّها ورد معها صاعاً من تمر)).

والمصرّاة: فهي التي قد صرّيت، وحُبِس لبنها في ضرعها، ولم تحلب فيما كانت تحلب فيه من أوقاتها فحقن في ضرعها، واجتمع فيه درها، فاغتر ذلك مبصرها، وطمع أن تكون غير مصراة طالبها. انتهى.

[2016] **صحيفة علي بن موسى الرضا -عليهما السلام-** [صـ495]: عن آبائه، عن علي -عليهم السلام-، قال: قال رسول الله -صلى الله عليه وآله وسلم-: ((المغبون لا محمود، ولا مأجور)). انتهى.

باب القول فيمن باع عبداً وله مال

[2017] **أمالي أحمد بن عيسى -عليهما السلام-** [3/ 161]: أخبرنا محمد، قال: أخبرنا عباد، عن حاتم، عن جعفر، عن أبيه، عن علي -عليه السلام-، قال: (من باع عبداً وله مال، فالمال للبائع إلا أن يشترط المبتاع، قضى به رسول الله -صلى الله عليه وآله وسلم-). انتهى.

رجال هذا الإسناد من ثقات محدثي الشيعة وقد مر الكلام عليهم، ومحمد هو ابن منصور، وعباد هو ابن يعقوب، وحاتم هو ابن إسماعيل.

باب القول في البيع غير الصحيح

[2018] **مجموع زيد بن علي -عليهما السلام-** [صـ184]: حدثني زيد بن علي، عن أبيه، عن جده، عن علي -عليهم السلام-، قال: ((لا يجوز البيع إلى أجلٍ لا يعرف)). انتهى.

وفيه [صـ184]: وقال زيد بن علي -عليهما السلام-: لا يجوز البيع إلى النيروز ولا إلى المهرجان، ولا إلى صوم النصارى، ولا إلى إفطارهم، ولا يجوز البيع إلى العطاء، ولا إلى الحصاد، ولا إلى الدياس، ولا إلى الجذاذ، ولا إلى القطاف، ولا إلى العصير، ولا بأس بالبيع إلى الفطر، وإلى الأضحى، وإلى الموسم، وإلى أجلٍ معروفٍ عند المسلمين، فالبيع إلى هذا جائزٌ. انتهى.

[2019] **أمالي أحمد بن عيسى -عليهما السلام-** [3/ 158]: أخبرنا محمد،

قال: حدثني أحمد بن عيسى، عن حسين، عن أبي خالد، عن زيد عن آبائه: أن رجلين أختصما إليه، فقال أحدهما: بعت هذا قواصر، واستثنيت خمس قواصر لم أعلمهن ولي الخيار، فقال -عليه السلام-: (بيعكما فاسد). انتهى.

[2020] **مجموع زيد بن علي -عليهما السلام-** [صـ187]: قال زيد بن علي: أخبرني أبي، عن جدي، عن علي -عليهم السلام-: أن رجلين اختصما إليه، فقال أحدهما: بعت هذا قواصر، واستثنيت خمس قواصر لم أعلمهنّ، ولي الخيار، فقال -عليه السلام-: (بيعكما فاسد). انتهى.

باب القول القول في بيع أمهات الأولاد والمدبر

[2021] **مجموع زيد بن علي -عليهما السلام-** [صـ192]: حدثني زيد بن علي، عن أبيه، عن جده، عن علي -عليهم السلام-، أنه كان يجيز بيع أمهات الأولاد، وكان يقول: (إذا مات سيدها ولها منه ولدٌ فهي حرةٌ من نصيبه؛ لأن الولد قد ملك منها شقصاً وإن كان لا ولد لها بيعت).

[2022] حدثني زيد بن علي، عن أبيه، عن جده، عن علي -عليهم السلام-، أن رجلاً أتاه فقال: يا أمير المؤمنين إن لي أمةً قد ولدت مني أفأهبها لأخي؟ قال -عليه السلام-: نعم، فوهبها لأخيه فوطئها فأولدها، ثم أتاه الآخر فقال: يا أمير المؤمنين؛ أأهبها لأخٍ لي آخر؟ قال -عليه السلام-: نعم. فوطؤوها جميعاً، وهم ثلاثةٌ. انتهى.

المؤيد بالله -عليه السلام- في شرح التجريد [4/ 14]: وما ذهبنا إليه من منع بيعهن هو قول عامة الفقهاء، وهو ما أجمع عليه في الصدر الأول.

وذهبت الإمامية: إلى أن بيعهن جائز، وبه قال الناصر -عليه السلام-، وروي القولان عن أمير المؤمنين -عليه السلام-، ورواية زيد بن علي، عن أبيه، عن جده، عن علي -عليهم السلام-، مثل قول الإمامية.

[2023] وروى لنا أبو العباس الحسني مثل قولنا عنه -عليه السلام-:

قال أبو العباس الحسني: أخبرنا محمد بن الحسين بن علي العلوي المصري، قال: حدثنا أبي الحسين ـ يعني أخا الناصر ـ قال: حدثنا زيد بن الحسين بن زيد بن عيسى بن زيد بن علي، عن أبي بكر عبدالله بن أبي أويس، عن حسين بن عبدالله بن ضميرة، عن أبيه، عن جده، عن علي -عليه السلام- أنه كان يقول: (لا تباع أم الولد). انتهى.

رجال هذا الإسناد من ثقات محدثي الشيعة، وقد مر الكلام عليهم.

أمالي أحمد بن عيسى -عليهما السلام-[3/ 165]: أخبرنا محمد، قال: سألت أحمد بن عيسى عن بيع أمهات الأولاد ؟ فكرهه، وقال: إني لأستوحش منه، وقال: كيف لنا أن نعلم أن علياً كان يرى ذلك؟، فذكرت قوله لقاسم بن إبراهيم، فقال: نحواً من قوله، وقال: صدق، وكيف لنا أن نعلم أن علياً كان يفعله. انتهى.

الهادي -عليه السلام- في الأحكام[2/ 16]: قال يحيى بن الحسين -صلوات الله عليه-: لا تباع أمهات الأولاد، ولا يجوز ذلك بين العباد؛ لأنهن قد عتقن على مواليهن من البيع، وإن كان قد بقي لهم ملك أعناقهن يوطأن بذلك، ولو عتقن من الملك كله لم يجز لمواليهن أن يطأوهن إلا بنكاح وتزويج، وإنما معنى عتقهن فهوحكم يمنع مواليهن من بيعهن إذا ولدن من مواليهن.

[2024] وفي ذلك ما روي عن رسول الله -صلى الله عليه وآله وسلم- أنه قال في أم إبراهيم حين ولدته، وكانت جارية من القبط أهديت له، فقال: ((أعتقها ولدها)).

فحكم رسول الله -صلى الله عليه وآله وسلم- بأن الولد قد حظر على أبيه بيع أمه، وإن كان باقياً عليها ملكه، ولولا أن الملك بعد باق له عليها لما جاز أن يجعل سيدها عتقها مهرها إذا أراد عتقها وتزويجها ؛ لأن الفرج لا يحل إلا بمهر، ولولا أن له عليها ملكاً لم يجز أن يجعل عتقها مهراً، فقام عتقها مقام ثمنها، ألا ترى أنه لو قال لها: أعتقتك، فأجعل عتقك مهرك، فتراضيا بذلك فغلط فأعتقها، ثم أراد تزويجها بعد ذلك وأبت، لَحُكِمَ له عليها بالسعي في قيمتها؛ لأن

الغدر والإخلاف ونقض العهد جاء من قبلها.

فأما ما يرويه همج الناس عن أمير المؤمنين: من إطلاق بيعهن، فذلك ما لا يصدق به عليه، ولا يقول به من عرفه فيه.

وفي ذلك ما حدَّثني أبي، عن أبيه: أنه سئل عن بيع أمهات الأولاد، فقال: لا يجوز ذلك فيهنّ، ولا يحكم به عليهنّ.

وأما ما يرويه أهل الجهل عن أمير المؤمنين -عليه السلام-: فلا يقبل ذلك منهم، ولا نصدق به عليه.

قال يحيي بن الحسين -رضي الله عنه-: لو كان ذلك كذلك لكان أهل بيته أعلم بذلك. انتهى.

الجامع الكافي[5/ 17]: قال محمد، قال: سألت أحمد بن عيسى عن بيع أمهات الأولاد ؟ فكرهه، وقال: إني لأستوحش عن ذلك، وقال: كيف لنا أن نعلم أن علياً كان يرى ذلك ؟ فذكرت قوله لقاسم بن إبراهيم، فقال: نحواً من ذلك، وقال: صدق، وكيف لنا أن نعلم أن علياً كان يفعله.

وقال محمد في كتاب القاسم [القضاء]: سمعت القاسم بن إبراهيم يذكر عمن أدرك من أهله أنهم كانوا لا يثبتون عن علي -عليه السلام- بيع أمهات الأولاد. انتهى.

الهادي -عليه السلام- في المنتخب[صـ225]: قال السائل محمد بن سليمان الكوفي -رضي الله عنه-: وسألته عن بيع أمهات الأولاد.

قال يحيى بن الحسين -صلوات الله عليه-: معاذ الله، ألا ترى أن مارية القبطية أم إبراهيم لما ولدت إبراهيم، قال النبي -صلى الله عليه وآله وسلم-: ((أعتقها ولدها)).

قال: أعتقها من البيع وحده، ولو كانت عتقت لم يجعل عتقها صداقها، وقد قال بغير ذلك غيرنا.

ورووه عن علي بن أبي طالب -عليه السلام-، ولم يصح ذلك عندنا بل هو كذب عليه وباطل. انتهى.

الهادي -عليه السلام- في الأحكام [صـ]: حدَّثني أبي، عن أبيه: أنه سئل عن بيع أمهات الأولاد؟ فقال: لا أرى ذلك، ولسنا نصحح ما روي وقيل به عن أمير المؤمنين عليه السلام من بيعهن.

[2025] حدَّثني أبي، عن أبيه: أنه سئل عن المدبر؟

فقال: لا بأس ببيع المدبر، إذا اضطر صاحبه إلى بيعه، وقد ذكر: أن رسول الله -صلى الله عليه وآله وسلم- أمر رجلاً ببيع مدبراً له، وكان يقول: (إذا مات سيد المدبر خرج من ثلثه، وإنما هو وصيه). انتهى.

[2026] **مجموع زيد بن علي** -عليهما السلام- [صـ 193]: حدثني زيد بن علي، عن أبيه، عن جده، عن علي -عليهم السلام- أن رجلاً أتاه، فقال: إني جعلت عبدي حراً إن حدث بي حدث، أفلي أن أبيعه؟ قال -عليه السلام-: (لا)، قال: فإنه قد أحدث قال: (حدثه على نفسه، وليس لك أن تبيعه). انتهى.

[2027] **أمالي أحمد بن عيسى** -عليهما السلام- [3/168]: أخبرنا محمد حدَّثني أحمد بن عيسى، عن حسين، عن أبي خالد، عن زيد، عن آبائه: أن رجلاً أتاه، فقال: إني جعلت عبدي حراً إن حدث بي حدث، أفلي أن أبيعه؟ قال -عليه السلام-: (لا)، قال: فإنه قد أحدث قال: (حدثه على نفسه، وليس لك أن تبيعه). انتهى.

الجامع الكافي [5/18]: قال القاسم -عليه السلام- فيما روى داوود عنه: لا بأس ببيع المدبر إذا احتاج صاحبه إلى ثمنه، وقد ذكر: أن رسول الله -صلى الله عليه وآله وسلم- أمر مدبراً ببيع مدبره.

وقد قال أهل المدينة: لا يباع، ولا يوهب، فكيف وإنما المدبر يخرج من ثلثه إذا مات، وإنما هو وصية؟!. انتهى.

باب القول في بيع المصاحف وتعليم القرآن بالأجرة وبيع السيوف المُحَلَّيَة

[2028] أمالي أحمد بن عيسى -عليهما السلام- [3/161]: أخبرنا محمد، قال: أخبرنا حسين بن نصر، عن خالد، عن حصين، عن جعفر بن محمد، عن أبيه، عن علي -عليه السلام-: أنه كان لا يرى ببيع المصاحف وشرائها بأساً. انتهى.

رجال هذا الإسناد قد تقدم الكلام عليهم وهم من ثقات محدثي الشيعة.

الهادي -عليه السلام- في الأحكام [2/19]: قال يحيى بن الحسين -صلوات الله عليه-: لا بأس عندنا ببيع المصاحف، وكتابتها بالأجرة، والتجارة فيها؛ لأنه إنما يأخذ الأجر على تعبه، وكتابته، وعمل يده.

وأما أخذ المعلم الأجر على تحفيظ القرآن لمن يحفظه إياه: فلا خير في ذلك.

[2029] وقد جاء عن أمير المؤمنين -عليه السلام- أنه قال: قال رسول الله -صلى الله عليه وآله وسلم-: ((من أخذ على تعليم القرآن أجراً كان حظه يوم القيامة)).

وحدَّثني أبي عن أبيه: أنه سئل عن شراء المصاحف وبيعها، فقال: لا بأس بشراء المصاحف وبيعها، وكتابة القرآن بالأجرة.

قال يحيى بن الحسين -رضي الله عنه-: يجب على كل من علم مشاهرة أو غير ذلك، أن لا يختص بالقرآن نفسه بالمجاعلة، ولكن تكون مجاعلته على غيره من الآداب والخط والهجاء وقراءة الكتب، وغير ذلك، ويكون القرآن داخلاً في تعليمه بلا مشارطة عليه، وما كان من بر من المتعلم ومكافأة على ذلك قبله المعلم، وجاز له قبوله وأخذه.

[2030] وحدَّثني أبي، عن أبيه: في تعليم القرآن والكتابة بأجر، قال: لا بأس بذلك إذا لم يكن المشارطة على القرآن خصوصية، وقد ذكر أن سرية خرجت لرسول الله -صلى الله عليه وآله وسلم- فمرت بحي من العرب وقد لدغ سيدهم، فسألوهم: هل فيهم من يرقي؟، فرقاه بعضهم بفاتحة الكتاب،

فعوفي، فأعطوهم ثلاثين شاة، فلما قدموا على النبي -صلى الله عليه وآله وسلم- أخبروه الخبر، فقال: ((اضربوا لي معكم بسهم)). انتهى.

الجامع الكافي [5/24]: قال أحمد بن عيسى، وهو قول القاسم، ومعنى قول الحسن -فيما حدَّثنا حسين، عن زيد، عن أحمد، عنه-: لا بأس ببيع المصاحف وشرائها، والتجارة فيها، وكتابتها بالأجرة.

قال أحمد: وما هي عندي إلا كغيرها من التجارة، وليس بائعها يبيع القرآن الشريف إنما يبيع الجلد، وأجرة يده.

قال: وكذلك قال القاسم بن إبراهيم: لا بأس ببيع المصاحف وشرائها، وكتابة القرآن بالأجر.

وروى محمد بإسناده عن علي، ومحمد بن الحنفية، والشعبي أنهم قالوا: لا بأس ببيع المصاحف وشرائها.

قال الشعبي: ليس هو يبيع القرآن، إنما هو يبيع الجلد وعمل يده. انتهى.

[2031] أمالي أحمد بن عيسى -عليهما السلام- [2/170]: أخبرنا محمد، قال: أخبرنا حسين بن نصر، عن خالد، عن حصين، عن جعفر بن محمد، عن أبيه، عن علي بن أبي طالب -عليه السلام-: في السيف المفضض، والمنطقة، والقدح، يشترى.

قال: (إذا اشتريته بأكثر مما فيه من الفضة فلا بأس، وإن كان بأقل مما فيه فهو حرام). انتهى.

رجال هذا الإسناد قد مر الكلام عليهم وهم من ثقات محدثي الشيعة.

الهادي -عليه السلام- في الأحكام [2/]: قال يحيى بن الحسين -صلوات الله عليه-: في سيف محلى بفضة أو مصحف محلى بفضة يشترى بدراهم: أن ذلك لا يجوز عندنا حتى يعلم كم وزن الحلي من درهم، فيشترى الحلي بوزنه سواء

سواء، ثم يشتري السيف بفضلة يتراضيان عليها، أو المصحف.

[2032] وكذلك بلغنا عن رسول الله -صلى الله عليه وآله وسلم- أنه أمر رجلاً اشترى قلادة يوم خيبر مرصعة بالذهب، فيها خرز مركب بالذهب، فأمره أن يميز بين خرزها، وبين الذهب، ويقلعه منه حتى يعرف ما فيها، فيشتريه بوزنه من الذهب، فقال: إنما اشتريت الحجارة بالفضلة بين الوزنين، فقال: لا، حتى تميز ما بينهما، فلم يتركه حتى ميز بينهما. انتهى.

الهادي -عليه السلام- في المنتخب [صـ241]: وكذلك بلغنا عن رسول الله -صلى الله عليه وآله وسلم- أنَّه أمر رجلاً اشترى قلادة يوم خيبر مرصعة بالذهب فيها جوهر معلق بالذهب أن يميز بين جوهرها وبين الذهب ويقلعه منه حتَّى يعرف ما فيها فيشتريه بوزن من الذهب، فقال: إنَّما اشتريت الحجارة بالفضلة بين الوزنين، فقال: لا، حتَّى يميز بينهما، فلم يتركه حتَّى ميَّز بينهما انتهى.

باب القول في المبيع المعيوب وبيع المجازفة والمرابحة

[2033] **مجموع زيد بن علي -عليهما السلام-**[صـ185]: حدثني زيد بن علي، عن أبيه، عن جده، عن علي -عليهم السلام-: في رجل اشترى من رجل جارية، ثم وطئها، ثم وجد فيها عيباً، فألزمها المشتري، وقضى على البائع بعشر الثمن. انتهى.

[2034] **أمالي أحمد بن عيسى -عليهما السلام-**[3/161]: أخبرنا محمد، قال: حدثني أبو الطاهر، عن أبي ضمرة، عن جعفر، عن أبيه: أن علياً -عليه السلام- قال: (إذا ابتاع الرجل الأمة فوجد بها عيباً، وقد أصابها حطوا عنه بقدر العيب من ثمن الجارية، ويلزمها الذي ابتاعها). انتهى.

رجال هذا الإسناد قد تقدم الكلام عليهم وهم من ثقات محدثي الشيعة.

وأبو الطاهر: هو أحمد بن عيسى بن عبدالله بن محمد بن عمر بن علي بن أبي طالب -عليهم السلام-.

وأبو ضمرة: هو أنس بن عياض.

[2035] **وفيها أيضاً** [3/ 187]: **أخبرنا** محمد، قال: أخبرنا محمد بن جميل، عن مصبح، عن إسحاق بن الفضل، عن عبيد الله بن محمد بن عمر بن علي، عن أبيه، عن جده، عن علي -عليه السلام-: فيمن باع سلعة بها داء، فجاء المبتاع بشاهدين يشهدان أنه كتمه داء أو عواراً؛ ردت إليه سلعته. انتهى.

رجال هذا الإسناد قد مر الكلام عليهم جميعا وهم من ثقات محدثي الشيعة.

[2036] **وفيها أيضاً** [3/ 166]: **أخبرنا** محمد، قال: حدَّثني أحمد بن عيسى، عن حسين، عن أبي خالد، عن زيد، عن آبائه، عن علي -عليهم السلام-، قال: (لابأس بالمجازفة ما لم يسم كيلاً). انتهى.

[2037] **مجموع زيد بن علي -عليهما السلام-** [صـ181]: حدثني زيد بن علي، عن أبيه، عن جده، عن علي -عليهم السلام-، قال: (من كذب في مرابحة فقد خان الله ورسوله والمؤمنين، وبعثه الله -عز وجل- يوم القيامة في زمرة المنافقين). انتهى.

باب القول في تجارة العبد وبيع خدمته وفي رد الولد على الجارية

[2038] **مجموع زيد بن علي -عليهما السلام-** [صـ193]: حدثني زيد بن علي، عن أبيه، عن جده، عن علي -عليهم السلام-: أن رجلاً أتاه قد اشترى من عبدِ رجلٍ قد ولاه ضيعته، فقال السيد: لم آذن لعبدي في التجارة فلزمه دين، قال: (يخيره سيدهُ بين أن يفتديه بالدين، أو يبيعه ويقضي الدين الذي عليه من الثمن، فإن كان الثمن لا يفي بالدين فليس على السيد غرم أكثر من رقبة عبده). انتهى.

[2039] **الهادي -عليه السلام- في الأحكام** [2/ 33]: قال يحيى بن الحسين -صلوات الله عليه-: كذلك بلغنا عن أمير المؤمنين -رحمة الله عليه- أن رجلين ارتفعا إليه يختصمان، فقال أحدهما: يا أمير المؤمنين إن عبدي هذا ابتاع من هذا

شيئاً، وإني رددته عليه فأبى أن يقبله، فقال له أمير المؤمنين -رضي الله عنه-: (هل كنت تبعث غلامك بالدرهم يشتري لك به اللحم ؟) فقال: نعم، قال: (قد أجزت عليك شراءه). انتهى.

[2040] **أمالي أحمد بن عيسى -عليهما السلام-**[3/ 167]: أخبرنا محمد، قال: حدَّثنا أحمد بن عيسى، عن حسين بن علوان، عن أبي خالد، عن زيد، عن آبائه -عليهم السلام-: أن رجلاً أتى علياً -عليه السلام- قد اشترى من عبدٍ رجلٍ قد ولاّه ضيعته، فقال السيد: لم آذن لعبدي أن يبيع، فرده، وقال: (لا تبع إلا بإذن السيد). انتهى.

[2041] **وفيها أيضاً** [3/ 165]: أخبرنا محمد، قال: حدَّثنا أحمد بن عيسى، عن حسين، عن أبي خالد، عن زيد، قال: لو أن رجلاً باع خدمة عبد حياته تمَّ إذا رضي العبد.

[2042] أخبرنا محمد، قال: أخبرنا إسماعيل بن موسى، عن شريك، عن جابر، عن أبي جعفر: أن النبي -صلى الله عليه وآله وسلم- (باع خدمة المدبر). انتهى.

رجال هذا الإسناد قد تقدم الكلام عليهم جميعاً وهم من ثقات محدثي الشيعة.

وإسماعيل بن موسى هو الفزاري، وشريك هو ابن عبدالله النخعي، وجابر هو ابن يزيد الجعفي.

[2043] **الهادي -عليه السلام- في الأحكام**[2/ 22]: وقال يحيى بن الحسين -صلوات الله عليه-: ويفرق بين السبي إلا بين الأم وولدها، وفي ذلك ما روي عن رسول الله -صلى الله عليه وآله وسلم-: أنه كان إذا قدم عليه بالسبي صفهم، ثم قام ينظر في وجوههم، فإذا رأى امرأة تبكي، قال لها: ((ما يبكيك؟)) فتقول: بيع ابني، فيأمر به فيرد إليها، وقدم إليه أبو أسيد بسبي فصفهم(10)، فقام ينظر إليهم، فإذا امرأة تبكي، فقال لها: ((ما يبكيك؟))

---

(10) في الأحكام المطبوع (فصفوا بين يديه).

فقالت: بيع ابني في بني عبس، فقال -صلى الله عليه وآله وسلم-: ((لتركبن فلتجيئن به كما بعته بالثمن))، فركب أبو أسيد فجاء به. انتهى.

[2044] **أمالي أحمد بن عيسى -عليهما السلام-[3/168]**: أخبرنا محمد، قال: أخبرنا محمد، عن حفص، عن جعفر، عن أبيه: أن النبي -صلى الله عليه وآله وسلم- رأى امرأة من السبي تبكي، فقال لصاحب السبي: ((ما لهذه تبكي؟)) فقال: بعتُ ابناً لها في بني عبس أعطيت به ثمناً حسناً، قال: ((انطلق حتى ترده)). انتهى.

محمد الذي في أول الإسناد: هو محمد بن منصور، والثاني: محمد بن جميل، وحفص هو ابن غياث، وهم من ثقات محدثي الشيعة وقد تقدم الكلام عليهم.

[2045] **مجموع زيد بن علي -عليهما السلام-[صـ 190]**: حدثني زيد بن علي، عن أبيه، عن جده، عن علي -عليهم السلام-، قال: (قدم زيد بن حارثة رضي الله عنه برقيق، فتصفح رسول الله -صلى الله عليه وآله وسلم- الرقيق، فنظر إلى رجل منهم وامرأة كئيبين حزينين من بين الرقيق، فقال -صلى الله عليه وآله وسلم-: ((مالي أرى هذين كئيبين حزينين من بين الرقيق؟)) فقال زيد: يا رسول الله احتجنا إلى نفقة على الرقيق، فبعنا ولداً لهما، فأنفقنا ثمنه على الرقيق، فقال رسول الله -صلى الله عليه وآله وسلم-: ((ارجع حتى تسترده من حيث بعته))، فرده على أبويه، وأمر رسول الله -صلى الله عليه وآله وسلم- مناديه ينادي: أن رسول الله -صلى الله عليه وآله وسلم- يأمركم أن لا تفرقوا بين ذوي الأرحام من الرقيق). انتهى.

باب القول في الإسبراء للجارية إذا بيعت

[2046] **أمالي أحمد بن عيسى -عليهما السلام-[3/117]**: أخبرنا محمد، أخبرنا محمد بن راشد، عن إسماعيل بن أبان، عن غياث، عن جعفر، عن أبيه، عن علي -عليه السلام-، قال: (إذا ابتاع الجارية أصاب منها ما دون الفرج ما لم يستبرءها). انتهى.

رجال هذا الإسناد من ثقات محدثي الشيعة وقد مر الكلام عليهم.

[2047] **مجموع زيد بن علي -عليهما السلام- [صـ190]**: حدثني زيد بن علي، عن أبيه، عن جده، عن علي -عليهم السلام-، أنه قال: (من اشترى جارية فلا يقربها حتى يستبرأها بحيضة).

[2048] حدثني زيد بن علي، عن أبيه، عن جده، عن علي -عليهم السلام-، أنه سئل عن رجل له مملوكتان أختان، فوطئ إحداهما، ثم أراد أن يطأ الأخرى؟ فقال -عليه السلام-: (ليس له أن يطأ الأخرى حتى يبيع التي وطئها أو يزوجها).

سألت زيد بن علي -عليه السلام-: عن الأمة إذا كانت لا تحيض بكم يستبرئها؟ فقال -عليه السلام-: بشهر، قلت: فإن كان ملكها بهبة، أو ميراث، أو وقعت في سهمه من المغنم كله سواء؟ قال -عليه السلام-: نعم.

[2049] حدثني زيد بن علي، عن أبيه، عن جده، عن علي -عليه السلام-، قال: (نهى رسول الله -صلى الله عليه وآله وسلم- عن الحبالى أن يوطأن [حتى يضعن]، إذا كان الحبل من غيرك أصبتها شراء أو خُمساً، وقال رسول الله -صلى الله عليه وآله وسلم-: ((الماء يسقي الماء، ويشد العظم، وينبت اللحم))، ونهى رسول الله -صلى الله عليه وآله وسلم- عن مهر البغي، وأجر ماء كل عسيب، وهي الفحول. انتهى.

باب القول فيمن ملك ذا رحم محرم

[2050] **مجموع زيد بن علي -عليهما السلام- [صـ192]**: حدثني زيد بن علي، عن أبيه، عن جده، عن علي -عليهم السلام-، قال: قال رسول الله -صلى الله عليه وآله وسلم-: ((من ملك ذا رحمٍ محرمٍ فهو حر)). انتهى.

باب القول في بيع الحيوان بالحيوان والحيوان باللحم

[2051] علي بن بلال في شرح الأحكام -رحمه الله- [إعلام الأعلام صـ356]: أخبرنا السيد أبو العباس -رحمه الله-، قال: أخبرنا محمد بن بلال، قال: حدثنا محمد بن عبدالعزيز الكلاري، قال: حدثنا الحسن بن الحسين العرني، عن علي بن القاسم الكندي، عن ابن أبي رافع، عن أبيه، عن جده، قال: كره علي -عليه السلام- بيع شيء من الحيوان واحداً بأكثر مؤخراً. انتهى

رجال هذا الإسناد قد تقدم الكلام عليهم وهم من ثقات محدثي الشيعة.

وابن أبي رافع: هو محمد بن عبيد الله بن أبي رافع.

الهادي -عليه السلام- في الأحكام[2/32]: قال يحيى بن الحسين -صلوات الله عليه-: لا يجوز بيع شاة بعشرين رطل لحماً، أو أقل أو أكثر، ولا يجوز بيع عشرة أرطال لحماً بشاة، من أي اللحوم كان، ولا يجوز أن يشتري به حيواناً مما يؤكل لحمه ؛ لأن رسول الله -صلى الله عليه وآله وسلم-: نهى عن بيع اللحم بالحيوان. انتهى.

باب القول في كراهة بيع العاجل بآجل وبيع الأصناف جملة

[2052] أمالي أحمد بن عيسى -عليهما السلام- [3/183]: أخبرنا محمد، قال: أخبرنا محمد بن جميل، عن حسن بن حسين، عن علي بن القاسم، عن ابن أبي رافع، عن أبيه، عن جده، عن علي -عليه السلام-: أنه كره بيع وسق من تمر خيبر بوسق من تمر المدينة عاجل، من أجل أنّ تمر المدينة أجودهما. انتهى.

رجال هذا الإسناد قد تقدم الكلام عليهم وهم من ثقات محدثي الشيعة.

وعلي بن القاسم: هو الكندي.

وابن أبي رافع: هو محمد بن عبيدالله بن أبي رافع.

[2053] وفي أمالي أحمد بن عيسى أيضاً [3/173]: أخبرنا محمد، قال: أخبرنا محمد بن جميل، عن إسماعيل بن صبيح، عن عمرو بن جابر، عن علي بن

أبي طالب، عن النبي -صلى الله عليه وآله وسلم- قال: ((لا تشتري أصنافاً بدراهم ضربة حتى تضيف لكل نوع ثمنه من الورق)). انتهى.

رجال هذا الإسناد قد تقدم الكلام عليهم جميعا وهم من ثقات محدثي الشيعة.

وإسماعيل بن صبيح: هو اليشكري.

وعمر بن جابر: هو ابن يزيد الجعفي، والسند منقطع؛ لأن جابراً لم يدرك علياً -عليه السلام-، وهو مقبول على شرطنا.

باب القول فيما يوزن أو يكال إذا بيع بعضه ببعض

[2054] مجموع زيد بن علي -عليهما السلام- [صـ 179]: حدثني زيد بن علي، عن أبيه، عن جده، عن علي -عليهم السلام-: قال: (أهدي لرسول الله -صلى الله عليه وآله وسلم- تمر فلم يرد منه شيئاً، فقال لبلال: ((دونك هذا التمر حتى أسألك عنه))، قال: فانطلق بلال، فأعطى التمر مثلين وأخذ مثلاً، فلما كان من الغد، قال رسول الله -صلى الله عليه وآله وسلم-: ((آتنا بخبيئتنا التي استخبأناك))، [فلما جاء بلال بالتمر قال رسول الله -صلى الله عليه وآله وسلم-: ((ماهذا الذي استخبأناك؟))] فأخبره بالذي صنع، فقال له رسول الله -صلى الله عليه وآله وسلم-: ((هذا الحرام الذي لا يصلح أكله، انطلق فاردده على صاحبه، ومره أن لا يبيع هكذا، ولا يبتاع))، ثم قال رسول -صلى الله عليه وآله وسلم-: ((الذهب بالذهب مثلاً بمثل، والفضة بالفضة مثلاً بمثل، والبر بالبر مثلاً بمثل، والذرة بالذرة مثلاً بمثل، والشعير بالشعير مثلاً بمثل، يداً بيد، فمن زاد، أو ازداد فقد أربى)). انتهى.

[2055] أمالي أحمد بن عيسى -عليهما السلام- [3/ 155]: أخبرنا محمد قال: حدثني أحمد بن عيسى عن حسين عن أبي خالد عن زيد عن آبائه عن علي -عليهم السلام-: قال: (أهدي لرسول الله -صلى الله عليه وآله وسلم- تمر فلم يرد منه شيئاً، فقال لبلال: ((دونك هذا التمر حتى أسألك عنه)): فانطلق بلال، فأعطى

التمر مثلين، وأخذ مثلاً، فلما كان من الغد، قال رسول الله -صلى الله عليه وآله وسلم-: ((آتنا خبيئتنا التي استخبأناك)) فلما جاء بلال بالتمر قال رسول الله -صلى الله عليه وآله وسلم-: ((ما هذا الذي استخبأناك)) فأخبره بالذي صنع، فقال له رسول الله -صلى الله عليه وآله وسلم-: ((هذا الحرام الذي لا يصلح أكله، انطلق فاردده على صاحبه، ومره أن لا يبيع هكذا، ولا يبتاع))، ثم قال رسول -صلى الله عليه وآله وسلم-: ((الذهب بالذهب مثلاً بمثل، والفضة بالفضة مثلاً بمثل، والشعير بالشعير مثلاً بمثل والبر بالبر مثلاً بمثل، والذرة بالذرة مثلاً بمثل،، يداً بيد، فمن زاد، أو استزاد فقد أربى)). انتهى.

[2057] **الهادي -عليه السلام- في الأحكام**[2/ 9]: وفي ذلك ما بلغنا عن [أمير المؤمنين] علي بن أبي طالب رضي الله عنه أنه قال: (أهدي لرسول الله -صلى الله عليه وآله وسلم- تمر فلم يرد منه شيئا، وقال لبلال دونك هذا التمر حتى أسألك عنه فانطلق بلال فأعطى التمر مثلين بواحد، فلما كان من الغد قال له: يا بلال إئتنا بخبيئتنا التي استخبأناك فلما جاء بلال بالتمر، قال رسول الله -صلى الله عليه وآله وسلم- اهذا الذي استخبيناك فأخبره بالذي صنع، فقال رسول الله -صلى الله عليه وآله وسلم-: هذا الحرام الذي لا يصلح أكله، انطلق فاردده على صاحبه وأمره أن لا يبيع هكذا ولا يبتاع، ثم قال رسول الله -صلى الله عليه وآله وسلم-: (الذهب بالذهب مثلا بمثل والفضة بالفضة مثلا بمثل، ووالتمر بالتمر مثلا بمثل، والشعير بالشعير مثلا بمثل، والبر بالبر مثلا بمثل، والذرة بالذرة مثلا بمثل، فمن زاد أو ازداد فقد أربا، والملح بالملح مثلا بمثل).

[2058] حدثني أبي عن أبيه: أنه سئل عن الصرف. فقال: حدثنا الثقات يرفعونه إلى رسول الله -صلى الله عليه وآله وسلم- أنه قال: (لا تبيعوا الذهب بالذهب إلا مثلاً بمثل، لا تشفوا بعضه على بعض، ولا تبيعوا غائباً منه بحاضر).

حدثني أبي عن أبيه: أنه سئل عن دراهم ردية الفضة بدراهم جيدة الفضة فقال: إذا لم يدخل في ذلك ما لا يحل من التفاضل فلا بأس بذلك، وإنما هو كما جاء عن النبي -صلى الله عليه وآله وسلم- سواء سواء يداً بيد.

وفي الأحكام أيضاً [2/ 38]: قال الهادي -صلوات الله عليه-:

ولا يجوز للرجل أن يبيع شيئاً قد اشتراه مما يكال أو يوزن إذا لم يقبضه، ولم يستوف بكيله، وكذلك لو استوفى كيله، ثم أراد بيعه وتوليته فلا ينبغي له أن يبيعه، ولا يوليه حتى يوفيه الذي يبيعه منه، أو يوليه إياه بكيل جديد، وكذلك روي عن رسول الله -صلى الله عليه وآله وسلم- أنه قال: ((مع كل صفقة كيلة)) والإقالة، والتولية والبيع عندنا في ذلك سواء، لا بد من إعادة الكيل فيه. انتهى.

باب القول في الدراهم كيف كانت على عهد النبي صلى الله عليه وآله وسلم

الهادي -عليه السلام- في الأحكام [2/ 42]: قال يحيى بن الحسين -عليه السلام- كان الدراهم في زمان رسول الله -صلى الله عليه وآله وسلم- كدراهمنا اليوم، ولم يكن في زمان النبي -صلى الله عليه وآله وسلم-، ولا في الجاهلية للعرب ضرب دنانير، ولا دراهم تعرف، وإنما كانوا يتبايعون، ويتشارون بالتبر، دراهم معروفة، وأواقي مفهومة، وكان الرطل الأول الذي كان على عهد رسول الله -صلى الله عليه وآله وسلم- بالمدينة اثنتي عشرة أوقية، وكانت كل أوقية أربعين درهماً، فكان رطلهم أربعمائة درهم، وثمانين درهماً، بهذا [الدرهم] الذي في أيدي الناس اليوم، فأقر رطلهم على ذلك -صلى الله عليه وآله وسلم-.

والدليل على ما قلنا به في ذلك: قوله -صلى الله عليه وآله وسلم-: ((ليس فيما دون خمس أواق من الفضة زكاة))، ثم قال -صلى الله عليه وآله وسلم- بإجماع الأمة عنه-: ((ليس فيما دون مائتي درهم زكاة))، فعلمنا حين قال: ((ليس فيما دون مائتي درهم زكاة))، ((وليس فيما دون خمس أواق زكاة)) أن الأوقية كانت إذ ذاك أربعين درهماً بهذا الدرهم الذي لا اختلاف عند الأمة فيه، أن الزكاة تجب في مائتي درهم منه.

قال: ويقال: إن أول من ضرب الدراهم [في الإسلام] عبد الملك بن مروان،

وهذا الدرهم الذي تخرج به الزكاة فهو الدرهم الذي يسميه أهل العراق وزن سبعة، وإنما يسمونه وزن سبعة ؛ لأنه سبعة أعشار المثقال.

والدليل على ذلك: أنك إذا زدت على هذا الدرهم ثلاثة أسباعه صار ذلك مثقالاً؛ ولذلك صارت العشرة دراهم به سبعة مثاقيل.

قيل: وقد كانت دنانير قيصر ملك الروم ودراهم الأكاسرة البغلية ترد على العرب بمكة في الجاهلية، فلم يكونوا يتبايعون بها، وكانوا يردونها إلى ما يعرفون من التبر على وزن المثقال، والدراهم على تجزيتها في الأواقي والأرطال، وكان رطلهم كرطل المدينة: أربعمائة وثمانين درهماً، ووقيتهم أربعين درهماً. انتهى.

باب القول فيما لا يحل بيعه

[2059] **أمالي أحمد بن عيسى -عليهما السلام-**[3/ 179]: أخبرنا محمد، قال: حدَّثني أحمد بن عيسى، عن حسين، عن أبي خالد، عن زيد، عن آبائه، عن علي -عليهم السلام-، قال: قال رسول الله -صلى الله عليه وآله وسلم-: ((لعن الله الخمر، وعاصرها، ومعتصرها، وبائعها، ومشتريها، وآكل ثمنها، وشاربها، وساقيها، وحاملها، والمحموله إليه)).

وفيها أيضاً: أخبرنا محمد، قال: أخبرنا عبدالله بن داهر، عن أبيه، عن جعفر بن محمد، عن أبيه: أنه كره بيع العصير إذا كان جلداً -يعني إذا أشتد قليلاً-.

رجال هذا الإسناد قد تقدم الكلام عليهم وهم من ثقات محدثي الشيعة

[2060] **الهادي -عليه السلام- في الأحكام**[2/ 298]: وبلغنا عن علي بن أبي طالب -عليه السلام- أنه قال: (لعن رسولُ الله -صلى الله عليه وآله وسلم- : الخمرَ، وعاصرها، ومعتصرها، وبائعها، ومشتريَها، وساقيَها، وشاربَها، وآكل ثمنها، وحاملها، والمحمولة إليه). انتهى.

باب القول في السلم

الهادي -عليه السلام- في الأحكام[2/ 44]: السلم الصحيح الجائز: أن يسلم الرجل إلى رجل مالاً في شيء معروف، بوزن أو كيل معروف، بصفة معروفة، إلى أجل معروف محدود مسمى بينهما، يدفعه إليه ويسلمه، ببلد معروف، فإذا أسلم إليه ذلك المال، وقبضه على هذه الشروط فهذا سلم صحيح، ولا أعرف بين علماء آل الرسول -صلى الله عليه وآله وسلم- ولا غيرهم في هذا اختلافاً.

وقد صح لنا أن رسول الله -صلى الله عليه وآله وسلم- أخذ سلماً من يهودي دنانير في تمر موصوف معروف بجسنه إلى أجل معروف بكيل معروف.

وكذلك روي لنا عن أمير المؤمنين علي بن أبي طالب -عليه السلام- أنه لم يكن يرى بالسلم بأساً.

وكذلك كان يقول جدي القاسم بن إبراهيم -رحمة الله عليه-: إن السلم جائز على صحته، وكذلك كان يقول جميع علماء آل رسول الله -صلى الله عليه وآله وسلم- من ولد الحسن والحسين -عليهما السلام-، وغيرهما لا نعلم في جواز السلم إذا كان صحيحاً بين أحد منهم اختلافاً. انتهى.

[2061] **مجموع زيد بن علي -عليهما السلام-**[صـ194]: حدثني زيد بن علي، عن أبيه، عن جده، عن علي -عليهم السلام-، قال: (من أسلف في طعام إلى أجل فلم يجد عند صاحبه ذلك الطعام، فقال: خذ مني غيره بسعر يومه، لم يكن له أن يأخذ إلا الطعام الذي أسلف فيه، أو رأس ماله، وليس له أن يأخذ نوعاً من الطعام غير ذلك النوع). انتهى.

أمالي أحمد بن عيسى -عليهما السلام- [3/ 159]: أخبرنا محمد، قال: حدَّثني أحمد بن عيسى، عن حسين، عن أبي خالد، عن أبي جعفر، قال: لا بأس بالسلم في الحيوان، أسنان معلومة إلى أجل معلوم.

أخبرنا محمد، قال: أخبرني جعفر، عن قاسم بن إبراهيم قال: لا بأس بالسلم

في الحيوان إذا كان سناً معلوماً إلى أجل معلوم، وكرهه قوم.

قال محمد بن منصور: هذا قول أهل الحجاز، وأهل البيت، وأهل الكوفة لا يأخذون به. انتهى.

[2062] **علي بن بلال في شرح الأحكام**[إعلام الأعلام صـ366]: أخبرنا السيد أبو العباس -رحمه الله-، قال: أخبرنا عبدالعزيز بن إسحاق، قال: حدثنا علي بن محمد النخعي، قال: حدثنا سليمان بن إبراهيم، قال: حدثنا نصر بن مزاحم، عن إبراهيم بن الزبرقان، عن أبي خالد، عن زيد بن علي، عن أبيه، عن جده، عن علي -صلوات الله عليه-: (من أسلف في طعام إلى أجل فلم يجد عند صاحبه ذلك الطعام، فقال: خذ مني غيره بسعر يومه، لم يكن له أن يأخذ إلا الطعام الذي أسلف فيه، أو رأس ماله، وليس له أن يأخذ نوعاً من الطعام غير ذلك النوع). انتهى.

رجال هذا الإسناد من ثقات محدثي الشيعة وقد تقدم الكلام عليهم.

[2063] **مجموع زيد بن علي -عليهما السلام-** [صـ194]: حدثني زيد بن علي، عن أبيه، عن جده، عن علي -عليهم السلام-، قال: (لا بأس أن تأخذ بعض رأس مالك، وبعض رأس سلمك، ولا تأخذ شيئاً من غير سلمك).

[2064] حدثني زيد بن علي، عن أبيه، عن جده، عن علي -عليهم السلام-: أنه كره الرهن والكفيل في السلم. انتهى.

[2065] **الهادي -عليه السلام- في الأحكام**[2/ 55]: قال يحيى بن الحسين -عليه السلام-: بلغنا عن رسول الله -صلى الله عليه وآله وسلم- أن يهودياً أتاه، فقال له: يا محمد إن شئت أسلمت إليك وزناً معلوماً في كيل معلوم في تمر معلوم، إلى أجل معلوم، من حائط معلوم، فقال رسول الله -صلى الله عليه وآله وسلم-: ((لا، يا يهودي، ولكن إن شئت فأسلم وزناً معلوماً إلى أجل معلوم في تمر معلوم، وكيل معلوم، ولا أسمّي لك حائطاً))، فقال اليهودي: نعم، فأسلم

إليه، فلما كان آخر الأجل جاء اليهودي إلى رسول الله -صلى الله عليه وآله وسلم- يتقاضاه، فقال له رسول الله -صلى الله عليه وآله وسلم-: ((يا يهودي إن لنا بقية يومنا هذا)) فقال: إنكم معشر بني عبد المطلب قوم مُطُلٌ، فأغلظ له عمر، فقال له رسول الله -صلى الله عليه وآله وسلم-: ((انطلق معه إلى موضع كذا وكذا، فأوفه حقه، وزده كذا وكذا للذي قلت له)). انتهى.

باب القول في الإقالة

[2066] **مجموع زيد بن علي -عليهما السلام-** [صـ195]: حدثني زيد بن علي، عن أبيه، عن جده، عن علي -عليهم السلام-، قال: قال رسول الله -صلى الله عليه وآله وسلم-: ((من أقال نادماً أقاله الله نفسه يوم القيامة، ومن أنظر معسراً، أو وضع له أظله الله تعالى في ظل عرشه)).

وقال زيد بن علي -عليهما السلام-: الإقالة: بمنزلة البيع، والتولية: بمنزلة البيع يفسدهما ما يفسد البيع، ويجيزهما ما يجيز البيع. انتهى.

[2067] **علي بن بلال في شرح الأحكام** [إعلام الأحكام صـ361]: والأصل في الإقالة: ما أخبرنا به أبو العباس -رحمه الله-، قال: أخبرنا عبدالعزيز بن إسحاق، قال: حدثنا علي بن محمد، قال: حدثنا المحاربي، قال: حدثنا نصر بن مزاحم، قال: حدثني إبراهيم بن الزبرقان، عن أبي خالد، عن زيد، عن أبيه عن جده، عن علي، قال: قال رسول الله -صلى الله عليه وآله وسلم-: ((من أقال نادماً أقاله الله نفسه يوم القيامة، ومن أنظر معسراً، أو وضع له أظله الله جل ثناؤه تعالى في ظل عرشه)). انتهى.

باب القول في الشفعة

[2068] **مجموع زيد بن علي -عليهما السلام-** [صـ195]: حدثني زيد بن علي، عن أبيه، عن جده، عن علي -عليهم السلام-: (أنه قضى للجار بالشفعة في دار من دور بني مرهبة بالكوفة، وأمر شريحاً أن يقضي بذلك). انتهى.

كتاب البيع

[2069] أمالي أحمد بن عيسى -عليهما السلام-[3/172]: أخبرنا محمد، قال: أخبرنا محمد بن جميل، عن مصبح، عن إسحاق بن الفضل، عن عبيدالله بن محمد بن عمر بن علي، عن أبيه، عن جده، عن علي -عليهم السلام-، قال في بيع الدار: (الجار أحق بها إذا قامت على ثمن، إلا أن يطيب عنها نفساً، والشفعة بالحصص)(11).

قال محمد بن منصور: يعني بالحصص: إذا كان لرجل تسعة أعشار دار، وللآخر عشرها، ثم بيعت دار إلى جنب دارهما، فلهما أن يأخذاها بالشفعة، وهي بينهما على عشرة أسهم لصاحب العشر سهم، ولصاحب التسعة أعشار تسعة أسهم.

وإن كان نصف الدار لرجل والنصف الآخر بين تسعة أخذوا الدار بالشفعة نصفين، لصاحب النصف نصفها، والنصف الآخر بين التسعة. انتهى.

رجال هذا الإسناد من ثقات محدثي الشيعة، وقد تقدم الكلام عليهم جميعاً.

الهادي -عليه السلام- في الأحكام[2/68]: قال يحيى بن الحسين -صلوات الله عليه-:

___

(11) قوله (والشفعة بالحصص): أقول المقرر للمذهب أنها على الرؤوس، وقال في البحر: مسألة: العترة وأبو حنيفة وأصحابه وأحد قولي الشافعي: وتجب للجماعة حسب الرؤوس، لا الأنصباء، إذ لو انفرد كل لاستحقه جميعاً.
وقال مالك وأحد قولي الشافعي وأحد قولي الناصر والعنبري: بل بحسب الأنصباء، إذ الموجب الملك، فكانت بحسبه ككسب العبد وثمرة الشجرة وأجرة الدار.
قلنا: لو انفرد أحدهم هنا لم يأخذ ما يأخذه مع الاجتماع فافترقا. انتهى.
وقال الهادي -رضي الله عنه- في الأحكام: الشفعة عندي تكون على عدد الرؤوس لا على قدر الأنصبة، وإنما قلت ذلك وأجزته؛ لأني قد وجدت صاحب النصيب الكثير عند الاستشفاع كصاحب السهم الصغير، ووجدت صاحب السهم الصغير يلحق بشفعته الأرض كلها كما يلحق صاحب السهم الكبير استشفاعها بسهمه الكبير، فلما لم أجد بينهما في معنى الشفعة فرقاً لم نجعل بينهما في الشفعة بتفاضل الملك فرقاً. انتهى.
قلت وبالله التوفيق: الراجح في هذه المسألة هو كلام أمير المؤمنين -رضي الله عنه- فإن وجد ما يعارضه بطريق صحيحة عنه -رضي الله عنه- أو عن الرسول -صلى الله عليه وآله وسلم- اتبع ذلك، وإن لم فقوله -رضي الله عنه- حجة. والله الموفق. تمت مؤلف.

[2070] بلغنا عن رسول الله -صلى الله عليه وآله وسلم- أنه قال: ((جار الدار أحق بالدار)).

[2071] وبلغنا عن أمير المؤمنين علي بن أبي طالب -عليه السلام- أنه قال: (إذا بيعت الدار فالجار أحق بها ؛ إذا قامت على ثمن إن شاء، إلا أن يطيب عنها نفساً). انتهى.

[2072] أمالي أحمد بن عيسى -عليهما السلام- [3/172]: أخبرنا محمد، قال: أخبرنا حسين بن نصر، عن خالد، عن حصين، عن جعفر، عن أبيه، عن علي -عليه السلام-، قال: (وصي اليتيم بمنزلة أبيه يأخذ له الشفعة إذا رأى رغبة، وللغائب شفعة). انتهى.

رجال هذا الإسناد من ثقات محدثي الشيعة، وقد تقدم الكلام عليهم.

ومحمد في أول الإسناد هو محمد بن منصور المرادي.

وخالد: هو ابن عيسى العلكي.

وحصين: هو ابن المخارق السلولي.

باب القول في المضاربة

[2073] مجموع زيد بن علي -عليهما السلام- [صـ196]: حدثني زيد بن علي، عن أبيه، عن جده، عن علي -عليهم السلام-، في المضارب يضيع منه المال، فقال -عليه السلام-: (لا ضمان عليه، والربح على ما اصطلحا عليه، والوضيعة على رأس المال). انتهى.

[2074] أمالي أحمد بن عيسى -عليهما السلام- [3/173]: أخبرنا محمد، قال: أخبرنا حسين بن نصر، عن خالد، عن حصين، عن جعفر، عن أبيه، عن علي -عليه السلام- أنه قال في المضارب: (إذا أنفق في سفره فمن جميع المال، وإذا قدم وَكْرَهُ فما أنفق فمن نصيبه).

قال محمد: هذا الذي عليه الناس. انتهى.

قد تقدم الكلام على رجال هذا الإسناد.

[2075] **وفي الأمالي أيضاً** [3/173]: أخبرنا محمد، قال: أخبرنا حسين بن نصر، عن خالد، عن حصين، عن جعفر، عن أبيه، عن علي -عليه السلام- أنه قال -في الرجل يموت وعنده مال مضاربة- قال: (إن سماه بعينه قبل موته، فقال: هذا لفلان -يعني فهو له-، فإن مات ولم يذكره فهو أسوة الغرماء).

[2076] أخبرنا محمد، قال: أخبرنا حسين بن نصر، عن خالد، عن حصين، عن جعفر، عن أبيه، عن علي -عليه السلام- في رجل له على رجل مال، فتقاضاه فلا يكون عنده، فيقول: هو عندك مضاربة فلا يصلح حتى يقبضه. انتهى.

[2077] **الهادي -عليه السلام- في الأحكام** [2/92]: وبلغنا عن أمير المؤمنين علي بن أبي طالب -عليه السلام-، أنه قال -في رجل يموت وعنده مال مضاربة-: (إن سماه بعينه قبل أن يموت، فقال: هذا لفلان، فهو له، وإن مات ولم يذكره فهو أسوة الغرماء). انتهى.

باب القول في الرهن

[2078] **مجموع زيد بن علي -عليهما السلام-** [صـ199]: حدثني زيد بن علي، عن أبيه، عن جده، عن علي -عليهم السلام-، أنه قال (الرهن بما فيه إذا كان قيمته والدين سواء، وإن كانت قيمته أكثر فهو بما فيه، وهو في الفضل أمين، وإن كانت قيمته أقل رجع بفضل الدين على القيمة). انتهى.

[2079] **علي بن بلال في شرح الأحكام** [إعلام الأحكام صـ382]: وأخبرنا السيد أبو العباس -رحمه الله-، قال: أخبرنا أبو زيد العلوي، قال: حدثنا محمد بن منصور، قال: حدثنا أحمد بن عيسى، عن الحسين، عن أبي خالد، عن زيد بن علي، عن أبيه عن جده، عن علي -عليهم السلام- أنه كان يقول -في الرهن-: (إذا ضاع يترادان الفضل).

[2080] وأخبرنا السيد أبو العباس -رحمه الله-، قال: حدثنا عبدالعزيز بن إسحاق الكوفي، قال: حدثنا علي بن محمد النخعي، قال: حدثنا سليمان بن إبراهيم المحاربي، قال: حدثنا نصر بن مزاحم المنقري، قال: حدثنا إبراهيم بن الزبرقان، قال: حدثني أبو خالد، قال: حدثني زيد بن علي، عن أبيه، عن جده، عن علي بن أبي طالب -عليهم السلام- أنه قال: (الرهن بما فيه إذا كان قيمته والدين سواء، وإن كانت قيمته أقل رجع بفضل الدين على القيمة). انتهى.

الجامع الكافي [5/375]: قال محمد - وهو قول القاسم فيما روى عبدالله، عن محمد، عن جعفر، عنه -: وإذا تلف الرهن عند المرتهن، أو ضاع من غير جناية، فالرهن بما فيه، إن كان قيمته مثل الدين أو أكثر، ولم يكن لأحدهما على صاحبه شيء، وإن كان قيمة الرهن أقل من الدين، رجع المرتهن على الراهن بفضل الدين على قيمة الرهن.

وإذا رهن رجل مائة درهم على عشرة دراهم، فضاعت المائة عند المرتهن، فلا شيء عليه؛ لأن عشرة بعشرة، والباقي وديعة، وهو فيها أمين على قول علي -عليه السلام-.

[2081] فيما روى محمد بن الحنفية، عن علي -عليه السلام- أنه قال: (إن كان الرهن أكثر فهو بما فيه، وإن كان أقل ترادا)، وهو قول أبي حنيفة، وأصحابه.

[2082] وروى أبو عياض، عن علي - في الرهن يهلك عند المرتهن - قال: (يترادان الفضل بينهما، إلا أن تصيب الذي عنده الرهن جائحة والرهن أكثر من دينه فهو بما فيه).

وروى إبراهيم والحكم عن علي -عليه السلام-، [وعن ابن عمر قال: يترادان الفضل].

باب القول في العارية والوديعة

[2083] **مجموع زيد بن علي -عليهما السلام-** [صـ200]: حدثني زيد بن علي، عن أبيه، عن جده، عن علي -عليهم السلام-، قال: (لا ضمان على مستعير، ولا مستودع إلا أن يخالف، ولا ضمان على من شارك في الربح، وللمستودع أن يودع الوديعة امرأته، وولده، وعبده، وأجيره).

قال أبو خالد: أظن هذا الكلام الأخير من كلام زيد بن علي -عليه السلام-، وليس هو عن علي -عليه السلام-. انتهى.

[2084] **أمالي أحمد بن عيسى -عليهما السلام-** [3/ 183]: أخبرنا محمد، قال: أخبرنا محمد بن جميل، عن مصبح، عن إسحاق بن الفضل، عن عبيدالله بن محمد بن عمر بن علي، عن أبيه، عن جده، عن علي -عليه السلام- -في رجل مسلم أعار أخاه عارية، فهلكت-، قال: (لا يسألها المعير، ولا يغرمها المعار، فإن أعارها رجلاً آخر، فهلكت من عنده فقد غرمها). انتهى.

رجال هذا الإسناد من ثقات محدثي الشيعة وقد مر الكلام عليهم.

[2085] **علي بن بلال في شرح الأحكام** [إعلام الأعلام صـ386]: وأخبرنا السيد أبو العباس -رحمه الله-، قال: أخبرنا أبو زيد العلوي، قال: حدثنا محمد بن منصور قال: حدثنا أحمد بن عيسى عن الحسين عن أبي خالد، عن زيد بن علي، عن آبائه: أن علياً -عليه السلام- كان يقول في العارية: (هو مؤتمن ما لم يحولها)، فقيل: ما تحويله إياها ؟، قال: (يعيرها غيره، أو يدفعها إليه).

[2086] **وفيه أيضاً** [إعلام الأعلام صـ390]: وأخبرنا السيد أبو العباس -رحمه الله-، قال: أخبرنا أبو زيد العلوي، قال: حدثنا الحسين بن القاسم، قال: حدثنا أحمد بن محمد، عن عمه علي، عن خالد أبي هاشم، قال: حدَّثني أبوك الحسن بن علي بن عمر، عن أبيه، عن جده، عن أبيه علي بن الحسين، عن النبي -صلى الله عليه وآله وسلم-، قال: ((من أودع وديعة فلا ضمان عليه)). انتهى.

رجال هذا الإسناد من ثقات الزيدية وقد مر الكلام عليهم.

[2087] **وفي شرح الأحكام أيضاً** [إعلام الأعلام صـ390]: قال علي بن بلال -رحمه الله- وأخبرنا السيد أبو العباس -رحمه الله-، قال: أخبرنا محمد بن بلال، قال: أخبرنا محمد بن عبد العزيز، قال: حدثنا الحسن بن الحسين العربي، حدثنا شريك بن عبدالله، عن جابر، عن عامر، عن علي -عليه السلام- أنه قال: (ليس على مؤتمن ضمان). انتهى.

رجال هذا الإسناد من ثقات محدثي الشيعة، وقد مر الكلام عليهم.

وشريك هو النخعي، وجابر هو ابن يزيد الجعفي، وعامر هو الشعبي.

[2088] **أمالي أحمد بن عيسى -عليهما السلام-** [3/ 188]: أخبرنا محمد، قال: أخبرنا محمد بن جميل، عن مصبح، عن إسحاق بن الفضل، عن عبيدالله بن محمد بن عمر بن علي، عن أبيه، عن جده، عن علي -عليه السلام-: قال: (ليس على مؤتمن ضمان ولا يمين، فإن اتهم حلف، ولا ضمان عليه). انتهى.

رجال هذا الإسناد من ثقات محدثي الشيعة وقد مر الكلام عليهم.

[2089] **الهادي -عليه السلام- في الأحكام**[2/ 135]: قال يحيى بن الحسين -صلوات الله عليه-: العارية إذا أخذت بضمان مضمونة، وإن لم تؤخذ بضمان لم يكن مستعيرها ضامناً لها، وقد استعار رسول الله -صلى الله عليه وآله وسلم- من صفوان بن أمية الجمحي دروعاً، فقال له: عارية مضمونة، أو غصباً: فقال: بل عارية مضمونة، فضمنها النبي -صلى الله عليه وآله وسلم-، ولو تلفت لغرمها له. انتهى.

باب القول في الهبة والصدقة

[2090] **مجموع زيد بن علي -عليهما السلام-** [صـ200]: حدثني زيد بن علي، عن أبيه، عن جده، عن علي -عليهم السلام-، قال: (لا تجوز هبة، ولا صدقة إلا معلومة مقسومة مقبوضة، إلا أن تكون صدقة أوجبها الرجل على نفسه، فيجب عليه أن يؤديها خالصة لله تعالى كما أوجب على نفسه). انتهى.

[2091] **وفيه أيضاً**: حدثني زيد بن علي، عن أبيه، عن جده، عن علي -عليهم السلام-، قال: (من وهب هبة فله أن يرجع فيها ما لم يكافأ عليها، وكل هبة لله تعالى، وصدقة فليس لصاحبها أن يرجع فيها).

وقال زيد بن علي -عليه السلام-: من الهبة لله -عز وجل-: الهبة للأقارب المحارم انتهى.

[2092] **الجامع الكافي**[5/ 450]: قال محمد، حدَّثني أبو الطاهر، قال: حدثني أبي، عن أبيه، عن جده، عن علي -عليهم السلام-، قال: (من وهب هبة يريد بها وجه الله والدار الآخرة، أو صلة الرحم فلا رجعة فيها، ومن وهب هبة يريد بها عوضاً كان له ذلك العوض ماكان قائماً بعينه، فإن استهلك كان له قيمته).

قال محمد: كل هذا الحديث يأخذ به الناس إلا الحرف الأخير إن كان مستهلكاً فلا شي له. انتهى.

[2093] **أمالي أحمد بن عيسى -عليهما السلام-**[3/ 172]: أخبرنا محمد، قال: حدَّثني أبو الطاهر، حدَّثني أبي، عن أبيه، عن جده، عن علي -عليهم السلام-، قال: (من وهب هبة يريد بها وجه الله والدار الآخرة، أو صلة الرحم؛ فلا رجعة له فيها، ومن وهب هبة يريد بها عوضاً كان له ذلك العوض ما كان قائماً بعينه، فإن استهلك كان له قيمته). انتهى.

الهادي -عليه السلام- في الأحكام[2/ 132]: قال يحيى بن الحسين -صلوات الله عليه-: والهبة عندنا جائزة، وكذلك الصدقة، وإن لم تقبض إذا حددت وفهمت وعرفت وأشهد عليها، لا اختلاف عند علماء آل رسول الله -صلى الله عليه وآله وسلم- في ذلك، وذلك قول أمير المؤمنين علي بن أبي طالب -عليه السلام-.

قال -يعني يحيى بن الحسين -صلوات الله عليه-: وتحديدها؛ أن يقول: قد وهبت لك داري التي في موضع كذا وكذا، وحدودها كذا وكذا، وكذلك القول في الصدقة.

وفي الأحكام أيضاً [2/ 131]: قال يحيى بن الحسين -صلوات الله عليه-: ولا يجوز للمسلم أن يهب لبعض ولده شيئاً دون سائر ولده، إلا أن يكون الموهوب له أبذل ولد الواهب لماله لوالده، وأكثرهم منافع له، وبراً به، فتكون هبته له دونهم مكافأة له على فعله، وبذله لوالده ماله ؛ لأن الله يقول: ﴿ هَلْ جَزَآءُ ٱلْإِحْسَـٰنِ إِلَّا ٱلْإِحْسَـٰنُ ﴿٦٠﴾ ﴾[الرحمن: 60]، فأما إذا استووا في الطاعة والبذل فلا تجوز الأثرة لبعضهم على بعض.

[2094] وعلى ذلك يخرج عندي الحديث الذي روي عن رسول الله -صلى الله عليه وآله وسلم- في النعمان(12) بن بشير في ابن له أتى به رسول الله -صلى الله عليه وآله وسلم- فقال: إني نحلت ابني هذا غلاماً كان لي، فقال رسول الله -صلى الله عليه وآله وسلم-: ((أكل ولدك نحلت مثل هذا ؟)) فقال: لا، فقال رسول الله -صلى الله عليه وآله وسلم-: ((فارتجعه)). انتهى.

وفي الجامع الكافي [5/ 443]: قال القاسم -فيما روى داود عنه-: يكره للرجل أن يعطي بعض ولده شيئاً في حياته دون الآخرين، وقد جاء عن النبي -صلى الله عليه وآله وسلم- أنه نهى بشيراً عن ذلك، وإن فعل ذلك وأشهد على ذلك، صح الأمر فيه، وجاز عليه ما فعل.

وقال الحسن -عليه السلام- -فيما روى ابن صباح عنه-، وهو قول محمد: يكره أن يفضل الرجل بعض ولده على بعض، بلغنا أن النبي نهى عن ذلك، وإن فضل بعضهم على بعض لكبر، أو لصلاح، أو لكثرة مؤنة فقد فعل ذلك العلماء. انتهى.

وفي الأحكام أيضاً [2/ 133]: قال يحيى بن الحسين -صلوات الله عليه-: كل من تصدق بصدقة على صغير أو كبير، وكانت الصدقة في يده لم يخرجها إلا أنه قد بيَّن، وأخبر بها، وأشهد على نفسه للموهوب له بها، فهي جائزة لمن وهبها من بعد

---

(12) حديث النعمان بن بشير الذي أشار إليه الهادي -رضي الله عنه- أخرجه البخاري ومسلم وأحمد في مسنده وأبو داوود والترمذي والنسائي وابن ماجة انتهى مؤلف.

الإشهاد له بها، والقبول من الموهوب له بها، لا يختلف في ذلك علماء آل رسول الله -صلى الله عليه وآله وسلم-، وكان جدي القاسم بن إبراهيم -رحمه الله- يقول: الذي أرى في ذلك أن الشهادة إذا قامت فهي أوكد [من القبض]، ومن الحوز، إلا أن يكون المتصدق عليه أو الموهوب له لم يقبلا، فإن كانا كذلك في ترك القبول لم تكن الهبة ولا الصدقة مستحقة، ولا البينة في ذلك نافعة؛ لأن المتصدق عليه ربما قبله، وربما لم يقبله، فإن قبل مع البينة كانت له، وإن لم يقبل لم تكن له، وأما الصغير فما تصدق عليه به من ذلك فموقوف له حتى يقبله عند الكبر، أو لا يقبله.

قال يحيى بن الحسين: إذا وقفت عليه أوقفت غلتها، وعملها أيضاً، وإن كان له ولي مثل الأب والجد فقبل له جاز قبوله. انتهى.

وفي الجامع الكافي [5/439]: وقال محمد: قال علي، وابن مسعود: إذا كانت الصدقة والهبة محدودة معلومة فهي جائزة وإن لم تقبض.

وروى محمد بإسناد: عن القاسم، عن علي وعبد الله نحو ذلك.

قال: وأجمع على ذلك بعدهما علماء آل رسول الله -صلى الله عليه وآله وسلم- منهم: علي بن الحسين، ومحمد بن علي، وزيد بن علي، وعبد الله بن الحسن -عليهم السلام-، ولا نعلم بين علماء آل رسول الله -صلى الله عليه وآله وسلم- في ذلك خلافاً. انتهى.

[2095] **أمالي أحمد بن عيسى -عليهما السلام-** [3/192]: أخبرنا محمد، قال: أخبرنا محمد بن جميل، عن عاصم، عن حبان بن علي العنزي، عن ليث، عن الحكم، عن علي -عليه السلام-: أنه كان يرى الصدقة جائزة بالثلث والربع في الدار، وإن لم تقسم. انتهى.

رجال هذا الإسناد قد مر الكلام عليهم جميعاً إلا حبان بن علي العنزي.

فقال في الجداول: حبان بن علي العنزي، أبو علي الكوفي، عن ليث بن أبي سليم، وعبد الملك بن عمير، ومغيرة.

وعنه: حسن بن حسين، وعلي بن عبد الحميد، وإسماعيل بن أبان.

قال ابن حبان: صدوق، وقال الدورقي، عن ابن معين: ليس به بأس.

توفي سنة اثنتين وسبعين ومائة، وكان يتشيع كذا في الثقات.

[احتج به ابن ماجة]. انتهى.

قلت: روى حبان في فضائل العترة الطاهرة فضعفوه.

وعاصم: هو ابن عامر.

وليث: هو ابن أبي سليم.

والحكم: هو ابن عتيبة.

باب القول في الشركة

[2096] **مجموع زيد بن علي -عليهما السلام-** [صـ198]: حدثني زيد بن علي، عن أبيه، عن جده، عن علي -عليهم السلام-: أن رجلين كانا شريكين على عهد رسول الله -صلى الله عليه وآله وسلم-، فكان أحدهما مواظباً على السوق والتجارة، وكان الآخر مواظباً على المسجد والصلاة خلف رسول الله -صلى الله عليه وآله وسلم-، فلما كان عند قسمة الربح قال المواظب على السوق: فَضِّلْني؛ فإني كنت مواظباً على التجارة، وأنت كنت مواظباً على المسجد، فجاءا إلى رسول الله -صلى الله عليه وآله وسلم-، فذكرا ذلك له، فقال النبي -صلى الله عليه وآله وسلم- للذي كان يواظب على السوق: ((إنما كنت ترزق بمواظبة صاحبك على المسجد)).

[2097] حدثني زيد بن علي، عن أبيه، عن جده، عن علي -عليهم السلام- قال: (يد الله مع الشريكين ما لم يتخاونا، فإذا تخاونا محقت تجارتهما، فرفعت البركة منها).

[2098] حدثني زيد بن علي، عن أبيه، عن جده، عن علي -عليهم السلام- في الشريكين، قال: (الربح على ما اصطلحا عليه، والوضيعة على قدر رؤوس أموالهما).

وقال زيد بن علي: الشركة: شركتان: شركة عنان، وشركة مفاوضة:

فالعنان: الشريكان في نوع من التجارة خاصة.

والمفاوضة: الشريكان في كل قليل وكثير.

وقال زيد بن علي -عليه السلام-: ما لزم أحد المفاوضين لزم الآخر، وما لزم أحد العنانين لم يلزم الآخر، ولكنه يرجع عليه بذلك إذا كان ذلك من تجارتهما. انتهى.

الجامع الكافي [5/314]: قال محمد: بلغنا عن علي -عليه السلام- أنه قال -في الشريكين-: (الربح على ما اصطلحا عليه، والوضيعة على المال). انتهى.

[2099] **علي بن بلال في شرح الأحكام** [إعلام الأعلام صـ379]: أخبرنا السيد أبو العباس -رحمه الله-، قال: أخبرنا عبدالعزيز بن إسحاق الكوفي، قال: حدثنا علي بن محمد النخعي، قال: حدثنا المحاربي، قال: حدثنا نصر بن مزاحم المنقري قال: حدثنا إبراهيم بن الزبرقان، قال: حدثني أبو خالد، قال عن زيد بن علي، عن أبيه عن جده، عن علي بن أبي طالب -عليهم السلام-: (أن رجلين كانا شريكين على عهد رسول الله -صلى الله عليه وآله وسلم-، فكان أحدهما مواظباً على السوق والتجارة، وكان الآخر مواظباً على المسجد والصلاة خلف رسول الله -صلى الله عليه وآله وسلم-، فلما كان عند قسمة الربح قال المواظب على السوق: فضلني؛ فإني كنت أواظب على التجارة، وأنت كنت تواظب على المسجد، فجاءا إلى رسول الله -صلى الله عليه وآله وسلم-، فذكرا ذلك له، فقال النبي -صلى الله عليه وآله وسلم- للذي كان يواظب على السوق: ((إنما كنت ترزق بمواظبة صاحبك المسجد)).

[2100] **وفيه أيضاً:** وبهذا الإسناد عن علي -صلوات الله عليه- في الشريكين قال: (الربح على ما اصطلحا عليه، والوضيعة على رؤوس الأموال).

[2101] **وفيه أيضاً:** بهذا الإسناد عن علي -صلوات الله عليه- قال: (يد الله جل ثناؤه على الشريكين ما لم يتخاونا، فإذا تخاونا محقت تجارتهما، فرفعت البركة منها).

وفيه أيضاً: وبهذا الإسناد عن زيد بن علي -عليهما السلام-: الشركة: شركتان شركة عنان، وشركة مفاوضة، فالعنان: الشريكين في نوع من التجارة خاصة، والمفاوضة: الشريكان في كل قليل وكثير ما لزم أحد المفاوضين لزم الآخر، وما لزم أحد العنانين لم يلزم الآخر، ولكنه يرجع عليه بذلك إذا كان ذلك من تجارتهما. انتهى.

باب القول في الشوارع والطرق إذا تشاجر أهلها

الهادي -عليه السلام- في الأحكام [2/128]: قال يحيى بن الحسين -صلوات الله عليه-: إذا تشاجر أهل الطرق، و[أهل] الشوارع، وأهل الأزقة في أزقتهم التي لا منفذ لها رأينا أن يجعل عرض الطريق التي لها منافذ ومسالك سبع أذرع، وعرض الأزقة التي لا منفذ لها على عرض أوسع باب فيها، وبذلك حكم(13) رسول الله -صلى الله عليه وآله وسلم- في الطرق ذوات المنافذ، والطرق التي لا منافذ لها.

فأما الطرق الكبار التي تجتاز فيها المحامل والأثقال فأرى أن أقل ما يجعل عرضها رمحاً، وهو اثنا عشر ذراعاً، ولم يأت عن الرسول -صلى الله عليه وآله وسلم- في شوارع المحامل تفسير ولا تقدير؛ لأنها لم تكن على عهده -صلوات الله عليه-، وإنما قلنا نحن بهذا المقدار فيها بالاجتهاد منا لرأينا، وما رأيناه أوسط

---

(13) أخرج البخاري ومسلم وأبو داوود وأحمد في المسند عن أبي هريرة، قال: قال رسول الله -صلى الله عليه وآله وسلم-: ((إذا اختلفتم في طريق فعرضه سبع أذرع)).
وأخرج أحمد في المسند وأبو داوود والترمذي وابن ماجة عن أبي هريرة أيضاً، عن النبي -صلى الله عليه وآله وسلم- قال: ((اجعلوا الطريق سبع أذرع)). انتهى. تمت مؤلف.

الأشياء في تقديرنا، واتبعنا في ذلك قوله -صلى الله عليه وآله وسلم-: ((لا ضرر ولا ضرار))، فجعلنا من ذلك مقداراً حسناً لم نجعل سعة الشارع إذا تشاكس فيه أهله أوسع من الاثني عشر ذراعاً فنضيق بذلك على أصحاب المنازل المتشاكسين، ولم نجعلها أقل من ذلك فيضيق على أبناء السبيل المجتازين، ولا غيرهم من المتسوقين.

قال يحيى بن الحسين -صلوات الله عليه-: وينبغي للإمام أن يتفقد طرق المسلمين، وسبلهم وأسواقهم ومدنهم، فيصلح بيار الطريق للحجاج وأبناء السبيل، ويحيي مياهها، وينقي مجاولها، ويسهل ما أمكن من صعبها، ويقطع ما يضر بالمار من شجر، ويهدم الصوامع الطوال التي في المدن التي تشرف على منازل المسلمين، وتبدو لمن ارتقى فيها حرمهم، فإن ذلك من أصلح أمورهم، لأن في طولها وإشراف من فيها هتكاً لحريم المسلمين، وسوأة إلى جيران المساجد من المسلمين.

وكذلك ينبغي له أن يوسع قوارع طرقهم، ويحوز الناس يميناً وشمالاً عن الإضرار بالمجيزين، والتضييق على المقبلين والمدبرين، وأن يأمرهم بتفقد السكك، ويأخذ أصحابها بتنظيفها، وإبعاد ما يضيقها عنها.

[2102] لأن رسول الله -صلى الله عليه وآله وسلم- (قد أمر بتنظيف العذرات)، وهي الأفنية والساحات.

وأن يأمر بقطع الكنف البارزة إلى الطرق والشوارع وتحويلها إلى داخل المنازل. انتهى.

باب القول في العمرى والرقبى

الهادي -عليه السلام- في الأحكام [2/134]: قال يحيى بن الحسين -صلوات الله عليه-: الرقبى والعمرى: تجريان مجرى الهبة إذا دفعها الدافع إلى المدفوع إليه، وقال: هي لك ولعقبك، أو ولدك، فإذا قال له ذلك كان هو وولده أولى بها من المرقِب و المعمِر، وجرت مواريث للمعطى ولعقبه أبداً.

وإن قال: قد أعمرتك هذه الدار حياتك، فأسكنها ما عشت، أو هذه النخل فكلها ما عشت؛ كانت له حياته، فإذا مات رجعت إلى ورثة المعمِر؛ لأن المؤمنين على شروطهم.

[2103] وعلى هذا يخرج معنى الحديث الذي رواه (14) جابر بن عبدالله عن النبي -صلى الله عليه وآله وسلم- أنه قال: ((أيما رجل أعمر [عمرى] له ولعقبه، فإنها للذي يعطاها لا ترجع إلى الذي أعطاها؛ لأنه أعطى عطاء وقعت فيه المواريث)).

قال يحيى بن الحسين -صلوات الله عليه-: يريد بقوله: ((وقعت فيه المواريث)): [أن المواريث] وقعت بقول المعطي لك ولعقبك، وهذا فهو الذي لا يرجع إلى المعطي من الرقبى والعمرى، فأما ما لم يذكر فيه المعطي للمعطى عقباً فالناس فيه على شروطهم. انتهى.

قلت وبالله التوفيق: وما قاله الهادي -عليه السلام- في تفسيره للحديث الشريف فهو الموافق للروايات المروية من طرق العامة:

فقد أخرج مسلم وأبو داوود وأحمد بن حنبل في مسنده عن جابر بن عبدالله رضي الله عنه قال: إنما العمرى التي أجازها رسول الله -صلى الله عليه وآله وسلم- أن يقول هي لك ولعقبك، فأما إذا قال هي لك ما عشت فإنها ترجع إلى صاحبها. انتهى.

وليس الغرض بإيراد هذا في كتابنا إلا الاستشهاد لتفسير الهادي -عليه السلام- فقط، وإلا فليس على شرطنا إيراد شيء من روايات العامة، ولا نحتج بـرواياتهم إلا ما وافق استشهاداً فقط.

ـــ
(14) حديث جابر بن عبدالله -رضي الله عنه- الذي أشار إليه الهادي -عليه السلام- أخرجه البخاري ومسلم وأبو داوود والترمذي والنسائي وابن ماجة وأحمد بن حنبل في المسند كلهم عن جابر بن عبدالله رضي الله عنه تمت مؤلف.

باب القول في الإجارة

[2104] **مجموع زيد بن علي** -عليهما السلام- [صـ 199]: حدثني زيد بن علي، عن أبيه، عن جده، عن علي -عليهم السلام-، قال: قال رسول الله -صلى الله عليه وآله وسلم-: ((من استأجر أجيراً فليعلمه بأجره، فإن شاء رضي، وإن شاء ترك)).

[2105] حدثني زيد بن علي، عن أبيه، عن جده، عن علي -عليهم السلام-: أنه أُتي بحمال كانت عليه قارورة عظيمة فيها دهن، فكسرها فضَمَّنَه إياها.

[2106] حدثني زيد بن علي، عن أبيه، عن جده، عن علي -عليهم السلام- قال: (كل عامل مشترك إذا أفسد فهو ضامن). انتهى.

[2107] **علي بن بلال في شرح الأحكام** [إعلام الأعلام صـ 372]: وأخبرنا السيد أبو العباس -رحمه الله-، قال: حدثنا عبدالعزيز بن إسحاق، قال: حدثنا علي بن محمد، قال: حدثنا المحاربي، قال: حدثنا نصر بن مزاحم قال: حدثنا إبراهيم بن الزبرقان، قال: حدثني أبو خالد، قال: حدثني زيد بن علي، عن أبيه عن جده، عن علي بن أبي طالب -صلوات الله عليه- أنه قال: (كل عامل مشترك إذا أفسد فهو ضامن).

[2108] وبهذا الإسناد: عن علي -عليه السلام- أنه أتي بحمال كانت عليه قارورة عظيمة فيها دهن فكسرها؛ فضمنه إياها.

وبهذا الإسناد: إلى زيد بن علي -عليهما السلام- قال: الضمان على الأجير المشترك الذي يعمل لي ولك ولهذا، والأجير الخاص لا ضمان عليه إلا فيما خالف. انتهى.

رجال هذا الإسناد قد مر الكلام عليهم وهم من ثقات محدثي الشيعة.

[2109] **الجامع الكافي** [5/ 292]: قال محمد: أخبرنا محمد بن جميل، عن مصبح، عن حاتم، عن جعفر، عن أبيه، عن علي -عليه السلام-: أنه كان يضمن الصانع والقصار، فقال: لا يصلح الناس إلا ذلك.

[2110] وروى بإسناده عن الحكم، عن علي -في صائغ دفع إليه شيء يصيغه، فزعم أنه سرق من عنده أو هلك-، قال: (يضمن).

[2111] وعن زيد عن آبائه أن علياً -عليه السلام- قال: (كل عامل مشترك إذا أفسد فهو ضامن.

وأن علياً أتي بحمال حمل قارورة عظيمة فيها دهن فكسرها، فضمنه إياها.

وأنه أُتي بنجار ضرب مسماراً في باب فكسره، فضمنه.

وأتي بأجير يعمل على جمل، فضرب فخذه، فكسرها، فضمنه. انتهى.

باب القول في المزارعة والمعاملة

[2112] **مجموع زيد بن علي -عليهما السلام- [صـ191]**: حدثني زيد بن علي، عن أبيه، عن جده، عن علي -عليهم السلام-: أن رسول الله -صلى الله عليه وآله وسلم- نهى عن قبالة الأرض بالثلث والربع.

وقال -صلى الله عليه وآله وسلم-: ((إذا كان لأحدكم أرض فليزرعها، أو ليمنحها أخاه، فتعطلت كثير من الأرضين)) فسألوا رسول الله -صلى الله عليه وآله وسلم- أن يرخص لهم في ذلك فرخص لهم، ودفع خيبراً إلى أهلها على أن يقوموا على نخلها يسقونه ويلقحونه، ويحفظونه بالنصف، فكان إذا أينع وآن صرامه بعث عبدالله بن رواحة -رضي الله عنه-، فخرص عليهم، ورد عليهم بحصصهم من النصف.

[2113] **وفيه**: حدثني زيد بن علي، عن أبيه، عن جده، عن علي -عليهم السلام-: أنه كره أن تزرع الأرض ببعرها، وكان يرخص في السرجين. انتهى.

قال في الروض النضير للسياغي -رحمه الله- ما لفظه: قال في حواشي المنهاج: البعر هاهنا: العذرة، والسرجين: أزبال البهائم. انتهى.

وهو في بعض النسخ بلفظ: العذرة، والسرجين -بالجيم-.

ويقال: السرقين -بالقاف وكسر السين فيهما- الزبل معرباً.

ويقال: سَرقين بالفتح، ولا يسمى سرجين إلا بعد خروجه، وقبله يسمى فرثاً أشار إليه الحريري في "درة الغواص". انتهى.

باب القول في الحوالة والكفالة والوكالة

[2114] **مجموع زيد بن علي** -عليهما السلام- [صـ202]: حدثني زيد بن علي، عن أبيه، عن جده، عن علي -عليهم السلام-: (أن رجلاً كفل لرجل بنفس رجل فحبسه حتى جاء به).

[2115] حدثني زيد بن علي، عن أبيه، عن جده، عن علي -عليهم السلام- أنه قال -في الحوالة-: (لا تِواء(15) على مسلم، إذا أفلس المحتال رجع صاحب الحق على الذي أحاله).

[2116] حدثني زيد بن علي، عن أبيه، عن جده، عن علي -عليهم السلام- -في رجل له على رجل حق، فكفل له رجل بالمال-، قال: (له أن يأخذهما بالمال).

[2117] حدثني زيد بن علي، عن أبيه، عن جده، عن علي -عليهم السلام-: أنه وكل الخصومة إلى عبدالله بن جعفر، وقال: ما قضي له فلي، وما قضي عليه فعلي، وكان قبل ذلك وكل الخصومة إلى عقيل بن أبي طالب حتى توفي. انتهى.

[2118] **الجامع الكافي** [7/345]: وروى محمد بإسناد، عن غياث، عن جعفر -عليه السلام-، عن علي -عليه السلام-: أنه كان يوكل بخصومته عقيل بن أبي طالب، فلما كبر جعلها إلى عبدالله بن جعفر، فما قضي له فله، وما قضي عليه فعليه. انتهى.

---

(15) قوله لاتواء: أي لا ضياع عليه ولا خسارة، وهو من التواء والهلاك. انتهى نهاية. تمت من حاشية على الأصل.

باب القول في الغصب

[2119] **مجموع زيد بن علي** -عليهما السلام- [صـ 201]: حدثني زيد بن علي، عن أبيه، عن جده، عن علي -عليهم السلام-، قال: (من خرق ثوباً لغيره، أو أكل طعاماً لغيره، أو كسر عوداً لغيره؛ ضمن، ومن استعان مملوكاً لغيره ضمن، ومن ركب دابة غيره ضمن). انتهى.

[2120] **علي بن بلال في شرح الأحكام** [إعلام الأعلام صـ 391]: أخبرنا السيد أبو العباس الحسني -رحمه الله-، قال: أخبرنا أبو زيد العلوي، قال: حدَّثنا الحسين بن القاسم القلانسي الكوفي، قال: حدَّثنا أحمد بن محمد بن جعفر، عن عمه علي بن الحسين، عن خاله أبي هاشم، قال: حدَّثنا أبوك الحسن بن علي، عن أبيه، عن جده، عن علي بن الحسين، قال: قال رسول الله -صلى الله عليه وآله وسلم-: ((من وجد ماله بعينه بيد رجل أخذه منه ويتبع البائع)).

[2121] وبهذا الإسناد: عن علي بن الحسين قال: قضى رسول الله -صلى الله عليه وآله وسلم-: ((أنه ليس لعرق ظالم حق)).

رجال هذا الإسناد من ثقات محدثي الشيعة، وقد مر الكلام عليهم.

[2122] **مجموع زيد بن علي** -عليهما السلام- [صـ 208]: حدثني زيد بن علي، عن أبيه، عن جده، عن علي -عليهم السلام-، قال: (من استعان عبد غيره بغير إذن السيد فهو ضامن، ومن ركب دابة بغير إذن صاحبها فهو ضامن). انتهى.

باب القول في أحرام الآبار والغيول وغيرهما

الهادي -عليه السلام- **في الأحكام** [2/127]: قال يحيى بن الحسين -صلوات الله عليه-: أحب ما رأينا وما سمعنا في ذلك من القول والمعنى، أن يكون حكم حريم رأس العين والفقير[16]؛ الذي يفور منه ماؤها خمس مائة

---
(16) الفقير: مخرج الماء من القناة. تمت صحاح.

ذراع من كل جانب منها كلها، من شرقيها وغربيها، ويمانيها وشاميها، لا يدخل على صاحبها في سحجه[17]، ولا يحتفر في شئ من حريمه.

وحريم البير الجاهلية خمسون ذراعاً من كل جانب.

وحريم البير الإسلامية الحادثة أربعون ذراعاً، فهذا أحسن ما رأينا وسمعنا في ذلك.

الإمام المرتضى محمد بن يحيى -عليهما السلام- في الإيضاح [مجموع المرتضى (1/ 150)]: وسألت عن الحديث الذي روي عنه -صلى الله عليه وآله وسلم- في الحمى، وقد أمر بذلك -عليه السلام- فجعل للبير أربعين ذرعاً، وجعل للغيل خمسمائة ذراع:

فأما ما سألت عنه من ثلة البير، فإنما هو تراب البير يسمى ثلة، ويسمى القطيع من الغنم ثلة، وتسمى الجماعة من الرجال -بضم الثاء-.

وأما حلقة الجماعة فلا نعرف لها حمى، إلا أنه لا ينبغي أن يغشى قوم في سر، لأن ذلك ليس من الأدب ولا من الدين. انتهى.

وفي الجامع الكافي [5/ 352]: قال القاسم -عليه السلام- -فيما روى داوود عنه-: وسئل عن حريم الآبار والعيون كم يكون؟.

فقال: أما حريم البير فما ذكر من خمسين ذراعاً.

وأما حريم البير فلها سحجها، وهو مذهبها في مضربها، والرفع في رأسها ما لم يذهب في حق لأحد كان قبله، وليس لأحد أن يدخل عليه سحجه ويرفع رأس عينه بضرر يضره. انتهى.

(17) سحجه -بالسين المهملة بعدها حائين مهملتين-: وهو الحريم للبير، ونحوها. تمت مؤلف.

باب القول في القرض والترغيب فيه

[2123] **مجموع زيد بن علي -عليهما السلام- [صـ 241]**: حدثني زيد بن علي، عن أبيه، عن جده، عن علي -عليهم السلام-، قال: قال رسول الله -صلى الله عليه وآله وسلم-: ((من أقرض قرضاً كان له مثله صدقة))، فلما كان من الغد، قال رسول الله -صلى الله عليه وآله وسلم-: ((من أقرض قرضاً كان له مثلاه كل يوم صدقة))، قال -عليه السلام-: قلتَ يا رسول الله أمس: ((من أقرض قرضاً كان له مثله صدقة))، وقلت اليوم: ((من أقرض قرضاً كان له مثلاه كل يوم صدقة)) قال -صلى الله عليه وآله وسلم-: ((نعم، من أقرض قرضاً، فأخره بعد محله كان له كل يوم مثلاه صدقة)). انتهى.

[2124] **أبو طالب -عليه السلام- في الأمالي [صـ 435]**: حدَّثنا أبو أحمد علي بن الحسين بن علي الديباجي، قال: أخبرنا أبو الحسين علي بن عبد الرحمن بن عيسى بن ماتي، قال: حدَّثنا محمد بن منصور، قال: حدثنا أحمد بن عيسى، عن حسين بن علوان، عن أبي خالد، عن زيد، عن جده، عن علي -عليه السلام- قال: قال رسول الله -صلى الله عليه وآله وسلم-: ((من أقرض قرضاً كان له مثله كل يوم صدقة))، فلما كان من الغد، قال رسول الله -صلى الله عليه وآله وسلم-: ((من أقرض قرضاً كان له مثلاه كل يوم صدقة))(18) قال -عليه السلام-: قلت يا رسول الله، قلت أمس: ((من أقرض قرضاً كان له مثله صدقة))، وقلت اليوم: ((من أقرض قرضاً كان له مثلاه صدقة))، قال -صلى الله عليه وآله وسلم-: ((نعم، من أقرض قرضاً، فأخره بعد محله كان له مثلاه كل يوم صدقة)). انتهى.

رجال هذا الإسناد من ثقات محدثي الشيعة وقد مر الكلام عليهم.

[2124] **أمالي أحمد بن عيسى -عليهما السلام- [2/311]**: وحدثنا محمد قال: حدثني أحمد بن عيسى، عن حسين، عن أبي خالد، عن زيد، عن آبائه، عن

---
(18) في أمالي أبي طالب: فلما كان من الغد، قال رسول الله -صلى الله عليه وآله وسلم- (من أقرض قرضاً كان له مثلاه صدقة).

علي -عليهم السلام- قال: قال رسول الله -صلى الله عليه وآله وسلم-: ((من أقرض قرضاً كان له مثله صدقة))، فلما كان من الغد، قال رسول الله -صلى الله عليه وآله وسلم-: ((من أقرض قرضاً كان له مثلاه كل يوم صدقة)) قال: قلتُ: يا رسول الله قلتَ أمس: ((من أقرض قرضاً كان له مثله صدقة))، وقلتَ اليوم: ((من أقرض قرضاً كان له مثلاه كل يوم صدقة))، قال -صلى الله عليه وآله وسلم-: ((نعم، من أقرض قرضاً، فأخره بعد محله كان له مثلاه كل يوم صدقة)). انتهى.

[2125] **علي بن بلال في شرح الأحكام** [إعلام الأعلام ص362]: أخبرنا السيد أبو العباس الحسني -رحمه الله-، قال: أخبرنا محمد بن بلال، قال: حدثنا محمد بن عبد العزيز، قال: حدثنا الحسن بن الحسين العرني، عن علي بن القاسم الكندي، عن ابن أبي رافع، عن أبيه، عن جده، قال: قال علي -عليه السلام-: (من أقرض قرضاً فلا يشرط إلا مثلها، فإن جوزي خيراً منها أو مثلها فليقبل). انتهى.

رجال هذا الإسناد من ثقات محدثي الشيعة، وقد مر الكلام عليهم.

[2126] **أمالي أحمد بن عيسى** -عليهما السلام- [3/173]: أخبرنا محمد، قال: أخبرنا محمد بن جميل، عن محمد بن جبلة، عن محمد بن بكر، عن أبي الجارود، قال: سمعت أبا جعفر يقول: كل قرض جر منفعة فهو ربا.

قال محمد: يقول: إذا ابتدأ القرض على أنه يريد المنفعة فلا خير فيه، وإن ابتدأ يريد الأجر والمعروف، ثم كافأه الرجل بما شاء فهو جائز، روي ذلك عن النبي -صلى الله عليه وآله وسلم-، وعن الحسن والحسين، وجعفر بن محمد عليهم جميعاً السلام، وهو الذي عليه الناس أنهم أنالوا من أقرضهم وقبلوا ذلك، إلا أنه بعد قبض الحق. انتهى.

رجال هذا الإسناد من ثقات محدثي الشيعة وقد مر الكلام عليهم.

[2127] **وفي أمالي أحمد بن عيسى** -عليهما السلام- أيضاً [3/190]: أخبرنا محمد، قال: أخبرنا محمد بن جميل، عن إسماعيل، عن عمرو، عن جابر، عن أبي

جعفر، عن علي بن أبي طالب، عن النبي -صلى الله عليه وآله وسلم- قال: ((كل قرض جر منفعة [أو معنىً] فهو ربا، ولا تشترين أصنافاً بدراهم ضربة حتى تضيف لكل نوع ثمنه من الورق)).

وذكر أن رسول الله -صلى الله عليه وآله وسلم- بعث علياً -عليه السلام- مصدقاً، فجعل الرجل يأتيه بأفضل إبله، وأفضل غنمه فيقول: خذها ؛ فإني أحب أن أعطي الله أفضل مالي، فقال لهم علي -عليه السلام-: (إنما أمرني رسول الله -صلى الله عليه وآله وسلم- أن آخذ من صدقاتكم الوسط، فلست آخذها حتى أرجع إلى رسول الله -صلى الله عليه وآله وسلم- فأذكرها له)، فرجع، فذكر له، فقال نبي الله -صلى الله عليه وآله وسلم-: ((بيِّن لهم ما في أموالهم من الفرائض، فإن طابت أنفسهم بأفضل من ذلك فاقبل منهم)). انتهى.

رجال هذا الإسناد من ثقات محدثي الشيعة وقد تقدم الكلام عليهم.

وإسماعيل: هو ابن صبيح اليشكري.

وعمرو: هو ابن شمر الكوفي.

وجابر: هو ابن يزيد الجعفي.

الهادي -عليه السلام- في الأحكام[2/ 47]: قال يحيى به الحسين -عليه السلام-: ومن شَبَّه السلم ببيع التأخير الذي يدخله الزيادة والربح للبايع على كل حال من الأحوال، وفي كل وقت من الأوقات أو شبهه أو توهم أنه كالسلف الذي يجر منفعة، الذي قال فيه رسول الله -صلى الله عليه وآله وسلم-: ((كل سلف جر منفعة فهو حرام))، فقد غلط في ذلك. انتهى.

باب القول في الإقرار

[2128] **مجموع زيد بن علي -عليهما السلام-**[صـ251]: حدثني زيد بن علي، عن أبيه، عن جده، عن علي -عليهم السلام-: في رجل يموت، ويخلف ابنين، فيقر أحدهما بأخ له قال: (يستوفي الذي أقر حقه، ويدفع الفضل).

[2129] حدثني زيد بن علي، عن أبيه، عن جده، عن علي -عليهم السلام-، في الورثة يقر بعضهم بدين قال: (يدفع الذي أقر حصته من الدين). انتهى.

الجامع الكافي [7/282]: أجمع أحمد والقاسم والحسن -عليهم السلام-، ومحمد: على أن الرجل الحر البالغ العاقل إذا أقر على نفسه [بشيء من حقوق الناس جاز إقراره على نفسه، واختلفوا فيمن أقر على نفسه] بحق من حقوق الله ليس للناس فيه شيء مثل الزنا، وشرب الخمر والسرقة:

فقال القاسم، والحسن -فيما روى ابن صباح عنه-، وهو قول محمد الأول: إذا أقر الرجل على نفسه بالسرقة أو شرب الخمر أقيم عليه الحد.

قال القاسم -عليه السلام-: وقد ذكر عن علي -صلى الله عليه-: (أنه ردد مرتين).

وآخر قولي محمد: إذا أقر على نفسه مرتين أقيم عليه الحد.

قال القاسم: وسئل عمن أقر بالزنا كم مرة يردد؟

فقال: ذكر عن النبي -صلى الله عليه وآله وسلم- أنه ردد ماعز بن مالك أربع مرات فلما كان في الرابعة رجمه.

قال محمد: وإذا أقر على نفسه بالزنا أربع مرات في أربعة مواطن وجب عليه الحد.

[2130] وروى محمد بإسناده، عن علي -صلى الله عليه-: أن رجلاً قام إليه فقال: إني شربت الخمر، فقال: (اجلس، فإنك أحمق)، فقام إليه الثانية، فقال مثل ذلك، فقال علي صلى الله عليه: (شاهدان على رجل، اجلدوه).

[2131] وعن علي -صلى الله عليه-: أن رجلاً قال له: إني سرقت، فطرده، ثم عاد فقال: إني سرقت، فقال علي -صلى الله عليه-: (قد شهدت على نفسك مرتين)، فأمر به فقطع. انتهى.

باب القول في الوقف

[2132] **مجموع زيد بن علي -عليهما السلام-** [صـ253]: حدثني زيد بن علي، عن أبيه، عن جده، عن علي -عليهم السلام-، أنه كتب في صدقته: (هذا ما أوصى به علي بن أبي طالب، وقضى به في ماله: إني تصدقت بينبع، ووادي القرى، والأذينة وراعة في سبيل الله ووجهه، أبتغي بها مرضات الله، ينفق منها في كل نفقة في سبيل الله ووجهه في الحرب والسلم، والجنود وذوي الرحم، والقريب والبعيد، لا تباع ولا توهب ولا تورث، حياً أنا أو ميتاً، أبتغي بذلك وجه الله والدار الآخرة، لا أبتغي إلا الله تعالى، فإن يقبلها -وهو يرثها وهو خير الوارثين- فذلك الذي قضيت فيها فيما بيني وبين الله -عز وجل-، الغدُ منذ قدمت مسكن واجبةً بتلةً، حياً أنا أو ميتاً، ليولجني الله -عز وجل- بذلك الجنة، ويصرفني عن النار، ويصرف النار عن وجهي، يوم تبيض وجوه، وتسود وجوه.

وقضيت أن رَبَاحَاً وأبا نَيْزَر وجبيراً، إن حدث بي حدَث محرّرون لوجه الله -عز وجل- ولا سبيل عليهم.

وقضيتُ أن ذلك إلى الأكبر فالأكبر من ولد علي -عليه السلام- المرضيين هديهم وأمانتهم وصلاحهم، والحمد لله رب العالمين). انتهى.

باب القول في التفليس

[2133] **مجموع زيد بن علي -عليهما السلام-** [صـ207]: حدثني زيد بن علي، عن أبيه، عن جده، عن علي -عليهم السلام-، أنه قال: (إذا باع الرجل متاعاً من رجل، وقبضه ثم أفلس، قال: البائع أسوة الغرماء).

[2134] حدثني زيد بن علي، عن أبيه، عن جده، عن علي -عليهم السلام-، أنه كان يبيع متاع المفلس إذا التوى على غرمائه، وإذا أبى أن يقضي ديونه.

[2135] **وفيه** [205]: حدثني زيد بن علي، عن أبيه، عن جده، عن علي -

عليهم السلام-، قال: (إذا حبس القاضي رجلاً في دَين، ثم تبين له إفلاسه وحاجته أخرجه حتى يستفيد مالاً، ثم يقول له: (إذا استفدت مالاً فاقسمه بين غرمائك). انتهى.

[2136] **أمالي أحمد بن عيسى -عليهما السلام-**[4/ 239]: أخبرنا محمد، قال: أخبرنا محمد بن راشد، أخبرنا إسماعيل بن أبان، عن غياث، عن جعفر، عن أبيه، عن علي -عليه السلام-: أنه كان يحبس الرجل إذا التوى على غريمه، فإذا تبين له إفلاسه وحاجته، أخرجه حتى يستفيد مالاً، ويقول له: (قد استفتدت مالاً فاقسمه بين غرمائك). انتهى.

رجال هذا الإسناد قد تقدم الكلام عليهم، وجميعهم من ثقات محدثي الشيعة.

ومحمد في أول الإسناد: هو المرادي، ومحمد بن راشد: هو الحبال المكحولي، وإسماعيل بن أبان: هو الوراق، وغياث: هو ابن إبراهيم.

[2137] **الهادي -عليه السلام- في الأحكام**[2/ 105]: قال يحيى بن الحسين -صلوات الله عليه-: إذا أفلس رجل، وعنده سلعة غريمه قائمة بعينها فصاحب السلعة أولى بها من سائر الغرماء، وبذلك حكم محمد رسول الله -صلى الله عليه وآله وسلم-.

[2138] وفي ذلك: ما بلغنا عنه -صلى الله عليه وآله وسلم- أنه قال: ((من أدرك ماله بعينه عند رجل قد أفلس فهو أحق من غيره)).

[2139] وبلغنا عنه -صلى الله عليه وآله وسلم- أنه قال: ((أيما رجل مات أو أفلس فصاحب المتاع أولى بالمتاع إذا وجده بعينه)). انتهى.

[2240] **الجامع الكافي** [7/ 396]: قال محمد: حدَّثنا ابن منذر، عن ابن فضيل، عن محمد بن إسحاق، عن أبي جعفر، عن علي -عليهما السلام- أنه قال:

(حبسُ رجلٍ في السجن بعد ما يعلم ما عليه من الحق ظلم).

فقال محمد: معناه: أن الحاكم يسأل عنه، فإن كان مطلعاً على حقه حكم عليه به، وإن كان معدماً فَلَّسه وأخرجه. انتهى.

رجال هذا الإسناد قد تقدم الكلام على بعضهم، وبعضهم سيأتي الكلام عليه، وهم جميعاً من ثقات محدثي الشيعة.

وابن منذر: هو علي بن منذر الطريقي.

وابن فضيل: هو محمد بن فضيل بن غزوان الكوفي.

ومحمد بن إسحاق: هو المطلبي، صاحب المغازي والسير، المشهور بابن إسحاق، وسيرةُ ابن هشام مختصرةٌ من سيرته.

[2241] **أمالي أحمد بن عيسى -عليهما السلام-** [4/ 214]: أخبرنا محمد: قال: أخبرنا علي ابن منذر، عن ابن فضيل، عن محمد بن إسحاق، عن أبي جعفر، عن علي -عليهما السلام- قال: (حبسُ الرجلِ في السجن بعد أن يعلم [ما] عليه من الحق ظلم).

فقال محمد: يقول يسأل عنه، فإن كان مطلعاً على حقه حكم عليه به، وإن كان معدماً فلته وأخرجه. انتهى.

باب القول في الصلح

[2142] **مجموع زيد بن علي -عليهما السلام-** [صـ205]: حدثني زيد بن علي، عن أبيه، عن جده، عن علي -عليهم السلام-، قال: (الصلح جائز بين المسلمين إلا صلحاً أحل حراماً، أو حرم حلالاً). انتهى.

[2143] **أمالي أحمد بن عيسى -عليهما السلام-** [3/ 181]: أخبرنا محمد، قال: أخبرنا محمد، عن ابن فضيل، عن الأجلح، عن الحكم، قال: خرج النبي -صلى الله عليه وآله وسلم- وإذا رجل يلازم رجلاً، وإذا المطلوب يقول: لا والذي لا إله غيره، ما هي عندي، فقال النبي -صلى الله عليه وآله وسلم-

للطالب: ((خذ الشطر، ودع الشطر)). انتهى.

رجال هذا الإسناد من ثقات محدثي الشيعة، وقد تقدم الكلام عليهم.

ومحمد في أول الإسناد: هو ابن منصور المرادي.

والثاني محمد بن جميل.

وابن فضيل: هو محمد بن فضيل بن غزوان.

والأجلح: هو ابن عبدالله الكندي.

والحكم هو ابن عتيبة من أصحاب علي -عليه السلام- وشيعته ومحبيه.

الهادي -عليه السلام- في الأحكام[2/ 112]: قال يحيى بن الحسين -صلوات الله عليه-: كل صلح اصطلح المسلمون بينهم عليه فهو جائز إلا أربعة أشياء:

صلح حرم ما أحل الله جل جلاله، عن أن يحويه قول أو يناله.

أو صلح أحل ما حرم الله.

أو صلح في حد من الحدود التي أوجب الله إقامتها بعد رفع ذلك إلى إمام المسلمين.

أو صلح في نقد بدين.

والصلح بالدين الذي لا يجوز: أن يكون لرجل على رجل عشرة دنانير، فيطالبه بها فيجحده ويمتنع من قضائه، فيصالح بينهما على أن يطرح عنه خمسة دنانير، ويأخذ خمسة، فيصالحه صاحب الدين ويرضى منه بذلك، فيستنظره بالخمسة إلى مدة؛ فهذا الصلح لا يجوز.

ومن ادعى شيئاً فصولح على أكثر منه لم يجز ذلك الصلح، ومن ادعى شيئاً فصولح على ما دونه جاز الصلح على ما ذكرنا من تعجيل ما تصولح عليه، وإن وقع الصلح بين الغريمين على شئ مبهم أو شيء جزافاً لا يعرفانه جميعاً بكيل ولا

وزن جاز ذلك كما يجوز بيع الجزاف إذا لم يعلما جميعاً كيله ولا وزنه ولا عدده.

وكذلك الصلح فجائز بين الناس في الدماء والديات والجراح والديون، وكل سبب يتعاملون عليه وادعاه بعضهم على بعض، إلا ما ذكرنا من الأربعة الأشياء.

والصلح جائز بين الرجال والنساء من المسلمين جميعاً، وأهل الذمة، ولا يكون الصلح إلا بين الذين جرت عليهم الأحكام بالبلوغ من السنين، خمسة عشر سنة، أو الإدراك بالبلوغ. انتهى.

باب الحجر

[2144] **مجموع زيد بن علي** -عليهما السلام- [صـ 207]: حدثني زيد بن علي، عن أبيه، عن جده، عن علي -عليهم السلام-: أنه سأل عثمان بن عفّان أن يحجر على عبدالله بن جعفر رضي الله عنهما، وذلك أنه بلغه أنه اشترى شيئاً فغبن فيه بأمر مفرط. انتهى.

[2145] **الجامع الكافي** [7/399]: قال الحسن بن يحيى: أجمع آل رسول الله -صلى الله عليه وآله وسلم- على الاقتصاد في الطعام والشراب، وإن اتسع متسع في النفقة من حلاله لم يضيق ذلك عليه، وليس بمسرف عندهم، إلا أن ينفق في غير حله، فذلك سرف، قليله وكثيره. انتهى.

[2146] **وفي الجامع الكافي أيضاً** [7/400]: قال -يعني محمد بن منصور-: وإذا كان الرجل مسرفاً مفسداً لماله حجر عليه، قد سأل علي بن أبي طالب -عليه السلام- عثمان أن يحجر على عبدالله بن جعفر حتى شاركه الزبير. انتهى.

باب القول في العتق والكتابة والتدبير

[2147] **مجموع زيد بن علي** -عليهما السلام- [صـ 250]: حدثني زيد بن علي، عن أبيه، عن جده، عن علي -عليهم السلام-، قال: (يعتق الرجل من عبيده ما شاء، ويسترق منهم ما شاء).

[2148] حدثني زيد بن علي، عن أبيه، عن جده، عن علي -عليهم السلام-، في عبد بين رجلين أعتقه أحدهما قال: (يقوم بالعدل فيضمن لشريكه حصته).

[2149] حدثني زيد بن علي، عن أبيه، عن جده، عن علي -عليهم السلام-: أنه كان يستحب أن يحط من المكاتب ربع الكتابة، ويتلو: ﴿وَءَاتُوهُم مِّن مَّالِ ٱللَّهِ ٱلَّذِىٓ ءَاتَىٰكُمْ﴾ [النور:33].

[2150] حدثني زيد بن علي، عن أبيه، عن جده، عن علي -عليهم السلام-: أنه كان لا يقضي بعجز المكاتب حتى يتوالا عليه نجمان. انتهى.

[2151] **الهادي -عليه السلام- في الأحكام**[2/ 325]: وكذلك بلغنا عن أمير المؤمنين علي بن أبي طالب -عليه السلام- أنه قال: (إذا أعتق الرجل من عبده عضواً فهو حُرٌّ كُلُّه).

[2152] **وفيها أيضاً**[2/ 318]: قال يحيى بن الحسين -عليه السلام-: فإن قتل مكاتب، أو قطع منه عضو وُدِيّ على حساب ما أدى من مكاتبته، ومابقي فعلى حساب قيمته، وكذلك في جميع الحدود إن لزمته حدود، وذلك قول أمير المؤمنين علي بن أبي طالب -عليه السلام-. انتهى.

[2153] **مجموع زيد بن علي -عليهما السلام-[صـ207]**: حدثني زيد بن علي، عن أبيه، عن جده، عن علي -عليهم السلام-: أنه قضى في العبد يلزمه الدين، ثم يعتقه سيده: (أن السيد ضامن لدينه إن كان يعلم بالدين، وإن كان أعتقه وهو لا يعلم بالدين ضمن قيمته للغرماء). انتهى.

[2154] **علي بن بلال في شرح الأحكام** [إعلام الأعلام صـ]: أخبرنا السيد أبو العباس الحسني -رحمه الله-، قال: أخبرنا علي بن محمد الروياني، قال: حدَّثنا الحسين بن علي بن الحسن، قال: حدَّثنا زيد بن الحسين، عن ابن أبي أويس، عن ابن ضميرة، عن أبيه، عن جده، عن علي -عليه السلام-: أنه كان يقول: من أعتق شركاً له في عبد أعتق [عليه](19)، وأقيم عليه؛ لأن رسول الله -صلى الله

(19) ما بين القوسين زيادة في إعلام الأعلام بأدلة شرح الأحكام المطبوع.

عليه وآله وسلم- يقول: ((لا ضرر ولا ضرار [في الإسلام][20])).

[2155] وبهذا الإسناد عن ابن ضميرة، عن أبيه، عن جده، عن علي -عليه السلام- أنه كان يقول: (لا يطأ الرجل مكاتبته إذا كاتبها). انتهى.

رجال هذا الإسناد من ثقات محدثي الشيعة وقد تقدم الكلام عليهم جميعاً.

وحسين بن علي بن الحسن: هو أخو الناصر للحق -عليه السلام-، وهو المترجم في كتب الأصحاب بالحسين بن علي المصري.

وابن أبي أويس: هو أبو بكر بن أبي أويس.

وابن ضميرة: هو الحسين بن عبدالله بن أبي ضميرة.

[2156] **الجامع الكافي** [5/ 472]: قال محمد: إذا قال الرجل: كل مملوك اشتريته إلى ثلاثين سنة فهو حر، أو فهو مدبر، فاشترى مملوكاً؛ لم يعتق، ولم يكن مدبراً؛ لأنه حلف على ما لم يملك.

وروي عن علي -صلوات الله عليه-، وعن جماعة من الصحابة، وغيرهم: أنهم قالوا: (لا عتق قبل ملك)، وهو قول آل رسول الله -صلى الله عليه وآله وسلم-.

وفيه أيضاً [5/ 491]: قال القاسم -عليه السلام- فيما روى داوود عنه: ولا بأس ببيع المدبر إذا احتاج صاحبه إلى ثمنه، وذكر أن رسول الله -صلى الله عليه وآله وسلم- أمر مُدَبِّرَاً ببيع مدَبَّره، وقد قال أهل المدينة: لا يباع، ولا يوهب، وكيف ؟ وإنما المدبر يخرج من ثلثه إذا مات، وإنما هو وصية. انتهى.

باب الشهادات

[2157] **مجموع زيد بن علي -عليهما السلام-** [صـ203]: حدثني زيد بن علي، عن أبيه، عن جده، عن علي -عليهم السلام-، قال: (لا تجوز شهادة متّهم، ولا ظنين، ولا محدود في قذف، ولا مجرب في كذب، ولا جار إلى نفسه نفعاً، ولا

---

(20) ما بين القوسين غير موجود في إعلام الأعلام بأدلة شرح الأحكام المطبوع.

دافع عنها ضرراً).

[2158] حدثني زيد بن علي، عن أبيه، عن جده، عن علي -عليهم السلام-، قال: (لا تجوز شهادة رجل واحد على شهادة رجل واحد حتى يكونا شاهدين على شهادة شاهدين).

[2159] حدثني زيد بن علي، عن أبيه، عن جده، عن علي -عليهم السلام-، قال: (إذا رجع الشاهد ضمن).

[2160] حدثني زيد بن علي، عن أبيه، عن جده، عن علي -عليهم السلام-، قال: (لا تجوز شهادة ولد لوالده، ولا والد لولده، إلا الحسن والحسين فإن رسول الله -صلى الله عليه وآله وسلم- شهد لهما بالجنة). انتهى.

[2161] المرتضى -عليه السلام- في كتاب النهي [مجموع المرتضى (2/ 768)]: عن أبيه يحيى بن الحسين، عن آبائه، عن علي -عليهم السلام- قال: نهى رسول الله -صلى الله عليه وآله وسلم- أن تقبل شهادة امرأة وحدها في الحدود.

ونهى أن تقبل شهادتهن في شيء إلا ومعهن رجل إلا في الإستهلال، و الرضاع. انتهى.

[2162] أمالي أحمد بن عيسى -عليهما السلام- [3/ 211]: حدَّثنا محمد، قال: حدَّثنا حسين بن نصر، عن خالد، عن حصين، عن جعفر، عن أبيه، عن علي عليه السلام: أنه أتي بامرأة بكر، فقال: زعموا أنها زنت فأمر النساء، فنظرن إليها، فقلن: هي عذراء، فقال: (ما كنت لأضرب من عليها خاتم من الله)، وكان يجيز شهادة النساء في مثل هذا. انتهى.

رجال هذا الإسناد من ثقات محدثي الشيعة وقد تقدم الكلام عليهم جميعاً.

[2163] صحيفة علي بن موسى الرضا -عليهما السلام- [صـ 500]: بسنده عن أبيه عن آبائه، عن علي -عليهم السلام-: سئل رسول الله -صلى الله عليه

وآله وسلم- عن امرأة زنت، فذكرت المرأة أنها بكر، فأمرني أن آمر النساء أن ينظرن إليها، فوجدنها بكراً، فقال -صلى الله عليه وآله وسلم-: ((ما كنت لأضرب من عليه خاتم الله -عز وجل-))، وكان -صلى الله عليه وآله وسلم- يجيز شهادة النساء في مثل هذا. انتهى.

[2164] **أمالي أحمد بن عيسى -عليهما السلام-**[3/ 130]: أخبرنا محمد، قال: أخبرنا محمد بن عبيد، عن الزنجي بن خالد، قال: سمعت جعفر بن محمد يذكر عن أبيه، عن علي -عليه السلام-، قال: (تجوز شهادة النساء في كل شيء، إلا الحد). انتهى.

رجال هذا الإسناد قد مر الكلام عليهم إلا الزنجي بن خالد:

فقال في الجداول:

مسلم بن خالد المخزومي، مولاهم أبو خالد المكي، المشهور بالزنجي، شيخ الحرم، عن ابن أبي مليكة، وابن شهاب، وعمرو بن دينار، والحسن بن محمد بن علي، والصادق، وابن جريج، وخلق.

وعنه: الشافعي، ومروان الظاهري، والحميدي، وقيس بن الربيع، وإسحاق بن إسرائيل، وغيرهم.

وقال ابن معين: ليس به بأس، وفي رواية ثقة.

وقال ابن عدي: حسن الحديث.

قال الحاكم: اجتمع للشافعي شيخا أهل الحق -يعني مسلماً وابن أبي يحيى-.

توفي سنة ثمانين ومأتين، وعداده في رجال العدل والتوحيد والتشيع. انتهى.

[2165] **مجموع زيد بن علي -عليهما السلام-**[صـ230]: حدثني زيد بن علي، عن أبيه، عن جده، عن علي -عليهم السلام-، قال: (لا تقبل شهادة النساء في الحدود والقصاص، وكان لا يقبل شهادة على شهادة في حد ولا قصاص).

[2166] حدثني زيد بن علي، عن أبيه، عن جده، عن علي -عليهم السلام-: أن شاهدين شهدا عند علي -عليه السلام- على رجل أنه سرق سرقة، فقطع يده، ثم جاءا بآخر، فقالا: يا أمير المؤمنين غلطنا هذا الذي سرق، والأول بريء، فقال -عليه السلام-: (عليكما دية الأول، ولا أصدقكما على هذا الآخر، ولو أعلم أنكما تعمدتما في قطع يده لقطعت أيديكما).

[2167] حدثني زيد بن علي، عن أبيه، عن جده، عن علي -عليهم السلام-: أنه قضى في رجل في يده دابة شهد له عليها شاهدان أنها دابته نتجت عنده، وأقام رجل شاهدين أنها دابته، ولم يشهد شاهداه أنها نتجت عنده، فقضى أن الناتج أولى من العارف.

[2168] حدثني زيد بن علي، عن أبيه، عن جده، عن علي -عليهم السلام-: في دابة بيد رجل ادعاها رجل، ولأحدهما شاهدان، وللآخر ثلاثة شهود، قال: (هو بينهما على خمسة: لصاحب الشاهدين: الخمسان، ولصاحب الثلاثة: الثلاثة الأخماس).

[2169] حدثني زيد بن علي، عن أبيه، عن جده، عن علي -عليهم السلام-: أنه قضى بشهاده امرأة واحدة - وكانت قابلة على الولادة - وصلى عليه بشهادتها، وورثه بشهادتها.

[2170] حدثني زيد بن علي، عن أبيه، عن جده، عن علي -عليهم السلام-: في ستة غلمة سبحوا، فغرق أحدهم في الفرات، فشهد اثنان على ثلاثة أنهم أغرقوه، وشهد الثلاثة على الاثنين أنهما أغرقاه، فقضى أمير المؤمنين -عليه السلام- بخُمُسَي الدية على الثلاثة، وبثلاثة أخماس الدية على الاثنين. انتهى.

[2171] **علي بن بلال في شرح الأحكام** [إعلام الأعلام ص-418]: أخبرنا السيد أبو العباس الحسني -رحمه الله-، قال: أخبرنا أبو زيد العلوي، قال: حدَّثنا محمد بن منصور المرادي، قال: حدَّثنا حسين بن نصر، عن خالد، عن حصين، عن

جعفر، عن أبيه، عن علي -عليه السلام-: أنه أتي بامرأة بكر زعموا أنها زنت، فأمر النساء أن ينظرن إليها، فقلن: هي عذراء، فقال علي -عليه السلام-: (ما كنت لأضرب من عليها خاتم الله)، وكان يجيز شهادة النساء في مثل هذا. انتهى.

رجال هذا الإسناد قد مر الكلام عليهم وهم من ثقات محدثي الشيعة.

[2172] **الجامع الكافي** [7/ 328]: قال القاسم فيما روى عبد الله، عن محمد بن جعفر الطبري، عنه، قال: ما رأيت أهل البيت يختلفون في اليمين مع الشاهد (يعني في جواز ذلك).

قال محمد: بلغنا عن علي صلى الله عليه أنه قضى بشاهد ويمين في الحقوق.

وقال محمد بن علي -عليه السلام-: كان علي -صلوات الله عليه- وعليهما- يقبل شاهداً ويميناً في الدين وحده.

وكان محمد بن علي -عليهما السلام-: يحلف بالله إن علياً -عليه السلام- قضى بشاهد ويمين بالكوفة - يعني في الأموال-. انتهى.

عبدالله هو ابن منصور القومسي من ثقات محدثي الشيعة، وقد تقدم الكلام عليه.

ومحمد بن جعفر الطبري: هو جعفر بن محمد بن شعبة الطبري النيروسي الراوي عن القاسم بن إبراهيم المسائل المسمية بمسائل النيروسي.

فتقديم محمد على جعفر من الغلط المحض.

[2173] **الهادي -عليه السلام- في الأحكام**[2/ 333]: قال يحيى بن الحسين -صلوات الله عليه-: لا اختلاف عندنا في القضاء باليمين مع الشاهد، وبذلك جاءت السنة[21] عن النبي -صلى الله عليه وآله وسلم-.

---

(21) أخرج مسلم وأحمد بن حنبل في المسند وأبو داوود وابن ماجة عن ابن عباس قال: قضى رسول -صلى الله عليه وآله وسلم- بشاهد ويمين. انتهى.

=

قال يحيى بن الحسين -صلوات الله عليه-: وإنما يقضى باليمين مع الشاهد في الحقوق والأموال فقط، فأما في غيرها من سائر الأشياء فلا، والقضاء بالشاهد مع اليمين بإجماع من آل رسول الله -صلى الله عليه وآله وسلم-. انتهى.

[2174] **مجموع زيد بن علي -عليهما السلام-** [صـ203]: حدثني زيد بن علي، عن أبيه، عن جده، عن علي -عليهم السلام-: ((أنه استحلف رجلاً مع بينته)).

[2175] حدثني زيد بن علي، عن أبيه، عن جده، عن علي -عليهم السلام-، قال: ((البينة العادلة أولى من اليمين الفاجرة)).

سألت زيد بن علي عن تفسير ذلك قال: هو الرجل يحلف على حق الرجل، ثم تقوم البينة لصاحب الحق على حقه، فينبغي للإمام أن يقضي له بذلك. انتهى.

القائل سألت: هو أبو خالد -رحمه الله-، الراوي للمجموع.

المرتضى -عليه السلام- في الإيضاح [1/ 187]: إذا كان المدعي عدلاً والشاهد حكمت بالشاهد واليمين، بذلك حكم أمير المؤمنين علي بن أبي طالب -صلوات الله عليه-، وكذلك السلف يتبعونه في ذلك رضوان الله عليهم أقاموا اليمين مقام شاهد.

وقال في عدم شهادة القرابة: وأما القرابة فقد روى بعض العامة ذلك عن النبي -صلى الله عليه وآله وسلم- وهذا كذب منهم على رسول الله -صلى الله عليه وآله وسلم-، ولا اختلاف عند آل رسول الله أن: الأخ والابن والعم والقريب، إذا كانوا أتقياء مؤمنين يعرفون بالعدالة أن شهادتهم جائزة. انتهى.

واخرج أبو داوود والترمذي وابن ماجة عن أبي هريرة أن رسول الله -صلى الله عليه وآله وسلم- قضى باليمين مع الشاهد الواحد. انتهى.

وأخرج أحمد والترمذي وابن ماجة عن جعفر بن محمد عن أبيه عن جابر، أن رسول الله -صلى الله عليه وآله وسلم- قضى باليمين مع الشاهد. انتهى. تمت مؤلف.

الهادي -عليه السلام- في المنتخب [صـ317]: قال محمد بن سليمان الكوفي -رحمه الله-:

قلت: ولأي معنى لا ينفعه، وقد روي عن أمير المؤمنين -عليه السلام- في أربعة شهدوا لرجل، واثنان شهدوا لرجل في دعوى كانت بينهما، فجعل لصاحب الأربعة ثلثي الدعوى، ولصاحب الشاهدين ثلث الدعوى ؟.

قال -عليه السلام-: قد روي هذا عنه، ولم يصح ذلك عندنا وكيف يحكم بذلك، وقد جاء عنه أنه لو شهد ثمانية بالزنا، ثم رجع أربعة من الثمانية لكان الحد ثابتاً بالأربعة الباقين، إلى قوله:

ألا ترى أنه لم ينظر إلى زيادة الشهود الذين رجعوا لما أقام على الشهادة أربعة كذلك في هذين المدعيين لما شهد لواحد أربعة، وللآخر اثنان لم يكن لهذا الذي شهد له أربعة بزيادة الشاهدين أكثر من الحق الذي وجب له بالشاهدين. انتهى.

باب القول في الدعاوى والبينات

[2176] **مجموع زيد بن علي -عليهما السلام-** [صـ203]: حدثني زيد بن علي، عن أبيه، عن جده، عن علي -عليهم السلام-، قال: (البيّنة على المدّعي، واليمين على المنكر).

سألت زيد بن علي -عليه السلام- عن شاهد ويمين ؟ قال: لا، إلا بشاهدين، كما قال الله: ﴿فَإِن لَّمۡ يَكُونَا رَجُلَيۡنِ فَرَجُلٞ وَٱمۡرَأَتَانِ﴾ [البقرة:282] انتهى.

الهادي -عليه السلام- في الأحكام[2/ 126]: قال يحيى بن الحسين -صلوات الله عليه-: البينة تجب على من ادعى، واليمين على من أنكر. انتهى.

باب القول في الأيمان التي تكفر والتي لا تكفر

الهادي -عليه السلام- في الأحكام[2/ 114]: قال يحيى بن الحسين -صلوات الله عليه-: من حلف باطلاً ليقطع لمسلم حقاً، أو أراد في ذلك بهتاناً وإثماً، كان فاسقاً فاجراً عادياً ظالماً، وفي أولئك ومن كان كذلك ما يقول الرحمن، فيما نزل من الفرقان: ﴿إِنَّ ٱلَّذِينَ يَشْتَرُونَ بِعَهْدِ ٱللَّهِ وَأَيْمَٰنِهِمْ ثَمَنًا قَلِيلًا أُوْلَٰٓئِكَ لَا خَلَٰقَ لَهُمْ فِي ٱلْأَخِرَةِ وَلَا يُكَلِّمُهُمُ ٱللَّهُ وَلَا يَنظُرُ إِلَيْهِمْ يَوْمَ ٱلْقِيَٰمَةِ وَلَا يُزَكِّيهِمْ وَلَهُمْ عَذَابٌ أَلِيمٌ ٧٧﴾ [آل عمران: 77]، وقوله -تبارك وتعالى-: ﴿لَا خَلَٰقَ لَهُمْ فِي ٱلْأَخِرَةِ﴾، فهو: لا نصيب لهم في ثواب الله في الآخرة.

وأما قوله: ﴿وَلَا يُكَلِّمُهُمُ ٱللَّهُ﴾ فمعناه: لا يبشرهم الله برحمة، ولا يخصهم منه بمغفرة، ولا ينظر إليهم بنعمة.

وأما قوله: ﴿وَلَا يُزَكِّيهِمْ﴾ فهو: لا يحكم لهم بتزكية، ولا يختم برحمة ولا بركة، ولا يجعلهم في حكمه من الزاكين، ولا عنده من الفائزين.

[2177] قال: وهذه الآية نزلت في رجل حلف لرجل عند رسول الله -صلى الله عليه وآله وسلم- يميناً فاجرة باطلة؛ فقال رسول الله -صلى الله عليه وآله وسلم-[22]: ((من حلف على مال أخيه فاقتطعه ظالماً، لقي الله يوم القيامة وهو معرض عنه)). انتهى.

مجموع زيد بن علي -عليهما السلام- [صـ 151]: قال: و سمعت زيداً -عليه السلام- يقول: الأيمان ثلاث: يمين الصبر، ويمين اللغو، ويمين التحلة، فسألته عن تفسير ذلك، فقال -عليه السلام-:

يمين الصبر: الرجل يحلف على الأمر وهو يعلم أنه يحلف على كذب فهذا الصبر، وهو أحد الكبائر، وإثمها أعظم من كفارتها، فينبغي أن يتوب إلى الله

---

(22) أخرج مسلم وأبو داوود والترمذي والنسائي وأحمد في المسند، عن وائل بن حجر، قال: قال رسول الله -صلى الله عليه وآله وسلم-: ((من اقتطع أرضاً ظلماً لقي الله يوم القيامة وهو عليه غضبان)). انتهى. تمت مؤلف.

تعالىٰ، وأن يقلع، وليس فيها كفارة.

وأما يمين اللغو: فهو الرجل يحلف علىٰ الأمر، وهو يظن أن ذلك كما حلف عليه فليس في ذلك كفارة، ولا إثم عليه، وهو قول الله -عز وجل-: ﴿لَا يُؤَاخِذُكُمُ اللَّهُ بِاللَّغْوِ فِي أَيْمَانِكُمْ وَلَٰكِن يُؤَاخِذُكُم بِمَا عَقَّدتُّمُ الْأَيْمَانَ﴾ [المائدة:89].

وأما يمين التحلة: فهو الرجل يحلف أن لا يفعل أمراً من الأمور، ثم يفعله، فعليه في ذلك الكفارة كما قال الله تعالىٰ: ﴿لَا يُؤَاخِذُكُمُ اللَّهُ بِاللَّغْوِ فِي أَيْمَانِكُمْ وَلَٰكِن يُؤَاخِذُكُم بِمَا عَقَّدتُّمُ الْأَيْمَانَ فَكَفَّارَتُهُ إِطْعَامُ عَشَرَةِ مَسَاكِينَ مِنْ أَوْسَطِ مَا تُطْعِمُونَ أَهْلِيكُمْ أَوْ كِسْوَتُهُمْ أَوْ تَحْرِيرُ رَقَبَةٍ فَمَن لَّمْ يَجِدْ فَصِيَامُ ثَلَاثَةِ أَيَّامٍ﴾ [المائدة: 89]، متتابعات، وذلك قول الله -عز وجل-: ﴿قَدْ فَرَضَ اللَّهُ لَكُمْ تَحِلَّةَ أَيْمَانِكُمْ وَاللَّهُ مَوْلَاكُمْ وَهُوَ الْعَلِيمُ الْحَكِيمُ ۝٢﴾ [التحريم:2].

[2178] حدثني زيد بن علي، عن أبيه، عن جده، عن علي -عليهم السلام-، قال: (يغديهم ويعشيهم، نصف صاع من بر، أو سويق، أو دقيق، أو صاعاً من تمر، أو صاعاً من شعير يغديهم ويعشيهم.

قوله: ﴿مِنْ أَوْسَطِ مَا تُطْعِمُونَ أَهْلِيكُمْ﴾ [المائدة:89] قال: [أوسطه]: الخبز والسمن، والخبز والزيت، وأفضله: الخبز، واللحم، وأدناه: الخبز والملح.

وقوله تعالىٰ: ﴿أَوْ كِسْوَتُهُمْ﴾ [المائدة:89] قال: يكسوهم ثوباً ثوباً يجزيهم أن يصلوا فيه). انتهىٰ.

[2179] **أمالي أحمد بن عيسى -عليهما السلام-**[4/ 242]: أخبرنا محمد، قال: حدثني عبدالله بن موسىٰ، قال: حدَّثني أبي، عن أبيه، عن آبائه، قال: قال رسول الله -صلىٰ الله عليه وآله وسلم-: ((من حلف بيمين علىٰ شيء، ثم رأىٰ غيره خيراً منه، فليأته فإنه كفارته))، قال أبو جعفر(23): ليس الناس عليه. انتهىٰ.

---

(23) هو محمد بن منصور المرادي -رحمه الله- تمت مؤلف

محمد في أول الإسناد: هو محمد بن منصور المرادي.

وعبدالله بن موسى: هو الإمام الأعظم عبدالله بن موسى بن عبدالله بن الحسن بن الحسن بن علي بن أبي طالب -صلوات الله عليه-م.

وأبو جعفر: هو محمد بن منصور المرادي أيضاً، وهذا سند صحيح كالشمس.

وفي الأمالي أيضاً [4/ 242]: حدَّثنا محمد، قال: أخبرني جعفر، عن قاسم بن إبراهيم: في كفارة اليمين كم يعطى كل مسكين ؟.

قال: مدين مدين حنطة لكل مسكين بإدامها من أي إدام كان، أو قيمته بعض ما يصلح من إعطاء من الإدام، فيكون ذلك لغدائهم وعشائهم، وذلك يروى عن علي -رحمة الله عليه-. انتهى.

محمد في أول الإسناد: هو المرادي، وجعفر: هو ابن محمد بن شعبة النيروسي.

[2180] **مجموع زيد بن علي -عليهما السلام-** [صـ154]: حدثني زيد بن علي، عن أبيه، عن جده، عن علي -عليهم السلام-، قال: ((كانت يمين رسول الله -صلى الله عليه وآله وسلم- التي يحلف بها: والذي نفس محمدٍ بيده، وربما حلف، قال: لا ومقلب القلوب)).

[2181] حدثني زيد بن علي، عن أبيه، عن جده، عن علي -عليهم السلام-: أنه كان إذا حلف قال: (والذي فلق الحبة وبَرَأ النسمة).

قال أبو خالد الواسطي: ما سمعت زيداً -عليه السلام- حلف بيمين قط إلا استثنى فيها، فقال: إن شاء الله، كان ذلك في رضى أو غضب، فسألته عن الاستثناء، فقال: الاستثناء من كل شيء جائز. انتهى.

[2182] **الهادي -عليه السلام- في الأحكام**[2/ 117]: حدَّثني أبي، عن أبيه: أنه سئل عن كفارة اليمين كم يعطى كل مسكين؟ فقال: (يعطى مدين

مدين من حنطة أو دقيق، لكل مسكين بإدامه من أي إدام كان أو قيمته، لغدائهم وعشائهم)، وكذلك يروى عن أمير المؤمنين علي بن أبي طالب -عليه السلام-.

حدثني أبي عن أبيه، أنه سئل عن إطعام المساكين في الكفارة إذا لم يوجد ستون مسكيناً أو عشرة، هل يجوز أن يرد عليهم؟.

فقال: لا يردد عليهم، ولكن ينتظر حتى يجد ما قال الله سبحانه ستين مسكيناً أو عشرة مساكين.

باب القول في اللقطة واللقيط واللقيطة وجعل الآبق

[2183] **مجموع زيد بن علي -عليهما السلام-** [صـ201]: حدثني زيد بن علي، عن أبيه، عن جده، عن علي -عليهم السلام-، قال: (من وجد لقطة عرَّفها حولاً، فإن جاء لها طالب، وإلا تصدق بها بعد السنة، فإذا جاء صاحبها خيّر بين الأجر والضمان، فإن اختار الأجر فله أجرها وثوابها، وإن اختار الضمان كان الأجر والثواب لملتقطها).

[2184] حدثني زيد بن علي، عن أبيه، عن جده، عن علي -عليهم السلام- قال: (اللقيطُ حُرٌّ).

[2185] حدثني زيد بن علي، عن أبيه، عن جده، عن علي -عليهم السلام-، أنه جعل جُعْلَ الآبق أربعين درهماً، إن كان جاء به من مسير ثلاثة أيام، وإن جاء من دون ذلك رضخ له. انتهى.

الجُعل: الأجرة على الشيء فعلاً أو قولاً، ذكره في النهاية.

ورضخ له: من الرضخ، وهو العطية، يقال: رضخه، إذا أعطاه شيئاً قليلاً.

[2186] **علي بن بلال في شرح الأحكام** [إعلام الإعلام صـ399]: وأخبرنا السيد أبو العباس الحسني -رحمه الله-، قال: أخبرنا عبدالعزيز بن إسحاق، قال: حدثنا علي بن محمد النخعي، قال: حدثنا المحاربي، قال: حدثنا نصر بن مزاحم

المنقري قال: حدثنا إبراهيم بن الزبرقان، قال: حدثني أبو خالد، قال: حدثني زيد بن علي، عن أبيه عن جده، عن علي بن أبي طالب -عليهم السلام- أنه قال: (من وجد ضالة عرَّفها حولاً؛ فإن جاء لها طالب، وإلا تصدق بها، فإذا جاء صاحبها خيّر بين الأجر والضمان، فإن اختار أجرها فله أجرها وثوابها، وإن اختار الضمان كان الأجر والضمان للذي التقطها). انتهى.

[2187] **وفيه** [إعلام الإعلام صـ399]: أخبرنا السيد أبو العباس الحسني -رحمه الله-، قال: حدثنا عبدالعزيز بن إسحاق، قال: حدثنا علي بن محمد النخعي، قال: حدثنا المحاربي، قال: حدثنا نصر بن مزاحم، قال: حدثنا إبراهيم بن الزبرقان، قال: حدثني أبو خالد، قال: حدثني زيد بن علي، عن أبيه عن جده، عن علي -عليهم السلام-، قال: (اللقيطُ حُرٌّ). انتهى.

رجال هذا الإسناد قد تقدم الكلام عليهم غير مرة.

[2188] **الهادي -عليه السلام- في الأحكام** [2/ 138]: قال يحيى بن الحسين -صلوات الله عليه-: وكذلك بلغنا عن أمير المؤمنين علي بن أبي طالب -عليه السلام-: أنه أتته امرأة تستدعي على رجل قد باعته جارية لها، وقد بقي عليه بعض الثمن فقالت: يا أمير المؤمنين حقي على هذا الرجل، فقال الرجل: ابتعت منها لقيطة، فقالت المرأة: أجل، خرجت يا أمير المؤمنين إلى مسجد قومي أصلي الفجر، فإذا جارية على الطريق، فأخذتها، فاستأجرت لها ظئراً، وأنفقت عليها حتى أدركت، وتم نفعها، فقال علي -عليه السلام- للمرأة: (آجرك الله فيما وليت)، وقال للرجل: (أَوَطِيتها ؟) قال: نعم، فقال للمرأة: (لاحق لك فيها، واطلبها بما لك قبلها، واجعل للمرأة صداق مثلها)، ثم قال: (لا يكن فرج بغير مهر). انتهى.

الجامع الكافي [7/ 417]: قال أحمد بن عيسى -عليه السلام- فيما حدَّثنا علي، عن ابن هارون، عن سعدان، عن محمد، عنه، وهو قول محمد: اللقيط حر، ولا يجوز بيعه ولا شراؤه.

قال محمد: وما أنفق عليه من نفقة أو رضاع فهو فيها مقطوع، ولا يرجع عليه في شيء منها مؤسراً كان أو معسراً، وروي نحو ذلك عن علي -عليه السلام-. انتهى.

[2189] **أمالي أحمد بن عيسى -عليهما السلام-**[3/ 190]: أخبرنا محمد، قال: أخبرنا محمد بن جميل، عن مصبح بن الهلقام، عن إسحق بن الفضل، عن عبيدالله بن محمد بن عمر بن علي، عن أبيه، عن جده، عن علي -عليه السلام- قال: في رق وجد في قرية خربة، قال: يعرّف فإن لم يعرّف، فليستمتع بها، [وقال: من وجد لقطة يعرِّف بها سنة، فإن لم تُعَرَّف فليستمتع بها]، فهي كسبيل ماله.

[2190] **وفيها** [3/ 193]: أخبرنا محمد، قال: أخبرنا عباد، عن حاتم، عن جعفر، عن أبيه، عن علي -عليه السلام-، قال: (المنبوذ حر، فإن شاء أن يوالي الذي التقطه والاه، وإن شاء أن يوالي غيره والاه). انتهى.

رجال هذا الإسناد والذي قبله من ثقات محدثي الشيعة، وقد مر الكلام عليهم.

وقال المرتضى محمد بن يحيى بن الحسين -عليهم السلام- في كتاب الفقه [مجموع المرتضى (1/ 137)]: وسألت عن اللقطة، وما يروى فيها عن رسول الله -صلى الله عليه وآله وسلم-.

قال محمد بن يحيى -عليه السلام-: قد أمر -صلى الله عليه وآله وسلم- مَن أَخَذَها أن يعرفها وهو ضامن لها حتى يخلصها من يده إلى صاحبها، وأنا أقول: إن الصواب عندي لمن وجد اللقطة أن لا يأخذها، فإن السلامة في تركها إلا أن يعرف صاحبها. انتهى.

كتاب الحدود

كتاب الحدود

باب القول في حد الزاني

[2191] **مجموع زيد بن علي -عليهما السلام-** [صـ227]: حدثني زيد بن علي، عن أبيه، عن جده، عن علي -عليهم السلام-: أن رجلاً من أسلم جاء إلى النبي -صلى الله عليه وآله وسلم-، فشهد على نفسه بالزنا، فرده النبي -صلى الله عليه وآله وسلم- أربع مرات، فلما جاء الخامسه قال النبي -صلى الله عليه وآله وسلم-: ((أتدري ما الزنا ؟)) قال: نعم، أتيتها حراماً حتى غاب ذاك مني في ذاك منها، كما يغيب المِرْوَدُ في المكحلة، والرشا في البئر، فأمر النبي -صلى الله عليه وآله وسلم- برجمه فرجم، فلما أذلقته الحجارة فَرَّ، فلقيه رجل بلحي جمل فرجمه، فقتله، فقال النبي -صلى الله عليه وآله وسلم-: ((ألا تركتموه))، ثم صلى عليه، فقال له رجل: يا رسول الله رجمته، ثم تصلي عليه، فقال له النبي -صلى الله عليه وآله وسلم-: ((إن الرجم يطهر ذنوبه، ويكفرها كما يطهر أحدكم ثوبه من دنسه، والذي نفسي بيده: إنه الساعة لفي أنهار الجنة يتخضخض فيها[24])). انتهى.

[2192] **أمالي أحمد بن عيسى -عليهما السلام-** [4/ 199]: أخبرنا محمد بن منصور، قال: حدثني أحمد بن عيسى، عن حسين بن علوان، عن أبي خالد، عن زيد، عن آبائه، عن علي -عليهم السلام-، قال: قال رسول الله -صلى الله عليه وآله وسلم-: ((الثيب بالثيب جلد مائة والرجم، والبكر بالبكر جلد مائة ونفي سنة)). انتهى.

[2193] **مجموع زيد بن علي -عليهما السلام-** [صـ227]: حدثني زيد بن علي، عن أبيه، عن جده، عن علي -عليهم السلام-: أن امرأة أتته، فاعترفت

---

(24) الخضخضة: تحريك الماء.

بالزنا، فردها حتى فعلت ذلك أربع مرات، ثم حبسها حتى وضعت حملها، فلما وضعت لم يرجمها حتى وجد من يكفل ولدها، ثم أمر بها، فجلدت، ثم حفر لها بئراً إلى ثدييها، ثم رجم، ثم أمر الناس أن يرجموا، ثم قال: (أيما حد أقامه الإمام بإقرارٍ رجم الإمام، ثم رجم الناس، وأيما حد أقامه الإمام بشهود رجم الشهود، ثم يرجم الإمام، ثم يرجم المسلمون) ثم قال: (جلدتها بكتاب الله، ورجمتها بسنة رسول الله -صلى الله عليه وآله وسلم-).

[2194] حدثني زيد بن علي، عن أبيه، عن جده، عن علي -عليهم السلام-، قال: قال رسول الله -صلى الله عليه وآله وسلم-: ((الثيب بالثيب جلد مائة والرجم، والبكر بالبكر جلد مائة والحبس سنة)). انتهى.

[2195] **أمالي أحمد بن عيسى -عليهما السلام-**[4/ 204]: حدثنا محمد، قال: حدثني أحمد بن عيسى، عن حسين، عن أبي خالد، عن زيد، عن آبائه، عن علي -عليهم السلام-، قال: لما كان في ولاية عمر أتي بامرأة، فسألها عمر، فأقرت بالفجور، فأمر بها أن ترجم، فلقيها علي بن أبي طالب -عليه السلام-، فقال: (ما بال هذه ؟) فقالوا: أمر بها أمير المؤمنين أن ترجم، فردها علي -عليه السلام-، فقال: (أمرتَ بهذه أن ترجم) قال: نعم اعترفت عندي بالفجور، فقال [علي -عليه السلام-]: (هذا سلطانك عليها فما سلطانك على ما في بطنها)، فقال: ما علمت أنها حبلى، قال: (إن لم تعلم فاستبر رحمها)، ثم قال علي: (فلعلك انتهرتها أو أخفتها)، قال: قد كان ذلك، فقال: (أو ما سمعت رسول الله -صلى الله عليه وآله وسلم- يقول: ((لاحد على معترف بعد بلاء)) فلعلها إنما اعترفت لوعيدك إياها) فسألها عمر، فقالت: ما اعترفت إلا خوفاً، فخلّى سبيلها، ثم قال: أعجزت النساء أن يلدنَ مثل علي، لولا علي لهلك عمر. انتهى.

[2196] **الهادي -عليه السلام- في الأحكام**[2/ 147]: كذلك بلغنا عن أمير المؤمنين علي بن أبي طالب -عليه السلام-: أنه لما كان في ولاية عمر أتي

بإمرأة فسألها فأقرت بالفجور فأمر بها أن ترجم فلقيها علي -عليه السلام- فقال: ما بال هذه؟ قيل: أمر بها عمر أن ترجم فردها علي -رضي الله عنه- فقال: أمرت بهذه أن ترجم؟ فقال: نعم، اعترفت عندي بالفجور. فقال: هذا سلطانك عليها فما سلطانك على ما في بطنها، قال: ما علمت أنها حبلى، قال: فإن لم تعلم فاستبر رحمها، ثم قال علي -عليه السلام-: فلعلك انتهرتها أو أخفتها، قال: قد كان ذلك، قال: أما سمعت رسول الله -صلى الله عليه وآله وسلم- يقول: (لا حدّ على معترف بعد بلاء)، فلعلها إنما اعترفت لوعيدك إياها، فسألها علي -عليه السلام-، فقالت: ما اعترفت إلا خوفاً فأمر بها فخلي سبيلها، ثم قال عمر: عجزت النساء أن يلدن مثل علي، لولا علي لهلك عمر.

ويروى عن عمر، أنه كان يقول: لا أبقاني الله لمعضلة لا أرى فيها ابن أبي طالب. انتهى.

[2197] **مجموع زيد بن علي -عليهما السلام-** [صـ 228]: حدثني زيد بن علي، عن أبيه، عن جده، عن علي -عليهم السلام-: قال: لما كان في ولاية عمر أتي بامرأة حامل، فسألها عمر، فاعترفت بالفجور، فأمر بها عمر أن ترجم، فلقيها علي بن أبي طالب -عليه السلام-، فقال: (ما بال هذه ؟) فقالوا: أمر بها عمر أن ترجم، فردها علي -عليه السلام-، فقال: (أمرت بها أن ترجم!) فقال: نعم، اعترفت عندي بالفجور، فقال علي -عليه السلام-: (هذا سلطانك عليها فما سلطانك على ما في بطنها).

قال: ما علمت أنها حبلى، قال أمير المؤمنين -عليه السلام-: (إن لم تعلم فاستبر رحمها)، ثم قال -عليه السلام-: (فلعلك انتهرتها أو أخفتها).

قال: قد كان ذلك، فقال: (أو ما سمعت رسول الله -صلى الله عليه وآله وسلم- يقول: ((لا حدّ على معترف بعد بلاء)) إنه من قيدت أو حبست أو تهددت فلا إقرار له، فلعلها إنما اعترفت لوعيدك إياها)، فسألها عمر، فقالت: ما

اعترفت إلا خوفاً، قال: فخلّى عمر سبيلها، ثم قال: عجزت النساء أن تلد مثل علي بن أبي طالب، لولا علي لهلك عمر. انتهى.

[2198] **أمالي أحمد بن عيسى -عليهما السلام-** [4/ 211]:حدثنا محمد، قال: حدثني أحمد بن عيسى، عن حسين، عن أبي خالد، عن زيد، عن آبائه، عن علي -عليهم السلام-: أنه رجم امرأة بالكوفة، فحفر لها حتى وارى ثديها، ثم قام والناس صفاً واحداً، ثم رمى بيده اليمنى، ثم رمى بيده اليسرى، ثم رمى الناس. انتهى.

الهادي -عليه السلام- في المنتخب [صـ414]: وليس بين علماء الأمة اختلاف أن النبي -صلى الله عليه وآله وسلم- رجم ماعز بن مالك الأسلمي حيث اعترف على نفسه بالزنا أربع مرات، وكذلك أيضاً أمير المؤمنين علي بن أبي طالب -عليه السلام- رجم شراحة الهمدانية، لا اختلاف في ذلك. انتهى.

أمالي أحمد بن عيسى -عليهما السلام- [4/ 210]: أخبرنا محمد، قال: أخبرني جعفر، عن قاسم في الرجل يقر بالزنا كم يردد؟.

قال: ذكر عن النبي -صلى الله عليه وآله وسلم- أنه ردد ماعز بن مالك الأسلمي أربع مرات، فلما كان في الرابعة أمر برجمه، والسارق إذا قطع، والمرجوم إذا رجم بالبينة كان أول من يرجمه الشهود، وإذا أقر واعترف، أو كان حملاً بعدما تضع كان أول من يرجمه الإمام، ثم الناس، وقد ذكر مثل ذلك عن علي -عليه السلام-.

وكان يقول: (إذا أمر بالضرب أن تضرب الأعضاء كلها إلا الوجه).

وكان يقول: (اتركوا للمحدود يديه يتوقى بهما وجهه وعينيه).

وأما المرجوم من الرجال فيحفر له حفرة إلى سرته، وأما المرأة فيحفر لها إلى ثدييها، فيرجم جماعة ويمضون الأول فالأول حتى يفرغوا.

والسوط الذي يضرب به المحدود يكون سوطاً بين الغليظ والدقيق. انتهى.

الهادي -عليه السلام- في الأحكام [2/ 139]: قال يحيى بن الحسين -صلوات الله عليه-: قال الله -تبارك وتعالى- في الزانيين: ﴿ٱلزَّانِيَةُ وَٱلزَّانِي فَٱجْلِدُواْ كُلَّ وَٰحِدٍ مِّنْهُمَا مِاْئَةَ جَلْدَةٍ وَلَا تَأْخُذْكُم بِهِمَا رَأْفَةٌ فِي دِينِ ٱللَّهِ إِن كُنتُمْ تُؤْمِنُونَ بِٱللَّهِ وَٱلْيَوْمِ ٱلْأٓخِرِ وَلْيَشْهَدْ عَذَابَهُمَا طَآئِفَةٌ مِّنَ ٱلْمُؤْمِنِينَ ۝٢﴾ [النور:2]، فأوجب على الزانيين مائة جلدة إذا كانا حرين بالغين، وشهد عليهما بذلك أربعة عدول من المسلمين، وأثبتوا الشهادة عند الإمام بالإخراج والإيلاج، وثبت عند الحاكم معرفة صحة عقولهما، فحينئذ يجلد كل واحد منهما مائة جلدة، كما أمر الله سبحانه.

وأما قوله: ﴿وَلَا تَأْخُذْكُم بِهِمَا رَأْفَةٌ فِي دِينِ ٱللَّهِ﴾، والرأفة: هي الرحمة والرقة، والتوهين في أمرهما، والرفق بجلدهما، إذا كانا مطيقين للإيجاع.

وأما الطائفة التي أمر الله بشهودها فهي الجماعة من المؤمنين تكثر حيناً وتقل حيناً.

وقد قيل: إن أقل الطائفة ستة: الإمام، والشهود الأربعة والجلاد.

فأما البكران: فلا يزادان على مائة جلدة كل واحد.

وأما الثيبان: فقد صح عن رسول الله -صلى الله عليه وآله وسلم- أنه أمر برجمهما، فلم يختلف الرواة في الرجم أنه رجم ماعز بن مالك الأسلمي، وأن أمير المؤمنين علي بن أبي طالب -عليه السلام- رجم شراحة الهمدانية، ولم يزل الرجم ثابتاً بعد رسول الله -صلى الله عليه وآله وسلم- لا يختلف فيه اثنان، ولا يناظر فيه متناظران.

ورجم عمر بن الخطاب في وفارة أصحاب رسول الله -صلى الله عليه وآله وسلم- وكثرتهم، وكان أمير المؤمنين علي بن أبي طالب -عليه السلام- إذ ذاك فيهم فما أنكر أحد عليه ذلك.

وكان أمير المؤمنين -عليه السلام- يضرب ثم يرجم، ويقول: الضرب في

كتاب الله والرجم جاء به رسول الله -صلى الله عليه وآله وسلم- عن الله.

ومن أعظم الحجج في إيجاب الرجم: أن رسول الله -صلى الله عليه وآله وسلم- رجم وأمر بالرجم وهو القدوة -عليه السلام- والأسوة، وقد قال الله -عز وجل-: ﴿لَّقَدْ كَانَ لَكُمْ فِي رَسُولِ ٱللَّهِ أُسْوَةٌ حَسَنَةٌ لِّمَن كَانَ يَرْجُواْ ٱللَّهَ وَٱلْيَوْمَ ٱلْأٓخِرَ﴾[الأحزاب:21]، وقال: ﴿يَٰٓأَيُّهَا ٱلَّذِينَ ءَامَنُوٓاْ أَطِيعُواْ ٱللَّهَ وَأَطِيعُواْ ٱلرَّسُولَ﴾ [النساء:59]، وقال -سبحانه-: ﴿وَمَآ ءَاتَىٰكُمُ ٱلرَّسُولُ فَخُذُوهُ وَمَا نَهَىٰكُمْ عَنْهُ فَٱنتَهُواْۚ وَٱتَّقُواْ ٱللَّهَۖ إِنَّ ٱللَّهَ شَدِيدُ ٱلْعِقَابِ ۝٧﴾[الحشر:7].

وفي الأحكام أيضاً[2/ 145]: قال يحيى بن الحسين -صلوات الله عليه-: ولم يزل الرجم منذ زمان موسى رسول الله صلى الله عليه وقبله حتى ابتعث الله نبيه، فأمره جبريل به كما أمره بغيره مما جاء به النبي -صلى الله عليه وآله وسلم- عن ربه، من الفروع التي ذكر أصلها في الكتاب المبين.

ومن الدليل على أن الرجم حكم من الله قديم على المحصنين: ما أخبر الله نبيه عن اليهود وتبديلها له، وطرحها إياه من التوراة، وتحريفها لحكم الله، وذلك قول الله -سبحانه-: ﴿وَمِنَ ٱلَّذِينَ هَادُواْ سَمَّٰعُونَ لِلْكَذِبِ سَمَّٰعُونَ لِقَوْمٍ ءَاخَرِينَ لَمْ يَأْتُوكَۖ يُحَرِّفُونَ ٱلْكَلِمَ مِنۢ بَعْدِ مَوَاضِعِهِۦۖ﴾ [المائدة:41]، يريد يحرفون ما في التوراة من حكم الرجم.

[2199] وهذه الآية نزلت فيما كان من أمر بسرة اليهودية، وذلك أن الله -عز وجل- أنزل على موسى بن عمران الرجم في الزاني المحصن، فغيّرت ذلك اليهود فجعلوه الجلد، أن يجلد أربعين جلدة، بحبل مُقَيَّر، ويسودون وجهه، ويحملونه على حمار، ويجعلون وجهه إلى ذَنَبِ الحمار، فلم يزالوا على ذلك حتى هاجر النبي -صلى الله عليه وآله وسلم- إلى المدينة، فزنت امرأة من اليهود يقال لها بسرة، برجل من اليهود، فأراد اليهود جلدها ثم خافوا من النبي -صلى الله عليه وآله وسلم- أن يفضحهم لما غَيَّروا من علم التوارة، فقال: الأحبار للسفلة

منهم انطلقوا إلى محمد فاسألوه عن حد الزاني، فإن قال: اجلدوا، فاقبلوا ذلك منه، وإن أمركم بالرجم له فأنكروا ذلك ولا تقبلوه ولا تقروا به، فأتوا النبي -صلى الله عليه وآله وسلم- فسألوه فقال: الرجم إن كان محصناً، فقالوا: إن موسى أمر أن يجلد إن كان محصناً.

فقال لهم النبي -صلى الله عليه وآله وسلم-: ((كذبتم بل أمركم بالرجم، ورَجَمَ))، فقالوا: كلا، فقال: فاجعلوا بيني وبينكم حكماً، فقالوا: اختر من أحببت، فجاء جبريل فقال له: اجعل فيما بينك وبينهم رجلاً من أهل خيبر أعور شاباً طويلاً يقال له عبد الله بن صوريا، فدعاهم النبي -صلى الله عليه وآله وسلم- فقال: هل تعرفون رجلاً من أهل فدك، فنعت لهم نعته، فقالوا: نعم، فقال: كيف علمه فيكم بالتوراة؟ فقالوا: ذلك أعلمنا بالتوراة، فقال: ذاك بيننا وبينكم، فرضوا بذلك، فأرسلوا إليه، فقدم إلى النبي -صلى الله عليه وآله وسلم- مع اليهود، فقال له النبي -صلى الله عليه وآله وسلم-: ((أنت ابن صوريا؟))، فقال: نعم، فقال: أنت أعلم اليهود بالتوراة؟ فقال: نعم، كذلك يقولون، فقال النبي -صلى الله عليه وآله وسلم-: أنشدك بالله الرحمن الذي أنزل التوراة على موسى بن عمران، الذي أغرق آل فرعون وأنتم تنظرون، ما أنزل الله على موسى في الزاني، قال: فارتعدت فرائصه، وقال: الرجم، فوقعت به اليهود وقالوا: لم أخبرته؟ فقال: لقد استحلفني بيمين لو لم أخبره عما سألني لاحرقتني التوراة، فقالت له اليهود: إن ابن صوريا كاذب ليس ذلك في التوراة، فقال عبد الله بن سلام للنبي -صلى الله عليه وآله وسلم-: اجعل بينك وبينهم التوراة، فإنه فيها مكتوب، فقال النبي -صلى الله عليه وآله وسلم-: بيني وبينكم التوراة، فقالوا: نعم، فركب النبي -صلى الله عليه وآله وسلم- إلى بيت المدارس على حماره، ومضى معه أصحابه، فقال لهم النبي -صلى الله عليه وآله وسلم-: لا تبدؤا اليهود بالسلام، فإذا سلموا فقولوا: وعليكم، فأتى النبي -صلى الله عليه وآله وسلم- إلى بيت المدارس فدخل وقال: ((إئتوا بالتوراة))، فجاءوا بها،

وكان الذي يقوم عليها جدي بن أخطب وليس بحيي بن أخطب، وجلس معه عبد الله بن سلام، فقال له: اقرأه في سفر الحدود، فلما بلغ الرجم وضع إبهامه على ذلك الحرف، فقال له عبد الله بن سلام: ارفع يدك، فقال: اقرأه، فقرأ الرجم في التوراة مبيناً من الله جل جلاله.

قال يحيى بن الحسين -رضي الله عنه-: أما قول الله -عز وجل-: ﴿فَإِن جَآءُوكَ فَٱحۡكُم بَيۡنَهُمۡ أَوۡ أَعۡرِضۡ عَنۡهُمۡۖ﴾[المائدة:42]، فإنها آية منسوخة نسخها قول الله -عز وجل-: ﴿وَأَنِ ٱحۡكُم بَيۡنَهُم بِمَآ أَنزَلَ ٱللَّهُ وَلَا تَتَّبِعۡ أَهۡوَآءَهُمۡ﴾ [المائدة:49]، فوجب الحكم بين أهل الكتاب وعليهم بما أنزل الله في الكتاب من الأحكام، فأمر رسول الله -صلى الله عليه وآله وسلم- لما أنزلت عليه هذه الآية باليهوديين الزانيين فرجما.

وكذلك قول الله -عز وجل- حين يقول: ﴿وَٱلَّٰتِي يَأۡتِينَ ٱلۡفَٰحِشَةَ مِن نِّسَآئِكُمۡ فَٱسۡتَشۡهِدُواْ عَلَيۡهِنَّ أَرۡبَعَةٗ مِّنكُمۡۖ فَإِن شَهِدُواْ فَأَمۡسِكُوهُنَّ فِي ٱلۡبُيُوتِ حَتَّىٰ يَتَوَفَّىٰهُنَّ ٱلۡمَوۡتُ أَوۡ يَجۡعَلَ ٱللَّهُ لَهُنَّ سَبِيلٗا ١٥﴾[النساء:15] فكان هذا أول ما أنزل الله على نبيه -صلى الله عليه وآله وسلم- في أمر الزانين، حتى أنزل عليه ما أنزل من الحدود، فكان ذلك السبيل الذي ذكر الله أنه يجعله. انتهى(25).

---

(25) قد أطال الهادي -رضي الله عنه- في الأحكام الاحتجاج على الرجم بحجج واضحة نيرة، ونحن نورد تأكيداً لاحتجاجه -رضي الله عنه- في هذه الحاشية بنبذة يسيرة من الأخبار والآثار من كتبنا وكتب العامة مما ليس على شرطنا لزيادة التوضيح والبيان، فنقول:

أخرج محمد بن منصور المرادي في أمالي أحمد بن عيسى بسنده إلى نعيم بن هزال، عن أبيه -بما معناه- أن رسول -صلى الله عليه وآله وسلم- رجم ماعز بن مالك الأسلمي.

وأخرج أيضاً بسنده عن الشعبي: أن أمير المؤمنين -رضي الله عنه- رجم شراحة الهمدانية.

وأخرج أيضاً بسنده عن أبي هريرة: أن رسول الله -صلى الله عليه وآله وسلم- رجم ماعز بن مالك الأسلمي.

وأخرج مسلم وأبو داوود والترمذي والنسائي وابن ماجة وأحمد بن حنبل، عن عبادة بن الصامت، =

الجامع الكافي[6/112]: وقال الحسن بن يحيى -عليه السلام-: أجمع آل رسول الله -صلى الله عليه وآله وسلم- يعني على أن رسول الله -صلى الله عليه وآله وسلم- أوجب الرجم على المحصن، والمحصنة، وأن ذلك لازم للأمة العمل به والحكم به، لا يسع أحداً تركه ولا خلافه. انتهى.

[2200] **الهادي -عليه السلام- في الأحكام[2/151]:** قال يحيى بن الحسين -صلوات الله عليه-: حدثني أبي عن أبيه: أنه سئل عن المقر بالزنا كم يردد؟.

فقال: ذكر عن النبي -صلى الله عليه وآله وسلم- أنه ردد ماعز أربع مرات، فلما كان في الرابعة أمر برجمه، والمرجوم إذا رجم بالبينة كان أول من يرجمه الشهود، وإذا أقر واعترف كان أول من يرجمه الإمام ثم الناس، وقد ذكر مثل ذلك عن علي -عليه السلام-.

قال: قال رسول الله -صلى الله عليه وآله وسلم-: ((خذوا عني قد جعل الله لهن سبيلاً؛ الثيب بالثيب جلد مائة، ثم الرجم، والبكر بالبكر جلد مائة وينفيان عاماً)).

وأخرج الجماعة وأحمد، عن ابن عباس قال: قال عمر: خشيت أن يطول بالناس زمان حتى يقول القائل: إنا لا نجد الرجم في كتاب الله، فيضلوا بترك فريضة أنزلها الله، ألا وإن الرجم حق على من أحصن وقامت البينة، أو كان الحمل والاعتراف، ألا وإن رسول الله -صلى الله عليه وآله وسلم- قد رجم ورجمنا معه.

وأخرج البخاري ومسلم وأبو داوود والترمذي والنسائي وأحمد عن جابر بن عبدالله، أن رسول الله -صلى الله عليه وآله وسلم- رجم رجلاً من أسلم.

وأخرج أبو داوود والنسائي عن أبي هريرة: أن رسول الله -صلى الله عليه وآله وسلم- رجم الأسلمي.

وأخرج مسلم وأبو داوود والترمذي والنسائي وأحمد عن عمران بن حصين: أن رسول الله -صلى الله عليه وآله وسلم- رجم امرأة من جهينة.

وأخرج أحمد وأبو داوود والنسائي عن أبي هريرة: أن رسول الله -صلى الله عليه وآله وسلم- رجم ماعز بن مالك الأسلمي.

هذا ما ظفرنا به في هذه العجالة، وإلا فأمر الرجم ظاهر شاهر مشحونة بذكره الدفاتر، من كتبنا وكتب المخالفين، ولم ننتقل الروايات هنا بلفظها، لأنه يطول بذلك الكلام، وإنما أتينا بخلاصة كل رواية، وهو ثبوت الرجم وتواتره، وأنه أشهر من نار على علم، والله ولي التوفيق. تمت من حاشية على الأصل قال فيها: كتبه محمد بن الحسن العجري عفا الله عنه. آمين.

وكان علي يقول -إذا أمر بالضرب-: أن تضرب الأعضاء كلها إلا الوجه.

وكان يقول: (اتركوا للمحدود يديه يتوقى بهما عن وجهه وعينيه، وأما المرجوم فيحفر له حفرة يقوم فيها إلى سرته، وأما المرأة فيحفر لها إلى ثدييها ويرجمها جماعة يمضون الأول فالأول حتى يفرغوا، والسوط الذي يجلد به المحدود يكون سوطاً بين الغليظ والدقيق).

[2201] قال يحيى بن الحسين -رضي الله عنه-: بلغنا عن أمير المؤمنين علي بن أبي طالب -عليه السلام- أنه رجم امرأة بالكوفة فحفر لها حتى وارى ثدييها، ثم قام والناس صفاً واحداً، ثم أخذ حجرين فرمى بيده اليمنى ثم رمى بيده اليسرى ثم رمى الناس.

[2202] وبلغنا عن رسول الله -صلى الله عليه وآله وسلم- أنه لما جاءه ماعز بن مالك الأسلمي فقال: يا رسول الله إني زنيت، فأعرض عنه، فقال: إني زنيت، فأعرض عنه، فقال: إني زنيت فأعرض عنه، فقال: إني زنيت، فأقبل عليه، فقال: أتيتها، فقال: نعم، قال: حتى غاب ذلك منك في ذلك منها، كما يغيب الميل في المكحلة، والرشا في البئر، فقال: نعم، فقال: وهل تدري ما الزنى: فقال: نعم، أتيتها، حراماً، كما يأتي الرجل أهله حلالاً، قال: فما تريد بقولك؟ قال: أريد أن تطهرني يا رسول الله، قال فأمر به فرجم، فمر [النبي -صلى الله عليه وآله وسلم-] برجلين، فقال أحدهما للآخر: انظر إلى هذا الذي ستر الله عليه فلم تدعه نفسه حتى رجم مرجم الكلب، قال: فسكت عنهما رسول الله -صلى الله عليه وآله وسلم- حتى مر بجيفة حمار، فقال لهما رسول الله -صلى الله عليه وآله وسلم-: ((انزلا فأصيبا من هذه الجيفة)) فقالا: غفر الله لك يا رسول الله أنأكل من هذه الجيفة؟ فقال: ((ما أصبتما من أخيكما آنفاً أعظم من إصابتكما من هذه الجيفة، إنه الآن لفي أنهار الجنة يتقمص فيها)). انتهى.

وفي الأحكام أيضاً في باب القول في الغيبة والكبر من كتاب الزهد والإرشاد

من الأحكام، ما لفظه [2/ 407]:

[2203] وفي ذلك: ما قال رسول الله -صلى الله عليه وآله وسلم- للزبير ولصاحبه حين تناولا من ماعز بن مالك من بعد أن رجمه رسول الله -صلى الله عليه وآله وسلم- فقال: انظر إلى هذا الذي ستر الله عليه فهتك نفسه حتى رجم كما يرجم الكلب، فسكت عنهما رسول الله -صلى الله عليه وآله وسلم- حتى أجازا بجيفة حمار شاغر برجله، فقال لهما: ((انزلا فأصيبا من هذا الحمار))، فقالا: يا رسول الله أنأكل الميتة؟!، فقال: ((لما أصبتما من صاحبكما آنفاً أعظم من إصابتكما من هذه الجيفة، إنه الآن ليتقمص في أنهار الجنة)). انتهى.

[2204] **أمالي أحمد بن عيسى -عليهما السلام-** [4/ 204]: أخبرنا محمد، قال: أخبرنا علي بن حسن، عن حماد بن عيسى، عن جعفر، عن أبيه، قال: (لا يجوز على رجل حد بإقرار على تخويف ضرب ولا سجن ولا قيد). انتهى.

في هذا الإسناد علي بن الحسن والد الناصر، وحماد بن عيسى:

أما علي بن الحسن:

فهو والد الناصر -عليه السلام- وهو من خيار آل رسول الله -صلى الله عليه وآله وسلم-.

وأما حماد بن عيسى: فهو من أصحاب جعفر الصادق، ومن ثقات محدثي الشيعة، وقد مر الكلام عليهما.

[2205] **وفيه أيضاً** [4/ 203]: حدَّثنا محمد، قال: حدَّثنا حسين بن نصر، عن خالد، عن حصين، عن جعفر، عن أبيه: أن علياً -عليه السلام- أتي برجل تزوج امراة على خالتها فجلده، وفرق بينهما. انتهى.

رجال هذا الإسناد قد مر الكلام عليهم، وهم من ثقات محدثي الشيعة.

[2206] **وفيها أيضاً** [4/ 204]: حدَّثنا محمد، قال: حدَّثنا عباد، عن السري

بن عبدالله، عن جعفر، عن أبيه: أن رسول الله -صلى الله عليه وآله وسلم- أتي برجل أحيبن أصيفر، فقال: يا رسول الله فجرت بهذه، فدعا رسول الله -صلى الله عليه وآله وسلم- بعرجون فيه مائة شمراخ فضربه ضربة واحدة. انتهى.

عباد: هو ابن يعقوب، من ثقات محدثي الشيعة.

والسري بن عبدالله: من أصحاب جعفر الصادق، وأحد الرواة عنه، وهو من ثقات محدثي الشيعة.

ومثله في الجامع الكافي بهذا الإسناد.

[2207] **علي بن بلال في شرح الأحكام** [إعلام الأعلام صـ417]: وأخبرنا السيد أبو العباس -رحمه الله-، قال: أخبرنا أبو زيد العلوي، قال: حدَّثنا محمد بن منصور، قال: حدثنا عباد، عن السري بن عبدالله، عن جعفر، عن أبيه: أن رسول الله -صلى الله عليه وآله وسلم- أتي برجل أحيبن أصيفر، فقال: يا رسول الله فجرت بهذه، فدعا رسول الله -صلى الله عليه وآله وسلم- بعرجون فيه مائة شمراخ فضربه ضربة واحدة. انتهى.

[2208] **وفيه أيضاً** [إعلام الأعلام صـ418]: أخبرنا السيد أبو العباس الحسني -رحمه الله-، قال: أخبرنا أبو زيد العلوي، قال: حدَّثنا محمد بن منصور المرادي، قال: حدَّثنا حسين بن نصر، عن خالد، عن حصين، عن جعفر، عن أبيه، عن علي -عليه السلام-: أنه أتي بامرأة بكر زعموا أنها زنت، فأمر النساء ينظرن إليها، فقلن: هي عذراء، فقال علي -عليه السلام-: ما كنت لأضرب من عليها خاتم الله، وكان يجيز شهادة النساء في مثل هذا. انتهى.

رجال هذا الإسناد من ثقات محدثي الشيعة، وقد مر الكلام عليهم.

[2209] **مجموع زيد بن علي -عليهما السلام-** [صـ228]: حدثني زيد بن علي، عن أبيه، عن جده، عن علي -عليهم السلام-، أن رجلا زنى بجارية من الخمس فلم يحده علي -عليه السلام- وقال له فيها نصيب انتهى.

[2210] **أمالي أحمد بن عيسى -عليهما السلام-** [4/ 202]: حدَّثنا محمد، قال: حدَّثنا حسين بن نصر، عن خالد، عن حصين، عن جعفر، عن أبيه: أن رسول الله -صلى الله عليه وآله وسلم- أتي برجل وطئ جارية من الغنيمة، فقال رسول الله -صلى الله عليه وآله وسلم-: ((له فيها نصيب لا حد عليه)) فغرمه قيمتها. انتهى.

رجال هذا الإسناد قد مر الكلام عليهم.

[2211] **الهادي -عليه السلام- في الأحكام** [2/ 158]: قال يحيى بن الحسين -صلوات الله عليه-: فقد ذكر عن رسول الله -صلى الله عليه وآله وسلم- أنه أتي برجل مريض أصيفر أحيبن(26) قد خرجت عروق بطنه يكاد يموت في بعض الحديث قد زنا فدعا النبي -صلى الله عليه وآله وسلم- بعثكول فيه مائة شمراخ فضربه به ضربة واحدة. انتهى.

التثبت في الحدود ودرؤها بالشبهات

[2212] **أمالي أحمد بن عيسى -عليهما السلام-** [4/ 211]: حدَّثنا محمد، قال: حدَّثنا حسين بن نصر، عن خالد، عن حصين، عن جعفر، عن أبيه، قال: قال رسول الله -صلى الله عليه وآله وسلم-: ((ادرؤوا الحدود بالشبهات، وأقيلوا الكرام عثراتهم إلا من حدّ)). انتهى.

رجال هذا الإسناد قد مَرّ الكلام عليهم، وهم من ثقات محدثي الشيعة.

الهادي -عليه السلام- في الأحكام [2/ 149]: قال يحيى بن الحسين -صلوات الله عليه-: لا يجب الحد على الزاني حتى يشهد عليه أربعة عدول بالزنا والإيلاج والإخراج، فإذا شهد عليه أربعة وجب على الإمام أن يسأل عن عدالة الشهود، وعن عقولهم، وعن إسلامهم، وعن أبصارهم، فإنه ربما كان فيهم

(26) الحبن: عظم البطن. تمت

الذمي الذي لا تجوز شهادته على الملي، وربما كان فيهم الأعمى الذي لا يتبين عماه إلا لمن عرفه، وذلك الذي ينزل الماء في بصره، فلا يستبين للإمام ذلك فيه إلا بالسؤال عن ناظِرَيه، فإذا صح عنده أمرُ ذلك، سأل هل بين الشهود وبين المشهود عليه عداوة، حتى يبرأوا من ذلك كله، فإنه لا ينبغي أن تقبل شهادة العدو على عدوه؛ لفساد الدهر، واختلاط الأمر، وعوز المحقين، وقلعة الصادقين، فينبغي للإمام أن يتحرز من ذلك كله فيكون حَذِراً فَطِناً قائماً على أخمصيه ذهناً جاداً في أمر الله، حاكماً بأحكام الله غير متقدم على شبهة، ولا متأخر عن صحة، وفي ذلك ما يقول الله -عز وجل-: ﴿يَا أَيُّهَا الَّذِينَ آمَنُوا إِن جَاءَكُمْ فَاسِقٌ بِنَبَإٍ فَتَبَيَّنُوا أَن تُصِيبُوا قَوْمًا بِجَهَالَةٍ فَتُصْبِحُوا عَلَىٰ مَا فَعَلْتُمْ نَادِمِينَ ۝٦﴾ [الحجرات:6].

[2213] وقد قال رسول الله -صلى الله عليه وآله وسلم-: ((ادرؤوا الحدود بالشبهات)).

[2214] وقال أمير المؤمنين علي بن أبي طالب -عليه السلام-: (لأن أخطئ في العفو أحب إلي من أن أخطئ في العقوبة).

فلما ذكرنا من قول الله ورسوله وأمير المؤمنين ما قلنا، ثبت أنه يجب على إمام المسلمين، التثبت في أمور العالمين.

وقلنا: إن الوقوف في الشبهة خير من التقدم في الزلة، فإذا صح للإمام أمر الشهود، وجب عليه أن يسأل عن المشهود عليه حتى يثبت له عقله، ويصح له لبه، ثم يسأله عنه أحر هو أم مملوك؟ ثم يسأل عنه أمحصن هو أم غير محصن؟ فإذا شهد شاهدان عدلان على إحصانه، سألهما الإمام ما الإحصان؟ فإذا ثبتا له الإحصان نفسه، وأخبراه أنه قد جمع زوجته وضم إليه أهله، أقام عليه حد المحصن، فضربه مائة ضربة، ثم رجمه، فكان أول من يرجمه الشهود الأربعة، ثم الإمام بعدهم، ثم المسلمون كلهم أو من حضر رجم منهم.

فإن سأل عنه فذكر له أنه بكر، أو ثبت له أنه لم يكن نكح بامرأة هي في حباله اليوم أو مفارَقَة، جلد عند ذلك مائة جلدة، ولم تأخذه ولا المؤمنين به رأفة ولا رحمة، كما حكم به فيه ربه، وكذلك يجب على الإمام من التثبت في أمر المرأة ما وجب عليه من التثبت في أمر الرجل؛ لأن أمرهما عند الله سواء في جرمهما، في الحد والحكومة منه سبحانه في ذلك سواء عليهما. انتهى.

النهي عن الشفاعة في الحدود

[2215] **أمالي أحمد بن عيسى -عليهما السلام-**[4/211]: حدثنا محمد، قال: حدثنا محمد بن جميل، عن أبي ضمرة، عن جعفر، عن أبيه: أن أسامة ابن زيد كان يشفع في الذي لا حد فيه فأتي بإنسان قد وقع عليه حد فشفع فيه فقال رسول الله -صلى الله عليه وآله وسلم-: ((يا أسامة لا تشفع في حَدّ)). انتهى.

رجال هذا الإسناد قد تقدم الكلام عليهم، وهم من ثقات محدثي الشيعة رضي الله عنهم.

وأبو ضمرة: هو أنس بن عياض الليثي من ثقات محدثي الشيعة، قد مر الكلام عليه أيضاً.

باب القول في حد القاذف

[2216] **مجموع زيد بن علي -عليهما السلام-**[صـ229]: حدثني زيد بن علي، عن أبيه، عن جده، عن علي -عليهم السلام-، قال: (يجلد القاذف، وعليه ثيابه، وينزع عنه الحشو والجلد).

[2217] حدثني زيد بن علي، عن أبيه، عن جده، عن علي -عليهم السلام-: أنه كان يعزر في التعريض.

[2218] حدثني زيد بن علي، عن أبيه، عن جده، عن علي -عليهم السلام-: أنه أتته امرأة، فقالت: يا أمير المؤمنين إن زوجي وقع على وليدتي، فقال -عليه

السلام-: (إن تكوني صادقة رجمناه، وإن تكوني كاذبة جلدناك)، قال: ثم أقيمت الصلاة فذهبت. انتهى.

[2219] **أمالي أحمد بن عيسى -عليهما السلام-**[4/ 217]: أخبرنا محمد، قال: أخبرنا حسين بن نصر، عن خالد، عن حصين، عن جعفر، عن أبيه، قال: من أقر بولده ساعة، ثم نفاه جلد الحد، وألحق به الولد.

[2220] أخبرنا محمد، قال: أخبرنا محمد بن راشد، عن إسماعيل بن أبان، عن غياث، عن جعفر، عن أبيه، عن علي -عليه السلام-: (أنه أتي برجل ولدت امرأته غلاماً وجارية في بطن واحد، فأقر بأحدهما وأنكر الآخر، قال: (إما أن يعترف بهما جميعاً، وإما أن ينكرهما)، قال أبو جعفر: هذا هو المعمول عليه. انتهى.

رجال هذا الإسناد والذي قبله من ثقات محدثي الشيعة، وقد مر الكلام عليهم جميعاً.

ومحمد في أول الإسناد: هو ابن منصور المرادي.

وخالد: هو ابن عيسى العكلي.

وحصين: هو ابن المخارق السلولي.

وغياث: هو ابن إبراهيم الكوفي.

[2221] **وفي أمالي أحمد بن عيسى أيضاً** [4/ 208]: **أخبرنا** محمد، قال: حدثني أحمد بن عيسى، عن حسين، عن أبي خالد، عن زيد، عن آبائه، عن علي -عليهم السلام-، قال: (إذا قذف امرأته وأقام على القذف وهو منكر لولدها تلاعنا، ما لم يكن بينة، فإن أنكر وقامت بينة جُلِد [حَدّاً]، وكانت امرأته، وإن أقر أنه كاذب جُلِدَ حداً، وكانت امرأته). انتهى.

[2222] **علي بن بلال في شرح الأحكام** [إعلام الأعلام صـ420]: أخبرنا السيد أبو العباس -رحمه الله-، قال: أخبرنا عبدالعزيز بن إسحاق، قال: حدثنا علي

بن محمد النخعي، قال: حدثنا المحاربي، قال: حدثنا نصر بن مزاحم قال: حدثنا إبراهيم بن الزبرقان، عن أبي خالد، عن زيد بن علي، عن آبائه، عن علي -عليهم السلام-، قال: (يجلد القاذف وعليه ثيابه، وينزع عنه الحشو والجلد). انتهى.

[2223] **أمالي أحمد بن عيسى -عليهما السلام-** [4/ 208]: أخبرنا محمد، قال: حدَّثني أحمد بن عيسى، عن حسين، عن أبي خالد، عن زيد، عن آبائه، عن علي -عليهم السلام- -في رجل أدخلت عليه امرأته فلم يجدها عذراء- قال: (لا يصدق، فإن قذفها جلد). انتهى.

[2224] **وفيها أيضاً** [4/ 209]: أخبرنا محمد، قال: حدَّثني أحمد بن عيسى، عن حسين، عن أبي خالد، عن زيد، عن آبائه، عن علي -عليهم السلام-: أنه أتته امرأة، فقالت: إن زوجي وقع على وليدتي، قال: (إن تكوني صادقة رجمناه، وإن كنت كاذبة جلدناك الحد) فقيل لها: هل لك بينة بما تقولين؟ قالت: لا، فأقيمت الصلاة. فذهبت.

[2225] أخبرنا محمد، قال: حدَّثني أحمد بن عيسى، عن حسين، عن أبي خالد، عن زيد، عن آبائه، عن علي -عليه السلام- -في رجل قذف امرأته، ثم خرج، فجاء وقد توفيت-، قال: (يخير واحدة من ثنتين، يقال له: إن شئت ألزمت على نفسك الذنب، فيقام فيك الحد، وتعطى الميراث، وإن شئت أقررت، فلاعنت أدنى قرابتها، ولا ميراث).

[2226] أخبرنا محمد، قال: أخبرنا حسين بن نصر، عن خالد، عن حصين، عن جعفر، عن أبيه، عن علي -عليه السلام-، قال: (أمرنا رسول الله -صلى الله عليه وآله وسلم-: أن لا ننزع من ثياب القاذف شيئاً إلا الرداء). انتهى.

[2227] **مجموع زيد بن علي -عليهما السلام-** [ص 231]: حدثني زيد بن علي، عن أبيه، عن جده، عن علي -عليهم السلام-: أنه قال: (من شتم نبياً قتلناه، ومن زنا من أهل الذمة بامرأة مسلمة قتلناه، فإنما أعطيناهم الذمة على أن

لا يشتموا نبينا، ولا ينكحوا نساءنا). انتهى.

[2228] **أمالي أحمد بن عيسى -عليهما السلام-** [4/ 207]: أخبرنا محمد، قال: سمعت محمد بن علي بن جعفر، يقول: قال رسول الله -صلى الله عليه وآله وسلم-: ((من سبني فاقتلوه، ومن سب أصحابي فاجلدوه)). انتهى.

[2229] **صحيفة علي بن موسى الرضا -عليهما السلام-** [صـ495]: بسنده عن أبيه عن آبائه، عن علي بن أبي طالب -عليهم السلام-، قال: قال رسول الله -صلى الله عليه وآله وسلم-: ((من سب نبياً قتل، ومن سب صاحب نبي جلد)). انتهى.

[2230] **صحيفة علي بن موسى الرضا -عليهما السلام-** [صـ500]: عن أبيه عن آبائه، عن علي -عليهم السلام-، قال: (إذا سُئِلَت المرأةُ من فَجَرَ بك؟ فقالت: فلان، جلدتها حدين؛ حداً لفريتها على الرجل، وحداً لما أقرت على نفسها بالفجور). انتهى.

الهادي -عليه السلام- في الأحكام[2/ 160]: قال يحيى بن الحسين -صلوات الله عليه-: وقال الله -سبحانه-: ﴿**وَالَّذِينَ يَرْمُونَ الْمُحْصَنَاتِ ثُمَّ لَمْ يَأْتُوا بِأَرْبَعَةِ شُهَدَاءَ فَاجْلِدُوهُمْ ثَمَانِينَ جَلْدَةً**﴾[النور:4]، ومعنى ذلك: أنه حكم على من قذف مسلمة حرة أو حراً مسلماً بالزنا، ثم لم يأت على ذلك بأربعة شهداء ضرب ثمانين جلدة كما أمر الله، وكان كاذباً عند الله من الفاسقين، ولم تقبل له شهادة أبداً، إلا أن يتوب من فسقه وينيب ويرجع إلى الله، فيكون عنده من المقبولين، إذا كان عنده في التوبة من المخلصين، كما قال جل جلاله، عن أن يحويه قول أو يناله: ﴿**وَلَا تَقْبَلُوا لَهُمْ شَهَادَةً أَبَدًا وَأُولَئِكَ هُمُ الْفَاسِقُونَ ﴿٤﴾ إِلَّا الَّذِينَ تَابُوا مِنْ بَعْدِ ذَلِكَ وَأَصْلَحُوا فَإِنَّ اللَّهَ غَفُورٌ رَحِيمٌ ﴿٥﴾**﴾. [النور].

وقال -سبحانه- فيما كان يفعله أهل الجاهلية من إكراههم إماءهم على الزنا ليستنجبوا أولادهن: ﴿**وَلَا تُكْرِهُوا فَتَيَاتِكُمْ عَلَى الْبِغَاءِ إِنْ أَرَدْنَ تَحَصُّنًا لِتَبْتَغُوا عَرَضَ**

﴿ٱلۡحَيَوٰةِ ٱلدُّنۡيَاۚ وَمَن يُكۡرِههُّنَّ فَإِنَّ ٱللَّهَ مِنۢ بَعۡدِ إِكۡرَٰهِهِنَّ غَفُورٞ رَّحِيمٞ ٣٣﴾ [النور:33] فنهاهم عن حملهن على الزنا لما يطلبون من أجعالهن، واستنجاب أولادهن، ثم أخبر أنه من بعد إكراههن لمن أُكره منهن، وأخيفت على نفسها، إن لم تفعل ما أمرها به سيدها، غفور رحيم، فأخبر الله -عز وجل- أنه غير معاقب لها على ما لم تفعله بطوعها، وأتته بالكره منها، والخوف على نفسها، ثم وعدها أنه يغفر ذلك لها، ومن العقوبة فيه يرحمها، إذا كانت مكرهة على فعلها، فقال: ﴿وَمَن يُكۡرِههُّنَّ فَإِنَّ ٱللَّهَ مِنۢ بَعۡدِ إِكۡرَٰهِهِنَّ غَفُورٞ رَّحِيمٞ ٣٣﴾[النور:33]، فوجبت المغفرة للمكرهات من الفتيات المؤمنات.

[2231] وهذه الآية نزلت في أمةٍ مسلمةٍ، كانت لعبد الله بن أبي بن سلول، فأمرها أن تأتي رجلاً ليفسق بها فيتسنجب به ولدها، فأبت وأتت النبي -صلى الله عليه وآله وسلم- فأخبرته فأعتقها وزَوَّجَهَا. انتهى.

باب القول فيمن جلد على القذف فثنّى بقذف قبل أن يفرغ من جلده

الهادي -عليه السلام- في الأحكام[2/ 164]: قال يحيى بن الحسين -صلوات الله عليه-: إن كان قذف الذي يضرب له وكان قد بقي من هذا الحد الذي يضربه شئ أتم ما بقي من الحدود، وكان مجزياً عما ثنى به من القذف وهو بين العقابين، وإن قذف غيره ضرب له من قذف حَدّاً مبتدءاً من بعد الفراغ من الأول.

[2232] وكذلك روي عن أمير المؤمنين -عليه السلام- أنه ضرب حدين في موقف واحد. انتهى.

باب القول في حد اللوطي

[2233] **مجموع زيد بن علي -عليهما السلام-**[صـ229]: حدثني زيد بن علي، عن أبيه، عن جده، عن علي -عليهم السلام- -في الذكرين ينكح أحدهما الآخر-: أن حدهما حد الزاني: (إن كانا أحصنا رُجِمَا، وإن كانا لم يحصنا جُلِدَا). انتهى.

[2234] **أمالي أحمد بن عيسى -عليهما السلام-**[4/ 218]: أخبرنا محمد، عن أحمد، عن حسين، عن أبي خالد، عن زيد، عن آبائه، عن علي -عليهم السلام-، قال: (الرجلان إذا نكح أحدهما صاحبه حدُّهما حدُّ الزاني؛ إن كانا أُحصنا رُجما، وإن كانا غير محصنين يقتضي جلدهما). انتهى.

[2235] **علي بن بلال في شرح الأحكام**[إعلام الأعلام صـ 410]: وأخبرنا السيد أبو العباس -رحمه الله-، قال: أخبرنا عبدالعزيز بن إسحاق، قال: حدثنا علي بن محمد، قال: حدثنا المحاربي، قال: حدثنا نصر بن مزاحم قال: حدثنا إبراهيم بن الزبرقان، عن أبي خالد، عن زيد بن علي، عن أبيه عن جده، عن علي بن أبي طالب -عليهم السلام- -في الذكرين ينكح أحدهما صاحبه -: (أن حدهما حد الزاني؛ إن كانا أحصنا رجما، وإن كانا لم يحصنا جلدا). انتهى.

أمالي أحمد بن عيسى -عليهما السلام-[4/ 218]: أخبرنا محمد، قال: أخبرني جعفر، عن قاسم: في الذي يعمل عمل قوم لوط، قال: حده في ذلك الرجم، وكذلك فعل الله بقوم لوط رجمهم من سمائه.

[2236] وذكر مثل ذلك عن علي -رحمة الله عليه- في رجل أتي به في ذلك.

[2237] وذكر عن رسول الله -صلى الله عليه وآله وسلم- بالأخبار غير المتواطئة في كثير من الرواية أنه قال: ((اقتلوا الفاعل، والمفعول به[27])).

قال محمد: حده حد الزاني إن أحصن رجم، وإن كان غير محصن حُدَّ حَدَّ الزاني. انتهى.

الهادي -عليه السلام- في الأحكام[2/ 160]: قال يحيى بن الحسين -صلوات الله عليه-: اللوطي زاني حدُّه حدُّ الزاني إذا أُتِي في المقعدة، وهو أعظم الزانيين جرماً.

---

(27) أخرجه أحمد في المسند وأبو داوود والترمذي والنسائي وابن ماجة كلهم عن ابن عباس مرفوعا تمت مؤلف.

كذلك روي عن أمير المؤمنين علي بن أبي طالب -عليه السلام-، أنه قال: (حدّ اللوطي كحدّ الزاني).

قال يحيى بن الحسين -عليه السلام-: إن كان محصناً فأتى رجلاً في دبره فحده حد الزاني، إن كان محصناً رجم، وإن كان بكراً جلد، وكذلك من أمكن من الرجال من نفسه، وفي ذلك ما يروى عن رسول الله -صلى الله عليه وآله وسلم- في الأخبار المتواترة، والروايات المتواطئة أنه قال: ((اقتلوا الفاعل والمفعول به)).

حدَّثني أبي، عن أبيه: أنه سئل عن الذي يعمل عمل قوم لوط.

فقال: حده في ذلك حدّ الزاني يرجم إن كان محصناً، ويجلد إن كان بكراً، وكذلك روي عن أمير المؤمنين -عليه السلام-: في رجل أتي به قد فعل ذلك، وقد رجم الله قوم لوط من سمائه. انتهى.

[2238] أمالي أحمد بن عيسى -عليهما السلام-[4/ 218]: أخبرنا محمد، قال: أخبرنا الحسن بن يحيى، عن إبراهيم بن محمد، عن عبد الرحمن بن محمد العرزمي، عن جعفر بن محمد، عن أبيه، قال: أتي عمر بفاعل، أو مفعول به، فاستشار علياً -عليه السلام-، فأمره أن يضرب عنقه، ثم قال: (قد بقي حد آخر) قال: وما هو ؟ قال: (تحرقه بالنار)، ثم قال علي -عليه السلام-: (إن لهم أرحاماً كأرحام النساء) قيل: فما بالهم لا يلدون ؟ قال: (إن أرحامهم منكوسة). انتهى.

الحسن بن يحيى: هو الحسن بن يحيى بن الحسين بن زيد بن علي قد مر الكلام عليه.

وكذلك علي بن إبراهيم بن محمد بن ميمون.

وأما عبدالرحمن بن محمد العرزمي:

فهو أحد الموالين للعترة النبوية، وضعفه الدارقطني فيما زعم الذهبي بلا

مستند، وهي عادة الخصوم وصمُ المتبعين للعترة النبوية.

[2239] **وفيها أيضاً -أعني أمالي أحمد بن عيسى -عليهما السلام-** [219/4]: أخبرنا محمد، قال: حدَّثنا أبو الطاهر أحمد بن عيسى بن عبدالله، قال: حدَّثني أبي، عن أبيه، عن جده، عن علي -عليهم السلام-، قال: قال رسول الله -صلى الله عليه وآله وسلم-: ((إن الشياطين يأتون النساء في صورة الرجال)) قال: يا رسول الله، وهل لذلك من علامة؟ قال: ((قلة الحياء، وما أحد أقل حياء ممن أمكن من دبره)).

[2240] أخبرنا محمد، قال: أخبرنا حسين بن نصر، عن خالد، عن حصين، عن جعفر، عن أبيه، عن علي -عليه السلام-، قال: (لما عمل قوم لوط بما عملوا بكت السماء والأرض إلى ربها من أعمالهم، فقال للسماء: احصبيهم، وللأرض: اخسفي بهم).

أخبرنا محمد، قال: أخبرني جعفر، عن قاسم -فيمن أتى بهيمة-، قال: إذا أتى بهيمة كإتيانه المرأة، فحكمه حكم من أتى الرجل في المقعدة، ومن أتى رجلاً أو بهيمة فيما دون المقعدة فحاله في ذلك كحاله في المرأة سواء، عليه من التعزير بما يرى الإمام.

قال محمد: الذي عليه العلماء من آل رسول الله -صلى الله عليه وآله وسلم-، وغيرهم أنه من أتى بهيمة فلا حد عليه، وللإمام أن يؤدبه بقدر ما يرى. انتهى.

رجال الإسناد الأول من خيار آل رسول الله -صلى الله عليه وآله وسلم-، وقد تقدم الكلام عليهم جميعاً.

ورجال الإسناد الثاني من ثقات محدثي الشيعة كذلك قد تقدم الكلام عليهم.

وجعفر: هو ابن محمد بن شعبة النيروسي، صاحب القاسم بن إبراهيم -عليه السلام-، وقد تقدم الكلام عليه.

الجامع الكافي [6/ 127]: وقال محمد: الذي عليه العلماء من آل رسول الله -صلى الله عليه وآله وسلم-، وغيرهم من أتى بهيمة فلا حد عليه، وللإمام أن يؤدبه بقدر ما يرى.

وقال الحسن -فيما روى ابن صباح عنه-، وهو قول محمد: إذا أتى رجل بهيمة وهو محصن فإن قولنا وما نحن عليه، وما عليه المسلمون والحكام: أنه لاحد عليه، ويتوب إلى الله -عز وجل-، ويؤدبه الإمام بما يرى ما لم يبلغ به حداً.

[2241] وروى عن علي -صلوات الله عليه- أنه قال: (فيه الأدب).

[2242] وعن الحسن بن علي صلى الله عليه قال: يضرب.

[2244] وروي عن النبي -صلى الله عليه وآله وسلم- أن فاعل ذلك ملعون.

وقد روي أيضاً أنه يقتل، ولعل هذا منسوخ، أو أراد به تغليظاً.

ومن تأوّل هذا الحديث في قتل من أتى بهيمة فإنا نكره له خلاف أمة محمد-صلى الله عليه وآله وسلم-، وأن ينسب إلى الجهل؛ لأن الأمّة مجمعة على أنه لا يقتل، فأنا أكره له أن ينفرد بسفك دم رجل من المسلمين بشبهة، وقد قال رسول الله -صلى الله عليه وآله وسلم-: ((ادرأوا الحدود بالشبهات))، وقال: ((ادفعوا الحدود ما وجدتم مدفعاً)).

وقد قيل: لأن أخطي في العفو أحب إلي من أن أخطي في العقوبة، فإن فرط من الإمام حكم، فرجم الذي أتى البهيمة، فقد أخطأ خطأ تأويل لا دية عليه فيه ولا كفارة.

وأما ما روي في البهيمة أنها تقتل فليس المسلمون على ذلك فلا تقتل، ولا بأس بأكل لحمها وشرب لبنها انتهى.

باب القول في حد من شرب الخمر

[2245] **مجموع زيد بن علي -عليهما السلام-** [صـ230]: حدثني زيد بن علي، عن أبيه، عن جده، عن علي -عليهم السلام-: أنه كان يجلد في شرب الخمر، وفي المسكر من النبيذ أربعين جلدة. انتهى.

الجامع الكافي [6/ 203]: وقال القاسم -عليه السلام- - فيما روى داود عنه -: ويجب الحد على شارب الخمر في قليلها كوجوبه في كثيرها، سواء يسكر منها أم لم يسكر.

وقال القاسم -عليه السلام- أيضاً -فيما حدثنا علي بن محمد، عن ابن هارون، عن أحمد بن سهل، عن عثمان بن محمد، عن القومسي، عنه- قال: أجمع آل رسول الله -صلى الله عليه وآله وسلم- على تحريم المسكر.

وقال الحسن بن يحيى -عليه السلام-: أجمع آل رسول الله -صلى الله عليه وآله وسلم- على أن كل مسكر حرام، وعلى أن كل شراب يسكر كثيره فقليله حرام، وقالوا: ما خمر من الشراب فأسكر كثيره، فهو خمر.

قال محمد: حد السكر من المسكر مثل حد الخمر.

قال محمد - فيما روى ابن عمرو عنه، وقرأته بخطه -: والسكر عندي بمنزلة الخمر، والخمر إجماع، وذا فيه اختلاف.

وروى بإسناده عن علي -عليه السلام-، وفي مثل ذلك من رواية زيد بن علي، وضميرة. انتهى.

الهادي -عليه السلام- في الأحكام[2/ 184]: قال يحيى بن الحسين - صلوات الله عليه-: حد الخمر ثمانون على كل من شرب منها قليلاً أو كثيراً، فإذا شهد على شاربها رجلان أنهما رأياه يشربها، أو شما منه في نكهته رائحتها وجب عليه الحد ثمانون سوطاً.

[2246] وكذلك بلغنا عن أمير المؤمنين علي بن أبي طالب -عليه السلام- أنه قال -لعمر بن الخطاب حين كان من أمره وأمر قدامة بن مظعون الجمحي ما كان، حين كان قدامة شرب الخمر، فحده أبو هريرة بالبحرين -وهو إذ ذاك والٍ عليها-، فقدم قدامة على عمر، فشكى أبا هريرة، فبعث إليه عمر، فأشخصه، فقدم أبو هريرة معه بالشهود الذين شهدوا على شرب قدامة للخمر، وكان ممن قدم معه الجارود العبدي، فلما قدم عليه أبو هريرة، وسأله عن أمر قدامة، فأخبره أنه جلده في الخمر، فسأله عمر البينة، فجاء بشهوده، فالتقى عبدُالله بنُ عمر الجارودَ العبدي، فقال له عبدالله بن عمر بن الخطاب: أنت الذي شهدت على خالي أنه شرب الخمر؟ قال: نعم، قال: إذاً لا تجوز شهادتك عليه، فغضب الجارود، وقال: والله لأجلدن خالك، أو لأكفرن أباك، فدخلوا على عمر، فشهدوا أنه ضربه في الخمر، فقال قدامة: إني أنا ليس علي في الخمر حرج إنما أنا من الذين قال الله تعالى: ﴿لَيْسَ عَلَى ٱلَّذِينَ ءَامَنُوا۟ وَعَمِلُوا۟ ٱلصَّٰلِحَٰتِ جُنَاحٌ فِيمَا طَعِمُوٓا۟ إِذَا مَا ٱتَّقَوا۟ وَّءَامَنُوا۟ وَعَمِلُوا۟ ٱلصَّٰلِحَٰتِ ثُمَّ ٱتَّقَوا۟ وَّءَامَنُوا۟ ثُمَّ ٱتَّقَوا۟ وَّأَحْسَنُوا۟ وَٱللَّهُ يُحِبُّ ٱلْمُحْسِنِينَ ﴿٩٣﴾﴾ [المائدة]، قال: وكان بدرياً، ففزع عمر مما قال له قدامة، فبعث إلى علي بن أبي طالب -عليه السلام- فقال له: ألا تسمع ما يقول قدامة، فأخبره بما قرأ من القرآن، فقال له علي -عليه السلام-: (إن الله لما حرم الخمر شكى المؤمنون إلى النبي -صلى الله عليه وآله وسلم- فقالوا: كيف بآبائنا وإخواننا الذين ماتوا، وقتلوا وهم يشربون الخمر، وكيف بصلاتنا التي صلينا ونحن نشربها، هل قبل الله منا، ومنهم، أم لا؟، فأنزل الله فيهم: ﴿لَيْسَ عَلَى ٱلَّذِينَ ءَامَنُوا۟ وَعَمِلُوا۟ ٱلصَّٰلِحَٰتِ جُنَاحٌ فِيمَا طَعِمُوٓا۟ إِذَا مَا ٱتَّقَوا۟ وَّءَامَنُوا۟ وَعَمِلُوا۟ ٱلصَّٰلِحَٰتِ ثُمَّ ٱتَّقَوا۟ وَّءَامَنُوا۟ ثُمَّ ٱتَّقَوا۟ وَّأَحْسَنُوا۟ وَٱللَّهُ يُحِبُّ ٱلْمُحْسِنِينَ ﴿٩٣﴾﴾ [المائدة]، فكان ذلك معذرة للماضين، وحجة على الباقين.

يا عمر: إن شارب الخمر إذا شربها انتشى، وإذا انتشى هذى، وإذا هذى افترى فأقم حدّها حدّ فرية، وحدّ الفرية ثمانون).

[2247] وكذلك بلغنا عن أمير المؤمنين -عليه السلام- أنه كان يضرب في شرب المسكر ثمانين، وكان يقول: (كل مسكر خمر).

[2248] وبلغنا عنه -صلى الله عليه وآله وسلم-: أنه كان يجلد في قليل ما أسكر كثيره كما يجلد في الكثير.

[2249] حدَّثني أبي، عن أبيه أنه قال: حدَّثني أبو بكر بن أبي أويس، عن حسين بن عبدالله بن ضميرة، عن أبيه، عن جده، عن علي بن أبي طالب -عليه السلام-: أنه كان يجلد فيما أسكر قليله كما يجلد فيما أسكر كثيره.

وحدَّثني أبي، عن أبيه: أنه سئل عن المسكر، فقال: كلما أسكر كثيره فقليله حرام، وكذلك روي عن رسول الله -صلى الله عليه وآله وسلم-.

[2250] قال يحيى بن الحسين -صلوات الله عليه-: بلغنا عن رسول الله -صلى الله عليه وآله وسلم- أنه قال: ((ما أسكر كثيره فالذوق منه حرام)).

قال يحيى بن الحسين -رضي الله عنه-: وما حرم الله شربه لزم شاربه حد.

[2251] قال: حدَّثني أبي، عن أبيه أنه قال: بلغنا عن أمير المؤمنين -عليه السلام- أنه كان يقول: (لا أجد أحداً يشرب خمراً، ولا نبيذاً مسكراً إلا جلدته الحد ثمانين). انتهى.

[2252] أمالي أحمد بن عيسى -عليهما السلام- [4/260]: أخبرنا محمد، قال: حدثني أحمد بن عيسى، عن حسين، عن أبي خالد، عن زيد، عن آبائه، أن علياً -عليه السلام- أتي برجل قد شرب مسكراً فجلده الحد. انتهى.

[2253] مجموع زيد بن علي -عليهما السلام- [صـ230]: حدثني زيد بن علي، عن أبيه، عن جده، عن علي -عليهم السلام-، أنه قال: (من مات في حد الزنا والقذف فلا دية له، كتاب الله قتله، ومن مات في حد الخمر فديته من بيت مال المسلمين، فإنه شيء رأيناه). انتهى.

الهادي -عليه السلام- في الأحكام[2/ 189]: قال يحيى بن الحسين -صلوات الله عليه-: يقال لمن قال: لاحد في الخمر، وروى الحديث الكاذب الذي لا يصح عن أمير المؤمنين علي بن أبي طالب -عليه السلام- في أنه جلد في الخمر فمات فَوَدَاه من بيت مال المسلمين، فأتاه ابن الكوّى فقال: يا أمير المؤمنين لم وديته؟ فقال: (لأنا جلدناه في الخمر فمات، وليس ذلك الحد بأمر من الله، ولكنه رأي ارتئآه عشرة من الصحابة، فمن مات في رأي ارتأيناه وديناه من بيت مال المسلمين).

فقال ابن الكوى: فما الذي دعاكم إلى أن تروا رأياً ليس في كتاب الله تجنون به على أموال المسلمين الجنايات.

ثم زعم أهل هذا الحديث: أن أمير المؤمنين -عليه السلام- ترك الحد في الخمر من بعد ذلك اليوم اجتراءً على الله، وكذباً عليه، وعلى رسوله، وعلى أمير المؤمنين، وهذا الحديث [كله] باطل محال كذب فاحش من المقال لا يقبله عاقلان، ولا يصدق به مؤمنان، والذي أوجب الأدب في الخمر، وأثبت الحد فيها فرسول الله -صلى الله عليه وآله وسلم-، هو الذي جعل ثمانين جلدة أدباً فيها واجباً، وحكم بها على شاربها حكماً لازماً.

فأما ما يروى عن أمير المؤمنين -عليه السلام- في ذلك من أنه قال: (أوجبنا على شاربها جلد ثمانين؛ لأنا وجدناه إذا شربها انتشى، وإذا انتشى هذى، وإذا هذى افترى): فقد يمكن أن يكون ذلك القول قولاً نقله عن الرسول -صلى الله عليه وآله وسلم-، لأن أمير المؤمنين -عليه السلام- لم يذكر ذلك عن نفسه.

والدليل على أن ذلك من رسول الله -صلى الله عليه وآله وسلم- قاله: ما قد روي عنه مما لا اختلاف فيه عند أهل العلم، والروايات من أنه -صلى الله عليه وآله وسلم- أتي بشارب خمر، فجلده ثمانين جلده، ثم قال: ((إن عاد، فاقتلوه))، قال: فعاد، فانتظرنا أن يأمر بقتله، فأمر بجلده ثانية، فكيف تقولون؟!، أو

تروون عن أمير المؤمنين -عليه السلام- أنه قال: (حد شارب الخمر رأي ارتئآه هو، وغيره من الصحابة)، وقد فعله رسول الله -صلى الله عليه وآله وسلم- وأوجبه، وحكم به، وهو -صلى الله عليه وآله وسلم- الأسوة والقدوة. انتهى.

[2254] **الجامع الكافي** [6/ 206]: قال القاسم -فيما حدَّثنا علي، عن ابن هارون، عن ابن سهل، عن عثمان، عن القومسي، عن القاسم- قال: أخبرني رجل ثقة، عن جعفر بن محمد -عليه السلام-، عن أبيه، عن علي صلى الله عليه أنه قال: (لا أجد أحداً شرب خمراً، ولا نبيذاً مسكراً إلا جلدته ثمانين.

وقال الحسن: فيما حدَّثنا محمد، وزيد، عن زيد، عن أحمد، عنه: ويحد شارب الخمر ثمانين جلدة.

[2255] وروى محمد بإسناده عن الحارث، عن علي صلى الله عليه أنه قال: (في قليل الخمر وكثيرها ثمانون جلدة).

وعن علي: أنه ضرب الوليد بن عقبة أربعين سوطاً له شغبتان.

قال محمد: وقال بعضهم: ضربه علي -صلوات الله عليه- أربعين، وضربه الحسن -عليه السلام- أربعين. انتهى.

[2256] **أمالي أحمد بن عيسى -عليهما السلام-** [صـ261]: أخبرنا محمد، قال: حدَّثني قاسم بن إبراهيم، قال: حدَّثني أبو بكر بن أبي أويس، عن حسين بن عبدالله بن ضميرة، عن أبيه، عن جده، عن علي -عليه السلام-: أنه كان يجلد في قليل ما أسكر كثيره كما يجلد في الكثير. انتهى.

رجال هذا الإسناد قد تقدم الكلام عليهم، وهم من ثقات محدثي الشيعة.

باب القول في حد السارق وفي كم يقطع؟ ومن أين يقطع؟

[2257] **مجموع زيد بن علي -عليهما السلام-** [صـ231]: حدثني زيد بن علي، عن أبيه، عن جده، عن علي -عليهم السلام-: أنه كان يقطع يمين

السارق، فإن عاد، فسرق قطع رجله اليسرى، فإن عاد فسرق استودعه السجن، وقال: (إني لأستحي من الله تعالى أن أتركه ليس له شيء يأكل به ولايشرب، ولايستنجي به إذا أراد أن يصلي). انتهى.

[2258] **الجامع الكافي**[6/ 226]: قال محمد، وحدثنا عباد، عن حاتم، عن جعفر، عن أبيه، -عليهما السلام- قال: كان علي صلى الله عليه لا يزيد أن يقطع يداً ورجلاً، فإذا أتي به بعد ذلك، قال: (إني لأستحي من الله أن لا يتطهر لصلاته، ولكن أمسكوا كَلَبَه عن المسلمين، وأنفقوا عليه من بيت مال المسلمين). انتهى.

محمد في أول الإسناد: هو محمد بن منصور المرادي، وعباد هو ابن يعقوب الرواجني، وحاتم هو ابن إسماعيل المدني، وكلهم من ثقات محدثي الشيعة، وقد مر الكلام عليهم.

[2259] **علي بن بلال في شرح الأحكام** [إعلام الأعلام صـ424]: وأخبرنا السيد أبو العباس -رحمه الله-، قال: أخبرنا محمد بن بلال، قال: حدثنا محمد بن عبد العزيز، قال: حدثنا محمد بن جبلة الأحمسي، قال: حدَّثنا محمد بن بكر الأرحبي، عن أبي الجارود، قال: حدَّثني زيد بن علي -عليه السلام-، قال: سرقت امراة من قريش قطيفة، فرفع ذلك إلى رسول الله -صلى الله عليه وآله وسلم-، فلما سمعت بذلك قريش، قالوا: انطلقوا بنا إلى هذا الرجل، فلنكلمه في هذه المرأة قبل أن يقطعها، فتكون سبّة علينا في العرب نعير بها، فقالوا: يا نبي الله، سبحان الله، قال: فقال: ((إنما هلك من كان قبلكم من بني إسرائيل بإقامتهم الحدود على ضعفائهم، وتركهم الحدود على أشرافهم، والله لأقطعنها، والله لأقطعنها، والله لأقطعنها)) قال: فقدمها فقطعها. انتهى.

رجال هذا الإسناد من ثقات محدثي الشيعة وقد تقدم الكلام عليهم.

[2260] **مجموع زيد بن علي -عليهما السلام-** [صـ230]: حدثني زيد بن

علي، عن أبيه، عن جده، عن علي -عليهم السلام-، قال: (لا قطع في أقل من عشرة دراهم).

[2261] حدثني زيد بن علي، عن أبيه، عن جده، عن علي -عليهم السلام-، قال: (لا قطع على خائن ولا مختلس، ولا في ثمر ولا كثر، ولا قطع في صيد ولا ريش، ولا قطع في عام سنة، ولا قطع على سارق من بيت مال المسلمين، فإن له فيه نصيباً).

[2262] حدثني زيد بن علي، عن أبيه، عن جده، عن علي -عليهم السلام-: أن رجلاً أتاه، فقال: يا أمير المؤمنين إن عبدي سرق متاعي، فقال -عليه السلام-: (مالك سرق بعضه بعضاً). انتهى.

[2263] أمالي أحمد بن عيسى -عليهما السلام- [4/216]: أخبرنا محمد، قال: أخبرنا حسين بن نصر، عن خالد، عن حصين، عن جعفر، عن أبيه، قال: لا قطع في حجارة على من سرقها، الرخام وأشباهه من الحجارة.

[2264] أخبرنا محمد، قال: حدَّثني أحمد بن عيسى، عن حسين، عن أبي خالد، عن زيد، عن آبائه، عن علي -عليهم السلام-، قال: (ليس على القفاف(28) قطع، ولكن التعزير). انتهى.

[2265] علي بن بلال في شرح الأحكام [إعلام الأعلام ص]: وأخبرنا السيد أبو العباس -رحمه الله-، قال: أخبرنا عبدالعزيز بن إسحاق، قال: حدثنا النخعي، قال: حدثنا المحاربي، قال: حدثنا نصر بن مزاحم، قال: حدثنا إبراهيم بن الزبرقان، عن أبي خالد، عن زيد بن علي، عن أبيه عن جده، عن علي بن أبي طالب -عليهم السلام- أنه قال: (لا قطع على خائن، ولا مختلس انتهى).

[2266] أمالي أحمد بن عيسى -عليهما السلام- [4/216]: أخبرنا محمد،

---

(28) في القاموس: صيرفي سرق الدراهم بين أصابعه فهو قفاف تمت حاشية.

قال: أخبرنا محمد بن جميل، عن حسن بن حسين، عن علي بن القاسم، عن ابن أبي رافع، عن أبيه، عن جده، عن علي -عليهم السلام-، قال: (لا قطع في عام سنة -يعني مجاعة-). انتهى.

رجال جميع الأسانيد في هذا الباب من ثقات محدثي الشيعة وقد مر الكلام عليهم.

[2267] علي بن بلال في شرح الأحكام [إعلام الأعلام صـ430]: أخبرنا السيد أبو العباس -رحمه الله-، قال: أخبرنا أبو زيد، قال: حدثنا محمد بن منصور، قال: حدثنا أحمد بن عيسى، عن الحسين، عن أبي خالد، عن زيد بن علي، -عليه السلام-، قال: (ليس على القفاف قطع، ولكن عليه التعزير). انتهى.

هذا من كلام علي بن أبي طالب -عليه السلام-، وليس من كلام زيد بن علي -عليه السلام-، وقد تقدم آنفاً عن زيد بن علي -عليه السلام-، عن آبائه، عن علي -عليه السلام- بهذا السند، فلعل الكاتب أسقط الواسطة. والله أعلم.

[2268] أمالي أحمد بن عيسى -عليهما السلام- [4/213]: أخبرنا محمد، قال: أخبرنا محمد، قال: حدَّثنا عثمان، عن جرير، عن مغيرة، عن الشعبي، قال: لم يكن علي يقطع من سرق من بيت المال شيئاً؛ لأن له فيه حق. انتهى.

رجال هذا الإسناد من ثقات محدثي الشيعة وقد مر الكلام عليهم.

ومحمد الأول هو ابن منصور، والثاني: محمد بن عبيد أو محمد بن جميل، ومحمد بن منصور يروي عن عثمان بلا واسطة، وعثمان هو ابن أبي شيبة، وجرير: هو ابن عبدالحميد، ومغيرة: هو ابن مقسم الضبي.

[2269] وفي أمالي أحمد بن عيسى أيضاً [4/216]: أخبرنا محمد، قال: أخبرنا عباد، عن حاتم، عن جعفر، عن أبيه، قال: كان علي صلى الله عليه لا يزيد أن يقطع يداً ورجلاً، فإذا أتي به بعد ذلك، قال: (إني لأستحي من الله أن لا

يتطهر لصلاته، ولكن أمسكوا كلبه عن المسلمين، وأنفقوا عليه من بيت مال المسلمين). انتهى.

رجال هذا الإسناد من ثقات محدثي الشيعة وقد تقدم الكلام عليهم.

[2270] **علي بن بلال في شرح الأحكام** [إعلام الأعلام ص-430]: أخبرنا السيد أبو العباس -رحمه الله-، قال: أخبرنا عبدالعزيز بن إسحاق، قال: حدثنا علي بن محمد النخعي، قال: حدثنا سليمان المحاربي، قال: حدثنا نصر بن مزاحم، قال: حدثنا إبراهيم بن الزبرقان، عن أبي خالد، قال: حدثني زيد بن علي، عن أبيه، عن جده، عن علي بن أبي طالب -عليهم السلام- أنه قال: لا قطع على خائن ولا مختلس، ولا في ثمر ولا كثر، ولا قطع في صيد ولا ريش، ولا قطع في عام سنة، ولا قطع فيمن سرق من بيت مال المسلمين فإن له فيه نصيباً. انتهى.

رجال هذا الإسناد من ثقات محدثي الشيعة، وقد تقدم الكلام عليهم غير مرة.

أمالي أحمد بن عيسى -عليهما السلام- [4/206]: أخبرنا محمد، قال: أخبرني جعفر، عن قاسم: في السارق من أين تقطع يده ؟ وفي كم تقطع يده ؟ قال: تقطع يد السارق من كوعه.

قال أبو جعفر: الكوع: المفصل.

ويقطع في عشرة دراهم، أو ما كان قيمته من المتاع، إذا سرق من حرزه.

وقد روي عن النبي -صلى الله عليه وآله وسلم-، -وهو قول أهل المدينة-: أنه قطع في مجن قيمته ربع دينار.

وقال غيرهم: يقطع في خمسة دراهم.

وقال آخرون: فيما قل أو كثر إذا وقع عليه اسم السرقة لزمه فيه الحكم.

وقد ذكر أيضاً في الحديث أن قيمة المجن على عهد رسول الله -صلى الله عليه

وآله وسلم- كانت عشرة دراهم. انتهى.

[2271] **علي بن بلال في شرح الأحكام** [إعلام الأعلام صـ427]: أخبرنا السيد أبو العباس الحسني -رحمه الله-، قال: أخبرنا عبدالعزيز بن إسحاق، قال: حدثنا علي بن محمد، قال: حدثنا المحاربي، قال: حدثنا نصر بن مزاحم قال: حدثني إبراهيم بن الزبرقان، عن أبي خالد، قال: حدثني زيد بن علي، عن أبيه عن جده، عن علي بن أبي طالب -عليهم السلام- أنه قال: أن رجلاً أتاه، فقال: يا أمير المؤمنين إن عبدي سرق متاعي، فقال -عليه السلام-: (مالك سرق بعضه بعضاً). انتهى.

الهادي -عليه السلام- في الأحكام [2/ 170]: قال يحيى بن الحسين -صلوات الله عليه-: قال الله -تبارك وتعالى-: ﴿**وَٱلسَّارِقُ وَٱلسَّارِقَةُ فَٱقْطَعُوٓاْ أَيْدِيَهُمَا جَزَآءَۢ بِمَا كَسَبَا نَكَٰلٗا مِّنَ ٱللَّهِۗ وَٱللَّهُ عَزِيزٌ حَكِيمٞ ٣٨**﴾[المائدة].

قال يحيى بن الحسين -عليه السلام-: وإذا سرق السارق عشرة دراهم أو قيمتها من حرز، والحرز فهو بيت الرجل، ومراحه، ومربده، المحصن عليه، وكذلك روي لنا عن رسول الله -صلى الله عليه وآله وسلم- أنه قطع في مجن كانت قيمته عشرة دراهم. انتهى.

الهادي -عليه السلام- في المنتخب [صـ405]: قال محمد بن سليمان الكوفي -رضي الله عنه-:

قلت فمن أين يقطع؟

قال -عليه السلام-: من الكوع وهو مفصل اليد، كذلك بلغنا عن أمير المؤمنين علي بن أبي طالب -عليه السلام-. انتهى.

الجامع الكافي [6/ 212]: قال أحمد بن عيسى والحسن -عليهما السلام-: يقطع السارق في ربع دينار.

قال الحسن -عليه السلام-: أقل ما يجب فيه القطع عندنا في ربع دينار، وروي أيضاً عن أمير المؤمنين أنه قال: (لا يقطع السارق في أقل من عشرة دراهم).

وقال القاسم -عليه السلام-، ومحمد، والحسن -فيما حدَّثنا زيد، عن زيد، عن أحمد، عنه-: ولا يقطع السارق في أقل من عشرة دراهم، أو فيما قيمته من المتاع عشرة دراهم إذا أخرجه من الحرز. انتهى.

أمالي أحمد بن عيسى -عليهما السلام- [4/ 206]: أخبرنا محمد، قال: أخبرني جعفر، عن القاسم: في الرجل يسرق ويقتل ويشرب الخمر.

قال: تقام عليه حدود الله صاغراً، وهكذا ذكر عن علي -رحمة الله عليه-.

وقد قال بعض الناس: القتل يأتي عليها، ويكفي منها كلها.

وفي السارق يُقر بالسرقة كم مرة يرد ؟

قال: ذكر عن علي -عليه السلام- أنه رد مرتين، والسارق إذا أقر قطع إلا أن يرجع عن ذلك وينكر.

وفي رجل سرق صبياً أو مملوكاً.

قال: عليه الحد في سرقته لهما ما عليه في سرقة غيرهما. انتهى.

الجامع الكافي [6/ 213]: قال القاسم -عليه السلام-: وقد روي عن النبي -صلى الله عليه وآله وسلم- أنه قطع في مجن قيمته ربع دينار، وهو قول أهل المدينة، وقد ذكر أيضاً أن قيمة المجن على عهد رسول الله -صلى الله عليه وآله وسلم- كانت عشرة دراهم.

[2272] **وفيه** [6/ 214]: قال محمد: حدَّثنا عباد، عن حاتم، عن جعفر، عن أبيه -عليهما السلام-، عن علي -صلوات الله عليه-: أنه قطع يد سارق في بيضة حديد ثمنها ربع دينار.

[2273] حدَّثنا محمد بن عبيد، عن محمد بن ميمون، عن جعفر، عن أبيه -عليهما السلام-: أن علياً -صلوات الله عليه- كان يقطع السارق في ربع دينار. انتهى.

رجال هذا الإسناد والذي قبله من ثقات محدثي الشيعة وقد مر الكلام عليهم جميعا.

الهادي -عليه السلام- في الأحكام[2/ 175]: قال يحيى بن الحسين -صلوات الله عليه-: حدَّثني أبي، عن أبيه: أنه سُئل عن السارق يقرّ بالسرقة كم من مرة يرد ؟ فقال: ذكر عن علي -عليه السلام- أنه ردّ السارق مرتين، والسارق إذا أقر كذلك قطع إلا أن يرجع عن ذلك، وينكر، فيدرأ عنه الحد برجوعه عن إقراره الأول. انتهى.

الجامع الكافي [6/ 217]: قال القاسم -عليه السلام- وسئل عن السارق كم مرة يردد فقال إذا أقر السارق قطع، وقد ذكر عن علي صلى الله عليه أنه ردد مرتين. انتهى

أمالي أحمد بن عيسى -عليهما السلام- [4/ 207]: أخبرنا محمد، قال: أخبرني جعفر، عن قاسم: في رجل سرق دابة أو ثمراً أو زرعاً.

قال: لا قطع عليه في ذلك إلا أن يسرق من جرين، أو مراح، أو حرز، وقد جاء عن النبي -صلى الله عليه وآله وسلم- فيما ذكر عنه، ورواه رافع(29) بن خديج أنه قال: ((لا قطع في ثمر ولا كثر)) والكثر: الجمَّار، وفي النباش يوجد معه كفن الميت قال: تقطع يده إذا خرج به من القبر.

---

(29) أخرج مالك في الموطأ وأبو داوود والترمذي والنسائي وابن ماجة وأحمد في المسند عن رافع بن خديج مرفوعاً ((لا قطع في ثمر ولا كثر)) انتهى. قال ابن حجر: هذا الحديث تلقت العلماء متنه بالقبول. تمت مؤلف.

قال محمد بن منصور: يقطع النباش إذا كان قيمة الكفن عشرة دراهم فصاعداً. انتهى.

الهادي -عليه السلام- في الأحكام [2/ 178]: قال يحيى بن الحسين -صلوات الله عليه-: حدَّثني أبي، عن أبيه: أنه سئل عن رجل سرق دابة أو بقرة أو ثمراً أو زرعاً، فقال: لا قطع عليه في شيء من ذلك إلا أن يسرقه من جرين محظور عليه، أو مراح، أو حرز، وقد ذكر عن النبي -صلى الله عليه وآله وسلم-، ورواه رافع بن خديج أنه قال: ((لا قطع في ثمر، ولا كثر)) والكثر فهو: الجمَّار. انتهى.

وفيه أيضاً [2/ 179]: قال يحيى بن الحسين -عليه السلام-: النباش إذا نبش القبور، وأخذ أكفان من فيها من الموتى قطعت يده إذا أخذ ما يجب في مثله القطع من كفن يساوي عشرة دراهم، لأن النباش هو في الحكم كالسارق، وهو أعظمهما فسقاً، وأجلهما جرماً.

[2273] وكذلك روي لنا عن أمير المؤمنين علي بن أبي طالب -عليه السلام- أنه قال: (النباش بمنزلة السارق، وهو أعظمها جرماً).

حدَّثني أبي: عن أبيه: أنه سئل عن النباش توجد معه كفن الميت؟ قال: تقطع يده إذا خرج به من القبر، والقبر فهو حرز الميت. انتهى.

أمالي أحمد بن عيسى -عليهما السلام- [4/ 207]: أخبرنا محمد، قال: أخبرني جعفر، عن قاسم في الخلسة هل فيها قطع؟ قال: لا قطع في خلسة.

وكذلك ذكر عن علي -رحمة الله عليه-.

وفي السارق يؤمر بقطع يمينه، فيدفع يساره، فتقطع، قال: يكتفى بذلك في قطعه، لأن الله تبارك وتعالى لم يسم في القطع يميناً من شمال.

[2274] وقد ذكر عن علي -عليه السلام- أنه أمر بقطع سارق، فأخرج يده

اليسار، فقطعت، فقال: (قد مضى الحد في قطعه ما مضى). انتهى.

الجامع الكافي[6/ 229]: قال القاسم -عليه السلام-: وهو قول محمد: وإذا أمر بقطع يمين السارق، فأخرج يساره، وقطعت اكتفى بقطعها، ولم تقطع يمينه ؛ لأن الله تعالى لم يسمّ في القطع يميناً، ولا شمالاً، وقد ذكر عن علي -صلوات الله عليه-: أنه أمر بقطع يمين السارق، فأخرج يساره، فقطعت، فقال: (قد مضى الحد في قطعه بما مضى).

[2274] وروى محمد بإسناده عن أبي رافع عن علي -عليه السلام- أنه أمر بقطع يمين رجل، فقدم شماله، فقطعت حسبوها يمينه، فقال علي -صلوات الله عليه-: (قد مضى الحد). انتهى.

[2275] **أمالي أحمد بن عيسى -عليهما السلام-**[4/ 201]: أخبرنا محمد، قال: حدّثني أحمد بن عيسى، عن حسين، عن أبي خالد، عن زيد، عن آبائه، عن علي -عليه السلام- -: (أنه أتي بغلام قد سرق، فنظر إلى عانته، فلم يرَ شيئاً، فخلّى سبيله، وقال: إذا بلغ الغلام اثنتي عشرة سنة أجري عليه وله، فيما بينه وبين الله، وإذا طلعت العانة جرت عليه الحدود). انتهى.

[2276] **وفي الأمالي أيضاً**[4/ 202]: أخبرنا محمد، أخبرنا حسين بن نصر، عن خالد، عن حصين، عن جعفر، عن أبيهِ: أن علياً -عليه السلام- أُتي بغلام قد سرق، فحك إبهامه والْمُسَبّحَة حتى أدماهما.

[2277] أخبرنا محمد، أخبرنا حسين، عن خالد، عن حصين، عن جعفر، عن أبيهِ: أن علياً -عليه السلام- أتي بغلام قد راهق الحلم، قد سرق فقطع خنصره.

[2278] أخبرنا محمد، أخبرنا حسين بن نصر، عن خالد، عن حصين، عن جعفر، عن أبيهِ: أن علياً -عليه السلام- أتي بجاريةٍ قد سرقت ولم تَحِض، فضربها أسواطاً ولم يقطعها. انتهى.

رجال هذا الإسناد والذي قبله قد مر الكلام عليهم، وهم من ثقات محدثي الشيعة.

[2279] **الهادي** -عليه السلام- **في الأحكام** [2/180]: وكذلك بلغنا عن أمير المؤمنين علي بن أبي طالب -عليه السلام-: أنه أتي بسارق أقطع قد قطعت يده ورجله، فاستشار الناس، فقالوا: تقطع يده الأخرى، فقال: (فبماذا يأكل؟) قالوا: فاقطع رجله الأخرى، فقال: (بماذا يمشي؟) ثم أمر به فحبس، وأنفق عليه من بيت مال المسلمين. انتهى.

باب القول في حد الساحر والديوث والزنديق

[2280] **مجموع زيد بن علي** -عليهما السلام- [صـ231]: حدثني زيد بن علي، عن أبيه، عن جده، عن علي -عليهم السلام-، قال: (حدّ الساحر القتل). انتهى.

[2281] **أمالي أحمد بن عيسى** -عليهما السلام- [4/217]: أخبرنا محمد، قال: حدَّثني أحمد بن عيسى، عن حسين، عن أبي خالد، عن زيد، عن آبائه، عن علي -عليهم السلام-، قال: سئل رسول الله -صلى الله عليه وآله وسلم- عن الساحر، فقال: ((إذا جاء رجلان، فشهدا عليه فقد حل دمه)).

قال محمد: إنما يقتل ساحر المسلمين، ولا يقتل ساحر المشركين؛ لأن ما هو فيه من الشرك أكبر من السحر. انتهى.

[2282] **علي بن بلال في شرح الأحكام** [إعلام الأعلام صـ435]: وأخبرنا السيد أبو العباس -رحمه الله-، قال: أخبرنا عبدالعزيز الكوفي، قال: حدثنا علي بن محمد، قال: حدثنا سليمان، قال: حدثنا نصر بن مزاحم، قال: حدثنا إبراهيم، عن أبي خالد، عن زيد بن علي، عن أبيه عن جده، عن علي -عليهم السلام-، قال: (حد الساحر القتل). انتهى.

كتاب الحدود — 141 —

[2283] **الجامع الكافي** [6/279]: وعن زيد، عن آبائه، عن علي -عليهم السلام-: أن النبي -صلى الله عليه وآله وسلم- قال: ((إذا شهد رجلان على الساحر فقد حل دمه)). انتهى.

[2284] **أمالي أحمد بن عيسى -عليهما السلام-** [4/221]: أخبرنا محمد، قال: أخبرنا عبدالله بن محمد بن سليمان، عن عبدالله بن موسى، عن أبيه موسى بن عبدالله، عن جده(30) عبدالله بن الحسن، عن أبيه حسن بن حسن بن علي، عن علي بن أبي طالب -عليهم السلام-، قال: قال رسول الله -صلى الله عليه وآله وسلم-: ((اقتلوا الديوث حيث وجدتموه)).

قال محمد: الديوث: هو الذي يدخل الرجال على امرأته، أو حرمته. انتهى.

هذا سند كالشمس، رجاله جميعاً من خيار آل رسول الله -صلى الله عليه وآله وسلم- وقد تقدم الكلام عليهم.

[2285] **الجامع الكافي** [6/279]: أخبرنا محمد، قال: أخبرنا عبدالله بن محمد بن سليمان، عن عبدالله بن موسى، عن أبيه موسى بن عبدالله، عن جده عبدالله بن حسن، عن أبيه عن الحسن بن علي -عليه السلام-، عن علي -عليهم السلام-، قال: قال رسول الله -صلى الله عليه وآله وسلم-: ((اقتلوا الديوث حيث وجدتموه)).

قال محمد: الديوث: هو الذي يدخل الرجال على امرأته، أو حرمه. انتهى.

[2286] **مجموع زيد بن علي -عليهما السلام-** [صـ231]: حدثني زيد بن علي، عن أبيه، عن جده، عن علي -عليهم السلام-: أنه حرق زنادقة من السواد بالنار. انتهى.

[2287] **علي بن بلال في شرح الأحكام** [إعلام الأعلام صـ434]: أخبرنا

---

(30) الضمير في جده راجع إلى عبد الله بن موسى، الراوي عنه محمد بن سليمان. تمت مؤلف.

السيد أبو العباس -رحمه الله-، قال: أخبرنا أبو زيد العلوي، قال: حدثنا الحسين بن القاسم الكوفي، قال: حدَّثنا أحمد بن محمد بن جعفر العلوي، عن عمه علي بن أبي هاشم المحمدي، قال: حدَّثني أبوك الحسن بن علي بن عمر بن علي بن الحسين، عن أبيه، عن جده، عن علي بن الحسين -عليهم السلام-، عن النبي -صلى الله عليه وآله وسلم- أنه قال: ((من غير دينه فاقتلوه)).

[2288] **وفيه أيضاً** [إعلام الأعلام صـ435]: وأخبرنا السيد أبو العباس -رحمه الله-، قال: حدثنا عبدالعزيز بن إسحاق، قال: حدثنا علي بن محمد، قال: حدثنا المحاربي، قال: حدثنا نصر بن مزاحم، قال: حدثنا إبراهيم بن الزبرقان، عن أبي خالد، عن زيد بن علي، عن أبيه عن جده، عن علي بن أبي طالب -عليهم السلام-: أنه حرق زنادقة من السواد. انتهى.

رجال هذا الإسناد والذي قبله من ثقات محدثي الشيعة وقد تقدم الكلام عليهم.

[2289] **الهادي -عليه السلام- في الأحكام**[2/ 169]: قال يحيى بن الحسين -صلوات الله عليه-: بلغنا عن رسول الله -صلى الله عليه وآله وسلم- أنه قال: ((اقتلوا الديوث حيث وجدتموه))، والمعنى عندنا في ذلك: أنه من بعد الإستتابة.

قال: قال يحيى بن الحسين: يستتاب، فإن تاب وإلا قتل من بعد الإستتابة إن لم يتب، وإن تاب لم يقتل.

وقد قيل: يقتل، ولا يستتاب، ولسنا نرى ذلك، ولا نقول به.

حدثني أبي عن أبيه: أنه سئل عن الساحر ما حده؟

فقال: حده أن يقتل من بعد الاستتابة إن لم يتب، وإن تاب لم يقتل، وقد قال مالك بن أنس، وأهل المدينة: يقتل ولا يستتاب، وليس ذلك عندنا بقول. انتهى.

باب القول في حكم قاطع الطريق والمرتد

[2290] مجموع زيد بن علي -عليهما السلام- [صـ244]: حدثني زيد بن علي، عن أبيه، عن جده، عن علي -عليهم السلام-، قال: (إذا قطع الطريق اللصوص، وأشهروا السلاح، ولم يأخذوا مالاً، ولم يقتلوا مسلماً ثم أخذوا حبسوا حتى يموتوا، وذلك نفيهم من الأرض.

فإذا أخذوا المال ولم يقتلوا مسلماً قطعت أيديهم، وأرجلهم من خلاف.

فإذا قتلوا وأخذوا المال قطعت أيديهم وأرجلهم من خلاف، وصلبوا حتى يموتوا، فإن تابوا قبل أن يؤخذوا ضمنوا المال، واقتص منهم، ولم يحدوا). انتهى.

الهادي -عليه السلام- في الأحكام [2/170]: قال يحيى بن الحسين -صلوات الله عليه-: لا يقتل زنديق ولا مرتد إلا من بعد الاستتابة، فان تابوا خلي سبيلهم، وإن لم يتوبوا من كفرهم ضربت رقابهم، ولا أحب أن يقتلوهم ولا غيرهم من المستتابين حتى يستتابوا ثلاث مرات، في ثلاثة أيام، كل يوم مرة، ثم يقتلوا في اليوم الثالث إذا أبوا التوبة والإيمان، وأقاموا على الكفر والعصيان.

حدثني أبي عن أبيه: أنه سئل عن المرتد كيف يصنع به فقال: المرتد يقتل إن أقام على ردته، ولا يخرجه من القتل غير توبته.

حدثني أبي عن أبيه: أنه سئل عن الزنادقة ما حدهم؟.

فقال: الزنادقة إن لم يتوبوا قتلوا، وإن تابوا لم يقتلوا. انتهى.

باب القول في حد اللاعب بالنرد

[2291] مجموع زيد بن علي -عليهما السلام- [صـ277]: حدثني زيد بن علي، عن أبيه، عن جده، عن علي -عليهم السلام-: أنه مر بقوم يلعبون بالنرد فضربهم بدرته حتى فرق بينهم، ثم قال: (ألا وإن الملاعبة بهذه قماراً كأكل لحم

الخنزير، والملاعبة بها غير قمار كالمتلطخ بشحم الخنزير وبدهنه)، ثم قال -عليه السلام-: (هذه كانت ميسر العجم، والقداح كانت ميسر العرب، والشطرنج مثل النرد). انتهى.

[2292] أمالي أحمد بن عيسى -عليهما السلام- [صـ 263]: أخبرنا محمد، قال: حدثني علي ومحمد ابنا أحمد بن عيسى، عن أبيهما، عن حسين بن علوان، عن أبي خالد، عن زيد، عن آبائه، عن علي -عليه السلام-: أنه مر بقوم يلعبون بالنرد فضربهم بدرته حتى فرق بينهم، ثم قال: (ألا وإن الملاعبة بهذه قماراً كأكل لحم الخنزير، والملاعبة بها غير قمار كالمتلطخ بشحم الخنزير وبدهنه، ثم قال -عليه السلام-: هذه كانت ميسر العجم، والقداح كانت ميسر العرب). انتهى.

[2293] علي بن بلال في شرح الأحكام [لإعلام الأعلام صـ 438]: وأخبرنا السيد أبو العباس -رحمه الله-، قال: أخبرنا أبو زيد، قال: حدثنا محمد بن منصور، قال: حدثنا علي ومحمد ابنا أحمد بن عيسى، عن أبيهما، عن حسين بن علوان، عن أبي خالد، عن زيد، عن آبائه، عن علي -عليه السلام-: أنه مر بقوم يلعبون بالنرد فضربهم بدرته حتى فرق بينهم، ثم قال: (ألا وإن الملاعبة بهذه قماراً كأكل لحم الخنزير، والملاعبة بها غير قمار كالمتلطخ بشحم الخنزير وبدهنه)، ثم قال -عليه السلام-: (هذه كانت ميسر العجم، والقداح كانت ميسر العرب). انتهى.

الهادي -عليه السلام- في الأحكام [2/416]: باب القول في اللعب بالشطرنج: قال يحيى بن الحسين -صلوات الله عليه-: لا يجوز اللعب بها ؛ لأنها ملعونة تلهي عن ذكر الله، وإقام الصلاة والخير، وتدعو إلى الإثم والكذب والحلف والضير والمراء، وهي أخت النرد، واسم الميسر يجمعها، ويجب على من لعب بها الأدب، ولا يسلم عليه وكفاه بهذا إخزاء، وقلة وفسالة ورداءً.

[2294] وقد بلغنا عن أمير المؤمنين -عليه السلام-: أنه أجاز بقوم يلعبون بها، فلم يسلم عليهم، ثم أمر رجلاً من فرسانه، فنزل، فكسرها، وحرق رقعتها،

وعقل كل من لعب بها رجلاً، وأقامه قائماً، فقالوا: يا أمير المؤمنين لا نعود، فقال: (إن عدتم عدنا). انتهى.

باب القول في حد العبيد

[2295] **مجموع زيد بن علي -عليهما السلام-** [صـ229]: حدثني زيد بن علي، عن أبيه، عن جده، عن علي -عليهم السلام-: في عبد عتق نصفه زنا فجلده علي خمساً وسبعين جلدة. انتهى.

[2296] **أمالي أحمد بن عيسى -عليهما السلام-** [4/ 203]: حدَّثنا محمد، قال: حدَّثنا محمد، عن حسن بن حسين، عن علي بن القاسم، عن ابن أبي رافع، عن أبيه، عن جده، عن علي -عليه السلام- -في مكاتبة فجرت، وقد عتق منها ثلاثة أرباع، ورق ربع-: فجلدت ثلاثة أرباع منها حد الحر من المائة، وذلك خمسة وسبعون جلدة، وجلد ربعاً منها بحساب حد ربع المملوك من الخمسين، فذلك اثني عشر ونصف جلده، فذلك سبعة وثمانون ونصف، وأبى أن ينفيها، وأبى أن يرجمها. انتهى.

رجال هذا الإسناد من ثقات محدثي الشيعة.

ومحمد الذي في أول الإسناد: هو محمد بن منصور، والثاني محمد بن جميل.

الهادي -عليه السلام- في الأحكام [2/ 156]: قال يحيى بن الحسين -صلوات الله عليه-: إذا زنت المكاتبة أو المدبرة أو أم الولد فإن القول عندي في ذلك: أن لا رجم على واحدة منهن، وعلى أم الولد والمدبرة خمسون جلدة، خمسون جلدة، وعلى المكاتبة من الضرب بحساب ما عتق منها، وكذلك بلغنا عن أمير المؤمنين علي بن أبي طالب -عليه السلام- فيها، فإن كانت قد أدّت نصف مكاتبتها ضربت خمسة وسبعين سوطاً، وإن كان أكثر من ذلك، أو أقل فبحسابه. انتهى.

[2297] **أمالي أحمد بن عيسى -عليهما السلام-** [4/ 203]: حدَّثنا محمد، قال:

حدَّثنا محمد بن جميل، عن مصبح، عن يحيى بن العلاء، عن جعفر، عن أبيه، عن علي -عليه السلام-، قال: (حد المكاتب نصف حد الحر في كل شيء). انتهى.

رجال هذا الإسناد من ثقات محدثي الشيعة، وقد تقدم الكلام عليهم إلا يحيى بن العلاء فلم يتقدم له ذكر:

وهو من ثقات محدثي الشيعة وهو أحد الرواة عن جعفر الصادق -عليه السلام- التأذين بحي على خير العمل، وأنه الأذان الأول - يعني أذان رسول الله -صلى الله عليه وآله وسلم-، وقد ترجم له الذهبي في الميزان، وذكر أن ابن حنبل كذبه، وضعفه ابن معين، وقال الدارقطني: متروك.

ولا عبرة بتضعيف هؤلاء؛ فالرجل من الموالين للعترة الزكية، وسبب تضعيفه روايته في فضائل الآل.

قال الذهبي في الميزان: عبادة بن زياد، حدثنا يحيى العلاء الرازي، عن جعفر بن محمد، عن أبيه، عن جابر مرفوعاً، قال: ((جعل الله ذرية كل نبي من صلبه وجعل ذريتي من صلب علي)).

عمرو بن الحصين، حدثنا يحيى العلاء، حدثنا هلال بن أبي حميد، عن عبدالله بن أسعد بن زرارة، عن أبيه مرفوعاً: ((أوحى الله إلي في علي ثلاثاً: أنه سيد المسلمين، وإمام المتقين، وقائد الغر المحجلين)). انتهى.

فلأجل روايته لهذه الأحاديث ضعف، وهي عندنا أحاديث صحيحة كما سيأتي إن شاء الله تعالى.

باب القول في الحد هل يقام بأرض العدو

[2298] أمالي أحمد بن عيسى -عليهما السلام-[4/212]: حدَّثنا محمد، قال: أخبرنا محمد بن راشد، عن إسماعيل بن أبان، عن غياث، عن جعفر، عن أبيه، عن علي -عليهم السلام-، قال: (لا يقام على أحد حد بأرض العدو).

وقال محمد: لا تقيموا الحدود بأرض يخاف أن يلحق الذي يقام عليه الحد بأرض العدو. انتهى.

رجال هذا الإسناد قد مر الكلام عليهم وهم من ثقات محدثي الشيعة.

[2299] **الجامع الكافي** [6/109]: وروى محمد بإسناده عن غياث، عن جعفر، عن أبيه، عن علي صلى الله عليه، قال: (لا يقام على أحد حد بأرض العدو). انتهى.

باب القول في التعزير

الهادي -عليه السلام- **في الأحكام** [2/157]: قال يحيى بن الحسين -صلوات الله عليه-: لا يجاوز في التعزير حد صاحبه، إن كان حراً عزر إلى دون المائة بسوط أو سوطين، وإن كان عبداً عزر إلى دون الخمسين بسوط أو سوطين.

[2300] كذلك بلغنا عن أمير المؤمنين علي بن أبي طالب -عليه السلام- أنه قال: (أبى الله أن يبلغ حداً إلا بالشهود).

[2301] وذكر عنه -عليه السلام- أنه ضرب رجلاً تسعة وتسعين سوطاً في جارية غلبها على نفسها، فشهد الشهود أنهم رأوه قام عنها، قد أدماها، فقال علي -عليه السلام-: (إذا لم يشهدوا على الإيلاج، والإخراج أبى الله أن يقوم حد إلا بشهادة أربعة) يعني على الإيلاج والإخراج. انتهى.

[2302] **مجموع زيد بن علي** -عليهما السلام- [صـ265]: حدثني زيد بن علي، عن أبيه، عن جده، عن علي -عليهم السلام-، قال: قال رسول الله -صلى الله عليه وآله وسلم-: ((لا ينبغي لوالٍ من الولاة ولا لملكٍ من الملوك أن تبلغ عقوبته حداً من حدود الله -عز وجل-، وأيما والٍ من الولاة أو ملكٍ بلغت عقوبته حداً من حدود الله لقي الله وهو ساخطٌ عليه)، قال: وكان علي -عليه السلام- يقول: (حد المملوك في أدنى الحدود أربعون، ولا ينبغي لأحدٍ أن تبلغ عقوبته حد المملوك). انتهى.

[2303] **أمالي أحمد بن عيسى** -عليهما السلام- [4/201]: أخبرنا محمد،

قال: أخبرنا محمد بن جميل، عن السري بن عبدالله، عن جعفر بن محمد، عن أبيه: أن علياً عَلَيْه السَّلام، قال: (إذا وجد الرجل مع المرأة في لحاف واحد جلد كل واحد منهما مائة غير سوط). انتهى.

رجال هذا الإسناد من ثقات محدثي الشيعة وقد تقدم الكلام عليهم.

الجامع الكافي [6/ 284]: قال القاسم -عليه السلام- - وسئل عن أكثر التعزير قال: قد قيل: إن التعزير لا يكون إلا أقل من كل حد.

وقد قال بعضهم: التعزير على قدر ما يرى الإمام من كل حر أو عبد، كثر ذلك أو قل.

وقال محمد: لا يبلغ تعزير الحر مائة جلدة في زنا ولا غيره وإن عظم الجرم، بل يكون دون المائة إلى ما يرى الإمام في أقل من ذلك، وقد عزر علي بن أبي طالب -عليه السلام- مائة سوط إلا سوطاً، وقد أدب علي -عليه السلام- بلطمة في قصاص. انتهى.

[2304] **مجموع زيد بن علي -عليهما السلام-** [صـ208]: حدثني زيد بن علي، عن أبيه، عن جده، عن علي -عليهم السلام-: أنه أخذ شاهد الزور فعزره، وطاف به في حَيِّهِ وشهره، ونهى أن يستشهد. انتهى.

أمالي أحمد بن عيسى -عليهما السلام- [4/ 202]: أخبرنا محمد، قال: أخبرنا عبدالله بن داهر، عن أبيه، عن جعفر: وسئل عن الغلام الذي لم يحتلم يقذف الرجل أيضرب ؟ قال: لا، وذلك لو أن الرجل قذف الغلام لم يضرب.

أخبرنا محمد، قال: أخبرنا عبدالله [بن داهر]، عن أبيه، قال: وسئل جعفر عن الغلام يوجد مع المرأة يفجر بها، قال: يعزر الغلام، وتجلد المرأة حداً.

وفيه أيضاً [4/ 202]: أخبرنا محمد قال: أخبرنا عبدالله بن داهر عن أبيه عن جعفر، قال: الجارية التي لم تحض لا تحد إن هي قذفت، ولا يحد من قذفها.

وسئل جعفر: عن الرجل يفجر بالجارية التي لم تحض، قال: تعزر الجارية، ويضرب الرجل حداً. انتهى.

رجال هذه الأسانيد من ثقات محدثي الشيعة وقد تقدم الكلام عليهم.

[2305] **علي بن بلال في شرح الأحكام** [إعلام الأعلام صـ]: أخبرنا السيد أبو العباس -رحمه الله-، قال: أخبرنا أبو زيد العلوي، قال: حدثنا محمد، قال: حدثنا محمد بن جميل، عن السري بن عبد الله، عن جعفر بن محمد، عن أبيه: أن علياً -عليه السلام-، قال: (إذا وجد الرجل مع امرأة في لحاف واحد جلد كل واحد منهما مائة غير سوط). انتهى.

رجال هذا الإسناد من ثقات محدثي الشيعة وقد تقدم الكلام عليهم.

باب القول في حدود أهل الكتاب

[2306] **أمالي أحمد بن عيسى -عليهما السلام-** [4/201]: أخبرنا محمد، قال: حدَّثني أحمد بن عيسى، عن حسين، عن أبي خالد، عن زيد، عن آبائه، عن علي -عليهم السلام-، قال: (إنما أُعطوا الذمة على أن لا يخفروا مسلماً، فأيما رجل من أهل الذمة فجر بمسلمة قتل ولا دية له). انتهى.

[2307] **مجموع زيد بن علي -عليهما السلام-** [صـ 231]: حدثني زيد بن علي، عن أبيه، عن جده، عن علي -عليهم السلام- قال: (من شتم نبياً قتلناه، ومن زنا من أهل الذمة بامرأة مسلمة قتلناه، فإنما أعطيناهم الذمة على أن لا يشتموا نبينا، ولا ينكحوا نسآءنا). انتهى.

باب القول في حد المحاربين

الهادي -عليه السلام- في الأحكام[2/ 180]: قال يحيى بن الحسين -صلوات الله عليه-: قال الله تبارك وتعالى في المحاربين لله ورسوله وهم الذين يقطعون الطريق ويسعون في الارض فسادا: ﴿إِنَّمَا جَزَٰٓؤُاْ ٱلَّذِينَ يُحَارِبُونَ ٱللَّهَ

وَرَسُولَهُۥ وَيَسۡعَوۡنَ فِي ٱلۡأَرۡضِ فَسَادًا أَن يُقَتَّلُوٓاْ أَوۡ يُصَلَّبُوٓاْ أَوۡ تُقَطَّعَ أَيۡدِيهِمۡ وَأَرۡجُلُهُم مِّنۡ خِلَٰفٍ أَوۡ يُنفَوۡاْ مِنَ ٱلۡأَرۡضِۚ ذَٰلِكَ لَهُمۡ خِزۡيٞ فِي ٱلدُّنۡيَاۖ وَلَهُمۡ فِي ٱلۡأٓخِرَةِ عَذَابٌ عَظِيمٌ ﴿٣٣﴾ ﴾ [المائدة:33].

[2308] قال يحيى بن الحسين -صلوات الله عليه-: هذه الآية نزلت في ناس من بجيلة كانوا من آخر العرب إسلاما فأسلموا وهاجروا وأقاموا بالمدينة فسقموا لمقامهم بها، وعظمت بطونهم، واصفرت ألوانهم وساءت أحوالهم فسألوا رسول الله -صلى الله عليه وآله وسلم- أن يخرجهم إلى إبل الصدقة فيشربوا من ألبانها وأبوالها، فأذن لهم في ذلك فخرجوا إليها فشربوا من ألبانها وأبوالها، فتصححوا فيها، فلما أن برؤوا مما كان بهم، وصَحُّوا من سقمهم، وعادوا إلى أحسن أحوالهم، عدوا على رعاء الإبل فقتلوهم، واستاقوا الإبل وذهبوا بها، فبلغ ذلك النبي -صلى الله عليه وآله وسلم- فبعث في آثارهم، فأخذهم فقطع أيديهم وأرجلهم وسمل أعينهم، ثم طرحهم في الشمس حتى ماتوا، فعوتب النبي -صلى الله عليه وآله وسلم- في شأنهم.

قال يحيى بن الحسين -رضي الله عنه-: الله أعلم بصدق هذا الخبر، فأنزل الله عليه الحكم فيمن فعل كفعلهم، فقال: ﴿ إِنَّمَا جَزَٰٓؤُاْ ٱلَّذِينَ يُحَارِبُونَ ٱللَّهَ وَرَسُولَهُۥ وَيَسۡعَوۡنَ فِي ٱلۡأَرۡضِ فَسَادًا أَن يُقَتَّلُوٓاْ أَوۡ يُصَلَّبُوٓاْ أَوۡ تُقَطَّعَ أَيۡدِيهِمۡ وَأَرۡجُلُهُم مِّنۡ خِلَٰفٍ أَوۡ يُنفَوۡاْ مِنَ ٱلۡأَرۡضِۚ ﴾[المائدة:33]. انتهى.

الجامع الكافي [6/ 259]: قال القاسم -عليه السلام-: والمحارب الذي يتعرض للطريق إن أخاف السبيل طلب حتى ينفى، فإن ظفر به عزر بقدر ما يرى الإمام، فكان ذلك نكالاً وزجراً فإن ظفر به وقد أخذ من المال ما يجب فيه القطع، قطع، وإن ظفر به وقد قتل قتل.

قال محمد: وما أحسن ما قال. انتهى.

خاتمة لكتاب الحدود هل يقام الحد وإن تقادم عهده

الهادي -عليه السلام- في الأحكام[2/ 186]: قال يحيى بن الحسين -صلوات الله عليه-: يقام الحد على فاعله إذا شهد عند الإمام به، قَدُمَ عهده أم لم يتقدم،.

أما ما يقولون به من أن الحد إذا قَدُم درئ: فلا يؤخذ بذلك من قولهم، ولا يلتفت إليه من أمورهم، لأنه أمر واجب لله، إذا قامت به الشهود العدول عند الإمام وجب عليه أن يحده، وهم يقولون: بأنه يدرأ إذا تقادم في السرق والزنا والخمر، ويقولون بقولنا في حد القاذف أنه متى أقام عليه المقذوف البينة أخذ له، تقادم أو لم يتقادم، يقولون: لأنها حقوق الناس.

ولعمري إن حق الرحمن، لأوجب عند من عقل من حق الإنسان.

[2309] وقد أقام علي بن أبي طالب -عليه السلام- حد الخمر على الوليد بن عقبة في ولاية عثمان بن عفان ولم ير طرحه، وولي ذلك بيده، وذلك أنهم رووا أن عثمان قال من أحب أن يقيم عليه الحد فليقم، فأما أنا فلا آمر به، فقال أمير المؤمنين -عليه السلام-: (والله لا يعطل لله حَدٌّ وأنا في الإسلام)، ثم قام فضربه بيده ثمانين، وكان ذلك الحدُّ متقادماً، وذلك أنه شرب بالكوفة، ويقال: إنه صلى بالناس الصبح أربعاً، فقاء الخمر في المسجد، ثم رفع رأسه إلى الناس فقال: أأزيدكم، فشهد عليه بالشرب، ورفع خبره إلى عثمان، فأمر برفعه إليه فكان من أمره ما قد شرحناه في أول القصة.

[2310] قال: وبلغنا عن أمير المؤمنين -عليه السلام-، أنه قال: (ثلاث ما فعلتهن قط ولا أفعلهن أبداً:

ما عبدت وثناً قط، وذلك لأني لم أكن لأعبد ما لا يضرني ولا ينفعني.

ولا زنيت قط، وذلك أني أكره في حرمة غيري ما أكره في حرمتي.

ولا شربت خمراً قط، وذلك أني لما يزيد في عقلي أحوج مني إلى ما ينقص منه). انتهى.

الجامع الكافي [6/100]: قال محمد: وإذا زنى رجل أو سرق أو شرب الخمر، ثم رفع إلى الحاكم بعد ما تقادم عهد الجناية وقامت عليه البينة، أقيم عليه الحد ولو بعد عشرين سنة، رأى ذلك جماعة من العلماء.

ألا ترى أن الوليد بن عقبة بن أبي معيط شرب الخمر بالكوفة، فكتب فيه إلى عثمان وهو في المدينة، فأمر عثمان بإقامة الحد عليه، وأن علي بن أبي طالب -صلى الله عليه- تولى جلده بيده. انتهى.

النهي عن الانتفاع بالخمر

[2311] الهادي -عليه السلام- في الأحكام [2/193]: قال يحيى بن الحسين -صلوات الله عليه-: حدثني عمي الحسن بن القاسم -عليهم السلام-، قال: حدثني من أثق به بإسناد يرفعه إلى النبي -صلى الله عليه وآله وسلم- (أنه أتاه ديلم الحميري من أهل اليمن فقال: يا رسول الله، إنا بأرض باردة نعالج بها عملاً شديداً، وإنا نتخذ شراباً من هذا القمح نتقوى به على أعمالنا، وعلى برد بلادنا.

فقال النبي -صلى الله عليه وآله وسلم-: ((هل يسكر؟)).

فقال: نعم، فقال: ((اجتنبوه)).

فقال الحميري: ثم أتيته من بين يديه، فقلت له: مثل ذلك.

فقال: هل يسكر؟ قال: نعم، فقال -صلى الله عليه وآله وسلم-: ((فاجتنبوه)).

فقلت: إن الناس غير تاركيه.

فقال النبي -صلى الله عليه وآله وسلم-: ((إن لم يتركوه فاقتلوهم)).

[2312] قال يحيى بن الحسين -رضي الله عنه-: هذا الحديث موافق للحديث الذي يروى عنه -صلى الله عليه وآله وسلم- من أنه قال: (كل مسكر حرام)، والحديث الذي يروى عنه -صلى الله عليه وآله وسلم- أنه قال: (ما أسكر كثيره فقليله حرام)، وفي حديث آخر: (فالذوق منه حرام).

[2313] ويوافق الحديث الذي يروى عنه في رجل شرب خمراً فجلده، ثم قال: ((فإن عاد فاقتلوه))، قال: فعاد فأمر به فضرب ثمانين ضربة.

فدل اختلاف أمره أولاً، وفعله فيه آخراً على أن الله أحدث له فيه أمراً، وحكم عليه بالجلد حكماً، فلم يتعد رسول الله -صلى الله عليه وآله وسلم- ذلك إلى ما كان أمر به فيه أولاً من القتل.

[2314] حدثني عمي الحسن بن القاسم قال: حدثني بعض من أثق به بإسناده يرفعه إلى النبي -صلى الله عليه وآله وسلم- أنه قال: ((لقد حرمت الخمر علينا وما خمرنا إلا من التمر)).

قال يحيى بن الحسين -رضي الله عنه-: الخمر التي حرمت فإنما هي الخمر التي كانت تعمل بالمدينة يعملها أهل يثرب، وأهل يثرب فإنما هم أهل نخل وتمر لا عنب عندهم إلا اليسير، وأظن أنه حادث بها أحدث فيها بعد أن لم يكن. انتهى.

هل تشترط التوبة وإن أقيم الحد أم الحد كاف

الهادي -عليه السلام- في الأحكام [2/ 171]: قال يحيى بن الحسين -رضي الله عنه-: ومن قُطع فمات من غير توبة كان من أهل النار، لأن القطع ليس هو بتوبة، وإنما هو له في الدنيا عقوبة، وعليه التوبة إلى الله من سوء فعله، فإن تاب رجونا المغفرة له من الله، ألا ترى كيف يقول الله -عز وجل-: ﴿**فَمَن تَابَ مِنۢ بَعۡدِ ظُلۡمِهِۦ وَأَصۡلَحَ فَإِنَّ ٱللَّهَ يَتُوبُ عَلَيۡهِۚ إِنَّ ٱللَّهَ غَفُورٞ رَّحِيمٌ ٣٩**﴾ [المائدة:39]، يقول: من تاب من بعد سرقته، وأصلح في عمله، ولم يعد لجرمه، فإن الله يتوب عليه.

[2315] وفي ذلك ما يروى عن رسول الله -صلى الله عليه وآله وسلم-: (أنه أتي برجل قد سرق فقال له: سرقت؟ فقال: نعم، فقال النبي -صلى الله عليه وآله وسلم-: [((اقطعوه))]، فلما قطعوه قال له النبي -صلى الله عليه وآله وسلم-]: ((تب إلى الله))، قال: فإني تائب إلى الله تعالى، فقال النبي -صلى الله عليه وآله وسلم-: ((اللهم تب عليه)). انتهى.

المملوك مَن يقيم عليه الحدَّ الإمامُ أو السيدُ

الهادي -عليه السلام- في الأحكام[2/152]: قال يحيى بن الحسين -صلوات الله عليه-: إذا زنى المملوك كان الإمام المتولي لإقامة الحد عليه دون سيده، لأنه أولى بذلك منه، لأن الله أمره به، ولم يأمر سيده، فإن لم يكن إمام فلا بأس أن يقيم السيد الحد على عبده.

وقد روي عن النبي -صلى الله عليه وآله وسلم- في ذلك حديث، وحديث عن علي بن أبي طالب -عليه السلام- ولسنا ندري ما صحة ذلك:

فأما الحديث الذي روي عن النبي -صلى الله عليه وآله وسلم- فإنه قال: (أقيموا الحدود على ما ملكت أيمانكم).

وأما الحديث الذي روي عن أمير المؤمنين -عليه السلام- فذكر أن رجلاً أتاه فقال: يا أمير المؤمنين [إن] أمتي زنت، فقال له: (اجلدها نصف الجلد خمسين، فإن عادت فعد)، فقال: أأرفعها إلى السلطان؟ فقال: (أنت سلطانها).

حدثني أبي عن أبيه: أنه سئل عن المملوك والمملوكة يزنيان من يقيم عليهما الحدّ؟ فقال: إمام المسلمين دون سيدهما. انتهى.

المستكرهة على نفسها هل تحد أم لا

الهادي -عليه السلام- في الأحكام[2/169]: قال يحيى بن الحسين -صلوات الله عليه-: وأما المستكرهة فلا حد عليها، لأنها غلبت على نفسها ولم تأت فجوراً بطوعها.

حدثني أبي عن أبيه أن سئل عن المستكرهة على نفسها، فقال: كل مستكرهة مغلوبة على نفسها فلا حدّ عليها، وقد ذكر مثل ذلك عن النبي -صلى الله عليه وآله وسلم-، وعن علي -عليه السلام-.

حدثني أبي عن أبيه: أنه سئل عن ذمي استكره أمرأة مسلمة حتى أصابها، فقال -عليه السلام-: عليه في ذلك ما على المستكرَه من المسلمين، لأن الله أوجب حداً واحداً على جميع الفاجرين. انتهى.

كتاب الديات والجراحة والجنايات

كتاب الديات والجراحة والجنايات

الوعيد لقاتل النفس عمداً

الهادي -عليه السلام- في الأحكام [2/ 195]: قال يحيى بن الحسين - صلوات الله عليه-: قال الله -تبارك وتعالى-: ﴿وَمَن يَقْتُلْ مُؤْمِنًا مُّتَعَمِّدًا فَجَزَآؤُهُۥ جَهَنَّمُ خَٰلِدًا فِيهَا وَغَضِبَ ٱللَّهُ عَلَيْهِ وَلَعَنَهُۥ وَأَعَدَّ لَهُۥ عَذَابًا عَظِيمًا ﴿٩٣﴾﴾، والتعمد هاهنا: فهو التعمد بالظلم والاجتراء، على ما نهى الله عنه من سفك الدماء، وإنما يجب ما أوعد الله به من ناره وعذابه وغضبه [ولعنته]، على من تعمد قتل مؤمن ظالماً [له] في تعمده، مجترياً على الله في قتله، فأما من تعمد قتله بحق يجب عليه فليس بمعاقب فيه. انتهى.

[2316] **صحيفة علي بن موسى الرضا -عليهما السلام-**[صـ457]: بسنده عن أبيه عن آبائه، عن علي -عليهم السلام-، قال: (ورثت عن رسول الله -صلى الله عليه وآله وسلم- كتابين: كتاب الله تعالى، وكتاباً في قراب سيفي)، قيل: يا أمير المؤمنين، وما الكتاب الذي في قراب سيفك؟ قال: (من قتل غير قاتله، أو ضرب غير ضاربه فعليه لعنة الله). انتهى.

[2317] **أمالي أحمد بن عيسى -عليهما السلام-**[4/ 223]: أخبرنا محمد، قال: أخبرنا عبدالله بن موسى، قال: حدَّثني أبي، قال: وجد في قائم سيف رسول الله -صلى الله عليه وآله وسلم- كتاب مشدود موثوق فيه: ((إن أعتى الخلق على الله -عز وجل- الضارب غير ضاربه، والقاتل غير قاتله، والمتولي غير مواليه، والمدعي غير أبيه)).

[2318] أخبرنا محمد، قال: سمعت عبدالله بن موسى بن عبدالله بن الحسن يقول: حديث موطأ: ((من أعان على قتل امرئ مسلم بشطر كلمة جاء يوم القيامة مكتوب بين عينيه آيس من رحمة الله)). انتهى.

قوله: حديث موطأ، أي معروف مشهور.

وعبدالله بن موسى بن عبدالله بن الحسن بن الحسن بن علي بن أبي طالب - صلوات الله عليه-م.

[2319] أبو طالب -عليه السلام- في الأمالي [صـ 569]: أخبرنا أبو الحسين علي بن إسماعيل الفقيه -رحمه الله-، قال: أخبرنا الناصر للحق الحسن بن علي رضوان الله عليه، قال: حدَّثنا محمد بن منصور، عن عباد بن يعقوب، عن موسى بن عمير، عن جعفر بن محمد بن علي -عليهما السلام-، قال: قال رسول الله - صلى الله عليه وآله وسلم-: ((من لقي الله بدم حرام لقي الله يوم القيامة وبين عينيه آيس من رحمة الله)). انتهى.

رجال هذا الإسناد قد مر الكلام عليهم وهم من ثقات محدثي الشيعة رضي الله عنهم.

[2320] أمالي أحمد بن عيسى -عليهما السلام- [4/223]: أخبرنا محمد قال: حدَّثني علي، ومحمد ابنا أحمد بن عيسى، عن أبيهما، عن حسين، عن أبي خالد، عن زيد، عن آبائه، عن علي -عليهم السلام-، قال: أتى رسول الله - صلى الله عليه وآله وسلم-، فقيل له: هذا قتيل بين دور الأنصار، فأتاه فقال: ((هل يعرف)) قالوا: نعم، فقال رسول الله -صلى الله عليه وآله وسلم-: ((لو أن الأمة اجتمعت على قتل مسلم لأكبهم الله في نار جهنم)). انتهى.

باب القول في دية النفس والعين والأنف واللسان وغيرها من سائر الأعضاء

[2321] مجموع زيد بن علي -عليهما السلام- [صـ232]: حدثني زيد بن علي، عن أبيه، عن جده، عن علي -عليهم السلام-،، أنه قال: (في النفس في قتل الخطأ:

من الورق: عشرة آلاف درهم. ومن الذهب: ألف مثقال. ومن الإبل: مائة

بعير، ربع جذاع، وربع حقاق، وربع بنات لبون، وربع بنات مخاض، ومن الغنم: ألفا شاة، ومن البقر مائتا بقرة، ومن الحلل مائتا حلة يمانية.

وفي شبه العمد:

من الورق: اثنا عشر ألف درهم، ومن الذهب: ألف مثقال، ومائتا مثقال، ومن الإبل مائة بعير، ثلاثة وثلاثون جذعة، وثلاثة وثلاثون حقة، وأربعة وثلاثون ما بين ثنية إلى بازل عامها، كلها خلفة، ومن الغنم: ألفا شاة، وأربعمائة شاة، ومن البقر: مائتا بقرة، وأربعون بقرة، ومن الحلل: مائتا حلة وأربعون حلة يمانية).

[2322] حدثني زيد بن علي، عن أبيه، عن جده، عن علي -عليهم السلام-، قال: (العمد: قتل السيف والحديد، وشبه العمد: قتل الحجر والعصا، والخطأ ما أراد القاتل غيره فأخطأه، فقتله).

[2323] حدثني زيد بن علي، عن أبيه، عن جده، عن علي -عليهم السلام-، قال: (في النفس الدية أرباعاً: ربع جذاع، وربع حقاق، وربع بنات لبون، وربع بنات مخاض.

وفي اللسان إذا استؤصل مثل الدية أرباعاً.

وفي الأنف إذا استؤصل أو قطع مارنه الدية أرباعاً: ربع جذاع، وربع حقاق، وربع بنات لبون، وربع بنات مخاض.

وفي الذكر إذا استؤصل الدية أرباعاً.

وفي الحشفة الدية أرباعاً.

وفي العين نصف الدية.

وفي الأذن نصف الدية.

وفي اليد نصف الدية.

وفي الرجل نصف الدية.

وفي إحدى الأنثيين نصف الدية.

وفي إحدى الشفتين نصف الدية.

وفي المأمومة ثلث الدية.

وفي الجائفة ثلث الدية.

وفي المنقلة خمس عشرة من الإبل.

وفي الهاشمة عشر من الإبل.

وفي الموضحة خمس من الإبل.

وفي الأسنان في كل سن خمس من الإبل.

وفي الأصابع في كل أصبع عشر من الإبل، كل ذلك على العاقلة، وما كان دون السن، والموضحة فلا تعقلة العاقلة). انتهى.

[2324] **أمالي أحمد بن عيسى -عليهما السلام-** [4/ 224]: أخبرنا محمد، قال: أخبرنا عباد، قال: أخبرنا محمد بن فضيل، بن غزوان الضبي، عن أشعث بن سوار، عن عامر، عن علي بن أبي طالب -عليه السلام-، قال: (في قتل الخطأ الدية:

مائة من الإبل أرباعاً: خمس وعشرون جذعة، وخمس وعشرون حقة، وخمس وعشرون ابنة لبون، وخمس وعشرون ابنة مخاض.

وفي الأنف إذا استؤصل أو قطع مارنه الديةُ أرباعاً فما نقص فبحسابه، ربعاً جذاع، وربعاً حقاق، وربعاً بنات لبون، وربعاً بنات مخاض[31].

---

(31) كل لفظة (ربع) في هذه الفقرة، فهي بالرفع في أمالي أحمد بن عيسى المطبوع، باسم العلوم، وفي المطبوع باسم رأب الصدع بالنصب كما في الأصل.

[وفي اللسان إذا استؤصل الدية أرباعاً(32)، فما نقص فبحسابه، ربعاً جذاع، وربعاً حقاق، وربعاً بنات لبون، وربعاً(33) بنات مخاض](34).

[وفي الذكر إذا استؤصل الدية أرباعاً فما نقص فبحساب.

وفي الحشفة إذا قطعت الدية أرباعاً فما نقص فبحسابه، ربعاً جذاع، وربعاً حقاق، وربعاً بنات لبون، وربعاً بنات مخاض](35).

وفي العين نصف الدية خمسون من الإبل أرباعاً: ربعاً جذاع، وربعاً حقاق، وربعاً بنات لبون، وربعاً بنات مخاض(36).

وفي الأذن إذا استؤصلت خمسون أرباعاً: ربعاً جذاع، وربعاً حقاق، وربعاً بنات لبون، وربعاً بنات مخاض.

وفي اليد نصف الدية خمسون من الإبل أرباعاً: ربعاً جذاع، وربعاً حقاق، وربعاً بنات لبون، وربعاً بنات مخاض.

وفي الرِّجْلِ نصف الدية خمسون من [الإبل] أرباعاً: ربعاً جذاع، وربعاً حقاق، وربعاً بنات لبون، وربعاً بنات مخاض.

وفي الأنثى نصف الدية خمسون من الإبل أرباعاً: ربعاً جذاع، وربعاً حقاق، وربعاً بنات لبون، وربعاً بنات مخاض.

---

(32) في أمالي أحمد بن عيسى المطبوع باسم العلوم: فالدية أرباع، بالرفع.

(33) كل لفظة (ربع) في هذه الفقرة في أمالي أحمد بن عيسى المطبوع المعروف بالعلوم: بالرفع، وفي الأصل بالنصب، وكلا الوجهين جائز.

(34) ما بين القوسين غير موجود في أمالي أحمد بن عيسى المطبوع باسم رأب الصدع (3/ 1460) رقم (2474)، وهو ثابت في المطبوع باسم العلوم.

(35) ما بين القوسين من قوله (وفي الذكر) غير موجود في أمالي أحمد بن عيسى المطبوع باسم العلوم، وهو ثابت في رأب الصدع.

(36) كل لفظة (ربع) في هذه الفقرة وما بعدها في أمالي أحمد بن عيسى المطبوع باسم العلوم: بالرفع، وفي رأب الصدع كالأصل بالنصب، وكلا الوجهين جائز.

وفي المأمومة ثلث الدية أرباعاً: ربعاً جذاع، وربعاً حقاق، وربعاً بنات لبون، وربعاً بنات مخاض.

[وفي الجائفة ثلث الدية أرباعاً: ربعاً جذاع، وربعاً حقاق، وربعاً بنات لبون، وربعاً بنات مخاض](37).

وفي المنقلة خمس عشرة من الإبل أرباعاً: ربعاً جذاع، وربعاً حقاق، وربعاً بنات لبون، وربعاً بنات مخاض.

وفي الأصابع في كل أصبع عشر من الإبل أرباعاً: ربعاً جذاع، وربعاً حقاق، وربعاً بنات لبون، وربعاً بنات مخاض.

[وفي الموضحة خمس من الإبل أرباعاً: ربعاً جذاع، وربعاً حقاق، وربعاً بنات لبون، وربعاً بنات مخاض](38).

وفي الأسنان في كل سن خمس من الإبل أرباعاً: ربعاً جذاع، وربعاً حقاق، وربعاً بنات لبون، وربعاً بنات مخاض). انتهى.

رجال هذا الإسناد من ثقات محدثي الشيعة، وقد مر الكلام عليهم، إلا أشعث بن سوار:

[ترجمة أشعث بن سوار]

وهو أشعث بن سوار التوابيتي الكوفي، عن الحسن، وابن سيرين، والشعبي، وجماعة.

وعنه: شعبة، وحفص بن غياث، ومحمد بن فضيل، وثقه أحمد وضعفه غيره،

(37) ما بين القوسين غير موجود في أمالي أحمد بن عيسى المطبوع باسم العلوم، وهوثابت في رأب الصدع.

(38) ما بين القوسين غير موجود في أمالي أحمد بن عيسى المطبوع باسم العلوم، وهو ثابت في رأب الصدع.

وذنبه حبه لآل رسول الله -صلى الله عليه وآله وسلم-.

قال ابن معين والدارقطني: ضعيف.

قلت: لا عبرة بتضعيفهما، فالتشيع عند أئمة العترة لا يُقدح به، بل التشيع عند كثير من العترة من لازم العدالة كما هو اختيارنا.

وعباد: هو ابن يعقوب، وعامر: هو الشعبي.

[2325] **وفي أمالي أحمد بن عيسى أيضاً** [4/ 225]: حدَّثنا محمد، قال: حدَّثنا عباد، عن محمد بن فضيل، عن أشعث، عن عامر، عن علي بن أبي طالب: (في شبه العمد: الدية مغلظه ثلاث وثلاثون جذعة، وثلاث وثلاثون حقة، وأربع وثلاثون ما بين ثنية إلى بازل عامها، كلها خلفة)[39].

قال محمد: الخلفة: التي في بطونها أولادها من حين بَيَّنَ حملها إلى وقت ما تضع. انتهى.

رجال هذا الإسناد من ثقات محدثي الشيعة، وقد مر الكلام عليهم.

الهادي -عليه السلام- في الأحكام[2/ 202]: قال يحيى بن الحسين -صلوات الله عليه-: إذا قُتل الرجلُ المسلمُ: ففيه الدية كاملة، والدية مائة من الإبل في أصحاب الإبل، وألفا شاة في أهل الشاء، ومائتا بقرة في أهل البقر، وألف دينار في أصحاب الدنانير، وعشرة آلآف درهم في أصحاب الدراهم.

قال يحيى بن الحسين -رضي الله عنه-: كان الصرف في ذلك الدهر فيما بلغنا عشرة دراهم بدينار.

وفي العين الواحدة نصف الدية، وفي العينين الدية كاملة، وفي الأذن إذا استئصلت نصف الدية، وفي الأذنين كلتيهما الدية كاملة.

---

(39) الخلف- ككتف -: الحامل تمت من هامش الأصل.

وفي الرجل الواحدة نصف الدية، وفي الرجلين كلتيهما الدية كاملة، وفي اليد نصف الدية، وفي اليدين الدية كاملة، وفي كل أصبع عشر من الإبل، وفي اللسان الدية كاملة، وفي الذكر إذا قطع من أصله الدية كاملة، وفي الظهر الدية كاملة، وفي الأنف إذا استوعب من أصله الدية كاملة، وفي الأنثيين الدية كاملة، وفي كل سن خمس من الإبل.

قال يحيى بن الحسين: وفي الموضحة خمس من الإبل، وفي المنقلة خمس عشرة من الإبل، وفي الهاشمة عشر من الإبل، -وهي التي تهشم العظم-.

قال يحيى بن الحسين: المنقلة: هي التي تهشم الرأس، فيخرج منه بعض عظامه.

وفي الجائفة: ثلث الدية، والجائفة: فهي التي تصل إلى الجوف.

وفي الآمة: ثلث الدية، وهي التي تصل إلى الدماغ.

قال يحيى بن الحسين: وبذلك كله صح عندنا الأثر، والحكم فيه عن رسول الله -صلى الله عليه وآله وسلم- أنه على ما قلنا، وقد ذكر عنه -صلى الله عليه وآله وسلم- أنه جعل في مارن الأنف الدية. انتهى.

أمالي أحمد بن عيسى -عليهما السلام- [4/ 230]: أخبرنا محمد أخبرني جعفر بن محمد، عن قاسم بن إبراهيم: في الدية من الدراهم، والدنانير والإبل والبقر والغنم قال:

أما الإبل: فمائة من الإبل كما جاء في الأثر، مسنة بما ذكر من أسنانها.

وأما البقر: فمائتا بقرة، وأما الغنم: فألفي شاة، وأما الدنانير: فألف دينار، وأما الدراهم: فهي اثنا عشر ألفاً، في قول أهل الحديث، وقد قال غيرهم: يقدر ذلك على قدر الأثمان.

وفي دية الخطأ وشبه العمد، قال: ليس بين الخطأ والعمد منزلة، إنما القتل كله خطأ أو عمد، وفي ذلك ما جعل الله -عز وجل- فيه من قود أو دية.

وقد قال غيرنا: إن شبه العمد منزلة ليست بالعمد ولا الخطأ الدية فيها مغلظه.

وقيل عن علي -رحمة الله عليه-: إن شبه العمد ما كان بالعصا والقذفة بالحجر العظيم.

وذكر عن علي في دية الخطأ أنها أرباع: ربعاً جذاع، وربعاً حقاق، وربعاً بنات مخاض، وربعاً بنات لبون.

وفي الموضحة كم فيها من الدية ؟ وأين تكون الموضحة ؟

قال: الموضحة ما كان في الوجه والرأس، وهو ما أوضح العظم حتى يتبين، وفيها: خمس من الإبل، وذلك مذكور عن علي -رحمة الله عليه-، وقد قال بعض الناس فيها حكومة.

وفي الآمة كم فيها ؟

قال: الآمة: فيها ثلث الدية، وذلك مذكور عن علي.

وعن المنقلة كم فيها؟ وكيف المنقلة ؟

قال: المنقلة: هي ما خرج منها عظام أو عظم، وفيها خمس عشرة من الإبل، وذلك مذكور عن علي، و [عن] غيره.

وعن الجائفة كم فيها؟، وأين تكون الجائفة ؟

قال: الجائفة ما وصل إلى الجوف من أي ناحية كان، وفيها ثلث الدية، وذلك مذكور عن علي.

وعن الأعور تفقؤ عينه كم فيها ؟

قال: ذكر عن علي أنه قال: فيها الدية كاملة إن شاءوا، وقال بعضهم: فيها نصف الدية.

وعن أعور فقأ عين صحيح.

قال: يقاد منه، وإنما العين بالعين، وإن أراد الدية فله نصف الدية.

وعن الظفر والسن إذا اسودت أو تغيرت، إذا اسودت السن [أو تغيرت](40) ففيها خمس من الإبل، وإذا انفصمت، فبحساب ما ذهب منها من نصف أو ربع أو أقل أو أكثر، وهذا أيضاً مذكور عن علي.

وقد قال قوم: إن في ذلك حكومة.

وعن البيضتين أو أحدهما:

قال: فيهما جميعاً الدية، وفي واحدة منهما نصف الدية، وفي كل زوج من الإنسان من عينين أو يدين أو رجلين ففيهما الدية، وفي كل فرد من ذلك نصف الدية.

وقد قال بعضهم: في اليسرى من البيضتين ثلثا الدية، وفي الأخرى ثلث الدية.

قال محمد: هذا قول زيد بن ثابت.

وفي العين القائمة تنخس:

قال: في العين القائمة إذا نخست حكومة بقدر ما تبين فيها من النقص والشين.

وعن اليد والرجل الشلاء يصابان:

قال: واليد والرجل الشلاء إذا أصيبتا ففيهما حكومة، وليس في شيء من ذلك كله دية محددة معلومة.

وعن لسان الأخرس يصاب:

قال: في لسان الأخرس إذا قطع كله، أو بعضه حكومة، وليس فيه أيضاً دية محدودة معلومة.

___

(40) في أمالي أحمد بن عيسى المطبوع (أو سقطت).

وعن فتق المثانة:

قال: إن كان نفذ إلى الجوف ففيه ما في الجائفة، وإن كان لم ينفذ ففيه حكومة على قدر المضرة.

وعن جناية العبد، والصبي:

قال: أما جناية العبد ففي رقبته، وأما جناية الصبي فعلى عاقلته.

وعن رجل وغلام اشتركا في قتل أو جراحة:

قال: أما الرجل فيقاد منه ويقتص، وأما الصبي ما لم يبلغ فلا يقتص منه، ودية ما جنى على عاقلته.

وعن جراحات الرجال والنساء:

قال: جراحات النساء على النصف في الدية من جراحات الرجال، كما أن دية المرأة نصف دية الرجل، وذلك مذكور عن علي، وقد قال مالك بن أنس، وأهل المدينة: إن المرأة تساوي الرجل في الجراحة إلى ثلث الدية، ثم ما كان بعد ذلك فهو على النصف من جراحات الرجال. انتهى.

[2326] **علي بن بلال في شرح الأحكام** [إعلام الأعلام صـ 455]: وأخبرنا السيد أبو العباس -رحمه الله-، قال: أخبرنا عبدالعزيز بن إسحاق -يعني الكوفي-، قال: حدثنا علي بن محمد النخعي، قال: حدثنا المحاربي، قال: حدثنا نصر بن مزاحم، قال: حدثنا إبراهيم بن الزبرقان، عن أبي خالد، عن زيد بن علي، عن أبيه عن جده، عن علي بن أبي طالب -عليهم السلام- أنه قال: (في الأسنان في كل سن خمس من الأبل، وفي إحدى الأنثيين نصف الدية، [وفي إحدى الشفتين نصف الدية]). انتهى.

رجال هذا الإسناد من ثقات محدثي الشيعة وقد مر الكلام عليهم.

[2327] **مجموع زيد بن علي -عليهما السلام-** [صـ 234]: حدثني زيد بن علي، عن أبيه، عن جده، عن علي -عليهم السلام-، قال: (إذا اسودت السن، أو

شلت اليد، أو ابيضت العين فقد تم عقلها). انتهى.

[2328] أمالي أحمد بن عيسى -عليهما السلام- [4/226]: أخبرنا محمد، قال: أخبرنا حسين بن نصر، عن خالد، عن حصين، عن جعفر، عن أبيه، عن علي -عليهم السلام-، قال: (لا تقاس عين في يوم غيم)(41).

[2329] أخبرنا محمد، قال: حدَّثنا محمد بن راشد، عن إسماعيل بن أبان، عن غياث بن إبراهيم، عن جعفر، عن أبيه، عن علي -عليه السلام-: أنه قضى في رجل ضرب رجلاً حتى سلس بوله، فقضى فيه بالدية. انتهى.

رجال هذا الإسناد والذي قبله من ثقات محدثي الشيعة، وقد مر الكلام عليهم.

[2330] **علي بن بلال في شرح الأحكام** [إعلام الأعلام صـ 456]: وأخبرنا السيد أبو العباس الحسني -رحمه الله-، قال: أخبرنا عبدالعزيز بن إسحاق - يعني- الكوفي، قال: حدثنا علي بن محمد النخعي، قال: حدثنا المحاربي، قال: حدثنا نصر بن مزاحم، قال: حدثنا إبراهيم بن الزبرقان، قال: حدثني أبو خالد، قال: حدثني زيد بن علي، عن أبيه عن جده، عن علي -عليهم السلام-، أنه قال: (في لسان الأخرس، ورِجْلِ الأعرج، وذَكَرِ الخصي والعنين حكومة). انتهى.

[2331] **مجموع زيد بن علي** -عليهما السلام- [صـ 235]: حدثني زيد بن علي، عن أبيه، عن جده، عن علي -عليهم السلام-: (في لسان الأخرس، ورجل الأعرج، وذكر الخصي والعنين حكومة [الإمام]). انتهى.

[2332] أمالي أحمد بن عيسى -عليهما السلام- [4/226]: أخبرنا محمد، قال: أخبرنا محمد بن راشد، عن إسماعيل بن أبان، عن غياث، عن جعفر، عن

---

(41) أخرجه بلفظه أبو جعفر الطوسي في تهذيب الأحكام، فقال الحسين بن سعيد، عن فضالة، عن إسماعيل بن أبي زياد، عن أبي عبدالله -رضي الله عنه-، عن أبيه، عن علي -رضي الله عنه- قال: (لا تقاس عين في يوم غيم). انتهى. تمت من هامش الأصل.

أبيه، عن علي -عليه السلام-: أنه قضى في العين القائمة بمائة دينار. انتهى.

رجال هذا الإسناد من ثقات محدثي الشيعة وقد مر الكلام عليهم.

[2333] **مجموع زيد بن علي -عليهما السلام-** [صـ231]: حدثني زيد بن علي، عن أبيه، عن جده، عن علي -عليهم السلام-: أن رجلاً ضرب لسان رجل فصار بعض كلامه يبين، وبعضه لا يبين؛ فقضى عليه من الدية بحساب ما استعجم من حروف الهجاء. انتهى.

الجامع الكافي [6/ 293 - 294]: قال القاسم والحسن ومحمد: في العينين الدية وفي كل واحد منهما نصف الدية.

وروى محمد عن النبي -صلى الله عليه وآله وسلم- وعن علي -عليه السلام- مثل ذلك.

قال القاسم: وفي كل زوج من الإنسان: عينين، أو يدين، أو رجلين، ففيهما الدية، وفي كل فرد من ذلك نصف الدية.

وقال الحسن -عليه السلام- -فيما روى ابن صباح عنه-، وهو قول محمد: وإذا قلع رجل عين امرأته خطأ، فلها دية العين على عاقلته في سنتين.

وروى محمد بإسناد: عن علي -صلى الله عليه- أنه قضى في العين بنصف الدية أرباعاً.

وفيه أيضاً: قال القاسم -عليه السلام-: وسئل عن عين الأعور تفقأ، فقال: ذكر عن علي -صلوات الله عليه- أنه قال: (فيها الدية كاملة إن شاءوا).

وقال بعض الناس: فيها نصف الدية. انتهى.

[2334] **أمالي أحمد بن عيسى -عليهما السلام-** [4/ 227]: أخبرنا محمد، قال: أخبرنا محمد بن راشد، عن إسماعيل بن أبان، عن غياث، عن جعفر، عن

أبيه، عن علي -عليه السلام- [قال]: (أتي برجل [قد] قطع قبل امرأته لم يجعل بينهما قصاصاً، وجعل عليه الدية). انتهى.

رجال هذا الإسناد قد مر الكلام عليهم وهم من ثقات محدثي الشيعة.

[2335] الهادي -عليه السلام- في الأحكام [2/ 206]: قال يحيى بن الحسين -صلوات الله عليه-: إذا اسودت السنُّ فهي كالساقطة وحكمها كحكمها؛ فيها خمس من الإبل، فإن انكسرت ففيها حكومة على قدر ما ينقص منها، وأما الظفر ففي اسوداده حكومة، وقد روي في ذلك عن أمير المؤمنين علي بن أبي طالب -عليه السلام-. انتهى.

[2336] الجامع الكافي [6/ 302]: قال القاسم ومحمد: في السن إذا سقطت، أو اسودت خمس من الإبل، وإن انقصمت السن فبحساب ما ذهب منها من نصف، أو ربع، أو أقل، أو أكثر، وقد ذكر هذا عن علي -صلوات الله عليه-.

وقد قال قوم: إن في ذلك حكومة، وفي السن الزائدة إذا أصيبت حكومة.

قال محمد: هو كما قال القاسم.

[2337] وفيه أيضاً [6/ 308 - 309]: قال القاسم -عليه السلام-:

في الآمة ثلث الدية، وذلك مذكور عن علي -صلوات الله عليه-.

والمنقّلة: هي ما خرج منها عظم أو عظام، وفيها خمس عشرة من الإبل، وذلك مذكور عن علي -صلوات الله عليه-.

والموضحة: تكون في الوجه وفي الرأس، وهي ما أوضح العظم حتى يتبين، وفيها خمس من الإبل، وذلك مذكور عن علي -عليه السلام-.

وقد قال بعض الناس: فيها حكومة.

والجائفة: ما وصل إلى الجوف من أي ناحية كان، وفيها ثلث الدية، وذلك مذكور عن علي -عليه السلام-.

وقال القاسم أيضاً -فيما روى داوود عنه-: وفي السمحاق أربع من الإبل، وذلك مذكور عن علي -عليه السلام-، وقد قال بعض الناس: فيها حكومة.

والمنقلة: تكون في الرأس، والوجه. انتهى.

[2338] **علي بن بلال في شرح الأحكام** [إعلام الأعلام صـ454]: أخبرنا السيد أبو العباس الحسني -رحمه الله-، قال: أخبرنا أبو زيد العلوي، قال: حدَّثنا محمد بن منصور، قال: حدَّثنا محمد بن راشد، عن إسماعيل بن أبان، عن غياث، عن جعفر، عن أبيه، عن علي -عليه السلام- أنه قال -في رجل ضرب رجلاً حتى سلس بوله-: (فيها الدية). انتهى.

رجال هذا الإسناد من ثقات محدثي الشيعة وقد تقدم الكلام عليهم.

الهادي -عليه السلام- في الأحكام [2/205]: قال يحيى بن الحسين -صلوات الله عليه-: في النفس الدية، وفي البصر الدية، وفي السمع الدية إذا صم فلم يسمع، وفي الخرس الدية إذا ضرب الرجل ضربة فخرس منها، وفي الصوت الدية إذا انقطع صوت الرجل، وفي اللسان الدية، وفي العقل الدية، وفي الأنف الدية، وفي الظهر إذا دق ولم ينجبر الدية، وفي الذكر الدية، وفي الغايط الدية، وفي البول إذا ضرب صاحبه فسلس فلم يقف الدية، وفي الرِّجْلين الدية، وفي اليدين الدية، وفي الأذنين إذا استؤصلتا الدية، وفي الشفتين الدية، وفي الأنثيين الدية، وفي الأسنان الدية.

قال: وأما اللحية وشعر الرأس إذا لم يخرجا لسبب عمل بصاحبهما أو معنى، فقد قال غيرنا إن فيهما دية، ولسنا نرى ذلك ولكن يكون فيهما حكومة عظيمة تقارب الدية.

وكذلك قال غيرنا في أشفار العينين وشعر الحاجبين دية دية، ولسنا نرى ذلك ولا نقول به، ولكن فيه حكومة دون نصف الدية فيما نرى، وهو أقرب إلى الحق عندنا.

قال يحيى بن الحسين -صلوات الله عليه-: في الهاشمة -وهي التي تهشم العظم، ولا يخرج منه شئ من العظام، وهي دون المنقلة-: عشر الدية.

وفي السمحاق - وهي التي تسحق اللحم وتقارب الموضحة-: أربع من الإبل.

وقد قيل فيما دون ذلك وفوقه من الشجاج ولسنا نقول فيها بشئ معلوم، بل في ذلك كله حكومات، ينظر فيها الناظر في ذلك بعون الله وتوفيقه. انتهى.

وفي الأحكام أيضاً [2/ 206]: باب القول في أعور فقأ عين صحيح

قال يحيى بن الحسين -صلوات الله عليه-: قد روي في ذلك عن أمير المؤمنين -عليه السلام- روايات، ولسنا نصححها، والذي يجب عليه عندنا أن يقاد منه، لأن الله يقول: (والعين بالعين)، إلا أن يريد الدية فيكون محسناً في ذلك، ويدفع نصف الدية.

حدثني أبي عن أبيه أنه سئل عن أعور فقأ عين صحيح، فقال: يقاد منه، إنما العين بالعين، فإن أراد الدية فله نصف الدية. انتهى.

وفي الجامع الكافي [6/ 295]: قال القاسم -عليه السلام-: وفي العين القائمة إذا نخصت، حكومة، بقدر ما يتبين فيها من النقص والشين.

[2339] وروى محمد بأسانيده: عن غياث، عن جعفر، عن أبيه، عن علي -صلى الله عليه- وعن زيد بن ثابت قالا: (في العين القائمة إذا خسفت، مائة دينار).

[2340] وعن عبد الرحمن العرزمي، عن جعفر عن أبيه -عليهما السلام-- ، عن علي -صلى الله عليه- أيضاً.

[2341] **وفيه** [6/ 297]: وروى محمد، عن النبي -صلى الله عليه وآله وسلم-، وعن علي -صلى الله عليه- وابن مسعود: في الأنف إذا استصل الدية وفي المارن الدية كاملة.

[2342] **وفيه أيضاً** [6/298]: وروى محمد بأسانيده: عن النبي –صلى الله عليه وآله وسلم–: ((في الأذن نصف الدية))، وعن علي صلى الله عليه: (إذا استؤصلت نصف الديه أرباعاً).

وفيه أيضاً [6/407]: قال محمد: وإذا أفزع رجل رجلاً فذهب عقله فعلى عاقلة الذي أفزعه الدية.

[2343] **وفيه أيضاً** [6/299]: قال القاسم –عليه السلام– ومحمد: وفي اللسان الدية، وروى محمد ذلك عن النبي –صلى الله عليه وآله وسلم–.

[2344] وعن علي –عليه السلام– قال: (في اللسان إذا استؤصل الدية كاملة، فما نقص فبالحساب)، قال علي –عليه السلام–: (أرباعاً، ربع جذاع، وربع حقاق، وربع بنات لبون، وربع بنات مخاض). انتهى.

باب القول في أورش الجنايات وتحديد الدية بالعملة في عصرنا

سنة أربعة وتسعين وثلاثمائة وألف مما هو مقرر على المذهب والعملة هي الريالات الفرنسية (42).

قال في التاج المذهب لأحكام المذهب للقاضي العلامة أحمد قاسم العنسي اليماني الصنعاني –رحمه الله– ما لفظه [4/338]: قد قربت للقارئ في هذا الجدول، بيان الدية من النقدين، والمهم من الجنايات، وأروشها منها، باعتبار المثقال من الذهب، والريال الحجر المتعامل به الآن في اليمن على الفضة الدارجة لديهم باعتبار أن كل ريال (9) تسع قفال، من ذلك ثمان قفال وثلث فضة خالصة، وثلثا قفلة غش لا يعتد به، كما اختبره العلماء وقرروا ذلك في أوانه، والعمل جار إلى الآن على ذلك، والأصل براءة الذمة من الزيادة، ومهما تقرر

_____
(42) أو النمساوية على اصطلاح أهل الخارج. تمت.

خلاف ذلك من زيادة أو نقصان في وزنه أو غشه فله حكمه، كل ريال (80) ثمانون بقشة على الحساب التجاري، يقابل المثقال (63) ثلاثاً وستين بقشة أي ريالاً إلا ربعاً وثلاث بقش تجارياً.

وإذا عرفت أرش الجناية بالمثاقيل من الذهب وأردت تحويلها إلى ريالات فضة فهذه قاعدة قريبة جداً: أسقط من المثاقيل الخمس وبعدد مثاقيل الجناية بُقَشاً واجمع الباقي تجده المقرر الشرعي من الريالات لأهل المذهب الشريف، مثلا: في الواضحة (50) خمسون مثقالاً، أسقطنا خُمُسَها عشرة مثاقيل، الباقي (40) أربعون مثقالاً، نعتبرها ريالات، ثم نسقط منها بعدد مثاقيل الجناية بقشاً وذلك خمسون بقشة صح الباقي (39،3/8) تسعة وثلاثين ريالا وربعا وثمنا وهو أرش الموضحة من الريالات وقد جعلت كسور البقش والمثاقيل في الجدول على قاعدة الحساب النصف هكذا (½)، أي واحد من اثنين والربع هكذا (¼) أي واحد من أربعة، وهكذا أخذ العدد الأعلى من الأسفل أينما وجدت الكسور.

بقشة تجاري عدد	ريالات فضية	كسر	مثاقيل من الذهب	
40	787		1000	الدية أينما وجبت فقدرها من الذهب ألف مثقال، ولو من ردي الجنس، ومن الفضة الخالصة (10000) عشرة آلاف درهم، ومن الريالات سبعمائة وسبعة وثمانون ريالاً، و(40) أربعون بقشة تجارياً.
60	393		500	ما أرشه نصف الدية وذلك كل زوج من زوجي أعضاء

الإنسان، وهو العضو الواحد؛ كاليد الواحدة، أو الرجل، أو بصر العين الواحدة، أو الأذن، أو نحو ذلك.			
ما أرشه ربع الدية في كل جفن ربع الدية. وفي حلمة ثدي المرأة مع إمساك اللبن، وإلا فنصفها إذا لم يمسك اللبن.	250	196	70
ما أرشه عشر الدية في الهاشمة عشر الدية وهي التي تهشم العظم ولم تنقله. وفي كل إصبع من اليدين أو الرجلين إذا قطعت من مفصلها عشر الدية. وفي البنانة من أول مفصل الإصبع ثلث ديتها. وكذا في الظفر إذا قلع من أصله. وفي كل مفصلين من الإصبع، وهما البنانة والسلامى الذي يليها، ثلثا دية الإصبع.	100	78	60
ما أرشه نصف عشر الدية في الغرة نصف عشر الدية، وهي إذا خرج الجنين ميتاً بجناية وقد علم نفخ الروح فيه. وفي كل سن. وفي بنانة الإبهام من اليد أو الرجل، وخنصر الرجل إذا قطعت تلك البنانة من مفصلها.	50	39	30

وفي الموضحة، وهي التي توضح العظم بدون هشم.				
ما أرشه ثلث الدية في الجائفة: وهي ما بلغت الجوف وهو من الثغرة إلى المثانة، ولا تكون جائفة في سواه، ثلث الدية. وكذا في الآمة وهي التي تبلغ أم الرأس، وهي جلدة رقيقة على الدماغ. وكذا في ذهاب العقل بالغشيان. وتكرر ثلث الدية بتكرر الغشيان مع الإفاقة الكاملة في كل غشيان.	333	⅓	262	40
في المنقلة: عشر الدية ونصف عشرها وهي التي تنقل العظم مع الانفصال بدون هشم.	150		118	10
في السمحاق: وهي ما فرت اللحم حتى بلغت إلى قشيرة رقيقة تلي العظم فلم تنته إليه.	40		31	40
في المتلاحمة: وهي ما فرت من اللحم فوق النصف إلى الثلثين.	30		23	50
في الباضعة: وهي ما بضعت نصف اللحم فما دون.	30		15	60
ما أرشه ثمن عشر الدية في الدامية الكبرى: ثمن عشر الدية، وهي التي تخدش جلد الوضع الصحيح ويسيل منه الدم، ومثلها الرعاف، وكذا الكي لغير عذر، وإن بضع فباضعة.	12	½	9	½ 67

في الدامية الصغرى: وهي التي تخدش جلد الموضع الصحيح ويظهر الدم ولم يسل منها. ومثلها الدامعة -بالعين المهملة- وهي التي يسيل منها المصل.	6	¼	4	¾ 73
في الحارصة: وهي التي قشرت الجلد ولم يخرج منها دم ولا غيره.	5		3	75
ومثلها الوارمة: والورم هو النتوء والانتفاخ، سواء اسودت أو احمرت أو اخضرت.	5		3	75
في التي تحمار أو تسواد أو تخضار من غير ورم فيها.	4		3	12
في الشعر إذا عاد. وفي اللطمة المؤلمة، والضربة حكومة غير مقدرة، وتقديرها يكون بنظر الحاكم.	تقدير		تقدير	تقدير
في الشعرة والشعرتين، واللطمة الخفيفة، والضربة غير المؤلمة، التأديب فقط بنظر الحاكم.	تأديب		تأديب	تأديب
ما يلزم كل واحد من العاقلة دون عشرة دراهم، وهي تسعة دراهم تأتي التسعة الدراهم ريالاً إلا ربعاً، يعجز ربع ثمن الريال.				57

نعم: هذا ما انتهى إليه الجدول وما فيه من التقدير بناء على أن الجناية من هاشمة وموضحة ونحوهما في رأس الرجل ومنه الوجه.

فأما إذا كانت في بدنه أو في رأس المرأة فنصف ذلك التقدير، وإن كانت في بدن المرأة فنصف ما في رأسها، والله أعلم. انتهى من التاج بلفظه. والله الموفق.

باب القول في دية المماليك

[2345] مجموع زيد بن علي -عليهما السلام- [صـ234]: حدثني زيد بن علي، عن أبيه، عن جده، عن علي -عليهم السلام-، قال: (تجري جراحات العبيد على مجرى جراحات الأحرار: في عينه نصف ثمنه، وفي يده نصف ثمنه، وفي أنفه جميع ثمنه، وفي موضحته نصف عشر ثمنه). انتهى.

[2346] أمالي أحمد بن عيسى -عليهما السلام- [4/227]: أخبرنا محمد، قال: أخبرنا محمد بن جميل، عن مصبح، عن الحكم بن ظهير، عن السدي، عن عبد خير، عن علي -عليه السلام-، قال: (العبد مال يودى ثمنه، ولا تكون قيمة العبد أكثر من دية الحر). انتهى.

الرجال:

[تراجم الحكم بن ظهير، والسدي وعبد خير]

أما محمد بن جميل، ومصبح بن الهلقام فقد تقدم الكلام عليهما، وهما من ثقات محدثي الشيعة.

وأما الحكم بن ظهير:

فهو الحكم بن ظهير الفزاري الكوفي، أبو محمد بن أبي ليلى، أو ابن أبي خالد.

عن عمرو بن أبي ليلى، وليث بن أبي سليم، وعلقمة، وابن مالك.

وعن السدي رسالة زيد بن علي وغيرهم.

وعنه: نصر بن مزاحم، وولده إبراهيم، ومحمد بن عبيد، ومصبح بن الهلقام، والثوري، وابن المبارك.

قال في التقريب: رمي بالرفض.

قال صاحب طبقات الزيدية -رحمه الله-: لروايته كتاب الصفوة والرسالة ففيها ما يدل على تشيعه.

وقال علامة العصر عبد الله بن أمير المؤمنين الهادي إلى الحق الحسن بن يحيى القاسمي -رحمه الله-: لا يلتفت إلى ما قال فيه الحشوية.

توفي بعد الثمانين والمائة. انتهى.

عداده في ثقات محدثي الشيعة، خرج له محمد بن منصور، والمؤيد بالله، والمرشد بالله، وأبو عبدالله العلوي، وابن المغازلي.

وأما السدي:

فهو إسماعيل بن عبدالرحمن بن أبي كريمة السدي، أبو محمد، اشتهر بكنيته، وهو مولى قريش ،الكوفي.

عن أنس، وابن عباس، وزاذان، وعبد خير، وأبي مالك.

وعنه: الحكم بن ظهير، وأسباط بن نصر، وإسرائيل بن يونس، والحسن، وخلق.

قال في الخلاصة: رمي بالتشيع.

قال علامة العصر -رحمه الله-: كان من أتباع زيد بن علي، والراوين عنه.

وقال السيد صارم الدين: هو الإمام المفسر الشيعي، توفي سنة سبع وعشرين ومائة[43].

---

(43) السُّدِّيُّ: المراد به السُّدِّيُّ الكبير، وهو من رجال مسلم والأَربعة، قال المزي في تهذيب الكمال (1/ 240)، رقم (455): كان يقعد في سُدَّة باب الجامع بالكوفة، فَسُمِّيَ السُّدِّي،قال ابن حجر في التقريب: صدوق يهم، ورمي بالتشيع، وقال الذهبي في الكاشف (1/ 69): حَسَنُ الحديث، وقال في سير أعلام النبلاء (5/ 204): الإمام المفسِّر، وقال: قال النسائي: صالح الحديث، وقال يحيى بن سعيد القَطَّان: لا بأس به، وقال أحمد بن حنبل: ثقة، وقال مرة: مقارب الحديث، إلى أن قال: وقال أبو حاتم: يُكتب حديثُه، وقال ابن عدي: هو عندي صدوق. انتهى. أخرج له مسلم، والأربعة وانظر أيضاً: سير أعلام النبلاء (6/ 86)، رقم (738)، تهذيب التهذيب (1/ 282)، رقم (505).

وأما عبد خير:

فقال في طبقات الزيدية: عبد خير بن يزيد، ويقال: ابن محمد بن حولي، أبو عمارة، الكوفي الهمداني، عن علي -عليه السلام-.

وعنه أبو إسحاق السبيعي، وحبيب بن أبي ثابت، والسدي.

قال في الجامع: صحب علياً -عليه السلام- وهو من كبار أصحابه، ثقة مأمون، وسكن في الكوفة، خرج له أئمتنا الثلاثة. انتهى طبقات(44).

[2347] **مجموع زيد بن علي -عليهما السلام- [صـ 235]**: حدثني زيد بن علي، عن أبيه، عن جده، عن علي -عليهم السلام-، قال -في جناية العبد-: (لا يغرم سيده أكثر من ثمنه، ولا يبلغ بدية عبد دية حر). انتهى.

الجامع الكافي [6/ 477]: قال محمد: وإذا جنى العبد جناية فقتل رجلاً خطأ، أو قفأ عينه، أو قطع يده، فجنايته في رقبته، وسيده بالخيار إن شاء دفعه بجنايته، وإن شاء فداه، بأرش جنايته بالغة ما بلغت.

وروى محمد بإسناده عن الحارث عن علي صلى الله عليه، نحو ذلك. انتهى.

[2348] **علي بن بلال في شرح الأحكام [إعلام الأعلام صـ 448]**: وأخبرنا السيد أبو العباس -رحمه الله-، قال: أخبرنا عبدالعزيز بن إسحاق، قال: حدثنا علي بن محمد النخعي، قال: حدثنا المحاربي، قال: حدثنا نصر بن مزاحم، قال: حدثنا إبراهيم بن الزبرقان، عن أبي خالد، عن زيد بن علي، عن أبيه، عن جده،

---

(44) قال في الجداول (مخطوط): «عبد خير، أبو عُمارة الكوفي الهمداني، أدرك زمان النبي -صلى الله عليه وآله وسلم-، وروى عن أمير المؤمنين، وكان من كبار أصحابه، وعنه أبو إسحاق، والسدي، وعطاء، وغيرهم، وثقه ابن معين والعجلي، وقال في الجامع: ثقة مأمون، احتج به الأربعة، وعداده في ثقات محدثي الشيعة. انتهى، وقال ابن حجر في تقريب التهذيب: مخضرم ثقة.
وانظر: التاريخ الكبير للبخاري (6/ 133)، رقم (1939)، وتهذيب الكمال (4/ 359)، رقم (3722)، وتهذيب التهذيب (6/ 113)، رقم (3914).

عن علي بن أبي طالب -عليهم السلام- قال: (تجري جراحات العبيد على مجرى جراحات الأحرار: في عينه نصف ثمنه، وفي يده نصف ثمنه، وفي أنفه جميع ثمنه، وفي موضحته نصف عشر قيمته). انتهى.

رجال هذا الإسناد من ثقات محدثي الشيعة، وقد تقدم الكلام عليهم.

[2349] **مجموع زيد بن علي -عليهما السلام-** [صـ235]: حدثني زيد بن علي، عن أبيه، عن جده، عن علي -عليهم السلام-: في مكاتب قتل قال: (يودى بحساب ما عتق منه دية حر، وبحساب ما لم يؤد فيه كتابته دية عبد). انتهى.

باب القول في دية النساء وجراحاتهن

[2350] **مجموع زيد بن علي -عليهما السلام-** [صـ233]: حدثني زيد بن علي، عن أبيه، عن جده، عن علي -عليهم السلام-، قال: (جراحة المرأة على النصف من جراحة الرجل في كل شيء، لا تساوي بينهما في سن، ولا جراحة، ولا موضحة، ولا غيرها). انتهى.

[2351] **أمالي أحمد بن عيسى -عليهما السلام-** [4/ 232]: أخبرنا محمد، قال: أخبرني جعفر، عن قاسم: وعن جراحات الرجال والنساء، قال: جراحات النساء على النصف في الدية من جراحات الرجال كما أن دية المرأة نصف دية الرجل، وذلك مذكور عن علي.

وقد قال مالك بن أنس، وأهل المدينة: إن المرأة تساوي الرجل في الجراحة إلى ثلث الدية، ثم ما كان بعد ذلك فهو على النصف من جراحات الرجال. انتهى.

الجامع الكافي [6/ 325]: قال القاسم ومحمد: ودية المرأة نصف دية الرجل، وروى محمد نحو ذلك عن النبي -صلى الله عليه وآله وسلم-. انتهى.

الهادي -عليه السلام- في الأحكام [2/ 209]: حدَّثني أبي، عن أبيه: أنه سئل عن جراحات النساء، فقال: هي على النصف من جراحات الرجال كما أن دية المرأة

نصف دية الرجل، وذلك مذكور عن علي بن أبي طالب -عليه السلام-. انتهى.

[2352] **علي بن بلال في شرح الأحكام**: وأخبرنا السيد أبو العباس -رحمه الله-، قال: أخبرنا عبدالعزيز بن إسحاق، قال: حدثنا علي بن محمد النخعي، قال: حدثنا المحاربي، قال: حدثنا نصر بن مزاحم، قال: حدثنا إبراهيم بن الزبرقان، عن أبي خالد، عن زيد بن علي، عن أبيه عن جده، عن علي بن أبي طالب -عليهم السلام- قال: (جراحة المرأة على النصف من جراحة الرجل، لا تساوي بينهما في سن، ولا جراحة، ولا موضحة، ولا غيرها). انتهى.

رجال هذا الإسناد قد مر الكلام عليهم.

باب القول فيما تعقل العاقلة وما لا تعقل

[2353] **مجموع زيد بن علي -عليهما السلام- [صـ233]**: حدثني زيد بن علي، عن أبيه، عن جده، عن علي -عليهم السلام-، قال: (عمد الصبي وخطؤه سواء، كل ذلك على العاقلة، وما كان دون السنّ والموضحة فلا تعقله العاقلة). انتهى.

الهادي -عليه السلام- في الأحكام [2/ 208]: حدثني أبي عن أبيه أنه سئل عن جناية الصبي والعبد، فقال: أما جناية الصبي فعلى عاقلته، وجناية العبد ففي رقبته. انتهى.

الجامع الكافي [6/ 362]: قال القاسم -عليه السلام- فيما روى داوود عنه: عقل العمد على الجاني، وعقل الخطأ على العاقلة.

وسئل عن عقل الجراحات، فقال: إن كانت عمداً فعلى الجاني، وإن كانت خطأً فعلى العاقلة. انتهى.

الهادي -عليه السلام- في الأحكام [2/ 210]: قال يحيى بن الحسين -صلوات الله عليه-: لا تعقل العاقلة عبداً، ولا عمداً، ولا اعترافاً، ولا صلحاً، وتعقل ما سوى ذلك.

قال يحيى بن الحسين: وكذلك جاء الأثر عن النبي -صلى الله عليه وآله وسلم-، وقد قال كثير من الناس: إن معنى قوله -صلى الله عليه وآله وسلم-: ((لا تعقل العاقلة عبداً)) هو أن العاقلة لا تعقل عن أخيها العبد لو قتله أخوها، ولا تعقل فعل جناية من عبيدها، وليس هو عندي كذلك، ولكن هو عندي أنها لا تعقل جناية عبد من عبيد بعضها إذا جنى على أحد، لأن العبد مسلم بما جنى فعلى سيده أن يسلمه بجنايته، فأما أن يجني بعضهم جناية بخطأ منه فيقتل عبداً لبعض المسلمين، فلا بد أن يدَوه كما يدَون غيره، لأنه في هذه الحال غارم، ولا بد من قيامهم في غرمه، إذا كان ذلك خطأً من فعله، فعلى ما قلنا يخرج [معنى] قول رسول الله -صلى الله عليه وآله وسلم-: ((لا تدي العاقلة عبداً))، وذلك أقرب إلى الحق والنصفة. انتهى.

الجامع الكافي [6/363]: قال القاسم -عليه السلام-: لا تعقل العاقلة عبداً ولا أمة.

وقال محمد: ولا تعقل العاقلة ستة أشياء: لا تعقل عمداً، ولا عبداً - يعني إذا جنى، أو جني عليه - ولا صلحاً، ولا اعترافاً، ولا ما دون الموضحة، ولا الجنايات على الأموال قل أو كثر، إنما هو على الجاني في خاصة ماله، وإنما تعقل العاقلة: النفس، والموضحة، وما فوقها من الجراحات.

قال سعدان: قال محمد: ومن قتل عبداً خطأً فعليه قيمته ما بلغت في ماله حاله. انتهى.

[2354] **وفيه أيضاً** [6/364]: وروى محمد بإسناده، عن أبي جعفر -عليه السلام-، عن النبي -صلى الله عليه وآله وسلم- أنه قال: ((لا تعقل العاقلة عمداً، ولا صلحاً، ولا اعترافاً، وإنما تعقل الخطأ)).

وعن علي، وابن عباس، والشعبي، وابن أبي السفر، وإبراهيم، ومطرف مثل ذلك.

وعن الشعبي قال: اصطلح المسلمون على أن لا يعقلوا [عبدا] أوعمداً انتهى.

وفيه أيضاً [صـ 365]: قال الحسن -عليه السلام- فيما روى ابن صباح عنه، وهو قول محمد: العاقلة: هم عشيرة الرجل وقبيلته التي هو منها، إن كان من بني هاشم فعاقلته بنو هاشم، وإن كان من قريش أو من أي قبائل العرب فقبيلته التي هو منها.

[2355] وروى محمد بإسناد عن النبي -صلى الله عليه وآله وسلم- أنه جعل الدية على العصبة. انتهى.

باب القول في دية أهل الذمة

[2356] **أمالي أحمد بن عيسى -عليهما السلام-** [4/ 228]: أخبرنا محمد، قال: أخبرنا محمد بن راشد، عن إسماعيل بن أبان، عن غياث، عن جعفر، عن أبيه، عن علي -عليه السلام-، قال: (دية اليهودي، والنصراني مثل دية المسلم). انتهى.

رجال هذا الإسناد من ثقات محدثي الشيعة، وقد مر الكلام عليهم.

[2357] **وفيها أيضاً** [4/ 234]: أخبرنا أبو جعفر محمد بن منصور بن يزيد، قال: حدَّثني علي ومحمد ابنا أحمد بن عيسى، عن أبيهما، عن حسين بن علوان، عن عمرو بن خالد، عن زيد، عن آبائه، عن علي -عليهم السلام-، قال: (اجتمع الصحابة في ولاية عمر، فجعلوا دية اليهودي أربعة الآف، ودية النصراني أربعة الآف، ودية المجوسي ثمان مائة درهم). انتهى.

الهادي -عليه السلام- في الأحكام [2/ 212]: حدثني أبي عن أبيه أنه سئل عن دية اليهودي والنصراني والمجوسي، فقال: دية اليهودي والنصراني وكل ذي عهد وميثاق ما كان في عهده وميثاقه فدية كاملة.

وقد قيل: إن ديتهما نصف دية المسلم.

وقيل: أربعة آلاف درهم، وإن دية المجوسي ثمان مائة درهم.

والأمر في ذلك عندنا: أن دية كل ذي عهد وميثاق دية مسلم، وعلى القاتل ما أمر الله به من الكفارة من تحرير رقبة، أو صيام شهرين متتابعين إن لم يجد رقبة مؤمنة. انتهى.

الجامع الكافي [6/ 350]: وقال الحسن -عليه السلام- -فيما حدَّثنا محمد وزيد، عن زيد، عن أحمد، عنه-: في دية اليهودي، والنصراني، والمجوسي.

روي عن علي بن الحسين -عليه السلام- أنه قال: دية المعاهد دية المسلم.

وروي عن علي -عليه السلام- على عهد عمر أنهم جعلوا دية اليهودي والنصراني أربعة آلاف، ودية المجوسي ثمان مائة. انتهى.

أمالي أحمد بن عيسى -عليهما السلام- [4/ 234]: أخبرنا محمد، قال: أخبرني جعفر، عن قاسم [بن إبراهيم]: في دية اليهودي، والنصراني، والمجوسي.

قال: دية اليهودي والنصراني وكل ذي عهد وميثاق ما كان في عهده وميثاقه: فدية تامة، لقول الله -عز وجل-: ﴿وَإِن كَانَ مِن قَوۡمِۭ بَيۡنَكُمۡ وَبَيۡنَهُم مِّيثَٰقٞ فَدِيَةٞ مُّسَلَّمَةٌ إِلَىٰٓ أَهۡلِهِۦ﴾[النساء:92] وقد قيل عن عمر، وغيره: أن ديتهما نصف دية المسلم.

وقد قيل: ديتهما أربعة الآف، وإن دية المجوسي ثمان مائة درهم، والأمر عندنا في ذلك أن دية كل ذي عهد دية مسلم، وعلى القاتل ما أمر الله به في الكفارة من تحرير رقبة، أو صيام شهرين متتابعين إن لم يجد رقبة مؤمنة.

وعن مسلم قتل ذمياً متعمداً، قال: لا يقتل مسلم بكافر قتله قتل عداوة وغيلة؛ لأن الله -عز وجل- إنما جعل فيه الدية والكفارة، وهكذا ذكر عن علي، عن النبي -صلى الله عليه وآله وسلم-.

وقد قال قوم: إنه يقتل به، وليس بشيء. انتهى.

الهادي -عليه السلام- في الأحكام [2/ 212]: حدثني أبي عن أبيه أنه قال: لا يقتل مسلم بكافر قتله قتل عداوة وغيلة؛ لأن الله إنما جعل فيه الدية والكفارة، وهكذا ذكر عن النبي -صلى الله عليه وآله وسلم-، وعن علي -عليه السلام-.

وقد قال قوم: إنه يقتل به وليس ذلك بشيء. انتهى.

[2358] **مجموع زيد بن علي -عليهما السلام-** [صـ234]: حدثني زيد بن علي، عن أبيه، عن جده، عن علي -عليهم السلام-: أنه قتل مسلما بذمي ثم [قال]: (أنا أحق من وفاء بذمة محمد -صلى الله عليه وآله وسلم-). [انتهى].

الجامع الكافي [6/ 420]: قال محمد: سألت أحمد بن عيسى، هل يقتل مسلم بالمعاهد؟

فهاب ذلك، فذكرت له حديث ابن البيلماني عن النبي -صلى الله عليه وآله وسلم-: أنه أقاد من مسلم لمعاهد، وقال: أنا أحق من وفى بذمته، وعن علي بن أبي طالب -صلوات الله عليه-، وعن علي بن الحسين -عليهما السلام-: نحو ذلك.

فقال: قد روي غيره.

وقال القاسم: وإذا قتل المسلم ذمياً أو كافراً لم يقتل به، سواء قتله عداوة أو غيلة، والله سبحانه إنما جعل فيه الدية والكفارة، وهكذا ذكر عن علي -صلوات الله عليه-، عن النبي -صلى الله عليه وآله وسلم-.

وقال قوم: يقتل به، وليس بشيء. انتهى.

باب القول في الفارسين إذا تصادما، وفي رجل سقط فتعلق به آخر

[2359] **مجموع زيد بن علي -عليهما السلام-[صـ235]:** حدثني زيد بن علي، عن أبيه، عن جده، عن علي -عليهم السلام-: أن فارسين اصطدما فمات أحدهما، فقضى علي -عليه السلام- على الحي بدية الميت. انتهى.

[2360] **علي بن بلال في شرح الأحكام [إعلام الأعلام صـ451]:** أخبرنا السيد أبو العباس -رحمه الله-، قال: أخبرنا عبدالعزيز بن إسحاق، قال: حدثنا علي بن محمد النخعي، قال: حدثنا المحاربي، قال: حدثنا نصر بن مزاحم، قال: حدثنا إبراهيم بن الزبرقان، عن أبي خالد، عن زيد بن علي، عن أبيه عن جده، عن علي -عليهم السلام-: أن فارسين اصطدما فقضى علي -عليه السلام- على الحي بدية الميت. انتهى.

[2361] **مجموع زيد بن علي -عليهما السلام-[صـ236]:** حدثني زيد بن علي، عن أبيه، عن جده، عن علي -عليهم السلام-: أنه قضى(45) على أربعة اطلعوا على أسد في زبية، فسقط رجل منهم، [فتعلق بآخر]، وتعلق الثاني بالثالث، وتعلق الثالث بالرابع، فقتلهم الأسد جميعاً، فقضى للرابع بدية، وللثالث بنصف دية، وللثاني بثلث دية، وللأول بربع دية. انتهى.

[2362] **الجامع الكافي [6/373]:** وعن الحسن: أن علياً -صلوات الله عليه- كان باليمن، فاحتفر أناس من أهل اليمن زبية للأسد، فتزاحم الناس عليها، فتردى رجل فيها، فتعلق بآخر، فتعلق الآخر بآخر، فتعلق الآخر بالآخر، فجرحهم الأسد فيها، فمنهم من مات، ومنهم من جرح فمات، فتشاجروا في

---

(45) أخرجه عن علي: أحمد بن حنبل في مسنده بسندين عن حنش، عن علي. وأخرجه أبو داوود الطيالسي في مسنده، والبيهقي في سننه، والطحاوي في مشكل الآثار، والمحب الطبري في الرياض النظرة. تمت مؤلف.

ذلك، حتى أخذوا السلاح، فقال علي -صلوات الله عليه-: (سأقضي بينكم، فإن رضيتم، وإلا فارتفعوا إلى رسول الله -صلى الله عليه وآله وسلم-، فجعل للأول ربع الدية، وللثاني ثلث الدية، وللثالث نصف الدية، وللرابع الدية كاملة)، وجعل دياتهم على الذين ازدحموا على الزبية، فرضي بعضهم، وسخط بعضهم، فارتفعوا إلى رسول الله -صلى الله عليه وآله وسلم-، فقال: ((سأقضي بينكم بقضاء)) فقيل له: إن علياً قد قضى بكذا وكذا، فأمضى قضاء علي بن أبي طالب -عليه السلام-. انتهى.

وقضية الأسد هذه رواها الهادي -عليه السلام- في الأحكام، وستأتي روايته -عليه السلام- في كتاب القضاء من كتابنا هذا إن شاء الله.

قال الإمام المهدي -عليه السلام- في البحر [6/376]: مسألة (الهادي): ومن سقط على رجل فماتا فلا شيء على الأسفل، إذ لا فعل له.

وتضمنه عاقلة الأعلى لعدم تحفظه (المؤيد بالله وأبو طالب) فإن دفعه غيره فالضمان على الدافع لا المدفوع، [إذ المدفوع] كالآلة.

(فرع) فإن تعدد الساقطون فماتوا بالتصادم هدر من الأول ثلث، إذ مات بفعله وفعل الثاني والثالث، وعليهما الثلثان، وكذلك الثاني؛ إذ مات بفعل نفسه وفعل الأول والثالث، فعليهما الثلثان، وهدر من الثالث النصف إذ مات بفعل نفسه وفعل الثاني فقط.

وقيل: ثلث فقط؛ إذ مات بفعل نفسه وفعل الأول والثاني، والرابع لا يهدر منه شيء، إذ لا فعل له في قتل نفسه.

وفيمن تجب عليه ديته وجهان: أصحهما الثالث، وهو مباشر.

وقيل: على الثلاثة، إذ حصل بمجموع فعلهم.

وعن علي -عليه السلام- للأول ربع الدية؛ إذ مات فوقه ثلاثة بفعله،

وللثاني ثلث، إذ مات فوقه اثنان، وللثالث نصف، إذ مات فوقه واحد، وللرابع دية كاملة.

وقال: إن رضيتم، وإلا فأتوا رسول الله عليه، فأقره -صلى الله عليه وآله وسلم-.

وتأوله (أبو طالب) على أنه صلح لا حكم، بدليل قوله: إن رضيتم (أبو العباس) بل على أن البئر بئر عدو، فضمن الحافر ربع الأول، إذ مات بالحفر وبوقوع الثلاثة عليه، فهدر ما على الثلاثة، إذ وقعوا بسبب جذبه، ثم كذلك في الثاني والثالث، لكن لا شيء على الحافر فيهما، إذ لم يصادما عرصة البئر.

قلنا: في راوتها حنش بن المعتمر، ونقله ضعيف.

وقيل: منسوخ، فالقياس أرجح.

(بعض أصحابنا للمذهب): بل الأول على بيت المال، كمن مات بالزحام في سوق أو في المسجد، والثاني على عاقلة الأول، [إذ هو الجاذب، والثالث على عاقلة الثاني]، والرابع على الثالث، لذلك.

(أبو طالب) بل الواجب هدر الأول لموته بفعل نفسه، أو على الحافر المتعدي، ولا جامع بينه وبين من مات بالزحام. انتهى من البحر بلفظه.

باب القول في القسامة

[2363] **مجموع زيد بن علي -عليهما السلام- [صـ 235]**: حدثني زيد بن علي، عن أبيه، عن جده، عن علي -عليهم السلام-: في قتيل وجد في محلة، لا يدرى من قتله، فقضى علي -عليه السلام- في ذلك: (أن على أهل المحلة أن يقسم منهم خمسون رجلاً بالله ما قتلناه، ولا علمنا له قاتلاً، ثم يغرمون الدية). انتهى.

الهادي -عليه السلام- في الأحكام [2/ 216]: قال يحيى بن الحسين -صلوات الله عليه-: القسامة تجب في القتيل يوجد في القرية أو المدينة لا يدعي أولياؤه على

رجل بعينه قتل قتيلهم، فإذا كان ذلك كذلك جمع من رجال تلك القرية خمسون رجلاً، يختارهم أولياء المقتول، فيقسمون بالله ما قتلناه ولا علمنا قاتلاً، فإذا حلفوا كلهم خلي سبيلهم، وكانت الدية على عواقل أهل تلك القرية أو القبيلة التي وجد فيها القتيل، فإن نكل بعض الخمسين عن اليمين حبس حتى يحلف أو يقرّ، فإن أقر أخذ المقرُّ بجرمه، وإن حلفوا كانت الدية على عواقل أهل تلك القبيلة كلهم، من حلف منهم ومن لم يحلف، ومن كان غائباً من أهل تلك الدور والمنازل فلا قسامة عليه ولا دية إذا كان غائباً في وقت ما وجد القتيل فيها.

والقسامة فإنما تجب على الرجال الحاضرين لوقت القتل، دون النساء والصبيان والعبيد، وسواء كان في تلك القبيلة غريب أو غير غريب، ساكن في دار بكراء، أو ساكن فيها بشراء، لا بد من الدية والقسامة عليهم إذا كانوا قد حضروا وقت القتل.

قال يحيى بن الحسين -رضي الله عنه-: لو كان القتل في قرية لا يتم فيها خمسون رجلاً، نظر إلى من فيها من الرجال؛ وكررت عليهم اليمين حتى تتم خمسين يميناً، فإن كانوا خمسة وعشرين استحلفوا يمينين يمينين، وإن كانوا ثلاثين استحلفوا ثلاثين يميناً، واختار أولياء المقتول من الثلاثين عشرين فكررت عليهم الأيمان حتى تتم خمسين يميناً.

[2364] وفي القسامة ما بلغنا عن رسول الله -صلى الله عليه وآله وسلم- أن رجلاً أتاه فقال: يا رسول الله، إني وجدت أخي قتيلاً في بني فلان. فقال -صلى الله عليه وآله وسلم-: ((اجمع منهم خمسين رجلاً حتى يحلفوا بالله ما قتلوا ولا يعلمون قاتلاً))، فقال: ومالي من أخي غير هذا يا رسول الله، فقال: ((بلى، مائة من الابل)).

قال يحيى بن الحسين -صلوات الله عليه-: ولو أن رجلاً وجد مقتولاً بين قريتين، ولا يدرى من أيهما قاتله، قيس بين القريتين إلى القتيل، وأوجبت

القسامة على أقربهما إليه في المسافة، فيقسم من أهلها خمسون رجلاً ما قتلوا ولا يعلمون قاتلاً، ثم تكون الدية لأولياء المقتول على عواقل أهل تلك القرية.

قال: ولو أن رجلاً مات في ازدحام من الناس في مسجد أو طريق لا يُدرى من قتله، كانت ديته من بيت مال المسلمين.

[2365] قال: وبلغنا أن قتيلاً وُجد بين قريتين فأمر رسول الله -صلى الله عليه وآله وسلم- أن يقاس بينهما، فأيهما ما كان أقرب ألزمهما دية القتيل، فقيستا فوجدت إحداهما أقرب من الأخرى فضمنهم الدية.

[2366] وكذلك روي لنا عن أمير المؤمنين علي بن أبي طالب -عليه السلام-.

قال: وروي لنا عنه أنه كان إذا أتي بالقتيل في جوف القرية حمل ديته على تلك القبيلة التي وجد فيها، وإذا وجد القتيل على باب القرية، أو في ساحة القرية حمل الدية على أهل تلك القرية كلهم. انتهى.

[2367] **أمالي أحمد بن عيسى -عليهما السلام-**[4/ 236]: أخبرنا محمد، قال: قال أخبرني جعفر بن محمد، عن قاسم بن إبراهيم: وعن القسامة كيف هي، وكيف يستحلفون؟.

قال: القسامة في الدم على المدعى عليهم، فإن أقسموا بَرَّوْا أنفسهم مما ادعي من الدم قِبَلَهم، وليس يقتل أحد بالقسامة كما يقول أهل المدينة، وهذا لا اختلاف فيه بين آل رسول الله -صلى الله عليه وآله وسلم-، ولا يقسم المدعون كما يقول أهل المدينة، ولا يستحقون بالقسم إذا لم تكن بينة درهماً، فكيف يستحقون به دماً، ويستحلف المدعى عليهم خمسين قسامة بالله ما قتلوا، ولايعلمون قاتلاً. انتهى.

الجامع الكافي[6/ 375]: قال أحمد والقاسم -عليهما السلام-، ومحمد: فيمن وجد قتيلاً في محلة لا يدرى من قتله:

على أهل القبيلة أن يقسم منهم خمسون رجلاً بالله ما قتلناه، ولا علمنا قاتلاً.

قال محمد: يحلف كل رجل منهم عن نفسه: ما قتلت ولا علمت قاتلاً.

وروي مثل ذلك عن حسن، وسفيان.

وعن شريح قال: لا أحلفهم على إثم وأنا أعلم، ولكن أحلف كل رجل منهم: ما قتلت ولا علمت قاتلاً.

وإنما تجب القسامة إذا لم تدع الأولياء على رجل بعينه أنه القاتل.

قال أحمد والقاسم ومحمد: فإذا حلفوا برؤوا أنفسهم مما ادعي عليهم قِبَلهم من الدم.

قال محمد: ولزمتهم الدية.

قال أحمد: وقال أهل المدينة: القسامة على أولياء المقتول.

وقال القاسم -عليه السلام-: ولا يقسم المدعون كما يقول أهل المدينة، ولا يقتل بالقسامة أحد، ولا يستحقون بالقسم درهماً واحداً إذا لم تكن بينة، فكيف يستحقون به دماً، وهذا لاخلاف فيه بين آل رسول الله -صلى الله عليه وآله وسلم-. انتهى.

باب القول فيمن أخرج من حده شيئاً، وفي الدابة تنفح برجلها

الهادي -عليه السلام- في الأحكام[2/213]: قال يحيى بن الحسين -صلوات الله عليه-: إذا أخرج الرجل من حده شيئاً إلى طريق المسلمين، وشارعهم فحفر [فيه] بئراً، أو أحدث فيه حدثاً لم يكن له إحداثه في طريق المسلمين وشارعهم، كان ضامناً لما تلف فيه وبه من المارين.

وإنما الجبار الذي روي عن رسول الله -صلى الله عليه وآله وسلم- أنه قال:

((البئر جبار، والدابة جبار)) إذا كان في منزل صاحبهما وحده، ولم يكونا في شارع المسلمين، وعلى طريقهم موقوفين، فأما إذا كانت الدابة في طريق من طرق المسلمين موقوفة، فصاحبها ضامن لما أحدثت في طريقهم وسوقهم، بيدها أو رجلها.

حدَّثني أبي، عن أبيه: أنه سئل عن رجل أخرج من حده شيئاً، فتلف فيه إنسان.

فقال: إن كان أخرجه في طريق للعامة لزمه غرم ما أصاب به من الضرر في نفس كان أو مال.

[2366] وحدَّثني أبي، عن أبيه أنه قال: يذكر عن علي بن أبي طالب -عليه السلام- أنه قال: (من أوقف دابتة في طريق من طرق المسلمين، أو سوق من أسواقهم فهو ضامن لما أصابت بيدها أو رجلها). انتهى.

[2367] **مجموع زيد بن علي -عليهما السلام-** [صـ235]: حدثني زيد بن علي، عن أبيه، عن جده، عن علي -عليهم السلام- قال: (من أوقف دابة في طريق من طرق المسلمين، أو في سوق من أسواقهم فهو ضامن لما أصابت بيدها أو برجلها).

[2368] **وفيه أيضاً** [صـ234]: حدثني زيد بن علي، عن أبيه، عن جده، عن علي -عليهم السلام- قال: قال رسول الله -صلى الله عليه وآله وسلم-: ((المعدن جبار، والبئر جبار، والدابة المنفلتة جبار، والرجل جبار)). انتهى.

أمالي أحمد بن عيسى -عليهما السلام- [4/ 233]: أخبرنا محمد، قال: أخبرني جعفر، عن قاسم:

وعن رجل أخرج من حده شيئاً، فأصاب إنساناً: قال: إن كان في طريق العامة لزمه غرم ما أصيب به من الضرر في نفس كان ذلك أو مال.

وقد قيل عن النبي -صلى الله عليه وآله وسلم-: ((إن البئر جبار، والبيهمة

جبار)) وذلك أن لا يكون فيها شيء، وإن يصيبا ما أصابا، وهما في حدود أهلهما، أو في مكان لا ضرر فيه على أحد.

وعن الدابة تنفح برجلها: قد ذكر عن علي -عليه السلام- أنه قال: (من أوقف دابة في طريق من طرق المسلمين، أو في سوق من أسواقهم فهو ضامن لما أصابت بيدها، أو برجلها). انتهى.

[2369] **الجامع الكافي** [6/390]: وروى محمد بإسناده عن النبي -صلى الله عليه وآله وسلم- أنه قال: ((من أشرع حداً في طريق فهو ضامن)).

[2370] وعن علي صلى الله عليه أنه قال: (من أشرع في حد فهو ضامن، ومن بنى في غير حقه فهو ضامن، ومن جعل في حائطه خشبة إلى طريق المسلمين، أو حفر بئراً في طريق المسلمين، فجرح رجلاً أو دابة، أو خرق متاعاً فهو ضامن).

وفيه [6/393] قال القاسم: وإذا أوقف رجل دابة في طريق المسلمين، أو في موقفهم، أو سلك بها في ذلك، فصدمت إنساناً، فصاحبها ضامن لما أصاب في قول علي -عليه السلام-.

وسئل عن الدابة تنفح برجلها، قال: ذكر عن علي -صلوات الله عليه- أنه قال: (من أوقف دابة في طريق من طرق المسلمين، أو في سوق من أسواقهم، فهو ضامن لما أصابت بيدها أو رجلها).

وقد قيل: عن النبي -صلى الله عليه وآله وسلم-: ((إن البئر جبار، والبهيمة جبار))، أي ليس فيهما شيء، وذلك أن يصيبا ما أصابا وهما في حدود أهلهما، أو في مكان لا ضرر فيه على أحد. انتهى.

باب القول في جنين الحرة والأمة واليهودية والنصرانية

[2371] **مجموع زيد بن علي -عليهما السلام- [صـ234]:** حدثني زيد بن علي، عن أبيه، عن جده، عن علي -عليهم السلام-: أنه قضى في جنين الحرة بعبد أو أمة. انتهى.

أمالي أحمد بن عيسى -عليهما السلام- [4/233]: أخبرنا محمد، قال: أخبرني جعفر، عن قاسم: وعن جنين البهيمة، قال: في جنين البهيمة: حكومة على ما يقدر في مثله.

وعن جنين الحرة، قال: في جنين الحرة إذا أسقطته غرة عبد أو أمة، وذلك مذكور عن النبي -صلى الله عليه وآله وسلم-، وعن علي -عليه السلام-. انتهى.

الهادي -عليه السلام- في الأحكام [2/208]: قال يحيى بن الحسين -صلوات الله عليه-: وفي جنين الحرة ما روي من الغرة، والغرة عبد أو أمة، وإنما ذلك إذا طرحته ميتاً، فإما إن طرحته حياً فمات من ساعته ففيه الدية كاملة سواء، وكذلك لو طرحت جنينين أو أكثر أحياء، كان في كل واحد الدية كاملة سواء، وتكون الديات كغيرهن من الديات، تؤخذ في ثلاث سنين، في كل سنة ثلث ذلك.

وإن طرحت جنيناً حياً، وجنيناً ميتاً فمات الحي من ساعته، كان في الميت غرة عبد أو أمة، وكان عليه في الحي دية كاملة وعتق رقبة.

وأما جنين الأمة: ففيه نصف عشر قيمته لو كان حياً، وذلك على العاقلة في الحرة والأمة.

وأما الأمة(46) ففي جنينها إذا ضرب بطنها فألقت جنيناً حياً فمات من

---
(46) في الأحكام المطبوع (وأما البهيمة ففي جنينها)

ساعته ففيه قيمة مثله، وإن طرحته ميتاً ففيه نصف عشر قيمة مثله.

قال يحيى بن الحسين -صلوات الله عليه-: فإن كان الضارب لبطن الأمة أو الحرة عبداً أو امرأة أو صبياً، فإن جناية الصبي والمرأة على عاقلتهما، وجناية العبد في رقبته، إن كانت بأكثر من قيمته فليس على مولاه أكثر من تسليمه، وإن كانت بأقل من قيمته فهو مخير في أن يدفعه أو يؤدي جنايته.

حدثني أبي عن أبيه: أنه سئل عن جراحات النساء، فقال: هي على النصف من جراحات الرجال، كما أن دية المرأة نصف دية الرجل، وذلك مذكور عن علي بن أبي طالب -عليه السلام-.

[وسئل عن جنين الحرة فقال: في جنين الحرة إذا أسقطته ميتاً غرة عبد أو أمة، وذلك مذكور عن النبي -صلى الله عليه وآله وسلم- وعن علي -عليه السلام-].

وسئل عن جنين الأمة، فقال: فيه على مقدار قيمته كما في جنين الحرة على مقدار ديته.

وسئل عن جنين البهيمة، فقال: وكذلك أيضاً على مقدار ثمنه.

وسئل عن الجراحات من أيها يقاد؟

فقال: ما أحيط به وأتي على مقداره، ولم يخش فيه تلف النفس. انتهى.

الجامع الكافي [6/331]: قال القاسم والحسن ومحمد -عليهم السلام-: وفي جنين الحرة المرأة إذا أسقطته غرة عبد أو أمة.

قال القاسم: وذلك مذكور عن النبي -صلى الله عليه وآله وسلم-، وعن علي -عليه السلام-.

والغرة تلزم الجاني في ماله إن كان أصاب المرأة عمداً، وإن كان أصابها خطأ فالغرة على العاقلة. انتهى.

[2372] أمالي أحمد بن عيسى -عليهما السلام- [4/ 228]: أخبرنا محمد، قال: أخبرنا حسين بن نصر، عن خالد، عن حصين، عن جعفر، عن أبيه، عن علي -عليه السلام-: أنه قضى في جنين اليهودية، والنصرانية، والمجوسية عشر قيمة أمه. انتهى.

رجال هذا الإسناد قد تقدم الكلام عليهم وهم من ثقات محدثي الشيعة.

[2373] الجامع الكافي [6/ 336]: وروى [أي محمد]- عن حصين، عن جعفر، عن علي -صلوات الله عليه-: أنه قضى في جنين اليهودية، والنصرانية، والمجوسية عشر قيمة أمه. انتهى.

باب القول فيمن عض إنساناً فانتزع المعضوض يده من فم العاضّ فسقط شيء من أسنانه، هل يضمن أم لا؟

[2374] مجموع زيد بن علي -عليهما السلام- [صـ 493]: حدثني زيد بن علي، عن أبيه، عن جده، عن علي -عليهم السلام-: أن رجلاً عضّ يد رجل فانتزع يده من فيه فسقطت ثنيتاه فلم يجعل عليه شيئاً، وقال: (أيترك يده في فيك تقضمها كما يقضم الفحل). انتهى.

الهادي -عليه السلام- في الأحكام [2/ 222]: قال يحيى بن الحسين -صلوات الله عليه-: من عض أخاه المسلم ظالماً له متعدياً عليه، فانتزع يده من فيه، فقلع من أسنانه سناً، فلا دية له فيها، ولا قود له بها.

وكذلك بلغنا عن رسول الله -صلى الله عليه وآله وسلم- أنه قضى بذلك فيها، وعن أمير المؤمنين علي بن أبي طالب -عليه السلام-. انتهى.

[2375] الجامع الكافي [6/ 306]: وعن النبي -صلى الله عليه وآله وسلم-: في رجل عضّ يد رجل، فجذب يده من فمه، فندرت ثنيتاه، فقال النبي -صلى الله عليه وآله وسلم-: ((يعدوا أحدكم على أخيه فيعضه كما يعض الفحل، فإذا انتزع يده من فيه طلب العقل فأهدرهما)). انتهى.

باب القول في القصاص

الهادي -عليه السلام- في الأحكام[2/ 199]: قال يحيى بن الحسين -صلوات الله عليه-: حكم الله تبارك وتعالى على بني إسرائيل بالقصاص، ولم يكن أطلق لهم الدية فقال -سبحانه-: ﴿وَكَتَبْنَا عَلَيْهِمْ فِيهَآ أَنَّ ٱلنَّفْسَ بِٱلنَّفْسِ وَٱلْعَيْنَ بِٱلْعَيْنِ وَٱلْأَنفَ بِٱلْأَنفِ وَٱلْأُذُنَ بِٱلْأُذُنِ وَٱلسِّنَّ بِٱلسِّنِّ وَٱلْجُرُوحَ قِصَاصٌ ۚ فَمَن تَصَدَّقَ بِهِۦ فَهُوَ كَفَّارَةٌ لَّهُۥ ۚ وَمَن لَّمْ يَحْكُم بِمَآ أَنزَلَ ٱللَّهُ فَأُو۟لَـٰٓئِكَ هُمُ ٱلظَّـٰلِمُونَ ﴿٤٥﴾﴾[المائدة:45]، فبين سبحانه بقوله في آخر الآية ﴿فَمَن تَصَدَّقَ بِهِۦ فَهُوَ كَفَّارَةٌ لَّهُۥ ۚ﴾ على ما قلنا من أنه لم يكن بينهم دية، ولم يكن إلا اقتصاص أو الهبة، وحكم سبحانه عليهم بأن تكون نفس الرجل بنفس المرأة، وعين الرجل بعين المرأة، وأنف الرجل بأنف المرأة، وجعل كل شئ من جراح الرجال بجراح النساء، ولم يجعل بينهم تفاضلاً في شئ من الأشياء، كما قال -سبحانه-: ﴿وَكَتَبْنَا عَلَيْهِمْ فِيهَآ أَنَّ ٱلنَّفْسَ بِٱلنَّفْسِ﴾ الآية، ثم قال في آخرها: ﴿وَٱلْجُرُوحَ قِصَاصٌ ۚ﴾، ومعنى قوله: ﴿وَكَتَبْنَا عَلَيْهِمْ فِيهَآ﴾ يريد التوارة، وجعل أحكام عبيدهم في ذلك كله كأحكامهم.

قال يحيى بن الحسين -صلوات الله عليه-: ثم خفف الله وعفا تباركت أسماؤه، وجل ثناؤه، عن أمة محمد -صلى الله عليه وآله وسلم-، فميز أحكامهم، وفرق بين دياتهم على قدر مراتبهم، رحمة منه لهم، وعايدة بالفضل عليهم، فقال فيما نزل من الأحكام، في القصاص بين أهل الإسلام، على نبيهم محمد -صلى الله عليه وآله وسلم-: ﴿يَـٰٓأَيُّهَا ٱلَّذِينَ ءَامَنُوا۟ كُتِبَ عَلَيْكُمُ ٱلْقِصَاصُ فِى ٱلْقَتْلَى ۖ ٱلْحُرُّ بِٱلْحُرِّ وَٱلْعَبْدُ بِٱلْعَبْدِ وَٱلْأُنثَىٰ بِٱلْأُنثَىٰ ۚ فَمَنْ عُفِىَ لَهُۥ مِنْ أَخِيهِ شَىْءٌ فَٱتِّبَاعٌۢ بِٱلْمَعْرُوفِ وَأَدَآءٌ إِلَيْهِ بِإِحْسَـٰنٍ ۗ ذَٰلِكَ تَخْفِيفٌ مِّن رَّبِّكُمْ وَرَحْمَةٌ ۗ فَمَنِ ٱعْتَدَىٰ بَعْدَ ذَٰلِكَ فَلَهُۥ عَذَابٌ أَلِيمٌ ﴿١٧٨﴾﴾ [البقرة:178]، فحكم الله -تبارك وتعالى- أن الحر بالحر، والعبد بالعبد، والأنثى بالأنثى، فحظر بما حكم به من ذلك أن يقتل ذكر

بأنثى(47)، أو حر بعبد، فرقاً منه سبحانه بين المسلمين وبين الإسرائيليين، إلا أن يكون القاتل من الرجال قتل من قتل من النساء والعبيد فساداً في الأرض وطغياناً، ومَثَلاً وكفراناً، فينظر في ذلك إمام المسلمين فإن شاء قتله على عظيم جرمه، وإن شاء فعل به غير ذلك من الفعل بتوفيق الله له فعله.

ثم قال -عز وجل-: ﴿وَلَكُمْ فِي الْقِصَاصِ حَيَوٰةٌ يَـٰٓأُوْلِي الْأَلْبَـٰبِ لَعَلَّكُمْ تَتَّقُونَ ﴿١٧٩﴾﴾[البقرة:179]. والحياة التي في القصاص فهي ما يداخل الظالمين، من الخوف من القصاص في قتل المظلومين، فيرتدعون من ذلك إذا علموا أنهم بمن يقتلون مقتولون، فتطول حياتهم إذا ارتدعوا عن فسادهم، وينكلون عن قتل من به يقتلون، وبإبادته بحكم الله يبادون، فحكم الله سبحانه بالقود بين عباده، والقصاص على ما ذكر في كتابه، فيما يقتل من القتلى، أو يستأصل من الأعضاء، وكذلك حكم بالقصاص بين الجرحى.

ثم قال -تبارك وتعالى-: ﴿وَمَا كَانَ لِمُؤْمِنٍ أَن يَقْتُلَ مُؤْمِنًا إِلَّا خَطَـًٔا وَمَن قَتَلَ مُؤْمِنًا خَطَـًٔا فَتَحْرِيرُ رَقَبَةٍ مُّؤْمِنَةٍ وَدِيَةٌ مُّسَلَّمَةٌ إِلَىٰٓ أَهْلِهِۦٓ إِلَّآ أَن يَصَّدَّقُوا۟﴾ [النساء:92]، فجعل سبحانه في قتل الخطأ تحرير رقبة مؤمنة على قاتل النفس، ودية مسلمة إلى أهله (إلا أن يصدقوا)، والصدقة هاهنا فهي الهبة له، والصفح عن خطيئته، والإعراض عن إخراج الدية من عاقلته.

---

(47) قال في البحر: الهادي والقاسم والناصر وأبو العباس وأبو طالب: ويقتل الرجل بالمرأة، ويتوفى ورثته نصف ديته، لتفاوتهما في الدية كما سيأتي، وقد قال تعالى {والجروح قصاص}، والقصاص المساواة.

(زيد والمؤيد بالله والإمام يحيى والفريقان) لا توفية؛ لقوله تعالى {النفس بالنفس}، ولقوله -صلى الله عليه وآله وسلم- ((يقتل الرجل بالمرأة)) قلت: ولم ينف التوفية.

(عمر بن عبد العزيز والحسن البصري وعكرمة وعطاء ومالك وأحد قولي الشافعي): لا قصاص، وإنما تجب الدية، لقوله تعالى {والأنثى بالأنثى}، قلنا: معارض بقوله تعالى {النفس بالنفس}، وقوله -صلى الله عليه وآله وسلم- ((يقتل الرجل بالمرأة)) قرينة أنه غير مخصص بحجتكم. انتهى. تمت حاشية من الأصل.

ثم قال جل جلاله، عن أن يحويه قوله أو يناله: ﴿فَإِن كَانَ مِن قَوْمٍ عَدُوٍّ لَّكُمْ وَهُوَ مُؤْمِنٌ فَتَحْرِيرُ رَقَبَةٍ مُّؤْمِنَةٍ﴾ [النساء:92] فلم يجعل في المؤمن الساكن بين المشركين دية، وهو أن يكون الرجل يسلم وهو في قومه لا يُعلم بإسلامه، وهو يكتمه فيلقاه المسلمون بناحية من الأرض فيقتلونه، وهم يظنون أنه على ما كان عليه من شركه، ثم يعلمون بعد ذلك بإسلامه، فهذا الذي جعل الله فيه الكفارة، ولم يجعل فيه الدية، لأن المسلمين ورثته دون مناسبيه من المشركين، وهم الذين يعقلون عنه لو كان جنى جناية، فجعلهم الله أولى بديته، إذا كانوا العاقلين عنه دون قرابته من غير أهل دينه.

ثم قال -سبحانه-: ﴿وَإِن كَانَ مِن قَوْمٍ بَيْنَكُمْ وَبَيْنَهُم مِّيثَاقٌ فَدِيَةٌ مُّسَلَّمَةٌ إِلَىٰ أَهْلِهِ وَتَحْرِيرُ رَقَبَةٍ مُّؤْمِنَةٍ فَمَن لَّمْ يَجِدْ فَصِيَامُ شَهْرَيْنِ مُتَتَابِعَيْنِ تَوْبَةً مِّنَ اللَّهِ وَكَانَ اللَّهُ عَلِيمًا حَكِيمًا ﴿٩٢﴾﴾ [النساء:92]، فجعل فيمن كان بينهم وبينه ميثاق من المشركين دية، وذلك لما بينهم من العهد والميثاق، فسلمت إليهم دية لما بينهم من عهد الله وميثاقه، وجعل فيه سبحانه الكفارة، لأنه مؤمن، ثم جعل على من لم يجد رقبة مؤمنة صيام شهرين متتابعين، لا يفصل بينهما إلا من علة عظيمة، فيفصل بينهما، ثم يبني على ما كان من صيامه عند خروجه من علته، وطاقته من صيام كفارته.

قال يحيى بن الحسين -رضي الله عنه-: فلم يزل المسلمون على ذلك حتى أنزل الله تبارك وتعالى براءة، فنقضت العهد الذي كان بينهم وبين المشركين، ونبذ إليهم رسول الله عهدهم، وآذنهم بما أمره الله به من محاربتهم، وكان أول نبذ العهود إلى المشركين من قريش خاصة، لأنهم كانوا أصحاب العهد والهدنة، ثم استثنى -تبارك وتعالى- فقال: ﴿إِلَّا الَّذِينَ يَصِلُونَ إِلَىٰ قَوْمٍ بَيْنَكُمْ وَبَيْنَهُم مِّيثَاقٌ﴾ [النساء:90].

[2376] فنزلت هذه الآية في هلال بن عويمر كان بينه وبين النبي -صلى الله عليه وآله وسلم- عهد، ولم يكن هلال نقض ما بينه وبين النبي -صلى الله عليه

وآله وسلم-، فكان مشركو قريش يخرجون من مكة فيأتون هلالاً، وكان أصحاب رسول الله -صلى الله عليه وآله وسلم- يريدون قتل من يأتي هلالاً من المشركين، فمنعهم رسول الله -صلى الله عليه وآله وسلم- بما ذكر من قوله: ﴿إِلَّا ٱلَّذِينَ يَصِلُونَ إِلَىٰ قَوۡمِۭ بَيۡنَكُمۡ وَبَيۡنَهُم مِّيثَٰقٌ﴾ [النساء:90]، فلما أكمل الله -سبحانه- نعمته على المسلمين، وأعز بنصره خاتم النبيين، نسخ هاتين الآيتين، ونسخ كل عهد كان بينه وبين المشركين، فقال: ﴿فَٱقۡتُلُواْ ٱلۡمُشۡرِكِينَ حَيۡثُ وَجَدتُّمُوهُمۡ وَخُذُوهُمۡ وَٱحۡصُرُوهُمۡ وَٱقۡعُدُواْ لَهُمۡ كُلَّ مَرۡصَدٖۚ فَإِن تَابُواْ وَأَقَامُواْ ٱلصَّلَوٰةَ وَءَاتَوُاْ ٱلزَّكَوٰةَ فَخَلُّواْ سَبِيلَهُمۡۚ إِنَّ ٱللَّهَ غَفُورٞ رَّحِيمٞ ﴿٥﴾﴾ [التوبة:5]، فأمر المسلمين بقتل المشركين حيث وجدوهم، وأن يقعدوا لهم كل مرصد، وأن لا يستبقوا من المشركين أحداً إلا من تاب من خطيئته، ورجع إلى الله من سيئته.

ثم قال -عز وجل- تحذيراً للمؤمنين، وتأكيداً منه عليهم في التحفظ إذا ضربوا في الأرض من قتل المؤمنين، فقال: ﴿يَٰٓأَيُّهَا ٱلَّذِينَ ءَامَنُوٓاْ إِذَا ضَرَبۡتُمۡ فِي سَبِيلِ ٱللَّهِ فَتَبَيَّنُواْ وَلَا تَقُولُواْ لِمَنۡ أَلۡقَىٰٓ إِلَيۡكُمُ ٱلسَّلَٰمَ لَسۡتَ مُؤۡمِنٗا تَبۡتَغُونَ عَرَضَ ٱلۡحَيَوٰةِ ٱلدُّنۡيَا فَعِندَ ٱللَّهِ مَغَانِمُ كَثِيرَةٞۚ﴾ [النساء:94]:

[2377] فيقال إن هذه الآية نزلت في أسامة بن زيد حين بعثه رسول الله -صلى الله عليه وآله وسلم- إلى أرض غطفان، ولم يكن بالمؤمر على السرية، فبلغ غطفان خبرهم فهربوا وتخلف رجل من غطفان يقال له مرداس بن نهيك، فلما رآهم خافهم وألجأ غنمه إلى كهف في الجبل، ثم استقبلهم فسلم عليهم، وشهد بشهادة الحق، فحمل عليه أسامة فطعنه وأخذ ماله، فنزل جبريل فأخبر النبي -صلى الله عليه وآله وسلم- بخبره، فلما قدموا على النبي -صلى الله عليه وآله وسلم- جعل صاحب السرية يثني على أسامة ورسول الله -صلى الله عليه وآله وسلم- معرض، حتى إذا فرغ الرجل، قال له رسول الله -صلى الله عليه وآله وسلم-: ((يا أسامة، قال الرجل: لا إله إلا الله، فقتلته، كيف لك بلا إله إلا الله؟)) فقال: يا رسول الله إنما قالها تعوذاً منا، قالها بلسانه ولم يكن لها حقيقة في

قلبه، فقال له النبي -صلى الله عليه وآله وسلم-: ((أفلا شققت عن قلبه فنظرت ما فيه))، فقال: إنما قلبه بضعة من جسده، فقال رسول الله -صلى الله عليه وآله وسلم-: ((إنما أمرت أن أقاتل الناس حتى يقولوا: لا إله إلا الله، فإذا قالوها حرمت علي دماؤهم وأموالهم وحسابهم على الله)). انتهى.

[2378] **مجموع زيد بن علي -عليهما السلام-** [صـ 233]: حدثني زيد بن علي، عن أبيه، عن جده، عن علي -عليهم السلام-، قال: (لا قصاص بين الرجال والنساء فيما دون النفس، ولا قصاص فيما بين الأحرار، والعبيد فيما دون النفس). انتهى.

[2379] **وفيه**[صـ 234]: حدثني زيد بن علي، عن أبيه، عن جده، عن علي -عليهم السلام-، قال: قال رسول الله -صلى الله عليه وآله وسلم-: ((لا يقتص ولد من والده، ولا عبد من سيده، ولا يقام حد في مسجد)). انتهى.

علي بن بلال في شرح الأحكام [إعلام الأعلام صـ]: وأخبرنا السيد أبو العباس الحسني -رحمه الله-، قال: أخبرنا عبدالعزيز بن إسحاق، قال: حدثنا علي بن محمد، قال: حدثنا المحاربي، قال: حدثنا نصر بن مزاحم، قال: حدثنا إبراهيم بن الزبرقان، عن أبي خالد، عن زيد بن علي، عن أبيه عن جده، عن علي بن أبي طالب -عليهم السلام- قال: قال رسول الله -صلى الله عليه وآله وسلم-: ((لا يقتص ولد من والده، ولا عبد من سيده، ولا يقام حد في مسجد)). انتهى.

[2380] **أمالي أحمد بن عيسى -عليهما السلام-** [4/ 235]: أخبرنا محمد، قال: أخبرني جعفر بن محمد، عن قاسم بن إبراهيم: في القصاص بين الرجال والنساء، قال: قد اختلفوا في هذا عن علي، وذكروا عنه أنه قال: (لا يقتل رجل بمرأة، لما فرق الله بينهما من الفضيلة والدية).

وذكر عنه أيضاً: (إن أراد أولياء المقتول القتل أعطوا أولياء القاتل نصف ديته، ثم قتلوا إن شاءوا) وليس هذا بثابت عندنا عنه -رحمة الله عليه-.

وقد قال كثير من التابعين: إن بينهما قصاص في الجراحات.

وقال آخرون: ليس بينهما قصاص.

وعن رجل قتل عبده أو عبد غيره، قال: لا يقتل حر بعبد على حال.

[2381] وقد ذكر عن علي عليه السلام أن رجلاً قتل عبده على عهد رسول الله -صلى الله عليه وآله وسلم-، فضربه مائة، ونفاه سنة، ومحى اسمه من المسلمين، ولم يقده منه، وقال: ((لا يُقتل حر بعبد؛ إنما هو مال من الأموال، إذا قتل فإنما فيه قيمته)). انتهى.

الهادي -عليه السلام- **في الأحكام**[2/212]: باب القول في الرجل يقتل امرأة عمداً قال يحيى بن الحسين -صلوات الله عليه-: يخير أولياء المرأة المقتولة، فإن أحبوا دفعوا إلى أولياء القاتل نصف الدية وقتلوا القاتل لمرأتهم، وإن أحبوا قبلوا خمسمائة دينار، وهي نصف الدية، وخلوا عن الرجل، وهذا قول علي بن أبي طالب -عليه السلام-.

وفي الأحكام أيضاً[2/212]: قال يحيى بن الحسين -صلوات الله عليه-: إذا قتل الذمي مسلماً عمداً قتل به، وإن قتله خطأ كانت عليه الدية كاملة تؤخذ منه في ثلاث سنين، وإن قتل حر عبداً كانت عليه قيمة العبد بالغة ما بلغت من قليل أو كثير، وذلك قول أمير المؤمنين علي بن أبي طالب -عليه السلام- انتهى.

الجامع الكافي [6/417]: وعن عبدالله بن الحسن، عن علي -صلوات الله عليه-: أن رجلاً قتل عبده متعمداً، فجلده مائة جلدة، ونفاه سنة - يعني محى اسمه عن المسلمين -، ولم يقده به. انتهى.

وفيه أيضاً [6/428]: قال القاسم -عليه السلام- في الرجل قتل امرأة: قد اختلف في هذا عن علي -صلوات الله عليه-، ذكر عنه أنه قال: (لا يقتل رجل بامرأة، لما فرق الله بينهما من الفضيلة والدية).

وذكر عنه أيضاً أنه قال: إذا أراد أولياء المرأة القتل أعطوا أولياء القاتل نصف دية ثم قتلوه إن شاءوا، وليس هذا ثابتاً عندنا عنه -عليه السلام-، وقد قال كثير من التابعين: أن بينهما قصاص في الجراحات، وقال آخرون: لا قصاص بينهما.

وفيه أيضاً [6/ 482]: وروى محمد بإسناده، عن علي، وابن مسعود وإبراهيم، والشعبي، والحكم، [وأبي حنيفة، وأصحابه](48)، وحسن بن صالح، وسفيان: أنهم قالوا: ليس بين الأحرار والعبيد قصاص فيما دون النفس، وبينهم القصاص في النفس.

وفيه أيضاً[6/ 473]: قال محمد: حدَّثنا محمد بن جميل، عن أبي ضمرة، عن جعفر، عن أبيه: أن النبي -صلى الله عليه وآله وسلم- قال لسعد: ((أرأيت إن وجدت امرأة ورجلاً في بيت ما كنت صانعاً بهما ؟)) قال: أقتله يا رسول، فقال النبي -صلى الله عليه وآله وسلم-: ((فأين الشهود الأربعة)). انتهى.

رجال هذا الإسناد قد تقدم الكلام عليهم وهم من ثقات محدثي الشيعة. وأبو ضمرة هو أنس بن عياض الليثي.

باب القول فيمن قتل وله أولاد صغار

الهادي -عليه السلام- في الأحكام[صـ]: حدثني أبي عن أبيه أنه سئل عن الرجل يقتل وله أولاد صغار فقال ينتظر بقاتله عفو ولده واستقادتهم عند كبرهم انتهى.

أمالي أحمد بن عيسى -عليهما السلام-[4/ 229]: قال محمد بن منصور: سألت أبا عبد الله، عن رجل قتل رجلاً، وللمقتول أولياء صغار وكبار، ومعتوه؟ فرأى أن للكبار أن يقتلوا، ولا يستأنوا بالصغير والمعتوه. وذكر الحسن بن علي وقَتْلِهِ ابن ملجَم -لعنه الله-، ولم يستأن بالصغار، وأن علياً أوصى أن يُقتَل.

(48) ما بين القوسين غير موجود في الجتمع الكافي المطبوع.

قال محمد: هذا الذي عليه الناس، إلا أن ابن أبي ليلى، والحسن بن صالح قالا: لا يقتل حتى يبلغ من كان صغيراً، ويصح من كان معتوهاً. انتهى

وفي البحر [6/ 366]: قال الإمام المهدي -عليه السلام-: وإذا كان ولي الدم صغيراً انتظر بلوغه إجماعاً، ولا يقتص وليه لتجويز عفوه.

وقالت العترة والفريقان: ولو كان فيهم كبير انتظر أيضاً، وقال مالك لا يلزم.

قلنا: يؤدي إلى استيفائه حق الصغير، ولا ولاية له، فإن كان أحدهم غائباً انتظر حضوره إجماعاً، لما مر.

ولتجويز العفو فلا يستوفى مع الشك.

قالوا: قتل الحسنان ابن ملجم لعنه الله وفي أولاد علي -عليه السلام- الصغار.

قلنا: حداً لا قتصاصاً، لفساده في الأرض أو لردته، إذ سماه -صلى الله عليه وآله وسلم- أشقى الآخرين، وانتظرا موت أبيهما ليتحققا كفر قاتله.

(فرع) فإن قتله البالغ فلا قود عليه للشبهة، وعليه حصة شريكه. انتهى.

وفي شرح القاضي زيد: ولا تبين أنه قاتله إلا بعد موته -عليه السلام-. انتهى.

يعني ما تبين أن ابن ملجم قاتل علي -عليه السلام- إلا بعد موت أمير المؤمنين -عليه السلام-.

وفي الجامع الكافي [6/ 440]: قال القاسم -عليه السلام- وهو قول أحمد بن عيسى -عليهما السلام- ومحمد -: إذا قتل رجل وله أولاد صغار ينتظروا بالقاتل بلوغهم، وحبس لهم القاتل حتى يدركوا، ثم إن شاءوا عفوا، وإن شاءوا قتلوا.

قال أحمد بن عيسى: وإن كان في الأولياء كبار وصغار ومعتوه، فللكبار أن

يقتلوا القاتل ولا يستأنوا بالصغير والمعتوه، وقد قتل الحسن بن علي -صلى الله عليه- ابن ملجم [ولم يستان بالصغار-يعني بلوغهم -، وقد أوصى علي -صلى الله عليه- أن يقتل ابن ملجم].

قال محمد: وهذا قول أبي حنيفة، وعليه الناس. انتهى.

باب القول في الطبيب يفسد ما يعالج هل يضمن أم لا

الهادي -عليه السلام- في الأحكام[2/ 219]:

باب القول في المطبب والخاتن والمداوي يفسد ما يعالج

قال يحيى بن الحسين -صلوات الله عليه-: إذا تبرأ واجتهد ونصح، فلا ضمان عليه، وإن اتهم بغش استحلف إلا أن يكون غير بصير بالطب فتقحم في مداواة فأعنت فإنه يضمن ذلك.

[2382] كذلك روي عن النبي -صلى الله عليه وآله وسلم- أنه قال: ((من لم يعرف بالطب قبل ذلك فأعنت ضمن))، وذكر عن أمير المؤمنين علي بن أبي طالب -عليه السلام- أنه قال: (من كان متطبباً فعالج أحداً فليتبرى مما أتى فيه على يده، وليشهد شهوداً على برائته، ثم ليعالج، وليجتهد، ولينصح، وليتق الله ربه فيمن يعالجه). انتهى.

أمالي أحمد بن عيسى -عليهما السلام- [4/ 235]: أخبرنا محمد، قال: أخبرني جعفر بن محمد، عن قاسم بن إبراهيم: وعن المتطبب، والخاتن، والمداوي يعنت فيما يعالج، قال: قد قال بعض الناس: يضمن.

[2382] وذكر عن النبي -صلى الله عليه وآله وسلم- أنه قال: ((من لم يعرف بالطب قبل ذلك، وأعنت ضمن)).

[2382] وذكر عن علي أنه قال: (من لم يكن متطبباً فعالج أحداً فليتبرأ مما أتى على يديه فيه، وليشهد شهوداً على برائته، ثم يعالج، وليجتهد ولينصح،

وليتق الله ربه فيمن يعالجه). انتهى.

الجامع الكافي [6/ 404]: قال القاسم في المتطبب، والجابر، والمداوي يعنت فيما يعالج، قال: قد قال بعض الناس: يضمن.

وذكر عن النبي -صلى الله عليه وآله وسلم- أنه قال: ((من لم يعرف بالتطبب، وأعنت ضمن)).

وذكر عن علي أنه قال: (من لم يكن متطبباً فعالج أحداً فليتبرأ مما أتى على يديه، وليشهد شهوداً على برائته، ثم يعالج، وليجتهد ولينصح، وليتق الله ربه فيمن يعالجه).

وفيه [6/ 405]: وعن ابن أبي رافع، عن علي -صلوات الله عليه-، قال: (من كان طبيباً أو متطبباً فلا يتطبب لأحد حتى يتخذ براءة بها شهداء، وليجتهد، ولينصح). انتهى.

باب القول في القاتل هل يرث أم لا ولمن تكون الدية

[2383] **مجموع زيد بن علي -عليهما السلام-** [صـ234]: حدثني زيد بن علي، عن أبيه، عن جده، عن علي -عليهم السلام-، أنه قال: (لا يرث القاتل). انتهى.

أمالي أحمد بن عيسى -عليهما السلام- [4/ 235]: أخبرنا محمد، قال: أخبرني جعفر بن محمد، عن قاسم بن إبراهيم: وعن رجل قتل ابنه أو أباه أو قتل وارثه قال: لا يرث أحداً ممن قتله، ولا موروث بينه، وبينه، وكذلك جاء عن علي صلى الله عليه. انتهى.

الهادي -عليه السلام- في الأحكام[2/ 213]: قال يحيى بن الحسين -صلوات الله عليه-: لا يرث قاتل عمد قتيله لا من ديته ولا من ماله، ولا يرث قاتل الخطأ من الدية شيئاً، ويرث من المال، وقد قال غيرنا: إنه لا يرث من المال، ولا من الدية، وهذا عندنا ظلم، ولا يصح في الظلم لمن رواه رواية، ولا يثبت له

مقالة، لأنه لا بد أن يكون بين العمد والخطأ فرق، وقد يقتل [في] الخطأ القاتل من لو خير قتله، أو تلاف ماله ونفسه لاختار [إتلاف] ماله ونفسه، قبل أن يبسط بالقتل إليه يده من والده أو ولده، أو أخيه، أو قرابته، والمتعمد فلا يقتل بتعمده إلا من هو مجمع على قتله مريداً لإتلافه وتهلكته، وعلى هذا يخرج قول أمير المؤمنين -عليه السلام-: (لايرث القاتل من المقتول)، يريد في العمد لا في الخطأ، وقد يحتمل ذلك أيضاً أن يكون يريد الدية لأنه لا يرثها، ولا يدخل فيها قاتل عمد، ولا خطأ انتهى.

الجامع الكافي[7/ 138]: قال القاسم والحسن فيما روى ابن صباح عنه، وهو قول محمد: وإذا قتل رجل أباه، أو ابنه، أو زوجته، أو ذا محرمه، فلا يرث القاتل من المقتول شيئاً من ماله، ولا من ديته سواء كان القتل عمداً، أو خطأ، والميراث، والدية لورثة المقتول سوا القاتل.

قال القاسم ومحمد: روي ذلك عن علي -صلوات الله عليه-، قال محمد: وكذلك روي عن النبي -صلى الله عليه وآله وسلم-، وعن جماعة من الصحابة، وهو قول أهل الكوفة، وهو المعمول عليه، وروي عن علي -عليه السلام- أيضاً أنه قال: (إذا كان القتل عمداً لم يرث، وإن كان خطأ ورث)، وقال أهل الحجاز: يرث القاتل من المال، ولا يرث من الدية شيئاً انتهى.

[2384] **مجموع زيد بن علي -عليهما السلام-** [صـ234]: حدثني زيد بن علي، عن أبيه، عن جده، عن علي -عليهم السلام-: أنه قضى للإخوة من الأم نصيبهم من الدم، وورث الزوجة من الدم. انتهى.

الجامع الكافي[7/ 241]: قال محمد: كان علي -عليه السلام- يجعل الدية تورث كما يورث المال يعني خطأه، وعمده، وروى محمد بإسناده عن الشعبي: مثل ذلك، وعن أبي عمر[هو زاذان]، عن علي -صلوات الله عليه- نحو ذلك، وعن إبراهيم، وابن أبي ليلى، وحسن بن صالح مثل ذلك، وعن إبراهيم، والشعبي أن النبي -صلى الله عليه وآله وسلم- قضى بالدية على الميراث.

قال الشعبي: ورث الزوج من دية امرأته.

[2385] وعن علي -صلوات الله عليه- أنه قال: (لقد ظلم من منع الإخوة من الأم نصيبهم من الدية). انتهى.

الهادي -عليه السلام- **في الأحكام**[2/ 221]: قال يحيى بن الحسين -صلوات الله عليه-: الدية كالميراث يرث منها كل من يرث من مال الميت، وحكمها كحكمه، ومن ورث من المال ورث من الدية، وكذلك بلغنا عن رسول الله -صلى الله عليه وآله وسلم- أنه قضى بأن الدية من الميراث، والعقل على العصبة. انتهى.

باب القول فيمن يقتص منه فيموت

أمالي أحمد بن عيسى -عليهما السلام- [4/ 236]: أخبرنا محمد، قال: أخبرني جعفر بن محمد، عن قاسم بن إبراهيم: وعن الرجل يقتص منه، فيموت في قصاصه، قال: لا شيء فيه، إنما قتله حكم الله عليه، وهذا مذكور عن علي -عليه السلام- انتهى.

الهادي -عليه السلام- **في الأحكام**[2/ 220]: حدَّثني أبي، عن أبيه، أنه سئل عن الرجل يقتص منه، فيموت في قصاصه، فقال: لا شيء فيه، إنما قتله حكم الله عليه، وهذا مذكور عن علي -عليه السلام- انتهى.

الجامع الكافي[6/ 462]: قال أحمد، والقاسم، ومحمد: وإذا اقتص من رجل في يد أو عين أو غير ذلك فمات في القصاص فلا دية له، إنما قتله كتاب الله -عز وجل-. قال القاسم: وهذا مذكور عن علي -صلوات الله عليه-.

وفيه[6/ 463]: قال محمد: وكذلك إن عزر الإمام رجلاً، فمات فلا دية له.

[2386] روي عن علي -صلوات الله عليه- أنه قال: (من أقيم عليه حد فمات فلا دية له). انتهى.

كتاب الفرائض

كتاب الفرائض

الترغيب في تعلم الفرائض

[2387] **قال الهادي -عليه السلام- في الأحكام**[2/ 228]: بلغنا عن رسول الله -صلى الله عليه وآله وسلم- أنه قال: ((تعلموا القرآن وعلموه الناس، وتعلموا الفرائض وعلموها الناس، فإني امرؤ مقبوض، وإن العلم سيقبض، وتظهر الفتن، حتى يختلف الاثنان في الفريضة، فلا يجدان من يفصل بينهما)).

قال يحيى بن الحسين -صلوات الله عليه-: بلغنا عن بعض الرواة أنه قال: من تعلم القرآن فليتعلم الفرائض، ولا تكن كرجل لقيه أعرابي فقال له يا مهاجر تقرأ القرآن؟ فقال له: نعم، فقال له: فإن إنساناً من أهلي مات وقص عليه فريضته، فإن حدثه فهو علم علمه الله، وزيادة زاده الله، وإن لم يحسن، قال: فبماذا تفضلونا يا معشر المهاجرين. انتهى.

باب القول في فرائض الكتاب العزيز

الهادي -عليه السلام- في الأحكام[2/ 225]: قال يحيى بن الحسين -صلوات الله عليه-: في كتاب الله -عز وجل- سبع عشرة فريضة، منهن ثلاث عشرة فريضة مسميات، وأربع غير مسميات:

فأما الفرائض المسميات:

[1] فمنها: فريضة الابنة النصف، وذلك قول الله -سبحانه وتعالى-: ﴿وَإِن كَانَتْ وَاحِدَةً فَلَهَا النِّصْفُ﴾[النساء:11].

[2] وفريضة البنتين الثلثان، وذلك قول الله -سبحانه-: ﴿فَإِن كُنَّ نِسَاءً فَوْقَ اثْنَتَيْنِ فَلَهُنَّ ثُلُثَا مَا تَرَكَ﴾[النساء:11].

[3-4] وفريضة الوالدين السدسان، وذلك قوله -سبحانه-: ﴿وَلِأَبَوَيْهِ

لِكُلِّ وَاحِدٍ مِّنْهُمَا ٱلسُّدُسُ مِمَّا تَرَكَ إِن كَانَ لَهُۥ وَلَدٌ ﴾[النساء:11].

[5] وفريضة الأم أيضاً الثلث، وذلك قوله تعالى: ﴿وَوَرِثَهُۥٓ أَبَوَاهُ فَلِأُمِّهِ ٱلثُّلُثُ﴾ [النساء:11].

[6] وفريضة الأخت النصف، وذلك قوله تعالى: ﴿إِنِ ٱمْرُؤٌا۟ هَلَكَ لَيْسَ لَهُۥ وَلَدٌ وَلَهُۥٓ أُخْتٌ فَلَهَا نِصْفُ مَا تَرَكَ ﴾[النساء:176].

[7] وفريضة الأختين الثلثان، وذلك قوله تعالى: ﴿فَإِن كَانَتَا ٱثْنَتَيْنِ فَلَهُمَا ٱلثُّلُثَانِ مِمَّا تَرَكَ ﴾[النساء:176].

[8-9] وفريضة الأخ أو الأخت من الأم السدس، وذلك قوله تعالى: ﴿وَإِن كَانَ رَجُلٌ يُورَثُ كَلَٰلَةً أَوِ ٱمْرَأَةٌ وَلَهُۥٓ أَخٌ أَوْ أُخْتٌ فَلِكُلِّ وَاحِدٍ مِّنْهُمَا ٱلسُّدُسُ فَإِن كَانُوٓا۟ أَكْثَرَ مِن ذَٰلِكَ فَهُمْ شُرَكَآءُ فِى ٱلثُّلُثِ﴾ [النساء:12].

[10-11] وفريضة الزوج مع الولد الربع، وفريضته إذا لم يكن ولد النصف، وذلك قوله: ﴿ ۞ وَلَكُمْ نِصْفُ مَا تَرَكَ أَزْوَٰجُكُمْ إِن لَّمْ يَكُن لَّهُنَّ وَلَدٌ فَإِن كَانَ لَهُنَّ وَلَدٌ فَلَكُمُ ٱلرُّبُعُ ﴾[النساء:12].

[12-13] وفريضة الزوجة الربع إذا لم يكن ولد، والثمن مع الولد، وذلك قوله: ﴿وَلَهُنَّ ٱلرُّبُعُ مِمَّا تَرَكْتُمْ إِن لَّمْ يَكُن لَّكُمْ وَلَدٌ فَإِن كَانَ لَكُمْ وَلَدٌ فَلَهُنَّ ٱلثُّمُنُ ﴾[النساء:12].

فهذه الفرائض المسميات في القرآن، وهي ثلاث عشرة فريضة.

وأما الأربع اللواتي هن غير مسميات، وهن في الكتاب:

[1] ففريضة الأولاد، وذلك قوله تعالى: ﴿ يُوصِيكُمُ ٱللَّهُ فِىٓ أَوْلَٰدِكُمْ لِلذَّكَرِ مِثْلُ حَظِّ ٱلْأُنثَيَيْنِ ﴾[النساء:11].

[2] وفريضة الأب إذا لم يكن ولد، وذلك قوله تعالى: ﴿وَوَرِثَهُۥٓ أَبَوَاهُ فَلِأُمِّهِ

ٱلثُّلُثُۚ ﴾[النساء:11]، فلم يسم في هذا الموضع ميراث الأب.

[3] وميراث الأخ من أخته، وذلك قوله: ﴿ وَهُوَ يَرِثُهَآ إِن لَّمۡ يَكُن لَّهَا وَلَدٞۚ ﴾ [النساء:176].

[4] وفريضة الإخوة والأخوات، وذلك قوله: ﴿وَإِن كَانُوٓاْ إِخۡوَةٗ رِّجَالٗا وَنِسَآءٗ فَلِلذَّكَرِ مِثۡلُ حَظِّ ٱلۡأُنثَيَيۡنِۗ ﴾[النساء:176]. انتهى.

الجامع الكافي [7/ 12]: قال محمد: اعلم أن في كتاب الله - -عز وجل- - سبع عشرة فريضة، منها ثلاث عشرة فريضة مسماة، وأربع فرائض غير مسماة:

فأما الفرائض المسماة:

[1] فمنها فريضة البنت النصف.

[2] وفريضة البنتين فصاعداً الثلثان.

[3-4] وفريضة الأبوين مع الولد لكل واحد منهما السدس.

[5] وفريضة الأم - يعني إذا لم يكن ولد ولا إخوة - الثلث.

[6] وفريضة الأخت للأب والأم النصف.

[7] وفريضة الأختين الثلثان.

[8-9] وفريضة الأخ والأخت من الأم لكل واحد منهما السدس، فإن كانوا أكثر من ذلك فهم شركاء في الثلث.

[10-11] وفريضة الزوج مع الولد الربع، وفريضته إذا لم يكن ولد النصف.

[12-13] وفريضة الزوجة مع الولد الثمن، وفريضتها إذا لم يكن ولد الربع.

وأما الأربع اللاتي غير مسميات في كتاب الله:

[1] فريضة الأولاد، وذلك قوله تعالى: ﴿يُوصِيكُمُ اللَّهُ فِي أَوْلَادِكُمْ لِلذَّكَرِ مِثْلُ حَظِّ الْأُنثَيَيْنِ﴾[النساء:11].

[2] وفريضة الأب إذا لم يكن ولد، وذلك قوله﴿وَوَرِثَهُ أَبَوَاهُ فَلِأُمِّهِ الثُّلُثُ﴾ [النساء:11] فلم يسم ميراث الأب.

[3] وفريضة الأخ من أخته، وذلك قوله: ﴿ وَهُوَ يَرِثُهَا إِن لَّمْ يَكُن لَّهَا وَلَدٌ﴾ [النساء:176].

[4] وفريضة الإخوة والأخوات، وذلك قوله: ﴿وَإِن كَانُوا إِخْوَةً رِّجَالًا وَنِسَاءً فَلِلذَّكَرِ مِثْلُ حَظِّ الْأُنثَيَيْنِ﴾[النساء:176]. انتهى.

باب القول في فرائض السنة المجمع عليها

الهادي -عليه السلام- في الأحكام [2/ 226]: قال يحيى بن الحسين -صلوات الله عليه-: فرائض السنة سبع فرائض ليست في القرآن، ولكن جاءت السنة بها، وهي ما أجمع عليه:

[1] فريضة بنت الابن النصف إذا لم يكن ولد.

[2] وفريضة بنات الابن الثلثان إذا لم يكن ولد.

[3] وفريضة بنت الابن مع الابنة للصلب السدس، وهي من الفرائض التي رووها عن النبي -صلى الله عليه وآله وسلم- أنه قضى فيها بذلك.

[4] وفريضة بنات الابن مع الابنة للصلب السدس تكملة الثلثين، وذلك مما أجمعوا عليه.

[5] وفريضة الأخت لأب النصف.

[6] وفريضة الأخوات لأب الثلثان.

[7] وفريضة الأخوات لأب مع الأخت لأب وأم السدس، تكملة الثلثين،

لا ينظر في ذلك إلى عددهن، واحدة كانت أو أكثر.

[8] وفريضة الجد مع الولد السدس، لا اختلاف فيه عندنا.

[9] وفريضة الأم مع الزوج والأب الثلث.

[10] وفريضة الأم أيضاً مع المرأة والأب ثلث ما بقي من بعد النصف للزوج، والربع للمرأة. انتهى.

الجامع الكافي [7/ 13]: قال محمد: فرائض السنة ثماني فرائض جاءت بها السنة، وليست في القرآن وهي مجمع عليها:

[1] فريضة ابنة الابن النصف إذا لم يكن ولد.

[2] وفريضة بنات الابن الثلثان إذا لم يكن ولد.

[3] وفريضة بنت الابن، وبنات الابن مع بنت الصلب الواحدة السدس تكملة الثلثين.

[4] وفريضة الأخت لأب النصفز

[5] وفريضة الأخوات لأب الثلثان إذا لم تكن أخت لأب وأم.

[6] وفريضة الأخت والأخوات لأب مع الأخت لأب وأم السدس تكملة الثلثين.

[7] وفريضة الجد مع الولد السدس لا خلاف فيه.

[8] وفريضة الجدات السدس بالسنة.

[9] وفريضة الأم مع [الأب و] الزوج والزوجة ثلث ما يبقى بعد فرض الزوج والزوجة، في قول علي -صلوات الله عليه-، وابن مسعود، وزيد بن ثابت.

وروى محمد بأسانيده عن علي -صلوات الله عليه- في فرائض بنات الابن، والأخوات لأب، والجد، والجدات، والزوج، والزوجة مع الأبوين نحو ذلك

كله. انتهى.

[2388] مجموع زيد بن علي -عليهما السلام- [صـ 245]: حدثني زيد بن علي، عن أبيه، عن جده، عن علي -عليهم السلام-، قال: (للبنت الواحدة النصف، وللابنتين وأكثر من ذلك الثلثان، ولبنات الابن مع ابنة الصلب السدس تكملة الثلثين، ولا شيء لبنات الابن مع بنتي الصلب، إلا أن يكون معهن أخ لهن يعصبهنّ، وللأخت من الأب والأم النصف، وللاثنتين وأكثر من ذلك الثلثان، والأخوات من الأب مع الأخوات من الأب والأم بمنزلة بنات الابن مع بنات الصلب).

[2389] حدثني زيد بن علي، عن أبيه، عن جده، عن علي -عليهم السلام-: في زوج وأبوين: (للزوج النصف، وللأم ثلث ما بقي، وما بقي فللأب). انتهى.

باب القول في العصبات

[2390] مجموع زيد بن علي -عليهما السلام- [صـ 245]: حدثني زيد بن علي، عن أبيه، عن جده، عن علي -عليهم السلام-، قال: (الابن أدنى العصبة، ثم ابن الابن وإن نزل، ثم الأب، ثم الجد وإن ارتفع، ثم الأخ من الأب والأم، ثم الأخ من الأب، ثم ابن الأخ من الأب والأم، ثم ابن الأخ من الأب، ثم العم للأب والأم، ثم العم للأب، ثم ابن العم للأب والأم، ثم ابن العم للأب، فذلك اثنا عشر رجلاً). انتهى.

الهادي -عليه السلام- في الأحكام [2/ 227]: فأما العصبة فالابن، وابن الابن، وإن سفل، والأب، والجد، والأخ لأب وأم، والأخ لأب، وابن الأخ لأب وأم، وابن الأخ لأب، والعم لأب وأم، والعم لأب، وابن العم لأب وأم، وابن العم لأب، وولي النعمة وهو المعتق، [فهؤلاء العصبة]، وهم ثلاثة عشر رجلاً. انتهى.

الجامع الكافي [7/ 18]: قال محمد: وأقرب العصبة: الابن، ثم ابن الابن وإن

سفل، ثم الأب، ثم الجد والأخ يقتسمان المال نصفين، ثم بعد الأخ للأب [والأم الأخ لأب]، ثم ابن الأخ للأب والأم، ثم بنو الأخ للأب، ثم بنوهم وإن سفلوا، ثم العمومة للأب والأم، [ثم العمومة للأب، ثم بنو العمومة للأب والأم]، ثم بنو العمومة للأب، ثم بنوهم وإن سفلوا، ثم أعمام الأب لأبيه وأمه، ثم أعمام الأب لأبيه، ثم بنوهم وإن سفلوا، ثم أعمام الجد، ثم بنوهم وإن سفلوا على ترتيب الأعمام، ثم مولى النعمة وهو المعتق. انتهى.

[2391] **مجموع زيد بن علي -عليهما السلام-** [صـ245]: حدثني زيد بن علي، عن أبيه، عن جده، عن علي -عليهم السلام-، قال: (الأخوات مع البنات عصبة). انتهى.

الجامع الكافي [7/ 29]: قال محمد: والأخوات عصبة مع البنات.

وقال محمد في المسائل: سألت عبد الله بن موسى عن بنت وأخت، فجعل للبنت النصف، وللأخت ما بقي.

قال محمد: وهو قول أحمد بن عيسى، وقاسم بن إبراهيم، وأبي الطاهر، وادريس بن محمد -عليهم السلام-، وغيرهم ممن يثق به، وكان إدريس من خيار آل رسول الله -صلى الله عليه وآله وسلم-. انتهى.

باب القول في زوج وأبوين، وزوجة وأبوين

[2392] **مجموع زيد بن علي -عليهما السلام-** [صـ245]: حدثني زيد بن علي، عن أبيه، عن جده، عن علي -عليهم السلام-: في زوج وأبوين: (للزوج النصف وللأم ثلث ما بقي، وما بقي فللأب). انتهى.

الجامع الكافي [7/ 28]: قال علي صلى الله عليه، وابن مسعود، وزيد - في زوج وأبوين -: (للزوج النصف، وللأم ثلث ما بقي، وما بقي فللأب)، وأصلها من ستة أسهم.

وكذلك قالوا - في زوجة وأبوين -: (للزوجة الربع، وللأم ثلث ما يبقى، وما بقي فللأب)، وأصلها من أربعة أسهم. انتهى.

[2393] **مجموع زيد بن علي** -عليهما السلام- [صـ 246]: حدثني زيد بن علي، عن أبيه، عن جده، عن علي -عليهم السلام-، في امرأة وأبوين: (للمرأة الربع، وللأم ثلث ما بقي، وما بقي فللأب). انتهى.

باب القول في مسائل متفرقة، وفي الأكدرية

الجامع الكافي [7/31]: وقال علي، وزيد بن ثابت: في بنت، وبنات ابن، وبني ابن: (للبنت النصف، وما بقي بين بنات الابن وبني الابن للذكر مثل حظ الأنثيين).

وفيه [7/31]: قال علي -عليه السلام-، وزيد: في بنتين، وبنات ابن، وبني ابن: (للبنتين الثلثان، وما بقي بين بنات الابن، وبني الابن للذكر مثل حظ الأنثيين).

وفيه [7/32]: قال محمد: فإن ترك ثلاث بنات ابن بعضهن أسفل من بعض، وأسفل منهن غلام، فللعليا النصف، وللوسطى السدس تكملة الثلثين، وما بقي فللذكر يرد على السفلى للذكر مثل حظ الانثيين، وتصح(49) من اثنى عشر سهماً، وهذا قول علي، وزيد، وقال ابن مسعود: وما بقي للذكر وحده. انتهى.

الهادي -عليه السلام- في **الأحكام** [2/242]: فإن ترك ثلاث بنات ابن بعضهنّ أسفل من بعض، وأسفل من البنات كلهن غلام، فللعليا النصف، وللتي تليها السدس، والغلام له ما بقي يرد على عمته للذكر مثل حظ الانثيين، في قول أمير المؤمنين علي بن أبي طالب -عليه السلام-.

وأما قول عبدالله: فما بقي فللذكر وحده. انتهى.

---

(49) ينظر في كونها تصح من 12، لأنه يبقى 4 للبنت السفلى وللغلام، والأربعة لا ينقسم عليهم، بل تصح من 18. تمت من خط حسين حسن الحوثي، سيأتي في كلام الجامع الكافي في الباب الذي بعد هذا أنها تصح من ثمانية عشر على ما ذكر المحشي تمت مؤلف.

الجامع الكافي [7/32]: وقال علي، وزيد: في أخت لأب وأم، وإخوة وأخوات لأب: للأخت لأب والأم النصف، وما بقي بين الإخوة والأخوات للأب للذكر مثل حظ الانثيين.

وقال علي، وزيد: في الأخوات لأب وأم، وإخوة وأخوات لأب: (للأخوات لأب والأم الثلثان، وما بقي بين الإخوة والأخوات [للأب] للذكر مثل حظ الانثيين). انتهى.

[2394] **مجموع زيد بن علي -عليهما السلام- [صـ 246]:** حدثني زيد بن علي، عن أبيه، عن جده، عن علي -عليهم السلام-، قال (لا يرث أخ لأم مع ولد ولا والد). انتهى.

الجامع الكافي [7/30]: قال محمد: واختلفوا في الأكدرية، وهي: زوج وأم، وأخت لأب وأم، وجد، فكان علي -صلوات الله عليه- يقول: (للزوج النصف ثلاثة، وللأخت النصف ثلاثة، وللأم الثلث سهمان، وللجد السدس، سهم فأعالها إلى تسعة) وقال ابن مسعود: للزوج النصف ثلاثة، وللأخت النصف ثلاثة، وللجد سهم، وللأم سهم، وأعالها إلى ثمانية.

وقال زيد بن ثابت: للزوج النصف، وللأخت النصف، وللأم الثلث، وللجد السدس، وأعالها إلى تسعة، ثم جمع نصف الأخت، وسدس الجد فجعله بينهما للذكر مثل حظ الأنثيين.

وقال ابن عباس: للزوج النصف ثلاثة، وللأم الثلث سهمان، وللجد السدس سهم، ولا شيء للأخت حجبها الجد؛ لأنه كان يجعل الجد بمنزلة الأب يحجب الإخوة والأخوات كما يحجبهم الأب.

وقال ابن عمر: في غير الفرائض، قال محمد: إنما سميت الأكدرية: لأنه سأل عنها رجل يقال له: أكدر. انتهى.

باب القول في الحجب والإسقاط

[2395] **مجموع زيد بن علي -عليهما السلام- [صـ246]**: حدثني زيد بن علي، عن أبيه، عن جده، عن علي -عليهم السلام-: (أنه كان لايُشَرِّك، وكان يعيل الفرائض، وكان يحجب الأم بالأخوين، ولا يحجبها بالأختين، وكان لا يحجبها بأخ وأخت، وكان لا يحجب بالأخوات إلا أن يكون معهن أخ لهن). انتهى.

الهادي -عليه السلام- في الأحكام [2/ 229]: قال يحيى بن الحسين -صلوات الله عليه-: تحجب الأم الجدات وحدهن، ويحجبها عن الثلث أربعة: الولد، وولد الولد، والإخوة، والأخوات.

إن مات رجل وترك أبويه: فلأمه الثلث، وما بقي فللأب.

فإن ترك أبويه وابنته: فللبنت النصف، وللأم السدس، وللأب السدس، وما بقي فرد على الأب.

وولد الولد يحجب الأم عن الثلث، كما قال الله: ﴿فَلَهَا ٱلنِّصۡفُۚ وَلِأَبَوَيۡهِ لِكُلِّ وَٰحِدٖ مِّنۡهُمَا ٱلسُّدُسُ مِمَّا تَرَكَ إِن كَانَ لَهُۥ وَلَدٞۚ﴾[النساء:11].

والأخوان والأختان فصاعداً للأب والأم، أو لأب، أو لأم يحجبون الأم عن الثلث، كما قال الله -عز وجل-: ﴿فَإِن كَانَ لَهُۥٓ إِخۡوَةٞ فَلِأُمِّهِ ٱلسُّدُسُۚ﴾ [النساء:11].

فإن ترك ابن ابن وأبوين: فللأبوين السدسان، وما بقي فلابن الابن.

فإن ترك أبويه، وابنة ابن: فلبنت الابن النصف، وللأبوين السدسان، وما بقي فرد على الأب.

[فإن ترك ابنتي ابن، وأبوين: فلابنتي الابن الثلثان، وللأبوين السدسان].

فإن ترك أبوين وابنه وابنته: فللأبوين السدسان، وما بقي فللذكر مثل حظ الأنثيين.

والأم فليس تحجب أحداً إلا الجدّات.

فإن ترك ابنته، وأمه، وجدتين، فللبنت النصف، وللأم السدس، وما بقي فللعصبة، وتسقط الجدتان: أم الأب، وأم الأم، حجبتهما الأم عن سديسهما.

فإن ترك جداً وأماً: فللأم الثلث، وما بقي فللجد. انتهى.

الجامع الكافي [7/ 16]: قال محمد: وابن الابن لا يحجبه إلا الابن، وابن ابن أرفع منه، والجد لا يحجبه إلا الأب، والجدة لا ترث مع الأم بإجماع، ولا ترث الجدة مع ابنها، ولا مع ابنتها، في قول علي -عليه السلام-.

وقال ابن مسعود: ترث مع ابنها.

والإخوة والأخوات لأب وأم يحجبهم ثلاثة: الابن، وابن الابن وإن سفل، والأب.

والإخوة والأخوات للأب يحجبهم أربعة: الابن، وابن الابن وإن سفل، والأب، والأخ لأب وأم.

والإخوة والأخوات للأم يحجبهم أربعة: الولد، وولد الابن، والأب، والجد.

وإذا استكمل البنات الثلثين سقط ميراث بنات الابن إلا أن يكون معهن أو أسفل منهن ذكر فيعصبهن.

وكذلك إذا استكمل الأخوات للأب والأم الثلثين سقط الأخوات لأب، إلا أن يكون معهنّ أخ فيعصبهنّ.

وكان علي -صلوات الله عليه- لا يحجب بالقاتل، ولا يورثه.

وكان ابن مسعود يحجب به، ولا يورثه.

وقال محمد: الولد، وولد الابن ذكوراً كانوا أو إناثاً يحجبون الزوج من النصف إلى الربع، والزوجة من الربع إلى الثمن، ويحجبون الأم من الثلث إلى السدس.

وكان علي -صلوات الله عليه-، وعبدالله، وزيد يحجبون الأم من الثلث إلى السدس بالاثنين من الإخوة والأخوات.

وكان ابن عباس -رحمة الله عليه- لا يحجبها إلا بثلاثة. انتهى.

الهادي -عليه السلام- في الأحكام [2/ 230]: قال يحيى بن الحسين -صلوات الله عليه-:

إن هلك رجل وترك ابنه: فالمال للابن.

فإن ترك بنته: فلها النصف، وما بقي للعصبة.

فإن ترك ابنتين: فلهما الثلثان، وما بقي فللعصبة.

فإن ترك ابنين وبنات: فالمال بينهم للذكر مثل حظ الإنثيين.

فإن ترك بنته وأخاه لأبيه وأمه: فللبنت النصف، وما بقي فللأخ للأب والأم.

فإن ترك بنتين وثلاثة إخوة متفرقين: فللبنتين الثلثان، وما بقي فللأخ لأب وأم، ويسقط الأخ من الأم، لأن الولد يحجب ولد الأم نساء كانوا أو رجالاً، ويسقط الأخ من الأب وهو عصبة لأن الأخ من الأب والأم عصبة أقرب منه.

فإن ترك بنات، وأخاً لأم، وأخاً لأب: فللبنات الثلثان، وما بقي فللأخ للأب.

فإن ترك ابنتين، وست أخوات متفرقات: فللابنتين الثلثان، وما بقي

فللعصبة، وهما الأختان لأب وأم.

فإن ترك ابنتين، وأماً، وأخاً لأب وأم: فللبنتين الثلثان، وللأم السدس، وما بقي فللأخ لأب وأم.

فإن ترك ابناً، وإخوة لأب وأم، وإخوة لأب، أو لأم، أو أخوات: فالمال للابن، ويسقط الإخوة؛ لأن الذكر من الولد يحجب الإخوة والأخوات.

فإن ترك ابنين، وأماً، وستة إخوة: فللأم السدس، وما بقي فللابنين.

وإن ترك ابنين، وابنتين، وأبوين، وجداً: فللأبوين السدسان، وما بقي فللولد، للذكر مثل حظ الأنثيين، وحجب الأب الجد.

فإن ترك أماً، وجداً، وابناً، وابنة: فللجد السدس، وللأم السدس، وما بقي فهو للابن والبنت بينهما للذكر مثل حظ الأنثيين.

فإن ترك ابنة، وجدين -أبا الأب، وأبا الأم-: فللبنت النصف، وما بقي فللجد أبي الأب، ويسقط الجد أبو الأم؛ لأنه ليس من العصبة، ولا من ذوي السهام، وهو من العشرة الذين لا يرثون.

فإن مات وترك ابنته، وأربع جدات -أم الأم، وأم الأب،، وأم أبي الأب، وأم أبي الأم-: فللبنت النصف، وللجدتين السدس -أم الأم، وأم الأب-، ولا شيء لأم أبي الأم؛ لأنها من العشر اللواتي لا يرثن شيئاً، وأما أم أب الأب فإن أم الأب أقرب منها، فلا شيء لها هي. انتهى.

الأمير الحسين في الشفاء [3/363]: [قال السيد أبو طالب]: والذين يحجبون عن بعض سهامهم خمسة:

وهم الأم، والزوج، والزوجات، وبنات الابن، والأخوات لأب:

أما الأم: فإنها تحجب من الثلث إلى السدس، ويحجبها ثلاثة: وهم الولد، وولد الولد ذكراً كان أو أنثى، والاثنان من الإخوة والأخوات فصاعداً.

أما حجبها بالثلاثة الإخوة: فلقول الله تعالى: ﴿فَإِن كَانَ لَهُۥٓ إِخۡوَةٞ فَلِأُمِّهِ ٱلسُّدُسُۚ﴾ [النساء: 11].

وقد خالف الناصر للحق في ذلك، وقال بأن الإخوة من الأم لا يحجبون الأم عن الثلث، وقوله ساقط؛ لأن اسم الإخوة يتناول الإخوة من الأم، ولا مخصص.

وأما حجبها بالاثنين من الإخوة: فهو إجماع الصحابة سوى ابن عباس، فإنه كان لا يحجبها إلا بالثلاثة دون الاثنين، وقد انقطع خلافه بموته.

وأما الزوج: فإنه يحجب من النصف إلى الربع.

وأما الزوجة: فإنها تحجب من الربع إلى الثمن، والذي يحجبهما: الولد وولد الولد ذكراً كان أو أنثى.

وأما بنات الابن: فإن كانت واحدة فإنها تحجب من النصف إلى السدس، وإن كن أكثر من واحدة، فإنهن يحجبن من الثلثين إلى السدس، والذي يحجبهن: البنت الواحدة، أو بنت ابن أعلى منهن درجة، ما لم يستكمل الثلثان قبلهن، فإن كان قد استكمل قبلهن حجبن عن جميع ميراثهن على ما يأتي بيانه إن شاء الله تعالى.

[وأما الأخوات لأب: فإن كانت واحدة فإنها تحجب من النصف إلى السدس](50)، فإن كن أكثر فإنهن يحجبن من الثلثين إلى السدس، والذي يحجبهن: الأخت الواحدة لأب وأم على ما قدمناه في باب السهام. انتهى.

الجامع الكافي [7/22]: قال محمد: فإن ترك ثلاث بنات ابن بعضهن أسفل من بعض: فالعليا هي بنت ابن، وتقوم مقام البنت في أخذ النصف، والوسطى هي بنت ابن ابن، وتقوم مقام بنت الابن في أخذ السدس تكملة الثلثين، ولا شيء للسفلى.

_____
(50) ما بين القوسين غير موجود في شفاء الأوام المطبوع.

فإن كان أسفل منهما غلام: فللعليا النصف، وللوسطى السدس، وما بقي فللذكر يرده على السفلى للذكر مثل حظ الأنثيين، وأصلها من ستة، وتصح من ثمانية عشر[51] سهماً: للعليا النصف تسعة، وللوسطى السدس ثلاثة، وما بقي فللذكر يرد على التي أرفع منه للذكر مثل حظ الأنثيين، وهذا قول علي -صلوات الله عليه-.

وإن كان مع كل واحدة منهن أختها، والمسألة على حالها: فللعليا وأختها الثلثان، وما بقي فللغلام يرد على السفلى وأختها، والوسطى وأختها، للذكر مثل حظ الأنثيين، أصلها من ستة، وتصح من ثمانية عشر.

وإن ترك ثلاث بنات ابن بعضهنّ أسفل من بعض، مع كل واحدة ثلاث أخوات لها متفرقات، أسفل منهن غلام: فأصلها من ثلاثة، وتصح من اثنين وسبعين: للعليا وأختها لأب وأم، وأختها لأب الثلثان ثمانية وأربعون، وبقي أربعة وعشرون بين الذكر، والسفلى، [وأختها لأب وأم]، وأختها لأب، والوسطى وأختها لأب وأم، وأختها لأب للذكر ستة ولكل أخت ثلاثة.

وإن ترك ثلاث بنات ابن، بعضهن أسفل من بعض، مع كل واحدة ثلاث بنات عمومة لها متفرقين، وأسفل منهن غلام: فللعليا، وبنت عمها لأب وأم، وبنت عمها لأب الثلثان، وما بقي بين الغلام والسفلى، وبنت عمها لأب وأم، وبنت عمها لأب، والوسطى وبنت عمها لأب وأم، وبنت عمها لأب للذكر مثل حظ الأنثيين، ويسقط بنات العم لأم،[52] وأصلها من ثلاثة، وتصح من اثنين وسبعين.

وإن ترك ثلاث بنات ابن بعضهن أسفل من بعض، مع كل واحدة ثلاث عمات متفرقات، وأسفل منهنّ غلام: فللعمة العليا لأب وأم، وعمتها لأب

(51) هذه الموعود بها التي نبه عليها المحشي فيما مر تمت مؤلف.

(52) لأن العم لأم ليس ابنا للجد الموروث فهو أجنبي تمت حسين بن حسن الحوثي. تمت حاشية

الثلثان ؛ لأنهما ابنتا الميت، وما بقي فللذكر وللسفلى وعمتها لأب وأم، وعمتها لأب، والوسطى وعمتها لأب وأم وعمتها لأب، والعليا من بنات الابن للذكر سهمان، وللأنثى سهم، أصلها من ثلاثة، وتصح من سبعة وعشرين.

فإن ترك ثلاث بنات ابن بعضهن أسفل من بعض، مع كل واحدة جدة أبيها، وأسفل منهن غلام: فللعليا من بنات الابن النصف، وللوسطى السدس، ولجدة أبي العليا السدس؛ لأنها أم الميت، ولجدة أبي الوسطى الثمن؛ لأنها زوجة الميت، وما بقي للذكر والسفلى، وتسقط جدة أبي السفلى، وأصلها من ستة، وتصح من اثنين وسبعين.

وهذه المسائل التي ذكرناها في بنات الابن قول: علي، وزيد بن ثابت، وأما عبدالله، فإنه قال: إذا استكمل بنات الصلب الثلثين جعل ما بقي للذكر من ولد الابن دون الإناث. انتهى.

الأمير الحسين في الشفاء [3/ 364]: وفي باب الإسقاط مسائل:

الأولى: أن الابن لا يرث معه أحد من أولاد البنين ذكورهم وإناثهم، نص على ذلك في الأحكام. قال السيد أبو طالب: وهو إجماع.

نحو أن يترك الميت ابناً وابن ابن: فالمال كله للابن، ويسقط ابن الابن، وعليه فقس، والبنات لا يسقطن أولاد البنين إذا كانوا ذكوراً أو ذكوراً وإناثاً، بل يكونون مع البنات عصبة، نص عليه في (الأحكام).

قال الأخوان: وهو قول جماعة الصحابة ومن بعدهم، سوى الناصر للحق ومن تابعه.

قال المؤيد بالله: وهذه المسألة ليست من مسائل الاجتهاد، بل الحق فيها مع واحد، وهو ما ذهبنا إليه، قال: فعلى هذا المخالف فيها مخطئ غير مصيب.

واعلم أن حكم أولاد البنين مثل حكم الأولاد يحجبون من يحجبه الأولاد،

وحكم الأسفل منهم مع الأعلى مثل حكم الأعلى من أولاد البنين مع الأولاد. قال أبو طالب: ولا خلاف فيه. انتهى.

الهادي -عليه السلام- في الأحكام[2/ 231]: قال يحيى بن الحسين -صلوات الله عليه-: يحجب ولد الأب والأم أربعة: الابن، وابن الابن وإن سفل، والأب، والجد - في قول من جعل الجد في منزلة الأب، وليس ذلك بشئ عندنا، والجد فقول علي أمير المؤمنين علي بن أبي طالب -عليه السلام-: أنه لا يحجب الجدُّ إلا ولدَ الأم، ويحجبُ ولدَ الأب والأم إذا كنّ إناثاً، واستكملن الثلثين ولد الأب، إلا أن يكون مع ولد الأب ذكر فيكون له ما بقي، ولمن معه من أخواته وإخوته، فإن كان ولد الأب والأم ذكراً أو ذكوراً حجبوا ولد الأب ذكوراً كانوا، أو كانوا إناثاً، وليس يحجبون من كانت له فريضة في الكتاب أو في السنة.

قال يحيى بن الحسين -رضي الله عنه-: **إن مات رجل وترك أخوين لأب وأم، وأخوين لأب**: فالمال للأخوين لأب وأم.

وإن ترك أماً وأخاً لأب وأم، وأخاً لأب: فللأم السدس، وما بقي فللأخ لأب وأم.

فإن ترك أخوين لأم، وأخوين لأب وأم وأماً: فللأم السدس وللأخوين لأم الثلث، وما بقي فللأخوين لأب وأم، ولا يحجب ولد الأم ولد الأب والأم لأنهم من ذوي السهام.

فإن ترك أربع جدات، وأخوين لأم وأخاً لأب وأم: فإن للجدتين اللتين شرحت لك السدس بينهما، وللأخوين لأم الثلث، وما بقي فللأخ لأب وأم.

فإن ترك أختين لأب وأم وأختين لأب: فللأختين لأب وأم الثلثان وما بقي فللعصبة، ويسقط ولد الأب، لأنهما إنما ترثان إذا لم يستكمل ولد الأب والأم الثلثين، فلما استكملن الثلثين سقطتا.

فإن كان مع ولد الأب ذكر -والمسألة على حالها-: فالثلثان للأختين لأب وأم، وما بقي فللأخ لأب وأختيه للذكر مثل حظ الانثيين.

فإن ترك أختاً لأب وأم، وأختين لأب: فللأخت لأب وأم النصف، وللأختين لأب السدس بينهما تكملة الثلثين، وما بقي فللعصبة.

فإن ترك ست أخوات متفرقات: فللأختين لأم الثلث، وللأختين للأب والأم الثلثان.

فإن ترك أماً، وأختاً لأم، وأختين لأب وأم، وأختين لأب: فللأم السدس، وللأختين لأب وأم الثلثان، وللأخت لأم السدس.

فإن ترك أماً، وأختاً لأم، وأختاً لأب وأم، وأختين لأب: فللأم السدس، وللأخت لأب وأم النصف، وللأختين لأب السدس تكملة الثلثين، وللأخت للأم السدس.

وإن امرأة هلكت وتركت ستة إخوة متفرقين وزوجاً وأماً: فللزوج النصف، وللأم السدس، وللأخوين لأم الثلث، ويسقط الأخوان لأب وأم، والأخوان لأب في قول علي بن أبي طالب -عليه السلام-.

وحجته في ذلك: أنه قال لم أجد للأخوين لأب وأم فريضة في الكتاب، ووجدت للأخوين للأم فريضة، فذو الفرض، أحق ممن لا فرض له في كتاب الله سبحانه، ويقول أيضاً كما لا أزيد ولد الأم على ثلثهم لا أنقصهم منه أبداً.

فإن تركت ثلاثة أخوة متفرقين: فللأخ لأم السدس، وما بقي فللأخ لأب وأم، ويسقط الأخ لأب.

فإن تركت ثلاث أخوات متفرقات مع كل واحدة أخوها: فللأخت لأم وأخيها الثلث، وما بقي فللأخ والأخت لأب وأم، ويسقط الأخ والأخت لأب.

فإن تركت ثلاث أخوات متفرقات وأماً: فللأخت لأب وأم النصف،

وللأخت لأب السدس تكملة الثلثين، وللأم السدس، وللأخت لأم السدس. انتهى.

الأمير الحسين في الشفاء [3/365]: الثانية: أن الذكر من الأولاد يسقط جميع(53) الورثة غير الأبوين، والجد أب الأب، والجدتين –أم الأم، وأم الأب–، نص على هذا في مواضع متفرقة من الأحكام، وذكر أبو طالب: أنه إجماع الصحابة، وتبعهم سائر العلماء.

وعند الناصر للحق: أن الولد يسقط الجدة من جهة الأم وإن علت، والجدة من جهة الأب دون الجدة أم الأم، والجدة أم الأب، قال أبو طالب: والإجماع المتقدم يبطل هذا القول.

وفيه أيضاً: الرابعة: أن الأب يسقط جميع الأجداد، ويسقط الجدات التي من قبله، ويسقط جميع الإخوة، والأخوات، وسائر العصبات التي بعد الإخوة، وهو قول الهادي إلى الحق، وهو إجماع، إلا في موضعين:

أحدهما: في قول من يقول: إن الجدة أم الأم لا ترث مع الأب، قال أبو طالب: وقد أجمعت الصحابة على خلافه.

والثاني: أن الجدة ترث مع ابنها، ولا ترث مع ابنتها عند ابن مسعود، وعند أصحابنا خلافه، وهو قول علي –عليه السلام–.

وفيه أيضاً: الخامسة: أن الأم تحجب جميع الجدات، نص عليه في الأحكام، قال أبو طالب: وهو إجماع، والجدة تحجب من الجدات من هي أبعد منها عند علي –عليه السلام–، والعلة هي القرب إلى الميت ذكر هذا المعنى الأخوان.

السادسة: أن قياس الإخوة والأخوات لأب وأم في الإرث قياس ولد البنين والبنات إذا لم يكن بنون وبنات، وقياس الإخوة والأخوات من الأب قياس ولد

---

(53) يعني فيمن يرث بالنسب لا بالسبب كالزوجين فإنهما لا يسقطان تمت مؤلف.

البنين [مع البنين]، وقد نص على هذه الجملة في أبواب متفرقة في (الأحكام) وفي ذلك فوائد:

الأولى: أن الأخ لأب وأم يسقط الأخ [والأخت] لأب، نص على هذا المعنى في (الأحكام). قال أبو طالب: وهو إجماع.

وكذلك الأخت لأب تسقط مع الأخ لأب وأم قياساً على الأولى.

الثانية: أن الأخت لأب وأم إذا عصبتها البنت أو بنت الابن فإنها تسقط من يسقطه الأخ لأب وأم، وكذلك الأخت لأب إذا عصبتها البنت أو بنت الابن [فإنها] تسقط من يسقطه الأخ لأب، وهذا ظاهر على تعليل الأخوين، وقد ذكر ذلك أبو جعفر في (الكافي).

الثالثة: أن الإخوة والأخوات لأم يسقطهم من الميراث أربعة: الولد وولد الولد ذكراً كان أو أنثى، والأب والجد أب الأب، وهو مذهب يحيى.

قال أبو طالب: وهو إجماع الصحابة ومن بعدهم، إلا الناصر للحق -عليه السلام- فإنه يقول: بأن الجد لا يسقط الأخوة من الأم.

قال الأخوان: وإجماع الصحابة يحجه.

الرابعة: أن ابن الأخ لا يرث مع الجد أب الأب عند علي -عليه السلام-، في الرواية المشهورة عنه، وبه قال جماهير الصحابة، وقد روي عن علي -عليه السلام- خلافه.

قال أبو طالب: وهي رواية شاذة، وهي غير صحيحة عندنا. انتهى.

الهادي -عليه السلام- في الأحكام [2/ 233]:

باب القول في تفسير ميراث الإخوة والأخوات من الأب ومع من يرثون، ومن يحجهم عن الميراث

قال يحيى بن الحسين -صلوات الله عليه-: يحجبهم خمسة: الابن، وابن الابن، وإن سفل، والأب، والأخ لأب وأم، وقد قيل أيضاً: الجد يحجبهم في قول من جعل الجد كالأب، وليس ذلك عندي بشيء، والقول فيه قول أمير المؤمنين علي بن أبي طالب -عليه السلام-، ولا يحجب الجدُّ أحداً إلا ولدَ الأم.

إن هلك رجل وترك أخاه لأبيه: فالمال له.

فإن ترك أختين [لأب]: فلهما الثلثان، وما بقي فللعصبة، وإن كانت واحدة فلها النصف وما بقي فللعصبة.

فإن هلك رجل وترك إخوة وأخوات لأب: فالمال بينهم للذكر مثل حظ الأنثيين.

فإن ترك أختين لأم وأختاً لأب وترك أمه: فلأمه السدس، ولأختيه لأمه الثلث، ولأخته لأبيه النصف.

فإن ترك أمه وأختيه لأمه وأخاً وأختاً لأب،: فإن للأم السدس وللأختين لأم الثلث، وما بقي فبين الأخ والأخت للأب للذكر مثل حظ الانثيين.

فإن ترك أخوين وأختين لأم، وأخوين وأختين لأب: فللأخوين والأختين لأم الثلث، وما بقي فللأخوين والأختين لأب.

فإن ترك جدتين، وأخوين لأب، وأخوين لأم: فللجدتين السدس، وللأخوين [لأم] الثلث، وما بقي فللأخوين للأب.

فإن ترك ابنتين وأخوين لأب: فللابنتين الثلثان وما بقي فللأخوين للأب.

فإن ترك أختين لأم، وأختين لأب: فللأختين للأب الثلثان، وللأختين للأم الثلث.

فإن ترك ثلاث أخوات متفرقات: فللأخت للأم السدس، وللأخت لأب وأم النصف، وللأخت للأب السدس تكملة الثلثين، وما بقي فللعصبة.

فإن ترك أختاً لأم، وثلاثة إخوة لأب، معهم أختهم: فللأخت من الأم السدس، وما بقي فللأخوة للأب للذكر مثل حظ الأنثيين.

فإن ترك زوجة وإخوة وأخوات لأب: فللزوجة الربع، وما بقي فبين ولد الأب للذكر مثل حظ الأنثيين.

وإن امرأة هلكت وتركت زوجها، وأخاها وأختها لأبيها: فللزوج النصف، وما بقي فللأخ والأخت للذكر مثل حظ الأنثيين. انتهى.

الإمام المتوكل على الله أحمد بن سليمان -عليه السلام- في أصول الأحكام [2/1206]: وأجمعت الصحابة أن الأم تحجب الجدّات.

وفيها أيضاً [2/1206]: أجمعت العلماء على أن الأم يحجبها عن الثلث الولد وولد الابن.

واختلفوا في الإخوة: فعندنا وعند أكثر العلماء أنه يحجبها الاثنان فصاعداً منهم، وذهب ابن عباس إلى أنه لا يحجبها منهم إلا ثلاثة.

وجه قولنا: أن في الأصول ما يكون حكم الاثنين فيه حكم الثلاثة، مثل الأختين إذا انفردتا، لأنه لا خلاف في أنهما بمنزلة الثلاث، وأن حكمهما مخالف لحكم الواحدة، وكذلك حكم الاثنين من الإخوة للأم حكم الثلاثة.

ولا خلاف في أنه يستوي في حجب الأم من الثلث: الإخوة لأب، أو لأب وأم، أو لأم، إلا ما ذهب إليه الإمامية من أن الإخوة لأم لا يحجبون الأم، والآية والإجماع تحجهم.

ولا خلاف في أن الأخ الواحد، والأخت الواحدة لا تحجب الأم عن الثلث، وأن للأم الثلث، والباقي للأب.

وفيها أيضاً [2/1213]: لا خلاف في أن الجد لا يحجبه إلا الأب؛ لأنه يدلي به [الميراث]، وكل عصبة تدلي بغيره فإنه يحجبه من يكون إدلاؤه به. انتهى.

الهادي -عليه السلام- في الأحكام[2/ 234]: قال يحيى بن الحسين -صلوات الله عليه-: يحجب وَلَدَ الأم عن الميراث أربعةٌ: الولد، وولد الابن وإن سفل، والأب، والجد، لا اختلاف عندهم كلهم في أن الجد يحجب وَلَدَ الأم.

إن هلك رجل وترك أخاه لأمه: فله السدس، وما بقي فللعصبة.

وإن ترك أخوين لأم: فلهما الثلث، وما بقي فللعصبة.

فإن ترك أكثر من ذلك فهم شركاء في الثلث، كما قال الله سبحانه، وتعالى عن كل شأن شأنه: ﴿فَإِن كَانُوٓاْ أَكۡثَرَ مِن ذَٰلِكَ فَهُمۡ شُرَكَآءُ فِي ٱلثُّلُثِۚ﴾ [النساء: ١٢].

فإن ترك أختاً لأم: فلها السدس.

فإن ترك أختين: فلهما الثلث، وما بقي فللعصبة.

فإن ترك أمه، وزوجته، وأخوين وأختين لأم، وخمسة إخوة لأب وأم: فللزوجة الربع، وللأم السدس، وللأخوين والأختين لأم الثلث، وما بقي فللإخوة لأب وأم.

فإن ترك أختين لأب، وأختين لأم: فللأختين لأم الثلث، وللأختين لأب الثلثان.

فإن ترك ست أخوات متفرقات: فللأختين لأم الثلث، وللأختين للأب وللأم الثلثان، وتسقط الأختان لأب؛ لَمَّا أن استكمل ولد الأب والأم الثلثين.

فإن ترك زوجة، وأخوين لأب وأم، وأخوين لأم، وأخوين لأب: فللأخوين للأم الثلث، وللزوجة الربع، وما بقي فللأخوين لأب وأم.

فإن ترك أمه، وستة إخوة لأب، وثلاثة إخوة وثلاث أخوات لأم: فللإخوة والأخوات لأم الثلث، وللأم السدس، وما بقي فللإخوة لأب.

وإن هلكت امرأة وتركت زوجها، وثلاثة إخوة لأمها، وأربع جدات

مستويات: فللإخوة للأم الثلث، وللزوج النصف، وللجدات السدس بينهن.

وإن هلكت امرأة وتركت أمها، وأربع جدات، وثلاثة إخوة، وأخت لأب: فللأم السدس، وما بقي فبين الإخوة والأخت لأب، ويسقطن الجدات لأنهن لا يرثن مع أم أبدًا.

وإن هلكت امرأة وتركت أمها، وبنتها، وزوجها، وأخوين وثلاث أخوات لأب وأم، وأختاً لأب: فللبنت النصف، وللزوج الربع، وللأم السدس، وما بقي فللأخوين والأخوات لأب وأم. انتهى.

باب القول في ميراث ذوي الأرحام

[2396] **مجموع زيد بن علي -عليهما السلام-** [صـ248]: حدثني زيد بن علي، عن أبيه، عن جده، عن علي -عليهم السلام-: (أنه كان يجعل الخالة بمنزلة الأم، والعمة بمنزلة العم، وبنت الأخ بمنزلة الأخ، وبنت الأخت بمنزلة الأخت). انتهى.

الهادي -عليه السلام- في الأحكام[2/ 256]: قال يحيى بن الحسين -صلوات الله عليه-: وذوو الأرحام هم الذين لا فرض لهم في الكتاب، ولا في السنة، وهم العشرة من الرجال، والعشر من النساء الذين سمينّاهم في صدر كتابنا هذا، ومن كان مثلهم أو منهم.

والعمل فيهم: أن يرفعوا إلى آبائهم حتى ينتهي بهم إلى من يرث من أجدادهم، فيعطونه على قدر ميراثه.

وتفسير ذلك: رجل هلك وترك عمته، وخالته: فلخالته الثلث، ولعمته الثلثان، وذلك أنا رفعناهم إلى الوارث، فرفعنا الخالة إلى الأم، ورفعنا العمة إلى الأب، فكأنه ترك أمه وأباه فللأم الثلث، وما بقي فللأب، وأنزلنا العمة منزلة الأب، وأنزلنا الخالة منزلة الأم، وإنما رفعنا العمة في هذه المسألة إلى الأب دون

العم، لأن الأب والعم في هذه المسألة ميراثهما سواء؛ لأن الأم ترث معهما جميعاً الثلث، فلما كانت وارثة مع الرجلين استوى الأب والعم في ذلك، وأنزلنا الخالة منزلة الأم. انتهى.

[2397] **الجامع الكافي** [7/85]: وروى محمد بإسناده، عن الشعبي، عن جنادة بن سعد، قال: شهدت علياً أتي في عمة وخالة، فجعل الخالة بمنزلة الأم، وجعل العمة بمنزلة العم.

وفيه أيضاً [7/88]: قال محمد: وأحسن القولين وأثبته عندنا: قول من جعل ذوي الأرحام بمنزلة من يدلون به من العصبة، أو ذوي السهام، وحكم الله أن يؤتم به، ويحتذى عليه أحق، وكيف ينكر أن ترث بنت الأخ مع بنت البنت، وقد يرث ابن الأخ دون بنت البنت، وكيف يجوز لأحد أن يقول الميراث للأقرب فالأقرب، وهو يعلم أن ابن العم وإن سفل أحق بالميراث من ولد البنت، فهذا دليل على صحة الأصل الذي رويناه عن علي -صلوات الله عليه- أنه جعل العم من الأم بمنزلة العم، والخال بمنزلة الأم، فورث كل واحد منهما بقرابته التي يدلي بها إلى الميت، والفرائض لم تقع على الأقرب فالأقرب بأرحامهم التي يدلون بها؛ لأن في القرآن، والسنة المجمع عليها أن بنت الصلب ترث معها - مثل ميراثها - الأختُ لأب، أو من هو أبعد من الأخت من العصبة، وأن ابن العم وإن بعدت قرابته أحق بالمال من ابن بنت الصلب، وإن كان الميت قد ولده، وخرج من صلبه.

[2396] وروي عن النبي -صلى الله عليه وآله وسلم- أنه أعطى البنت النصف، وابنة الابن السدس تكملة الثلثين، وجعل ما بقي للأخت.

وقد علم أن ابنة الابن أقرب رحماً من الأخت، وقد ورثت أكثر من ميراثها، فهذا مما يدل على أن المواريث لم تقع على الأقرب فالأقرب من ذوي الأرحام.

ومما يوضح ذلك ويؤكده: ما ذكرنا من فرائض الكتاب والسنة التي يستدل بها على حديث علي -صلوات الله عليه- في العم والخال. انتهى.

باب القول في ميراث العمومة وبنيهم

الهادي -عليه السلام- في الأحكام[2/ 240]: قال يحيى بن الحسين -صلوات الله عليه-: **إن هلك رجل وترك عمه لأبيه وأمه، وعمه لأبيه**: فالمال للعم للأب والأم، ولا شيء للعم للأب.

فإن ترك عمه لأبيه، وابن عمه لأبيه وأمه: فالمال للعم لأب؛ لأنه أرفع وأقرب.

فإن ترك ثلاثة عمومة، أحدهم لأب وأم، والآخر لأب، والآخر لأم: فإن المال للعم للأب والأم، ويسقط العم للأب؛ لأن العم لأب وأم أقرب منه، وأما العم لأم فإنه من العشرة الذين لا يرثون من الرجال، وليس هو من العصبة.

فإن ترك ثلاثة عمومة مع كل واحد ثلاث أخوات له متفرقات: فإن المال للعم لأب وأم، وتسقط أخواتُه، وكلٌّ ما سواه من الورثة.

فإن ترك أربعة عمومة وأربع عمات لأب وأم: فإن المال للرجال دون النساء؛ لأن العمات من العشر اللواتي لا يرثن شيئاً. انتهى.

قلت وبالله التوفيق: والرجال والنساء الذين لا يرثون شيئاً مذكورون في الأحكام [2/ 228] ولفظه:

قال يحيى بن الحسين -صلوات الله عليه-:

أما الذين لا يرثون من الرجال فهم عشرة:

ابن الابنة، وابن الأخت، وابن الأخ لأم، والعم لأم، وابن العم لأم، وابن العمة، وابن الخالة، والخال، وابن الخال، والجد أبو الأم.

ولا يرث من النساء عشر:

بنت الابنة، وبنت الأخت، وبنت الأخ، وبنت العم، وابنة الخال والعمة،

وبنت العمة والخالة، وبنت الخالة، والجدة أم أبي الأم.

[2397] **مجموع زيد بن علي -عليهما السلام-** [صـ]: حدثني زيد بن علي، عن أبيه، عن جده، عن علي -عليهم السلام-، في ابني عم أحدهما أخ لأم، قال: (للأخ من الأم السدس، وما بقي بينهما نصفان). انتهى.

الجامع الكافي [7/ 33]: وقال علي -صلوات الله عليه-، وزيد: في ابني عم أحدهما أخ لأم: (للأخ السدس، وما بقي بينهما، وتصح المسألة من اثني عشر سهماً بينهما للأخ للأم سبعة، وللآخر خمسة).

وقال ابن مسعود: المال كله لابن العم، -الذي هو أخ من أم-، يعني بالفرض والتعصيب.

وروى محمد بإسناد، عن الحارث، قال: سئل عبدالله عن فريضة بني عم أحدهما أخ لأم، فقال: المال أجمع للأخ للأم، فلما قدم علي -صلوات الله عليه- سألته عنها، وأخبرته بقول عبدالله، فقال -رحمه الله-: (إن كان لفقيهاً، أما أنا لو كنت لم أزده على فريضة السدس، ثم يقاسمهم بعد كرجل منهم). انتهى.

الهادي -عليه السلام- في الأحكام [2/ 240]: قال يحيى بن الحسين -صلوات الله عليه-: **إن هلك رجل وترك ابني عم، -أحدهما ابن عم لأب وأم، والآخر ابن العم لأب-**: فإن الميراث لأبن العم لأب وأم.

فإن ترك ابني عم لأب وأم أحدهما أخ لأم: فإن للأخ للأم السدس، وما بقي فبينهما نصفان، وهذا قول أمير المؤمنين علي بن أبي طالب -عليه السلام-.

وأما قول عبدالله: فإن المال لابن العم الذي هو أخ لأم، وليس هذا عندنا بشيء، والصواب ماقاله أمير المؤمنين علي بن أبي طالب -عليه السلام-. انتهى.

باب القول في ميراث ابن الابن وبنات الابن

[2398] **الهادي -عليه السلام- في الأحكام** [2/ 241]: قال يحيى بن الحسين -صلوات الله عليه-: بلغنا عن أمير المؤمنين علي بن أبي طالب -عليه السلام- أنه قال: قال رسول الله -صلى الله عليه وآله وسلم-: ((إذا كانت ابنة الابن ليس معها ابنة للصلب فلابنة الابن النصف، فإن كانت معها بنت للصلب فلها السدس، فإن كان مع ابنة الابن ابن أسفل منها، أو أكثر من ذلك بعد أن تكون قرابتهن واحدة فلابنة الابن العليا النصف وللتي تليها السدس تكملة الثلثين، واحدة كانت أو أكثر من ذلك، فلهن السدس، ومنزلة ميراث بنات الابن كمنزلة بنات الصلب [إذا لم يكن بنات للصلب] يرثن ما يرثن، ويحجبن ما يحجبن.

قال يحيى بن الحسين -رضي الله عنه-: واعلم أن ابن الابن لا يحجبه عن الميراث إلا الابن.

ولا يرث معه إلا سبعة: الولدُ الإناثُ، والزوجة، والزوج، والأب، والأم، والجد، والجدات إذا لم يكن أم.

ولا يرث معه من كان أسفل منه من ولد الولد، فهو بمنزلة الابن، وبنات الابن بمنزلة البنات في فرائضهن، إذا كانت واحدة فلها النصف، وإنْ كانتا اثنتين فلهما الثلثان.

فإن ترك ابن ابن، وابن ابن [ابن] أسفل منه: فالمال للأقرب إلى الميت.

فإن ترك ثلاث بنات ابن بعضهن أسفل من بعض: فللعليا النصف، وللتي تليها السدس، وما بقي فللعصبة.

فإن ترك ثلاث بنات ابن بعضهن أسفل من بعض، وأسفل من البنات كلهن غلامٌ: فللعليا النصف، وللتي تليها السدس، والغلام فله ما بقي يرد على عمته للذكر مثل حظ الأنثيين في قول أمير المؤمنين علي بن أبي طالب -عليه السلام-.

وأما قول عبد الله: فما بقي فللذكر وحده.

فإن ترك ثلاث بنات ابن بعضهن أسفل من بعض، مع كل واحدة أختها، وأسفل من السفلى غلام: فللعليا وأختها الثلثان، والتي تليها وأختها والسفلى وأختها لا فرض لهن، سقطن لَمَّا أن استكمل العليون الثلثين، وما بقي فللغلام يرد على السفلى وأختها والوسطى وأختها بينهم للذكر مثل حظ الأنثيين.

فإن ترك ثلاث بنات ابن بعضهن أسفل من بعض، مع كل واحدة ثلاث أخوات لها متفرقات، وأسفل منهن غلام: فللعليا وأختها لأبيها وأمها والتي من أبيها الثلثان، وما بقي فللغلام يرد على السفلى، وأختها لأبيها وأمها وأختها لأبيها، وعلى الوسطى وأختها لأبيها وأمها وأختها لأبيها بينهم، للذكر مثل حظ الأنثيين.

فإن ترك بنت ابن، وابنة ابن ابن أسفل منها، وثلاث جدات: فلبنت الابن النصف، وللتي تليها السدس تكملة الثلثين، وللجدات المستويات السدس بينهن، وما بقي فللعصبة.

فإن ترك زوجة، وجداً، وثلاث جدات: فإن أم أب الأب تسقط لا ترث مع الجد؛ لأنه ابنها في قول أمير المؤمنين علي بن أبي طالب -عليه السلام-. وأما أم الأب وأم الأم فإنهما ترثان السدس، وللزوجة الربع، وما بقي فللجد. انتهى.

باب القول في المشتركة

الهادي -عليه السلام- في **الأحكام**[2/ 239]: قال يحيى بن الحسين -صلوات الله عليه-: إن امرأة هلكت وتركت **أمها، وزوجها، وستة إخوة متفرقين**: فللأم السدس، وللزوج النصف، وللأخوين لأم الثلث، ويسقط الإخوة لأب وأم، والإخوة لأب في قول أمير المؤمنين علي بن أبي طالب -عليه السلام-، وهذا مما أُجْمِعَ عليه عن علي بن أبي طالب -عليه السلام-، ويحتج فيقول: كما لا أزيدهم لا أنقصهم عن الثلث الذي لهم في القرآن.

ألا ترى أنهم لو كانوا مائة لم يزادوا على الثلث، فكيف ينتقصون منه؟! فيشرك معهم ولد الأب والأم في ثلثهم، وليس للإخوة لأب وأم فريضة في الكتاب إنما هم كالغانم يأخذ مرة، ومرة لا يأخذ، فإن فضل عن ذوي السهام شيء أخذوه، وإلا فلا شيء لهم كما لم يجعل الله لهم.

واختلفوا في ذلك عن عبدالله وزيد:

فروى بعضهم عنهما أنهما أشركا بين الإخوة لأب وأم وبين الإخوة لأم في الثلث، وقالا: لم يزدهم الأب إلا قرباً.

وروى آخرون عنهما أنهما لم يشركا؛ واحتجا في ذلك بأن قالا: تكاملت السهام المسماة في القرآن، وذلك قول أمير المؤمنين علي بن أبي طالب -عليه السلام-.

وهذه المسألة يقال لها المشتركة.

[2399] وبلغنا عن علي بن أبي طالب -عليه السلام- أنه كان لا يشرك أصلا.

[2400] وروي عن حكيم بن جابر، أنه قال: توفيت منا امرأة، وتركت زوجها، وأمها، وإخوتها لأبيها وأمها، وإخوتها لأمها، فأُتِيَ في ذلك علي بن أبي طالب -عليه السلام- فقال: (لأمها السدس، ولزوجها النصف، ولإخوتها من أمها الثلث، تكاملت السهام، والإخوة للأب والأم كالغانم مرة يأخذ، ومرة لا يأخذ.

واحتج الذين لم يشرِّكوا على الذين شرَّكوا بمسألة سألوهم عنها في هذا الباب: وهي أنَّ امرأة هلكت وتركت زوجها، وأمها، وأخاها لأمها، وأربعة إخوة لأب وأم، فقالوا جميعاً في هذه المسألة: إن للزوج النصف، وللأم السدس، وللأخ للأم السدس، وما بقي فللإخوة لأب وأم، فقالوا لهم: فحظ الأخ لأم

أوفر من حظ الإخوة لأب وأم، ولا نرى النقصان دخل عليهم إلا من قبل الأب؛ إذ صار الأخ لأم وحده بمنزلتهم جميعاً، ولو بلغوا أكثر ما يكون الإخوة لأب وأم، ولولا الأب لكانوا هم والإخوة لأم في الميراث شرعاً سِوى واحد.

واحتجوا عليهم أيضاً: بأن الإخوة لأم إنما ورثوا في هذه المسألة بفريضة لهم مسماة في القرآن ينطق بها الكتاب، وذلك قول الله -سبحانه-: ﴿فَإِن كَانُوٓاْ أَكۡثَرَ مِن ذَٰلِكَ فَهُمۡ شُرَكَآءُ فِي ٱلثُّلُثِۚ﴾[النساء: ١٢]،وأما الإخوة لأب وأم فلا فريضة لهم في الكتاب، إنما لهم ما أبقت السهام، فلا يشرك الذين ليس لهم فريضة مع من له فريضة؛ لأن أهل الفريضة أحق ممن لا فريضة له، وهذا الاحتجاج كله فهو احتجاج أمير المؤمنين علي بن أبي طالب -عليه السلام-. انتهى.

[2401] **مجموع زيد بن علي -عليهما السلام-** [صـ 246]: حدثني زيد بن علي، عن أبيه، عن جده، عن علي -عليهم السلام-: (أنه كان لايشرك، وكان يعيل الفرائض، وكان يحجب الأم بالأخوين، ولا يحجبها بالأختين، وكان لا يحجبها بأخ وأخت، وكان لا يحجب بالأخوات إلا أن يكون معهن أخ لهن) انتهى.

الجامع الكافي [7/ 36]: قال محمد: اختلف الصحابة في المشتركة، وهي: زوج، وأم، وإخوة لأم، وإخوة لأب وأم:

فكان علي صلى الله عليه يقول: (للزوج النصف، وللأم السدس، وللإخوة لأم الثلث، ولاشيء للإخوة لأب وأم) وهذا مما أجمع عليه عن علي صلى الله عليه.

[2402] وروى محمد بإسناده عن الحارث، وحكيم بن جابر، عن علي صلى الله عليه نحو ذلك.

واختلف عن عبدالله وزيد:

فروي عنهما: أنهما شركا ما بين الإخوة لأب وأم، وبين الإخوة لأم في الثلث، وقالا: لم يزدهم الأب إلا قرباً.

وروي عنهما: أنهما لم يشركا، وقالا: تكاملت السهام.

وقال محمد: واحتج من لم يشرك على من شرك بمسألة، وهي: امرأة تركت زوجاً، وأماً، وأخاً لأم، وعشرة إخوة لأب وأم، وقال: اجتمعوا على أن للزوج النصف، وللأم السدس، وللأخ لأم السدس، وللإخوة لأب وأم ما بقي، وهو السدس، فكان حظ الأخ للأم في هذه المسألة أوفر من حظ الإخوة للأب والأم، ولم يدخل عليهم النقصان إلا بسبب الأب، ولولا الأب لكانوا هم، والأخ للأم في الميراث شرعاً سواء.

واحتجوا عليهم: بأن الميراث الإخوة للأم الثلث فريضة مسماة بقوله تعالى: ﴿فَإِن كَانُوٓاْ أَكۡثَرَ مِن ذَٰلِكَ فَهُمۡ شُرَكَآءُ فِي ٱلثُّلُثِۚ﴾[النساء:12]، وليس للإخوة للأب والأم فريضة مسماة، إنما لهم ما أبقت السهام فلا يشرك من لم يسم له [فريضة] من سميت له فريضة في كتاب الله. انتهى.

باب القول في ميراث الجد والجدة

[2403] **مجموع زيد بن علي -عليهما السلام-** [صـ247]: حدثني زيد بن علي، عن أبيه، عن جده، عن علي -عليهم السلام-: (أنه كان يجعل الجد بمنزلة أخ إلى السدس، وكان يعطي الأخت النصف وما بقي فللجد، وكان يعطي الأختين وأكثر من ذلك الثلثين وما بقي فللجد، وكان لا يزيد الجد مع الولد على السدس، إلا أن يفضل من المال شيء فيكون له). انتهى.

الهادي -عليه السلام- في الأحكام[2/ 247]: قال يحيى بن الحسين -صلوات الله عليه-: الجد لا يزاد على السدس مع الولد، ولا مع ولد الولد إلا أن يكنّ إناثاً، فيفضل شيء ولا يكون معه غيره فيكون له.

وتفسير ذلك: رجل ترك ابنا واجداً: فللجد السدس، وما بقي فللابن، وكذلك لو كان ابن ابن وجد.

وإن ترك ابنته وجداً: فللجد السدس، وللبنت النصف، وما بقي فللجد رد عليه؛ لأنه عصبة الميت، والعصبة لها ما بقي من بعد السهام، وكذلك لو كانت بنت ابن وجدها.

قال يحيى بن الحسين -رضي الله عنه-: والجد يقاسم الإخوة والأخوات إذا لم يكن ولد ما كانت المقاسمة خير له من السدس، فإن كان السدس خيراً له من المقاسمة أخذ السدس.

وتفسير ذلك: رجل هلك وترك جَدَّهُ، وأربعة إخوة لأب وأم أو لأب، فإن المال بين الجد والإخوة أخماساً.

فإن ترك ستة إخوة لأب وأم، وجداً: فللجد السدس، وما بقي فللإخوة؛ لأن السدس خير له من المقاسمة، وهذا قول أمير المؤمنين علي بن أبي طالب -عليه السلام-.

[2404] وبلغنا عن النبي -صلى الله عليه وآله وسلم- أنه أتاه رجل فقال: يا رسول الله، إن ابن ابني مات فمالي من ميراثه؟ فقال: «لك السدس»، فلما أدبر دعاه، قال: «لك سدس آخر» فلما أدبر دعاه، فقال: «إن السدس الآخر طعمة مني لك».

فإلى هذا المعنى ذهب من أعطى الجد الثلث، ونسوا ما قال رسول الله -صلى الله عليه وآله وسلم- من أنه طعمة؛ ولذلك كان يقول أمير المؤمنين [علي بن أبي طالب] -عليه السلام-: حفظتُ ونسيتم، إن السدس الثاني طعمة من رسول الله -صلى الله عليه وآله وسلم- أطعمه إياه، وليس بفريضة فرضه له.

وبلغنا عنه أنه قال: (من أراد أن يتقحم جراثيم جهنم فليفتِ في الجد)، ثم رأيناه يفتي فيه، فعلمنا أنه لم يُفْتِ إلا بشيء سمعه من رسول الله -صلى الله عليه وآله وسلم-.

قال يحيى بن الحسين -صلوات الله عليه-: الجد يقاسم الإخوة والأخوات إذا كانوا معاً، ولا يقاسم الجد الأخوات إذا كنّ وحدهن ولا ذكر معهن؛ لأن لهن فرضاً في الكتاب لابد من تسليمه إليهن.

وتفسير ذلك: رجل هلك وترك ثلاث أخوات، وجداً: فللأخوات الثلثان، وللجد ما بقي.

فإن ترك أختين، وأخاً، وجداً: فالمال بين الجد والأخ والأختين للذكر مثل حظ الانثيين، مخرجها من ستة لكل أخت سهم، وللأخ سهمان، وللجد سهمان. انتهى.

الجامع الكافي [7/ 64]: قال محمد: كان علي -عليه السلام- يقاسم الجد بالإخوة والأخوات للأب والأم، ما لم ينقص حظه بالمقاسمة من السدس فإن نقصته المقاسمة من السدس أكمل له السدس، وجعل الباقي للإخوة والأخوات، وهو عصبة مع الأخوات إذا لم يكن معهن أخ.

وكان يعطي أهل الفرائض من الأخوات، وغيرهن فرائضهنّ، ويجعل الباقي للجد إلا أن يكون الباقي أقل من السدس، أو لا يبقى شيء فيفرض له السدس، ويعيل المسألة.

وكان يفرض للأخوات للأب والأم فرائضهن، ويجعل الباقي بين الجد، والإخوة والأخوات للأب، ما لم تنقصه المقاسمة من السدس.

وكان لا يورث بني الإخوة مع الجد في حال من الأحوال، هذا الصحيح عنه.

وقد روي عنه: أنه كان ينزل بني الإخوة مع الجد منازل آبائهم، ولم يصح عنه.

وكان يفرض للجد مع الولد، وولد البنين السدس.

وكان يفرض للجد مع البنات والإخوة أو الأخوات للأب والأم السدس،

ويجعل التعصيب للإخوة والأخوات.

وكان يفضل الأم على الجد مع الزوج، ومع الأخت لأب وأم مع الزوجة والأخ.

وكان يقاسم الجد بالإخوة للأب كما يقاسمه بالإخوة لأب وأم إذا لم يكن إخوة لأب وأم. انتهى.

[2405] **مجموع زيد بن علي -عليهما السلام-** [صـ247]: حدثني زيد بن علي، عن أبيه، عن جده، عن علي -عليهم السلام- (أنه كان يقول في أختٍ لأبٍ وأم، وأختٍ لأبٍ، وجد: للأخت من الأب والأم النصف، وللأخت من الأب السدس تكملة الثلثين، وما بقي فللجد.

وكان يقول في أم، وامرأةٍ، وأخواتٍ، وأخوةٍ، وجد: للمرأة الربع، وللأم السدس، ويجعل ما بقي بين الأخوات والإخوة والجد للذكر مثل حظ الأنثيين، وهو بمنزلة أخٍ؛ إلا أن يكون سدس جميع المال خيراً له فيعطيه سدس جميع المال.

وكان لا يؤرث ابن أخٍ مع جد، ولا أخاً لأم مع جد.

وكان يقول في أم، وزوجٍ، وأختٍ، وجد: للزوج النصف ثلاثةٌ، وللأخت ثلاثةٌ، وللأم [الثلث] سهمان، وللجد السدس فصارت تسعةً، وكذلك كان يعيل الفرائض). انتهى.

[2406] **الجامع الكافي** [7/ 66]: روى محمد بإسناده عن عمران بن حصين: أن رجلاً أتى النبي -صلى الله عليه وآله وسلم-، فقال: إن ابن ابني مات، فما لي من ميراثه، فقال: ((لك السدس)) فلما أدبر دعاه، فقال: ((سدس آخر)) فلما أدبر دعاه، فقال: ((إن السدس الآخر طعمة)).

قال محمد -في غير رواية القاضي الهرواني-: إلى هذا الحديث ذهب زيد بن

ثابت، وكان علي صلى الله عليه يقول: (حفظتُ، ونسيتم) فالسدس الأخير حفظ علي أنه كان طعمة من النبي -صلى الله عليه وآله وسلم-. انتهى.

قلت وبالله التوفيق: ولقائل أن يقول كيف صحت لكم رواية عمران بن حصين واعتمدتم عليها، وعمران بن حصين هذا من المنحرفين عن أمير المؤمنين علي بن أبي طالب -عليه السلام-، ومن شرطكم عدم القبول لمثل هذه الرواية؟

فالجواب عن هذا: بأنا نقول إنا لم نقصد بإيرادنا لهذه الرواية الاعتماد عليها، وإنما قصدنا ما دل عليه آخر الكلام، وهو قوله: وكان علي صلى الله يقول حفظت ونسيتم فالسدس الأخير حفظ علي أنه طعمة من النبي -صلى الله عليه وآله وسلم-. انتهى.

فهذا الوجه في إيراد هذه الرواية، والرواية هذه -أعني رواية عمران بن حصين- قد أوردها الهادي -عليه السلام- في الأحكام كما تقدم، ولم أدر هل اعتماد الهادي -عليه السلام- في روايته على عمران بن حصين أم على غيره؟!، وإنما أتى بها بصيغة التبليغ كما تقدم، وروايات الهادي -عليه السلام- وأمثاله من الأئمة -عليهم السلام- مما شرطنا قبولها في أول كتابنا هذا سواء كانت مسندة أو مرسلة. والله الهادي للصواب.

[2407] **مجموع زيد بن علي -عليهما السلام-** [صـ246]: حدثني زيد بن علي، عن أبيه، عن جده، عن علي -عليهم السلام-، قال: (لا ترث جدةٌ مع أم، وللجدات السدس لا يزدن عليه، ولا ترث الجدة مع الأم شيئاً).

[2408] حدثني زيد بن علي، عن أبيه، عن جده، عن علي -عليهم السلام-: (في رجلٍ هلك وترك جدتي أبيه وجدتي أمه، فورث علي -عليه السلام- جدتي الأب وإحدى جدتي الأم التي من قبل أمها، وأسقط التي من قبل أبيها فلم يؤرثها شيئاً).

[2409] حدثني زيد بن علي، عن أبيه، عن جده، عن علي -عليهم السلام-: (أنه كان لا يؤرث الجدة مع ابنها، ولا مع ابنتها شيئاً). انتهى.

[2410] **الجامع الكافي** [7/ 76]: قال محمد: كان علي -صلوات الله عليه-، وابن مسعود، وزيد يورثون الجدات إذا كن مستويات في القرابة إلى الميت السدس بينهن، وإن كثرن، قال علي صلى الله عليه: (وإن كان بعضهن أقرب إلى الميت ورث القربى منهنّ)، روى ذلك الشعبي عنه.

وروي عن زيد بن ثابت قولان:

أحدهما: مثل قول علي -عليه السلام-، وأنه ورث القربى من الجدات، روى ذلك الشعبي عنه.

والقول الآخر: أنه إن كانت التي من قبل الأم أقرب فهي أحق بالسدس، وإن كانت التي من قبل الأب أقرب أشرك بينهما في السدس، وكان ابن مسعود يورث القربى، والبعدى من جميع الجهات ما لم تكن إحداهن أم الأخرى فتسقط الأم، وترث البنت.

[2411] وروي عنه أيضاً أنه قال: (إذا كانت جدتان من قبل الأب مختلفتان فالسدس للقربى منهما؛ لأنهما من جهة واحدة).

وأجمع الصحابة على أن سهم الجدة السدس، ورووا ذلك عن النبي -صلى الله عليه وآله وسلم-، وأجمعوا على أن الجدة لا ترث مع الأم، وعلى أن الجدة تحجب أمها.

وروى محمد بإسناده، عن الشعبي، عن علي نحو ذلك.

واختلفوا في ميراثها مع ابنها:

فقال علي، وزيد: (لا ترث مع ابنها، كما لا ترث مع ابنتها) روى ذلك الشعبي عنهما.

وقال عبدالله: ترث مع ابنها. انتهى.

باب القول في الكلالة

القرآن الكريم: قال الله -عز وجل-: ﴿يَسْتَفْتُونَكَ قُلِ ٱللَّهُ يُفْتِيكُمْ فِى ٱلْكَلَٰلَةِ ۚ إِنِ ٱمْرُؤٌا۟ هَلَكَ لَيْسَ لَهُۥ وَلَدٌ وَلَهُۥٓ أُخْتٌ فَلَهَا نِصْفُ مَا تَرَكَ ۚ وَهُوَ يَرِثُهَآ إِن لَّمْ يَكُن لَّهَا وَلَدٌ ۚ فَإِن كَانَتَا ٱثْنَتَيْنِ فَلَهُمَا ٱلثُّلُثَانِ مِمَّا تَرَكَ ۚ وَإِن كَانُوٓا۟ إِخْوَةً رِّجَالًا وَنِسَآءً فَلِلذَّكَرِ مِثْلُ حَظِّ ٱلْأُنثَيَيْنِ ۗ يُبَيِّنُ ٱللَّهُ لَكُمْ أَن تَضِلُّوا۟ ۗ وَٱللَّهُ بِكُلِّ شَىْءٍ عَلِيمٌۢ ﴿١٧٦﴾﴾ وقال عز من قائل عليما: ﴿وَإِن كَانَ رَجُلٌ يُورَثُ كَلَٰلَةً أَوِ ٱمْرَأَةٌ وَلَهُۥٓ أَخٌ أَوْ أُخْتٌ فَلِكُلِّ وَٰحِدٍ مِّنْهُمَا ٱلسُّدُسُ ۚ فَإِن كَانُوٓا۟ أَكْثَرَ مِن ذَٰلِكَ فَهُمْ شُرَكَآءُ فِى ٱلثُّلُثِ ۚ مِنۢ بَعْدِ وَصِيَّةٍ يُوصَىٰ بِهَآ أَوْ دَيْنٍ غَيْرَ مُضَآرٍّ ۚ وَصِيَّةً مِّنَ ٱللَّهِ ۗ وَٱللَّهُ عَلِيمٌ حَلِيمٌ ﴿١٢﴾﴾.

الهادي -عليه السلام- في الأحكام[243/2]: قال يحيى بن الحسين -صلوات الله عليه-: قال الله -سبحانه-: ﴿يَسْتَفْتُونَكَ قُلِ ٱللَّهُ يُفْتِيكُمْ فِى ٱلْكَلَٰلَةِ ۚ إِنِ ٱمْرُؤٌا۟ هَلَكَ لَيْسَ لَهُۥ وَلَدٌ وَلَهُۥٓ أُخْتٌ فَلَهَا نِصْفُ مَا تَرَكَ ۚ وَهُوَ يَرِثُهَآ إِن لَّمْ يَكُن لَّهَا وَلَدٌ﴾ [النساء: ١٧٦]:

فقال بعض العلماء: الكلالة: ما خلا من الولد، واحتجوا بهذه الآية، وهي قوله -سبحانه-: ﴿قُلِ ٱللَّهُ يُفْتِيكُمْ فِى ٱلْكَلَٰلَةِ ۚ إِنِ ٱمْرُؤٌا۟ هَلَكَ لَيْسَ لَهُۥ وَلَدٌ﴾.

وقال آخرون: الكلالة: ما خلا من الولد والأبوين؛ لقول الله -عز وجل- في أول السورة: ﴿وَوَرِثَهُۥٓ أَبَوَاهُ فَلِأُمِّهِ ٱلثُّلُثُ﴾ [النساء: ١١]، وذكر الإخوة فلم يجعل لهم مع الأب شيئاً سبحانه.

أفلا ترى أنه قد ورثهم -عز وجل- في الكلالة؛ فقال تبارك وتعالى في السورة: ﴿وَإِن كَانَ رَجُلٌ يُورَثُ كَلَٰلَةً أَوِ ٱمْرَأَةٌ وَلَهُۥٓ أَخٌ أَوْ أُخْتٌ﴾ [النساء: ١٢]، فبين في هذه الآية أن الأب ليس بداخل في الكلالة.

واحتجوا في الولد بالآية التي في آخر السورة، وهي قوله -سبحانه-: ﴿قُلِ ٱللَّهُ يُفۡتِيكُمۡ فِي ٱلۡكَلَٰلَةِۚ إِنِ ٱمۡرُؤٌاْ هَلَكَ لَيۡسَ لَهُۥ وَلَدٞ﴾ [النساء: ١٧٦].

[2412] وروي [في] ذلك عن رسول الله -صلى الله عليه وآله وسلم- أن رجلاً سأله عن الكلالة، فقال: أما سمعت الآية التي نزلت في الصيف: ﴿يَسۡتَفۡتُونَكَ قُلِ ٱللَّهُ يُفۡتِيكُمۡ فِي ٱلۡكَلَٰلَةِۚ﴾، مَنْ لم يترك ولداً ولا والداً، فورثته كلالة.

[2413] وروي عن أمير المؤمنين علي بن أبي طالب -عليه السلام- أنه قال: (الكلالة ما خلا من الولد والوالد)، وذلك الصواب عندنا، والحمد لله رب العالمين وسلام على المرسلين وصلى الله على محمد وعلى أهل بيته وسلم.

قال يحيى بن الحسين -صلوات الله عليه-: بلغنا أن رجلاً قال يا رسول الله، ﴿يَسۡتَفۡتُونَكَ قُلِ ٱللَّهُ يُفۡتِيكُمۡ فِي ٱلۡكَلَٰلَةِۚ﴾، فما الكلالة؟ فقال: أما سمعت الآية التي أنزلت في الصيف: ﴿يَسۡتَفۡتُونَكَ قُلِ ٱللَّهُ يُفۡتِيكُمۡ فِي ٱلۡكَلَٰلَةِۚ﴾، من لم يترك والدًا ولا ولدًا. انتهى.

الجامع الكافي [7/ 35]: قال محمد: الكلالة: ما خلا الولد والوالد، لقول الله -عز وجل-: ﴿وَوَرِثَهُۥٓ أَبَوَاهُ﴾ [النساء:11]، وذكر الإخوة فلم يجعل لهم مع الأب ميراثاً، وورثهم في الكلالة لقوله -عز وجل-: ﴿يُورَثُ كَلَٰلَةً أَوِ ٱمۡرَأَةٞ وَلَهُۥٓ أَخٌ أَوۡ أُخۡتٞ﴾ [النساء:12]، فبين بهذه الآية أن الأب ليس بداخل في الكلالة، وذكر حكم الولد في آخر السورة في قول الله تعالى: ﴿قُلِ ٱللَّهُ يُفۡتِيكُمۡ فِي ٱلۡكَلَٰلَةِۚ إِنِ ٱمۡرُؤٌاْ هَلَكَ لَيۡسَ لَهُۥ وَلَدٞ وَلَهُۥٓ أُخۡتٞ فَلَهَا نِصۡفُ مَا تَرَكَۚ وَهُوَ يَرِثُهَآ إِن لَّمۡ يَكُن لَّهَا وَلَدٞۚ﴾ [النساء: 176].

[2414] وروي ذلك عن النبي -صلى الله عليه وآله وسلم-: أن رجلاً سأله عن الكلالة؟ فقال: ((أما سمعت الآية التي نزلت في الصيف: ﴿يَسۡتَفۡتُونَكَ قُلِ ٱللَّهُ يُفۡتِيكُمۡ فِي ٱلۡكَلَٰلَةِۚ﴾[النساء: 176] والكلالة: من لم يترك والداً، ولا

ولداً، فورثته الكلالة)).

وروي عن علي -صلوات الله عليه-، وعبدالله، وزيد بن ثابت أنهم قالوا: (الكلالة: ما خلا الولد والوالد).

وقال بعضهم: الكلالة ما خلا الولد، واحتجوا بقول الله -عز وجل-: ﴿قُلِ ٱللَّهُ يُفۡتِيكُمۡ فِي ٱلۡكَلَٰلَةِۚ إِنِ ٱمۡرُؤٌاْ هَلَكَ لَيۡسَ لَهُۥ وَلَدٞ﴾[النساء:176]. انتهى.

باب القول في الرد، وهو مع عدم العصبات

القرآن الكريم: قال الله سبحانه: ﴿وَأُوْلُواْ ٱلۡأَرۡحَامِ بَعۡضُهُمۡ أَوۡلَىٰ بِبَعۡضٖ فِي كِتَٰبِ ٱللَّهِۚ﴾[الأنفال:75].

[2415] **مجموع زيد بن علي -عليهما السلام-** [صـ248]: حدثني زيد بن علي، عن أبيه، عن جده، عن علي -عليهم السلام-: أنه كان يرد ما أبقت السهام على كل وارث بقدر سهمه إلا الزوج والمرأة. انتهى.

الهادي -عليه السلام- في الأحكام[2/ 246]: قال يحيى بن الحسين -صلوات الله عليه-: القول عندنا في الرد قول أمير المؤمنين علي بن أبي طالب -عليه السلام-، وذلك أني وجدت الله سبحانه يقول: ﴿وَأُوْلُواْ ٱلۡأَرۡحَامِ بَعۡضُهُمۡ أَوۡلَىٰ بِبَعۡضٖ فِي كِتَٰبِ ٱللَّهِۚ﴾[الأنفال:75] فكان عندي ذوو الأرحام أولى بأن يرد عليه ما فضل من بعد سهمه المسمى له؛ لأنه وغيره من المسلمين قد استويا في الإسلام، وزادت هذا رحمه قربة ووسيلة، فكان لذلك هو أولى بالفضل من بيت مال المسلمين.

وتفسير ذلك: رجل هلك وترك بنته وأمه: فللبنت النصف، وللأم السدس، وما بقي فرد عليهما على قدر سهامهما، فكانت الفريضة أولاً من ستة: للأم سهم، وللبنت ثلاثة، فلما رد عليهما الفضل رجعت إلى أربعة فصار للأم سهم من أربعة، وهو ربع المال، وللبنت ثلاثة أسهم من أربعة، وهو ثلاثة أرباع المال.

وكذلك لو أنه ترك ابنته وحدها: لكان لها النصف؛ لقول الله -سبحانه-: ﴿وَإِن كَانَتۡ وَٰحِدَةٗ فَلَهَا ٱلنِّصۡفُۚ﴾ [النساء:11] وكان لها النصف الباقي أيضاً؛ لقول الله -عز وجل-: ﴿وَأُوْلُواْ ٱلۡأَرۡحَامِ بَعۡضُهُمۡ أَوۡلَىٰ بِبَعۡضٖ فِي كِتَٰبِ ٱللَّهِۗ﴾ [الأنفال:75]، فرددناه عليها؛ لأنها أولى بأبيها من غيرها.

وكذلك لو ترك أمه وحدها، أو أخته، أو غير ذلك ممن له سهم في الكتاب أو السنة: كان له أن يأخذ سهمه، ثم يرد عليه الباقي لقرابته من الهالك ورحمه، إذا لم يكن معه من عصبته غيره. انتهى.

الجامع الكافي [7/ 39]: قال محمد: كان علي صلى الله عليه يرد على كل ذي سهم بقدر سهمه إلا على الزوج والزوجة، فإنه لم يكن يرد عليهما.

وروى محمد بإسناده، عن الشعبي، عن علي صلى الله عليه: مثل ذلك انتهى.

باب القول في العول

[1416] **مجموع زيد بن علي -عليهما السلام- [صـ246]:** حدثني زيد بن علي، عن أبيه، عن جده، عن علي -عليهم السلام-، أنه كان يعيل الفرائض وسأله ابن الكوّى، وهو يخطب على المنبر عن ابنتين، وأبوين، وامرأة، فقال له: (صار ثمنها تسعاً). انتهى.

الهادي -عليه السلام- في الأحكام[2/ 245]: قال يحيى بن الحسين -صلوات الله عليه-: العول في الفرائض صحيح عندنا لا يجوز إلا أن تُعَال الفرائض، وإلا اطرح بعض من فرض الله له، ورسوله -صلى الله عليه وآله وسلم-، وكذلك صح لنا عن أمير المؤمنين -عليه السلام- أنه كان يعيل الفرائض.

وتفسير ذلك: رجل مات وترك أبوين، وزوجة، وبنتين: فللبنتين الثلثان، وللأبوين السدسان، وللزوجة الثمن، فهذه قد عالت بثمنها، كان أصلها من أربعة وعشرين، وعالت إلى سبعة وعشرين فللبنتين ستة عشر، وللأبوين ثمانية، وللزوجة

ثلاثة، فكانت لهم أولاً من أربعة وعشرين، فصارت آخراً من سبعة وعشرين.

ومن ذلك: امرأة ماتت وتركت زوجها، وأمها، وأختيها لأمها، وأختيها لأبيها وأمها: فللزوج النصف، وللأم السدس، وللأختين للأم الثلث، وللأختين لأب وأم الثلثان، هذه قد عالت بثلثيها كانت من ستة فصارت من عشرة، وهي تسمى أم الفروج، وهي أكثر ما تعول به الفرائض.

قال يحيى بن الحسين -صلوات الله عليه-: كيف يريد أن يعمل من لا يرى العول بهذه الفرائض أيطرح الأختين لأب وأم، ولهما فريضة في الكتاب في مال أختهما، أم يطرح الأختين لأم فلهما فرض في الكتاب، أم يطرح الأم، ولها فرض في الكتاب، أم يطرح الزوج، وله فريضة في الكتاب، أم كيف يعمل في أمرهم؟ وكيف يقول فيما فرض الله لهم سبحانه، فقد فرض الله سبحانه للأختين لأب وأم الثلثين، وفرض للأختين لأم الثلث، وفرض للأم السدس، وفرض للزوج النصف ؛ فمال قد خرج ثلثاه، وثلث من أين يؤتى سدسه، ونصفه؟ إذا لم يعول له في أصله حتى يخرج لكل واحد ما حكم الله له به في سهمه ؛ فهذا دليل على إثبات العول، لا يدفعه من أنصف وعقل، وترك المكابرة، ولم يجهل. انتهى.

الجامع الكافي [7/ 37]: قال محمد: كان علي -عليه السلام-، وسائر الصحابة يعيلون الفرائض، إلا ابن عباس فإنه لم يعل الفرائض، يعني أنه أدخل النقص على البنات والأخوات، وكان يقول: أترى الذي أحصى رمل عالج عدداً أجعل في المال نصفاً، ونصفاً، وثلثاً هذا النصف، والنصف قد ذهب بالمال، فأين موضع الثلث؟.

[2417] وروى محمد بإسناده، عن أبي إسحاق، عن الحارث، قال: ما رأيت أحداً أحسب من علي صلى الله عليه - سئل عن رجل مات وترك ابنتين وأبوين، وامرأة؟ فقال: (صار ثمنها تسعاً من سبعة وعشرين للإبنتين الثلثان، وللأبوين السدسان، وللمرأة ثلاثة). انتهى.

باب القول في المناسخة

الهادي -عليه السلام- في الأحكام[2/244]: قال يحيى بن الحسين - صلوات الله عليه-: المناسخة أن يموت الرجل فيرثه الورثة، فلا يقتسمون ميراثه حتى يموت بعضهم، ويرثه ورثته أيضاً؛ فهذا أقرب المناسخة، وهو أولها، وذلك أن الورثة ربما لم يقتسموا ميراث الميت حتى يموت منهم ميت ثان وثالث ورابع، وأنا مفسر لك كيف مبتدأ المناسخة، ومخارجها، وضربها، وحسابها، ومصحح حساب سهام الورثة إن شاء الله تعالى.

وتفسير ذلك: رجل هلك وترك امرأته، وابنيه، فلم يقتسموا حتى مات أحد الابنين: فأقم فريضة الأول، فهي تصح من ستة عشر، للزوجة الثمن سهمان، وما بقي فهو بين الابنين، وهو أربعة عشر لكل واحد سبعة، فقد مات أحد الأخوين، وترك أمه، وأخاه: فللأم الثلث، وما بقي فللأخ، والذي في يد الميت سبعة أسهم، وسبعة لا ثلث لها، ففريضته من ثلاثة: للأم الثلث واحد، وللأخ ما بقي، وهو اثنان، وفريضة الثاني لا توافق ما في يده من فريضة الأول بشيء ولو وافقت لضربته في أصل الفريضة الأولى، فإذا لم توافق فاضرب أحد الفريضتين في الثانية، فثلاثة في ستة عشر ثمانية وأربعون سهماً، ثم عد، فاقسم الثمانية والأربعين على مبتدأ الفريضة فكأن الأول ترك ثمانية وأربعين سهماً، وترك زوجته وابنيه؛ فللزوجة الثمن ستة، وما بقي فللابنين، وهو اثنان وأربعون، لكل واحد أحد وعشرون سهماً.

ثم أمت أحد الابنين، وقد ترك واحداً وعشرين، فلأمه الثلث من ذلك سبعة، وما بقي فلأخيه وهو أربعة عشر سهماً، فصار في يد الأم ثلاثة عشر سهماً، ستة من قبل زوجها، وسبعة من قبل ابنها، وصار في يد الأخ الحي خمسة وثلاثون سهماً، أحد وعشرون من قبل أبيه، وأربعة عشر من قبل أخيه، وما أتاك من هذا الباب فقسه على ما ذكرت طالت المناسخة أو قصرت. انتهى.

باب القول في أصول المسائل

الأمير الحسين بن محمد -رحمه الله- **في الشفاء**[3/366]: إن كانت الورثة عصبات منفردين، فأصل مسئلتهم من مبلغ عدد صنفهم، بالغاً ما بلغ، بعد أن يجعل الذكر منهم بمنزلة أنثيين إن كان معهم إناث.

وإن كانوا ذوي سهام منفردين، أو ذوي سهام وعصبات مجتمعين، فأصل مسئلتهم من مخرج فرائض سهامهم المذكورة في تلك المسألة، وجميع ذلك سبع مسائل:

الأولى: كل مسألة فيها نصف ونصف، أو نصف وما بقي، فأصلها من اثنين:

فالأولى: نحو أن تموت المرأة، وتخلف زوجها، وأختها لأبيها وأمها.

والثانية: أن يخلف الرجل ابنته، وأخاه لأبيه وأمه.

الثانية: كل مسألة فيها ثلث وثلثان، أو ثلث وما بقي، أو ثلثان وما بقي فأصلها من ثلاثة:

فالثلث والثلثان: كمن يخلف أختويه لأبيه وأمه، وأختويه لأمه.

والثلث وما بقي: كمن يخلف أمه وأخاه لأبيه وأمه.

والثلثان وما بقي: كمن يخلف ابنتيه وأخاه.

الثالثة: كل مسألة فيها ربع ونصف وما بقي، أو ربع وما بقي، أو ربع وثلث ما يبقى فأصلها من أربعة:

فالأولى: زوج، وبنت، وعم.

والثانية: زوج، وابن، أو زوجة، وأخ.

والثالثة: أبوان، وزوجة.

الرابعة: كل مسألة فيها ثمن، وما بقي، أو ثمن ونصف وما بقي، فأصلها من ثمانية:

فالأولى: نحو زوجة وابن.

والثانية: زوجة وبنت وعم، وهذه المسائل لا تعول أبداً.

الخامسة: كل مسألة فيها ثلث ونصف، أو ثلثان ونصف، أو سدس ونصف، أو سدس وثلث، أو سدس وثلثان، أو سدس وما بقي، أو نصف وثلث ما بقي، فأصلها من ستة، وأمثلتها ظاهرة.

السادسة: كل مسألة فيها ربع وثلث، أو ربع وثلثان، أو ربع وسدس فأصلها من اثني عشر.

السابعة: كل مسألة فيها ثمن وثلثان، أو ثمن وسدس، فأصلها من أربعة وعشرين.

وهذه المسائل الثلاث قد تعول، وقد لا تعول، وقد نص في الأحكام على معنى أصول جميع هذه المسائل، وكل ذلك صحيح لا شبهة فيه على طريقة أهل الحساب. انتهى.

الهادي -عليه السلام- في الأحكام[2/ 249]: قال يحيى بن الحسين -صلوات الله عليه-: إذا وردت عليك فريضة، فأردت أن تعرف من كم تصح فأقم أصلها، فإن كان فيها نصف، وما بقي فهي من اثنين، وإن كان فيها ثلث وما بقي، فهي من ثلاثة، وإن كان فيها ربع وما بقي، فهي من أربعة، وإن كان فيها سدس وما بقي، فهي من ستة، وإن كان ثمن وما بقي فهي من ثمانية.

وتفسير النصف وما بقي: أن يكون الميت ترك بنتاً، وأخاً فللبنت النصف، وما بقي فللأخ.

وتفسير الثلث وما بقي: فهو رجل هلك وترك أمه، وأباه، فللأم الثلث، وما

بقي فللأب، ومخرجها من ثلاثة، فللأم الثلث واحد، وللأب مابقي وهو اثنان.

وتفسير الربع وما بقي: فهو رجل هلك وترك زوجة، وأخاً، فللزوجة الربع، وما بقي فللأخ، ومخرجها من أربعة: للزوجة الربع واحد، وما بقي فللأخ وهو ثلاثة.

وتفسير السدس وما بقي: فهو أم وابن فللأم السدس، وما بقي فللابن ومخرجها من ستة: للأم واحد، وللابن خمسة.

وتفسير الثمن وما بقي فهو امرأة وابن، فللمرأة الثمن، وما بقي فللابن، ومخرجها من ثمانية للمرأة واحد وللابن سبعة.

قال يحيى بن الحسين -صلوات الله عليه-: وكل مسألة فيها ثلث، ونصف فأصلها من ستة، وكذلك ثلث، وسدس من ستة.

وكل مسألة فيها ربع وثلث، أو ربع وسدس، فأصلها من اثني عشر.

وكل مسألة فيها ثمن ونصف، فأصلها من ثمانية.

وكل مسألة فيها ثمن وسدس، أو ثلث، فأصلها من أربعة وعشرين.

فإذا وردت عليك مسألة، فأردت أن يصح حسابها فأقم أصلها، ثم انظر كم يقع لكل قوم، فإذا عرفت كم يقع لكل قوم، فاقسمه بينهم، فمن لم ينكسر عليه ما في يده، فأقره عليه، ومن انكسر عليه ما في يده، فانظر كم في أيديهم، فاعرف عدده واعرف عدد رؤوسهم، ثم انظر هل يوافق عدد ما في أيديهم عدد رؤوسهم بشيء، فإن وافق عدد ما في أيديهم عدد رؤوسهم بالعشر، فاضرب عشرة في أصل الفريضة، أو في صنف آخر من الورثة إن كان انكسر عليهم، ثم اضرب ذلك كله في أصل الفريضة، وكذلك إن وافق بتسع؛ فاضرب تُسُعَهُ، أو بثمن فاضرب ثُمُنَهُ، أو بسبع فاضرب سُبُعَه، أو بسدس فاضرب سدسه، أو بخمس فاضرب خمسه، أو بربع فاضرب ربعه، أو بثلث فاضرب ثلثه، أو

بنصف فاضرب نصفه، وكذلك إن جاوز العشرة، فوافق بالأجزاء ؛ فاضرب الأجزاء التي توافق بها، وأنا مفسر لك كيف ذلك إن شاء الله، فقس على ما أذكر لك، كلما أتاك من ذلك.

إن هلك رجل وترك ثماني بنات، وجدتين، وأختاً: فللبنات الثلثان، وللجدتين السدس، وللأخت ما بقي فأصلها من ستة، فللبنات أربعة، وللجدتين السدس واحد، وللأخت واحد، وأربعة بين ثماني بنات ينكسر، وواحد بين جدتين ينكسر، وفي يد البنات أربعة يوافق عدد رؤوسهن بالربع؛ لأن ربع أربعة واحد، وربع ثمانية اثنان، فاضرب اثنين وهو الذي وافق به عدد رؤوسهن ما في أيديهن في أصل الفريضة، وهو ستة فصارت اثنى عشر، واجتزيت عن ضرب الجدتين؛ لأنهما ثنتان، وهو الذي وافق من عدد البنات اثنين، واثنان عن اثنين يجزي؛ فللبنات من اثنى عشر ثمانية، وهو الثلثان واحد واحد، وللجدتين السدس، وهو اثنان لكل واحدة واحد، ويبقى سهمان للأخت.

فإن ترك اثنى عشرة بنتاً، وأربع جدات، وثلاث أخوات: فأصلها من ستة، للبنات الثلثان أربعة، وللجدات السدس واحد، وللأخوات ما بقي وهو سهم، فأربعة أسهم على اثنى عشر ينكسر، وواحد على أربع جدات ينكسر، وواحد على ثلاث أخوات ينكسر؛ ففي أيدي البنات أربعة أسهم، وعدد رؤوسهن اثنا عشر، فلما كان في أيديهن ربع، ولعددهنّ ربع، فقد وافق عدد رؤوسهن ما في أيديهن بالأرباع، فخذ ربع عددهن، وهو ثلاثة، فاضربه في عدد الجدات، وهن أربع، فثلاثة في أربعة اثنا عشر، وعدد الأخوات ثلاث، وهي داخلة في الاثنى عشر، فاضرب اثني عشر في الفريضة وهي ستة، فيصير اثنين وسبعين يصح منها إن شاء الله للبنات الثلثان ثمانية وأربعون لكل واحدة منهن أربعة أسهم، وللجدات السدس اثنا عشر سهماً بينهن ثلاثة ثلاثة، وللأخوات السدس اثنى عشر بينهن أربعة أربعة ؛ فإن كانت المسألة على حالها، والأخوات أربع خرجت

مما خرجت منه أولاً، وكان حسابها كحساب الأولة، وكذا لو كن ستاً، وكذا لو كن اثني عشر خرجت مما خرجت منه أولاً.

فإن ترك ثماني بنات، وأربع جدات، وأربع زوجات، وسبع أخواتك فأصلها من أربعة وعشرين، للبنات الثلثان ستة عشر، وللزوجات الثمن ثلاثة أسهم، وللجدات السدس أربعة، وللأخوات ما بقي وهو واحد، فستة عشر بين البنات لا ينكسر يصح اثنان اثنان، والثمن ثلاثة بين أربع زوجات ينكسر، والسدس بين أربع جدات يصح بينهن سهم سهم، والباقي واحد بين سبع أخوات ينكسر، فدع البنات والجدات؛ لأن سهامهن قد صحّت عليهنّ ؛ فلا حاجة إلى ضربهنّ، واضرب اللواتي انكسر عليهن سهامهن بعضهن في بعض اضرب أربعة في سبعة، فذلك ثمانية وعشرون، ثم اضرب هذه الثمانية والعشرين في أصل الفريضة، وهو أربعة وعشرون فذلك ستمائة واثنان وسبعون، للبنات الثلثان أربعمائة وثمانية وأربعون سهمًا لكل واحدة ستة وخمسون سهماً، وللجدات مائة واثنا عشر لكل واحدة ثمانية وعشرون [سهماً]، وللزوجات الثمن أربعة وثمانون بينهن، لكل واحدة واحد وعشرون سهماً، وللأخوات ما بقي وهو ثمانية وعشرون سهماً بينهن، لكل واحدة أربعة أربعة.

فإن كانت المسألة على حالها، وكانت الأخوات ثمانياً؛ فإن الزوجات يدخلن في الثمان الأخوات، فاضرب ثمانية في أصل الأربعة والعشرين، فذلك مائة واثنان وتسعون للبنات الثلثان مائة وثمانية وعشرون لكل واحدة ستة عشر، ستة عشر وللجدات السدس اثنان وثلاثون لكل واحدة ثمانية أسهم، وللأخوات ثمانية أسهم لكل واحدة واحد، وللزوجات الثمن أربعة وعشرون لكل واحدة ستة ستة.

وما أتاك من هذا فاطلب له الموافقة، فما وافق فاجتز بموافقته، وما لم يوافق فاضربه فيما ينبغي أن تضربه فيه من عدد الرؤوس، وأصل الفريضة إن شاء الله انتهى.

باب القول في ميراث الغرقى والهدمى والحرقى والمفقود

[2418] **مجموع زيد بن علي -عليهما السلام-** [صـ249]: حدثني زيد بن علي، عن أبيه، عن جده، عن علي -عليهم السلام-: (أنه كان يورث الغرقى والهدمى والقتلى الذين لا يعلم أيهم مات أولاً بعضهم من بعض، ولا يورث أحداً منهم مما ورث منه صاحبه شيئاً). انتهى.

الهادي -عليه السلام- في الأحكام[2/ 248]: قال يحيى بن الحسين -صلوات الله عليه-: إذا غرق القرابة معاً، أو انهدم عليهم بيت، أو احترقوا بالنار، أو فقدوا معاً، فلم يدر أيهم مات قبل - ورث بعضهم من بعض، يمات أحدهم، ويُحيى الباقون، فيرثون مع ورثته إن كانوا ممن يرث معهم، ثم يُحيى هذا الْمُمات، ويُمات أحد الذين أُحيوا أولاً، فيورث هذا مع ورثته كما يورث هذا أولاً من ماله، وكذلك يفعل بهم كلهم كثروا، أو قلوا حتى يورث بعضهم من بعض، ثم يماتون جملة، ثم يورث ورثتهم الأحياء ما في أيديهم مما ورثه بعضهم من بعض، وما كان لهم خالصاً من أموالهم؛ هكذا قول علي بن أبي طالب -عليه السلام-، وهذا فهو الحق عندي، لأن من لم يورث بعضهم من بعض لا يدري لعله قد جار عليهم، وذلك أنه لا يدري لعله قد مات بعضهم قبل بعض، فورث المتأخر مال المتعجل، فالواجب على من لم يعلم ذلك منهم، ولم يقف على موتهم، [فينبغي له] أن يحتاط، فيورث بعضهم من بعض، فيكون قد ورث الكل من الكل إذا وقعت اللبسة، وكانت الشبهة.

وتفسير ذلك: أخوان غرقا معاً لا يدرى أيهما مات أولاً، وترك كل واحد منهما ابنتين:

العمل في ذلك: أن يمات أحدهما، ويحيى الآخر، فكأن الذي أميت ترك ابنتين، وأخاه: فللبنتين الثلثان، وللأخ ما بقي، ثم أميت الحي، وأحيي الميت فقد ترك ابنتين، وأخاً فللابنتين الثلثان، وللأخ ما بقي، ثم أمتهما جميعاً، وورث ورثة

كل واحد منهما ما في يده من ماله في نفسه، وميراثه من أخيه انتهى.

الجامع الكافي[7/ 103]: قال محمد: أجمع أهل العلم على أن علياً صلى الله عليه كان يورث الغرقى بعضهم من بعض، يعني من صلب أموالهم التي خلفوها، ولم يورث أحداً منهم مما روث من صحابه شيئاً، وقال بذلك جماعة من الصحابة: منهم إياس بن عبدالله، وجماعة من التابعين: منهم الحارث، وعبيدة، وإبراهيم، والشعبي.

وروي عن الحسن بن علي، وابن عباس، وزيد بن ثابت أنهم لم يورثوا بعضهم من بعض، ولم يحجبوا بهم، وجعلوا مال كل ميت للأحياء من ورثته.

قال محمد: إذا انجلت الحرب عن قتلى من أهل العدل، وبعضهم يرث بعضاً لا يدرى أيهم قتل أولاً، فإنهم يرثون على مواريث الغرقى.

بلغنا أن أخوين قتلا مع علي صلى الله عليه بصفين، لا يدرى أيهم قتل أولاً، فورث كل واحد منهما من صاحبه على مواريث الغرقى. انتهى.

[2419] **الإمام أحمد بن سليمان -عليه السلام- في أصول الأحكام**[2/ 1233]: خبر: وعن الناصر بإسناده عن علي -عليه السلام-: أن رجلاً وابنه، وأخوين قتلا يوم صفين، ولم يدر أيهم قتل أولاً فورث بعضهم من بعض.

[2420] وبإسناده عنه -عليه السلام-: أن قوماً تلفوا في سفينة، فورث بعضهم من بعض. انتهى.

الأمير الحسين -رحمه الله- في الشفاء[3/ 278]: خبر: والأصل في المسئلتين جميعاً هو أنه قول أمير المؤمنين علي -عليه السلام-، فإن المشهور عنه أنه كان يورث بعضهم من بعض، ثم يورث الأحياء من الأموات، ولا يورث بعض الأموات مما ورث عن بعض شيئاً.

قال السيد أبو طالب: والأظهر أنه إجماع أهل البيت -عليهم السلام-، وذلك لأنه إذا جاز تقدم موت أحد الغريقين على الآخر، كما جاز موتهما معاً وجب من جهة الشرع عند وقوع هذا الإلتباس أن يحتاط في توريث بعضهم من بعض. انتهى.

الجامع الكافي[7/ 112]: قال محمد: إذا فقد رجل، فلم يعلم أحي هو أو ميت؟ فلا ينبغي أن يقسم ميراثه إلا أن يتيقن موته، وإلا ترك على حاله.

بلغنا أن علياً صلى الله عليه لم يأذن في قسمة ميراثه حتى يتبين موتُه. انتهى.

باب القول في ميراث الخناثا

[2421] **مجموع زيد بن علي -عليهما السلام-**[صـ249]: حدثني زيد بن علي، عن أبيه، عن جده، عن علي -عليهم السلام-، ، قال: أتي معاوية وهو بالشام بمولود له فرج كفرج الرجل، وفرج كفرج المرأة، فلم يدر ما يقضي فيه، فبعث قوماً يسألون عنه علياً -عليه السلام-، فقال لهم علي -عليه السلام-: (ما هذا بالعراق، فأصدقوني) فأخبروه الخبر، فقال: (لعن الله قوماً يرضون بحكمنا، ويستحلّون قتالنا) ثم قال: (انظروا إلى مباله، فإن كان يبول من حيث يبول الرجل فهو رجل، وإن كان يبول من حيث تبول المرأة فهي امرأة) فقال: يا أمير المؤمنين: إنه يبول من الموضعين جميعاً، قال: (فله نصف نصيب الرجل، ونصف نصيب المرأة). انتهى.

الهادي -عليه السلام- في الأحكام[2/ 252]: قال يحيى بن الحسين -صلوات الله عليه-: الحكم في الخناثى: أن يتبع بالقضاء فيه المبال، فإن سبق بوله من ذكره فهو ذكر، وإن سبق بوله من فرجه فهو أنثى.

والعمل في ذلك: أن يقرب إلى الجدار، ثم يؤمر أن يبول، ويتفقد في ذلك فمن أيهما وقع البول منه على الجدار أولاً حكم عليه به.

فإن وقعت لبسة، واللبسة: أن لا يسبق أحدهما الآخر، ويأتيا جميعاً معاً، ولا يسبق واحد واحداً، فإن كان ذلك كذلك، كان له نصف حق الذكر، ونصف حق الأنثى، إذا كان ممن يرث في الحالين انتهى.

الجامع الكافي[7/ 124]: قال محمد: يورث الخنثى المشكل نصف نصيب الذكر، ونصف نصيب الأنثى ذكر ذلك عن علي صلى الله عليه، وكان يورث الخنثى من حيث يبول.

قال محمد: والخنثى المشكل: هو الذي له ما للرجل، وما للمرأة، ويبول منهما جميعاً معاً لا يسبق أحدهما الآخر، فإن سبق أحدهما الآخر ورث بأيهما سبق.

وروى محمد بإسناده عن محمد بن الحنفية -عليه السلام- عن علي صلى الله عليه نحو ذلك. انتهى.

الأمير الحسين -رحمه الله- في الشفاء[3/ 380]: قال يحيى -عليه السلام-: يقرب من جدار ويؤمر بأن يبول فمن أيهما وقع البول على الجدار حكم له، فإن سبق منهما فهو خنثى مشكل.

قال السيدان الأخوان: وهذا قول علي -عليه السلام-.

قال السيد المؤيد بالله: وهو قول عامة العلماء.

قال السيد أبو طالب: وهو إجماع أن الحكم لما سبق منه البول؛ لأن سبقه منه يدل [على] أنه هو المجرى الأصلي في البينة، وأن رجوعه إلى [الموضع] الآخر انصراف عن المجرى لعارض عليه، ذكر هذا المعنى السيد أبو طالب انتهى.

الهادي -عليه السلام- في الأحكام[2/ 252]: قال يحيى بن الحسين -صلوات الله عليه-: وتفسير ذلك: **رجل هلك وترك ابنين أحدهما خنثى**: فإن كان البول سبق من الفرج فهو بنت، وفريضته من ثلاثة لها واحد، وللذكر اثنان، وإن كان سبق البول من الذكر فهو ذكر، فإن وقعت اللبس فله نصف نصيب الذكر، ونصف

نصيب الأنثى، وفريضتهما من اثني عشر للخنثى خمسة، وللذكر سبعة.

فإن هلك رجل وترك بنته، وأخاه لأبيه وأمه، والأخ لأب وأم خنثى لبسة: فللبنت النصف، وللخنثى نصف نصيب الذكر، ونصف نصيب الأنثى، وما بقي فهو الخنثى، لأن أسوأ حاله أن يكون انثى، فالأخت مع البنت عصبة.

فإن ترك أختاً لأب وأم، وأختاً لأب، وأختاً لأم خنثى: فللأخت للأب والأم النصف، وللأخت للأب السدس تكملة الثلثين، وللأخت للأم الخنثى السدس على كل حال، لأن نصيب الذكر والأنثى من ولد الأم سواء، وما بقي فللعصبة، فإن لم يكن عصبة رد ذلك الفضل عليهن على قدر سهامهن، فيصير للأخت لأب وأم ثلاثه أخماس المال، وللأخت لأب خمس المال، وللأخت لأم الخنثى خمس المال، ومخرجها من خمسة على الرد.

فإن ترك عماً خنثى، وأختاً: فللأخت النصف، وللعم إن كان ذكراً ما بقي، وإن كان أنثى فلا شيء له، وإن كان لبسة فله نصف نصيب الذكر فقط، لأنه لا يرث في الحالين في حال ما يكون عمه أنثى لا يرث، فلذلك لم يعطه نصف نصيب الأنثى، ومخرجها إن كان ذكراً من اثنين، للأخت سهم، وله سهم، ومخرجها إن كان انثى من اثنين أيضاً، للأخت سهم، وللعصبة سهم، فإن لم يكن عصبة رد على الأخت ذلك السهم، ومخرجها إن كان لبسة من أربعة أسهم، للأخت اثنان، وله نصف نصيب الذكر سهم، وهو نصف الإثنين الباقيين، والسهم الباقي للعصبة، فإن لم تكن عصبة رد على الأخت، وعليه على قدر سهامهما.

فإن تركت امرأة ثلاثة بني عمومة لأب وأم كلهم أحدهم زوج، والآخر أخ لأم، والآخر خنثى: فللزوج النصف، وللأخ لأم السدس، وما بقي فهو بينهم على ثلاثة أسهم بالسواء إن كان الخنثى ذكراً، وإن كان أنثى فالباقي بين ابني العم الذكرين دونه؛ لأن بنت العم لا ترث مع ابن العم، وإن كان خنثى لبسة،

فله نصف نصيب الذكر فقط، وما بقي، فبين ابني عم الذكرين بالسواء، وكل ما أتاك من هذا فقسه على ما ذكرت لك إنشاء الله. انتهى.

باب القول في ميراث المجوس وأهل الكتاب

[2422] مجموع زيد بن علي -عليهما السلام- [ص- 249]: حدثني زيد بن علي، عن أبيه، عن جده، عن علي -عليهم السلام-: أنه كان يورث المجوس بالقرابة من وجهين، ولا يورثهم بنكاح لا يحل في الإسلام. انتهى.

الهادي -عليه السلام- في الأحكام [2/ 257]: قال يحيى بن الحسين - صلوات الله عليه-: الأصل في مواريث المجوس أنهم يرثون من وجهين بالأنساب، ولا يرثون بالنكاح ؛ لأنه نكاح لا يحل، وذلك رأي أمير المؤمنين علي بن أبي طالب -عليه السلام- وقوله.

ولا أعلم أحداً خالفه في ذلك ممن له فهم، وتفسير توريثهم من وجهين:

مجوسي وثب على ابنته، فأولدها ثلاث بنات، ثم مات - لعنه الله - فورثته بناته الأربع الثلثين، وما بقي فللعصبة، ثم مات إحدى البنات الثلاث، وتركت أختيها لأبيها وأمها، وأختها لأبيها، وهي أمها فللأم السدس، ولأختيها لأبيها وأمها الثلثان، فإن مات إحدى الابنتين الباقيتين فلأختها لأبيها وأمها النصف، ولأختها لأبيها التي هي أمها السدس تكملة الثلثين، ولها أيضاً السدس؛ لأنها أم، فقد صار لها الثلث سدس لأنها أمها، وسدس لأنها أختها لأبيها، فقد ورثت من وجهين، وحجبت نفسها عن ميراث الأم الثلث بنفسها؛ لأنها أخت ثانية للميت مع الأخت الباقية، فكأنها تركت أختاً لأب وأم، وأختاً لأب.

وكذلك لو وثب مجوسي على ابنته، فأولدها ابناً، ثم مات الابن من بعد موت أبيه، كانت ترث من ابنها الثلث لأنها أمه، والنصف لأنها أخته من أبيه فقد ورثت من وجهين، فإن كان له ورثة غيرها، ورثوا السدس الباقي، وإن لم يكن له ورثة غيرها رجع السدس الباقي عليها بالرد. انتهى.

الأمير الحسين -رحمه الله- **في الشفاء** [3/ 390]: ولا يتوارثون بالنكاح إلا أن يكون نكاحاً صحيحاً كنكاح المسلمين، وقد نص في الأحكام على أنهم لا يرثون بالزوجية إلا إذا كان النكاح صحيحاً، وهو قول أمير المؤمنين علي -عليه السلام-: فإنه كان لا يورثهم بنكاح لا يصح في الإسلام، قال أبو طالب: وهذا مما لاخلاف فيه انتهى.

الهادي -عليه السلام- **في الأحكام** [2/ 258]:

باب القول في ميراث أهل الكتاب

قال يحيى بن الحسين -صلوات الله عليه-: الأصل عندنا فيهم أنه لا يوارث يهودي نصرانياً، ولا نصراني يهودياً، لأنهم وإن كانوا عندنا أهل كفر كلهم فهم مختلفون في مللهم، ودياناتهم، وبعضهم يكفر بعضاً، ولا يراه على ديانة، وينتفي من ديانته، وإذا كان أهل الملل كذلك لم يتوارثوا عندنا، وكانوا مختلفين في دياناتهم في قولنا فلو أن نصرانياً مات، وترك ابناً يهودياً لم نر أنه يرثه، وكان ماله لورثته الذين هم من أهل ديانته، وكذلك لو مات الابن اليهودي لم يرثه الأب النصراني لأنهم عندنا أهل ملتين مختلفتين متباينتين.

[2423] وقد قال رسول الله -صلى الله عليه وآله وسلم-: ((لايتوارث أهل ملتين)). انتهى.

الجامع الكافي [7/ 121]: قال محمد: واختلف في توريث أهل الكفر بعضهم من بعض، فكان بعضهم يجعل الكفر مللاً مختلفه، فلا يورث اليهودي من النصراني، ولا النصراني من اليهودي، ولا غيره من الملل، واحتجوا في ذلك بحديث النبي -صلى الله عليه وآله وسلم-: ((لا يتوارث أهل ملتين مختلفتين)) وهو قول الحسن البصري، والشعبي انتهى.

باب القول في توارث المسلمين والذميين

[2424] مجموع زيد بن علي -عليهما السلام- [صـ249]: حدثني زيد بن علي، عن أبيه، عن جده، عن علي -عليهم السلام-، قال: قال رسول الله -صلى الله عليه وآله وسلم-: ((لا يتوارث أهل ملتين)). انتهى.

الجامع الكافي [7/ 118]: قال محمد: أجمعوا على أن من سنة الرسول -صلى الله عليه وآله وسلم- في المواريث أن لا يرث مسلم كافراً، ولا كافر مسلماً. انتهى.

الهادي -عليه السلام- في الأحكام [2/ 258]: قال يحيى بن الحسين -صلوات الله عليه-: لا يرث مسلم ذمياً، ولا ذمي مسلماً، ولو أن رجلاً يهودياً، أو نصرانياً كان له ابنان، فأسلم أحدهما، ولم يسلم الآخر، ثم مات أبوهما اليهودي، كان ميراثه لابنه اليهودي، ولم يكن لابنه المسلم شيء، وكذلك لو مات ابنه المسلم كان ميراثه للمسلمين دون أبيه، وأخيه لأن المسلمين أولى به لأنهم على ملته، ويدون عنه ويعقلون ويرثونه؛ لأنه لا يتوارث أهل ملتين. انتهى.

[2425] الجامع الكافي [7/ 118]: وروي عن النبي -صلى الله عليه وآله وسلم- أنه قال في خطبته يوم الفتح: ((لا يتوارث أهل ملتين مختلفتين)). انتهى.

باب القول في مواريث الأحرار والمماليك، وفي المكاتب يعتق بعضه كيف يرث

الهادي -عليه السلام- في الأحكام [2/ 259]: قال يحيى بن الحسين -صلوات الله عليه-: لا يرث حر مملوكاً، ولا مملوك حراً، لأن مال المملوك مال لسيده، فلذلك لم يرثه الأحرار، ولم يرثهم؛ لأنهم إذا ورثوه فقد أخذوا مال سيده، وإذا ورثهم فقد أخذ سيده مالهم؛ لأن العبد لا ملك له، وماله كله لمن ملكه.

وتفسير ذلك: عبد مات وله ابن حر فلا ميراث لابنه منه، وماله لسيده حياً وميتاً، وكذلك لو مات ابنه الحر، وترك أباه المملوك فلا ميراث لأبيه منه ؛ لأنه لا مال له، وكل ما ورثه فهو لسيده، وإذا كان ذلك [كذلك] لم يجز أن يرث سيده من ليس بينه وبينه قرابة، ومال الحر هذا الميت لبيت مال المسلمين دون أبيه إلا أن يكون له ورثة أخر، فيرثونه إن كان من يرثه مع الأب مثل الولد، وولد الولد، والأم والزوجة، [والجدة] أم الأم.

فإن مات حر وترك ابناً مملوكاً، ولم يترك غيره فالمال لبيت المال، فإن عتق الابن قبل أن يحاز المال كان الميراث له.

وكذلك روي عن أمير المؤمنين -عليه السلام- أنه قال في مثل هذا: (يشترى، ويعتق، ويرث مال أبيه، ويحتسب بثمنه في المال عليه).

وقضى أمير المؤمنين -عليه السلام- في رجل مات وترك مالاً وأماً مملوكة، ولم يترك عصبة: (أن تشترى أمه من ذلك المال وتعتق، ويعطى أمه ميراثها من ماله، ويرد عليها الباقي بالرحم).

قال يحيى بن الحسين: ولو أن مملوكاً عتق نصفه ثم مات لكان ماله يقسم قسمين: [قسم] لورثته من قبل النصف الحر، والنصف الباقي لمولاه لما فيه له من الملك، وكذلك بلغنا عن أمير المؤمنين -عليه السلام- أنه قضى بذلك في مثل هذا انتهى.

[2426] **مجموع زيد بن علي -عليهما السلام- [ص- 251]**: حدثني زيد بن علي، عن أبيه، عن جده، عن علي -عليهم السلام-: في رجل مات وخلف ابنين: أحدهما حر، والآخر عتق نصفه قال: (المال بينهما أثلاثاً، للذي عتق كله ثلثا المال، وللذي عتق نصفه ثلث المال).

[2427] حدثني زيد بن علي، عن أبيه، عن جده، عن علي -عليهم السلام-: في أب حر وابن نصفه حر، قال: (للأب النصف، وللابن النصف).

[2428] حدثني زيد بن علي، عن أبيه، عن جده، عن علي -عليهم السلام-: في أم حرة، وثلاث أخوات نصف كل واحدة منهنّ حر، وعم حر قال: (للأم تسعة من ستة وثلاثين وهو ربع المال، ولكل واحدة من الأخوات ستة، وللعم تسعة). انتهى.

باب القول في الولاء ولمن يكون

[2429] **مجموع زيد بن علي -عليهما السلام-** [صـ 248]: حدثني زيد بن علي، عن أبيه، عن جده، عن علي -عليهم السلام-: في بنت ومولى عتاقه قال: (للبنت النصف، وما بقي فرد عليها، وكان لا يورث المولى مع ذوي السهام إلا مع الزوج، والمرأة).

[2430] حدثني زيد بن علي، عن أبيه، عن جده، عن علي -عليهم السلام-: أنه كان يورث مولى العتاقة دون الخالة، والعمة، وغيرهما من ذوي الأرحام.

[2431] حدثني زيد بن علي، عن أبيه، عن جده، عن علي -عليهم السلام-، قال (لا ولاء إلا لذي نعمة، ولا ترث النساء من الولاء شيئاً إلا ما أعتقن) وكان يقضي بالولاء للكُبر. انتهى.

الهادي -عليه السلام- في الأحكام[2/ 272]: قال يحيى بن الحسين -صلوات الله عليه-: الولاء لمن أعتق لا يباع، ولا يوهب، وإن بيع أو وهب كان ذلك باطلاً، وهو لحمة كالنسب بذلك حكم رسول الله -صلى الله عليه وآله وسلم-، قال: والعبد إذا أعتق جر ولاء ولده.

قال: والولاء للرجال دون النساء من أولاد المعتق وأولاد أولاده.

قال يحيى بن الحسين: وإنما جعل الولاء للرجال دون النساء ؛ لأن الرجال ينتسب أولادهم أبداً إلى المعتق، فالولاء راجع أبداً إليه، ولو شركوا فيه النساء لشرك فيه أولادهنّ، وأولادهن فقد يكون من بطن سوا بطن المعتق، قال: ولو

كان الولاء يجوز أن يكون في غير عصبة المعتق [لكان الولاء يجوز لمن لم يعتقه، ولو جاز أن يملكه غير عصبة المعتق] بالميراث لجاز أن يباع، ويوهب وينتقل ممن أعتقه إلى غيره.

قال: والنساء فلا يكون لهن من الولاء إلا ما أعتقنه، أو كاتبنه، أو أعتقه من أعتقنه، أو جر ولاءه من أعتقن، قال: والولاء للكبر من العصبة، والكبر: فهم الأدنون إلى المعتق الأقربون منه، والولاء كالمال فمن أحرز مال الميت من العصبة الذكور أحرز مال الولاء انتهى.

الجامع الكافي[5/ 524]: قال القاسم -عليه السلام- فيما روى داوود عنه: ولا يجوز بيع الولاء، ولا هبته، وكذلك جاء عن النبي -صلى الله عليه وآله وسلم-، وهو لا اختلاف فيه بين العلماء.

[2432] **وفيه**[5/ 524]: بلغنا عن علي صلى الله عليه، أنه قال: ((الولاء لحمة كلحمة النسب لا يباع، ولا يوهب))، وإذا اشترط المكاتب على سيده أن يوالي من شاء فالشرط باطل، بلغنا نحو ذلك عن النبي -صلى الله عليه وآله وسلم-، انتهى.

وفي الجامع الكافي أيضاً[5/ 529]: وروى إبراهيم، والشعبي جميعاً، عن علي صلى الله عليه، وزيد بن ثابت أنهما قالا: (الولاء للكبر).

قال محمد: وهذا الحق اليقين، وكذلك روى إبراهيم، عن عبدالله مثل ذلك.

قال محمد: ومعنى قولهم: الولاء للكبر: أن يجتمع أخ لأب، وابن الأخ لأب وأم فيكون الأخ لأب هو الكبر، وكذلك القول في عم لأب، وابن عم لأب وأم.

[2433] قال محمد: حدَّثني أحمد بن عيسى، عن حسين، عن أبي خالد، عن محمد بن عمر بن علي، قال: مات مولى لعلي بن أبي طالب، وترك ابنته فأعطيتها النصف، وأخذت النصف ؛ فذكرت ذلك لأبي جعفر محمد بن علي فقال: هذا هو العدل.

[2434] قال محمد بن منصور: فأخذ محمد بن عمر ميراث مولى علي دون أبي جعفر، لأنه في درجة أبيه علي، على ما روي عن علي بن أبي طالب صلى الله عليه أنه قال: (الولاء للكبر)؛ لأن أبا جعفر محمدُ بن علي بن الحسين، ومحمد بن عمر بن علي بن أبي طالب -عليهم السلام- ، انتهى.

باب القول في قسمة المواريث وتحريم أجر القاسم

[2435] **مجموع زيد بن علي -عليهما السلام-** [صـ251]: حدثني زيد بن علي، عن أبيه، عن جده، عن علي -عليهم السلام-، قال: (أجر القاسم سحت).

[2436] **حدثني زيد بن علي، عن أبيه، عن جده، عن علي -عليهم السلام-**، قال: (كل رباع أو ضياع قسمت في الجاهلية فهي على قسمتها، وكل رباع أو أرضين أدركها الإسلام فهي على قسمة الإسلام). انتهى.

كتاب الصيد

كتاب الصيد

باب القول في صيد الكلاب والجوارح

[2437] **مجموع زيد بن علي -عليهما السلام- [صـ 175]:** حدثني زيد بن علي، عن أبيه، عن جده، عن علي -عليهم السلام-: أن رجالاً من طيء، سألوا النبي -صلى الله عليه وآله وسلم- عن صيد الكلاب والجوارح، وما أحل لهم من ذلك، وما حرم عليهم؟، فأنزل الله -عز وجل-: ﴿يَسْـَٔلُونَكَ مَاذَآ أُحِلَّ لَهُمْ قُلْ أُحِلَّ لَكُمُ ٱلطَّيِّبَٰتُ وَمَا عَلَّمْتُم مِّنَ ٱلْجَوَارِحِ مُكَلِّبِينَ تُعَلِّمُونَهُنَّ مِمَّا عَلَّمَكُمُ ٱللَّهُ فَكُلُوا۟ مِمَّآ أَمْسَكْنَ عَلَيْكُمْ وَٱذْكُرُوا۟ ٱسْمَ ٱللَّهِ عَلَيْهِ﴾ [المائدة:4].

وقال زيد بن علي -عليهما السلام-: لا يؤكل من صيد الكلب، والفهد، والبازي، والصقر إذا كان غير معلم، إلا ما أدركت ذكاته، لأن الله -عز وجل- يقول: ﴿تُعَلِّمُونَهُنَّ مِمَّا عَلَّمَكُمُ ٱللَّهُ فَكُلُوا۟ مِمَّآ أَمْسَكْنَ عَلَيْكُمْ وَٱذْكُرُوا۟ ٱسْمَ ٱللَّهِ عَلَيْهِ﴾ [المائدة:4]، فإنما أحلّ الله لكم ما علمتم من الجوارح، فتعليم الكلب والفهد أن لا يأكل، وتعليم البازي والصقر أن يدعى فيجيب. انتهى.

[2438] **أمالي أحمد بن عيسى -عليهما السلام- [4/271]:** أخبرنا محمد، قال: حدَّثني أبو عبدالله أحمد، عن حسين، عن أبي خالد، عن زيد، عن آبائه، عن علي -عليهم السلام-، قال: أتى النبي -صلى الله عليه وآله وسلم- راعٍ، فقال: يا رسول الله أرمي بسهمي فأصمي وأنمي -يعني الذي يتوارى عنه-، فقال: ((ما أصميت فكُل، وما أنميت فلا تأكل)).

قال أبو جعفر: ما أصميت: ما لم يتوارَ عن بصرك، وما أنميت: ما توارى، فلم تدر لعل الذي قتله غيرك. انتهى.

الهادي -عليه السلام- في الأحكام [2/274]: قال يحيى بن الحسين -صلوات الله عليه-: قال الله تبارك وتعالى: ﴿يَسْـَٔلُونَكَ مَاذَآ أُحِلَّ لَهُمْ قُلْ أُحِلَّ

لَكُمُ ٱلطَّيِّبَٰتُ وَمَا عَلَّمۡتُم مِّنَ ٱلۡجَوَارِحِ مُكَلِّبِينَ تُعَلِّمُونَهُنَّ مِمَّا عَلَّمَكُمُ ٱللَّهُۖ فَكُلُواْ مِمَّآ أَمۡسَكۡنَ عَلَيۡكُمۡ وَٱذۡكُرُواْ ٱسۡمَ ٱللَّهِ عَلَيۡهِۖ وَٱتَّقُواْ ٱللَّهَۚ إِنَّ ٱللَّهَ سَرِيعُ ٱلۡحِسَابِ ﴿٤﴾ [المائدة] قال:

[2439] هذه الآية نزلت على رسول الله -صلى الله عليه وآله وسلم- في أمر زيد الخير الطائي، وعدي بن حاتم، وذلك أنهم أتيا رسول الله -صلى الله عليه وآله وسلم-، فقالوا: يا رسول الله إن الله قد حرم الميتة على من أكلها، وإن لنا كلاباً نصيد بها، فمنها ما ندرك ذكاة صيده، ومنها ما لا ندركه، فأنزل الله هذه الآية على نبيه -صلى الله عليه وآله وسلم-، فتلاها عليهم، ثم قال -صلى الله عليه وآله وسلم-: ((إذا سميت قبل أن ترسل كلابك، فأخذت الكلاب الصيد؛ فمات في أفواهها فكله)).

قال يحيى بن الحسين: إذا أرسل الكلب المعلم على الصيد وسمى مُرسِلُه، فأخذ الكلب الصيد، فقتله فهو ذكي جائز أكله، وإن أكل الكلب بعضه، وأدرك صاحبه بعضه، فلا بأس بأكل ما فضل منه، وكذلك روي في الأثر عن النبي -صلى الله عليه وآله وسلم-. انتهى.

[2440] **أمالي أحمد بن عيسى -عليهما السلام-** [4/ 282]: أخبرنا محمد، قال: أخبرنا محمد بن عبيد، قال: أخبرنا محمد بن فضيل، عن أبان بن أبي عياش، قال: سألت سعيد بن المسيب: عن الصيد أدركه وقد أكل الكلب أو الباز نصفه، فقال: سألت سلمان الفارسي، فقال: سألت رسول الله -صلى الله عليه وآله وسلم- عن ذلك، فقال: ((كله وإن لم تدرك إلا نصفه)). انتهى.

رجال هذا الإسناد من ثقات محدثي الشيعة، وقد مر الكلام عليهم جميعاً.

الهادي -عليه السلام- في الأحكام [2/ 275]: حدَّثني أبي، عن أبيه: أنه سئل عما قتل الكلب والصقر، فقال: ما قتل الكلب المعلم فحلال عندي أكله، وذكاة ما قتل الكلب المعلم فهو قتله له، ويؤكل ما قتل، وإن أكله إلا أقله، ولا أعلم

فيما أجبتك به في هذا اختلافاً بين أحد من الناس، إلا ما ذكر فيه من خلاف عن ابن عباس، فإنه ذكر عنه أنه كان يقول: لا يؤكل ما أكل الكلب المعلم من صيده، فإنه إنما أمسك الصيد، إذا أكله علي نفسه لا على مرسله، وظننت أن ابن عباس، تأول في ذلك قول الله جل ثناؤه: ﴿فَكُلُوا مِمَّا أَمْسَكْنَ عَلَيْكُمْ﴾[المائدة:4]، فكان عند ابن عباس أكله له غير إمساك منه على من أرسله، وهو عندي فقد يمسك بالقتل أكثر الإمساك.

[2441] والمذكور المشهور أن عدي بن حاتم، وأبا ثعلبة الخشني، سألا رسول الله -صلى الله عليه وآله وسلم-، عن أكل الكلب المعلم يأكل من صيده، فأمرهما بأكل فضله.

وقال أصحاب رسول الله -صلى الله عليه وآله وسلم- كلهم إلا ابن عباس وحده من بينهم يؤكل فضل الكلب المعلم، وإن لم يبق من الصيد إلا بعضه من اللحم.

فأما ما قتل الصقر أو البازي: فأعجب ما قيل فيه من القول إليَّ أنه ليس بذكي، لأن الله سبحانه يقول: ﴿مُكَلِّبِينَ﴾[المائدة:4]، ولم يقل ما علمتم (مصقرين)، والمكلب فهو المغرى، وإكلاب الكلب: فهو الإغراء، ولا يكون ذلك من المغرى من الكلاب، إلا إشلاء وأمراً، والصقر لا يؤمر ولا يشلى ولا يغرى، فإن كانت حالة الفهود كحالها لا تشلى، ولا تؤمر فلا يحل أكل فضول أكلها، وإن كانت تؤمر وتشلى، فتأتمر فهي كالكلب يؤكل ما أفضلت، وذكي ما قتلت.

وبهذا فيما بلغنا كان يقول علي -عليه السلام-، وابن عباس، وابن عمر، وذكر أن طاووساً كان يقول: ليس الصقور، ولا الفهود، ولا النمور من الجوارح التي أحل الله جل ثناؤه أكل ما أكلت من صيدها.

وقال غيرهم: إن هذه كلها كالكلاب في صيدها وأكلها. انتهى.

[2442] **أمالي أحمد بن عيسى -عليهما السلام-** [4/ 283]: أخبرنا محمد، قال: أخبرنا محمد بن عبيد، قال: أخبرنا محمد بن فضيل، عن المجالد بن سعيد، عن عامر، عن عدي بن حاتم، قال: قلت يارسول الله إنا قوم نصيد، فما يحل لنا؟ فقال: ((ما علمتم من الجوارح مكلّبين، إلا أن يخلطها كلب آخر فلا تأكل حتى تعلم أن كلبك الذي أخذه)). انتهى.

الرجال:

أما محمد بن عبيد، ومحمد بن فضيل، وعامر الشعبي، فهم من ثقات محدثي الشيعة، وقد تقدم الكلام عليهم.

وأما مجالد، وعدي بن حاتم: فإليك الكلام عليهما.

[ترجمة مجالد بن سعيد]

قال في الجداول: مجالد بن سعيد بن عمير الهمداني، أبو عَمْرو الكوفي، أحد الأعيان. عن الشعبي وأبي الوداك.

وعنه ابنه إسماعيل، وابن المبارك، والثوري.

وقال النسائي: ثقة في رواية.

وقال القاضي يحيى بن سعيد القطان: هو أحب إليّ من الصادق(54).

توفي سنة أربع وأربعين ومائة، عداده في ثقات محدثي الشيعة(55)، [احتج به

---

(54) قال مولانا الإمام الحجة مجد الدين المؤيدي في لوامه الأنوار (1/ 266) في ترجمة جعفر الصادق بعد أن حكى قول القطان هذا: وقد أَنْكَرَ عَلَى القَطَّانِ الذَّهبيُّ؛ فكيف بغيره؟!.

قال السيد صارم الدين (ع): قال الذهبي :هذه من زلقات القطان؛ بل أجمع علماء هذا الشأن، على أن جعفراً أوثق من مجالد، ولم يلتفتوا إلى قول يحيى. انتهى.

(55) قال مولانا الإمام الحجة مجد الدين المؤيدي في لوامه الأنوار (1/ 266) في ترجمة جعفر الصادق، ناقلاً عن الهمداني صاحب الإكليل: قال: وكان المجالد فقيهاً عالماً؛ ولد المجالد سعيداً، وكان فقيهاً فارساً بطلاً، قتله شبيب الحروري في أيام الحجاج، فأولد سعيد المجالد، وهو فقيه أيضاً، إلى قول مولانا رحمه الله: فالمجالد بن سعيد عالم فاضل من ثقات محدثي الشيعة.

=

مسلم والأربعة]. انتهى.

خرج له المؤيد بالله وأبو طالب ومحمد بن منصور والجرجاني.

[ترجمة عدي بن حاتم]

وأما عدي بن حاتم: فقال في الجداول أيضاً: عدي بن حاتم الطائي، أسلم سنة تسع، وكان من خلص أصحاب أمير المؤمنين، وشهد مشاهده، وفقئت عينه يوم الجمل، نزل الكوفة ومات سنة سبع وستين، وقيل غير ذلك، روى عنه جماعة منهم الشعبي. انتهى.

خرج له أبو طالب، ومحمد بن منصور، والجرجاني، والمرشد بالله، رضي الله عنهم.

[2443] **وفي أمالي أحمد بن عيسى أيضاً** [4/ 284]: أخبرنا محمد، قال: أخبرنا محمد بن عبيد، قال: أخبرنا محمد بن فضيل، عن زكريا، عن عامر، عن عدي بن حاتم، قال: سألت رسول الله -صلى الله عليه وآله وسلم- عن صيد الكلب، فقال: ((إن وجدت عنده كلباً آخر، فخشيت أن يكون أخذ معه وقد قتله فلا تأكل، فإنما ذكرت اسم الله على كلبك، ولم تذكر اسمه على غيره)). انتهى.

[ترجمة زكريا بن أبي زائدة]

رجال هذا الإسناد قد تقدم عليهم جميعاً إلا زكريا وهو ابن أبي زايدة:

قال في الجداول: زكريا بن أبي زائدة -خالد- بن ميمون الوادعي، أبو يحيى الكوفي، عن الشعبي، وسماك، وابن إسحاق.

وعنه ولده يحيى، وسليمان بن حبان، ووكيع، وغيرهم.

وقد أَنْكَرَ عَلَى القَطَّانِ الذَّهبيُّ؛ فكيف بغيره؟!.

قال السيد صارم الدين (ع): قال الذهبي :هذه من زلقات القطان؛ بل أجمع علماء هذا الشأن، على أن جعفراً أوثق من مجالد، ولم يلتفتوا إلى قول يحيى. انتهى.

قال الذهبي: صاحب الشيعي: صدوق، ووثقه أحمد، وعده المنصور بالله من رواة العدلية، توفي سنة تسع وأربعين ومائة، انتهى. [احتج به الجماعة]. خرج له محمد بن منصور وأبو طالب رضي الله عنهما.

[2444] **وفي الأمالي أيضاً** [4/ 285]: أخبرنا محمد: قال: أخبرنا محمد بن عبيد، قال: أخبرنا محمد بن فضيل، عن مجالد، عن عامر، عن عدي بن حاتم، قال: قلت يا رسول الله إنا قوم نرمي فقال: ((إذا سميت وخرقت فكل مما خرقت)) قلت: يا رسول الله فالمعراض، فقال: ((لا تأكل من المعراض إلا ما ذكيت)).

[2445] أخبرنا محمد، قال: أخبرنا محمد بن عبيد، قال: أخبرنا علي بن هاشم، عن زكريا، عن عامر، عن عدي بن حاتم، قال: سألت رسول الله –صلى الله عليه وآله وسلم– عن صيد المعراض، فقال: ((ما أصبت بحده فكله، وما أصبت بعرضه فهو وقيذ)). انتهى.

رجال هذا الإسناد والذي قبله من ثقات محدثي الشيعة وقد تقدم الكلام عليهم.

[2446] **وفيها أيضاً** [4/ 282]: أخبرنا محمد، قال: أخبرنا محمد بن عبيد، عن علي بن هاشم، عن زكريا، عن عامر، عن عدي بن حاتم، قال: سألت رسول الله –صلى الله عليه وآله وسلم– عن صيد الكلب، فقال: ((ما أمسك ولم يأكل منه فكله، فإنَّ أخذَهُ ذكاتُهُ)). انتهى.

رجال هذا الإسناد من ثقات محدثي الشيعة وقد تقدم الكلام عليهم.

[2447] **وفيها أيضاً** [4/ 279]: أخبرنا محمد، قال: أخبرنا عثمان بن أبي شيبة، عن وكيع، عن زكريا، عن عامر، عن عدي، في قوله: ﴿فَكُلُوا مِمَّا أَمْسَكْنَ عَلَيْكُمْ وَاذْكُرُوا اسْمَ اللَّهِ عَلَيْهِ﴾[المائدة:4] قال: قال رسول الله –صلى الله عليه وآله وسلم–: ((إذا أرسلت كلبك، وسميت فكل مما أمسك ما لم يأكل، وإن جاء مع كلبك كلب غيره، وقد قتل فلا تأكل، فإنما ذكرت اسم الله على كلبك،

ولم تذكره على غيره)). انتهى.

رجال هذا الإسناد من ثقات محدثي الشيعة وقد تقدم الكلام عليهم.

الهادي -عليه السلام- **في الأحكام**[2/ 279]: قال يحيى بن الحسين -صلوات الله عليه-: إذا رميت بسهمك عن قوسك فأصبت وأدميت وأصميت، فكل ما قتلت برميتك من بعد الإدماء والخرق، فإن لم تدم صيدك، ومات من وقعة سهمك فلا تأكله، فإن ذلك وقيذ، وكذلك المعراض لا يؤكل ما قُتل به، إلا أن يُلحق ذكاته، لأنه ليس يخرق بحديدة ولا يذكى.

[2448] وقد بلغنا عن رسول الله -صلى الله عليه وآله وسلم-، أن عدي بن حاتم قال له: يا رسول الله، إنا قوم نرمي الصيد، فقال: ((ما سميت عليه مما رميت فخرقت فكل)) فقال: يا رسول الله فالمعراض، فقال: ((لا تأكل مما قتل المعراض إلا ما ذكيت)).

وفيها أيضاً [2/ 279]: قال يحيى بن الحسين -صلوات الله عليه-: ما صرعت البندق، فلحق ذكاته فلا بأس بأكله، وما قتلت فلا يؤكل لأنه غير ذكي.

[2449] وكذلك بلغنا، عن رسول الله -صلى الله عليه وآله وسلم-، أنه قال: ((لا تأكل من صيد البندقة إلا ما أدركت ذكاته)). انتهى.

[2450] وفي كتاب النهي للمرتضى -عليه السلام- [مجموع المرتضى ج2 ص757]: عن أبيه عن آبائه عن علي -عليهم السلام-، عن النبي -صلى الله عليه وآله وسلم- أنه: ((نهى عن الأكل مما قتل البندق)). انتهى.

باب القول في الصيد بالليل

[2451] **أمالي أحمد بن عيسى** -عليهما السلام- [4/ 274]: أخبرنا محمد، قال: أخبرني جعفر، عن قاسم -في الصيد بالليل في مأمن الصيد، ومأواه-، قال: إنما يكره من ذلك أن يطرق، فإن صار إليه يعني الصيد فلا بأس بما صيد من صيد فيه ؛

لأن الله -عز وجل-، أحل الصيد، ولم يوقت من الليل والنهار له وقتاً.

قال أبو جعفر: في صيد الوحش والطير بالليل لا يصلح، بلغنا أن النبي -صلى الله عليه وآله وسلم- نهى عن ذلك، وقد تكلم بعض أهل العلم في صيد السمك بالليل، فرخص فيه بعضهم، وكرهه بعضهم.

قال أبو جعفر: الناس على صيد السمك بالليل والنهار، وليس في النهي بمنزلة الطير الوحش، وقد كره بعض الناس، وليس به بأس عندي. انتهى.

أبو جعفر: هو محمد بن منصور المرادي -رحمه الله-.

الهادي -عليه السلام- في الأحكام[2/ 275]: قال يحيى بن الحسين -صلوات الله عليه-: لا بأس بالصيد ليلاً أو نهاراً، لأن الله سبحانه قد أطلقه إطلاقاً، وأحله إحلالاً، ولم يستثن على عباده في ذلك ليلاً، ولا نهاراً، وإنما يكره من صيد الليل ما طرق في وكره، وأخذ من مأمنه فذلك الذي لا يجوز له أخذه، ولا نرى تصيده.

[2452] وفي ذلك ما يروى، عن رسول الله -صلى الله عليه وآله وسلم-، أنه قال: ((الطير آمنه بأمان الله في وكورها)).

حدَّثني أبي، عن أبيه: أنه سئل عن الصيد بالليل، فقال: إنما يكره من ذلك أن تطرق في وكورها، فأما إن خرج وصار مصحراً، فلا بأس بما صيد في الليل والنهار، لأن الله -عز وجل- أحلّ الصيد، ولم يوقت له من الليل، والنهار وقتاً. انتهى.

باب القول في صيد السمك وتحريم الطافي منه

[2453] **الهادي -عليه السلام- في الأحكام** [2/ 278]: قال يحيى بن الحسين -صلوات الله عليه-: ذكاة الحيتان: أخذها حية، فأما ما كان منها طافياً، أو قذف به البحر [ميتاً]، فلا خير فيه، وقد جاء النهي عن أمير المؤمنين -عليه السلام-، والتحريم له. انتهى.

أمالي أحمد بن عيسى -عليهما السلام- [4/ 275]: أخبرنا محمد، قال: أخبرني جعفر، عن قاسم: عن الطافي من السمك، وعما قذف به البحر، وعما قذف الحيتان بعضه بعضاً، قال: هذا كله ميتة، فلسنا نحب أكله، وقد جاء عن علي -عليه السلام-، النهي عن الطافي، وهو الميت من السمك، وكذلك كل [ميت] ما أحل الله -عز وجل- من بهيمة الأنعام، ومن صيد البر والبحر. انتهى.

الجامع الكافي [8/ 18]: وقال القاسم -عليه السلام-: لا يؤكل من السمك ما أخذ طافياً، أو قذف به البحر، وقذف الحيتان بعضه بعضاً، وهذا كله ميت لا نحب أكله، وقد جاء، عن علي صلى الله عليه: أنه نهى عن الطافي، وهو الميت من السمك، وكذلك كل ميت مما أحل الله من بهيمة الأنعام، ومن صيد البر والبحر.

وقال الحسن بن يحيى -عليه السلام-: أجمع آل رسول الله -صلى الله عليه وآله وسلم-: على كراهة الطافي من السمك. انتهى.

الهادي -عليه السلام- في الأحكام [2/ 278]: حدَّثني أبي، عن أبيه: أنه سئل عن الطافي من الحيتان، وعما قذف به البحر، وعما قتل الحيتان بعضه بعضاً، فقال: هذا كله ميتة، ولسنا نحب أكله، وقد جاء عن علي -عليه السلام-: (النهي عن الطافي)، وهو الميت من السمك، وكذلك كل ميت من كل ما أحل الله من بهيمة الأنعام، وصيد البر والبحر. انتهى.

كتاب الذبح

كتاب الذبح

باب القول في الذبح بالظفر والسن والعظم وغيرها

[2454] مجموع زيد بن علي -عليهما السلام- [صـ 171]: حدثني زيد بن علي، عن أبيه، عن جده، عن علي -عليهم السلام-: أنه كره ذبيحة الظفر، والسن، والعظم، وذبيحة القصبة، إلا ما ذكي بحديدة. انتهى.

الهادي -عليه السلام- في الأحكام [2/ 285]: قال يحيى بن الحسين -صلوات الله عليه-: لا يجوز الذبح بالشظاظ، ولا بالظفر، ولا بالعظم، ولا بأس بالمروة، والحجر الحاد إذا فرى الأوداج، وأنهر الدم، وأبان العروق، كما تفعل المدية، ولا ينبغي [له] أن يذبح به، إلا أن لا يجد حديدة.

[2455] وكذلك بلغنا عن رسول الله -صلى الله عليه وآله وسلم-: أن راعياً أتى إليه، فقال: يارسول الله أذبح بعظم، فقال: ((لا)) فقال: أذبح بشظاظ، فقال: ((لا)) فقال: أذبح إن خشيت أن تسبقني بنفسها بظفري، فقال: ((لا، ولكن عليك بالمروة، فاذبح بها، فإن فريت فكل، وإلا فلا تأكل)). انتهى.

[2456] مجموع زيد بن علي -عليهما السلام- [صـ 174]: حدثني زيد بن علي، عن أبيه، عن جده، عن علي -عليهم السلام-،، قال: أتى إلى رسول الله -صلى الله عليه وآله وسلم- راع بأرنب مشوية إلى أن قال الراعي: يا رسول الله فإني أرعى غنم أهلي، فتكون العارض أخاف أن تفوتني بنفسها، وليست معي مدية، أفأذبح بسني؟ قال: ((لا)) قال: فبظفري، قال: ((لا)) قال: فبعظم، قال: ((لا)) قال: فبعود، قال: ((لا)) قال: فبم يا رسول الله؟ قال: ((بالمروة، والحجرين تضرب أحدهما على الأخرى فإن فرى فكل، وإن لم يفر فلا تأكل)). انتهى.

الحديث أنا اختصرته وسيأتي جميعه إن شاء الله في كتاب الأطعمة.

الجامع الكافي [8/ 33]: أشار أحمد إلى كراهية الذبح بالسن والعظم والقرن والظفر. انتهى.

باب القول في ذبيحة الصبي والمرأة والأغلف والفاسق وغيرهم

مجموع زيد بن علي -عليهما السلام- [صـ 172]: قال أبو خالد -رحمه الله-: وسألت، زيد بن علي -عليهما السلام-: عن ذبيحة الغلام، فقال -عليه السلام-: إذا حفظ الصلاة وأفرى فلا بأس.

وسألته -عليه السلام-، عن ذبيحة المرأة، قال -عليه السلام-: إذا فرت فلا بأس. انتهى.

الهادي -عليه السلام- في الأحكام[2/ 285]: قال يحيى بن الحسين -صلوات الله عليه-: لا بأس بذبيحة المرأة، إذا كانت بَرَّةً مسلمة، وعرفت الذبح، وأقامت حدوده، وفرت الأوداج، واستقبلت به القبلة والمنهاج، وكذلك الصبي فلا بأس بذبيحته، إذا فهم الذبح وأطاقه، وفرى الأوداج وأنهرها، وعرف ما مأخذها وقطعها، ولا بأس بذبيحة الجنب والحائض في حال نجاستهما، لأنهما مِلِّيَان مسلمان، وليس يضيق عليهما في حال نجاستهما إلا الصلاة، وقراءة القرآن، فأما ذكر الله وتسبيحه، وإعظامه وتمجيده، فهو واجب عليهما وعلى غيرهما، في تلك الحالة وغير تلك الحال من حالهما، والذبيحة فإنما تُطَيِّبُها الملة والتسمية، ولو ضاق عليهما ذكر الله في حال ذبحهما، لضاق عليهما في غيره من أوقاتهما، وذكر الله فلا يضيق على عباده، والملة فلازمة لهما في حال طهرهما وجنابتهما، فلذلك طابت ذبيحتهما.

حدَّثني أبي، عن أبيه: أنه سئل عن ذبيحة المرأة.

فقال: لا بأس بذبيحتها، إذا كانت من أهل الملة، وكانت عارفة بمكان الذبح، والتذكية.

وسئل عن ذبيحة الصبي، فقال: لا بأس بها إذا عرف الذبح، وكان مسلماً.

وسئل عن ذبيحة الجنب والحائض، فقال: لا بأس بذلك. انتهى.

الجامع الكافي [8/ 29]: قال أحمد بن عيسى -عليه السلام-: إذا أطاق الصبي الذبح، وعقل الصلاة فذبيحته جائزة.

وقال محمد: قال زيد بن علي، وأحمد بن عيسى -عليه السلام-، وغيره من أهله: إذا كان الصبي يعقل الصلاة، فسمى وأرسل كلبه، أو صقره، أو بازه فما صادت فهو ذكي.

وقال القاسم -فيما روى عبدالله بن الحسين، عن محمد عن جعفر، عنه-: ولا بأس بذبيحة الصبي والمرأة، إذا كانا من أهل الملة، وكانا عارفين لمكان الذبح، والتذكية.

وقال الحسن -فيما روى ابن صباح عنه-، وهو قول محمد: لا بأس بذبيحة الصبي والمرأة، والعبد والأمة، إذا عرفوا مواضع الذكاة، وأطاقوا الذبح، وقطعوا الحلقوم، وأفروا الأوداج(56).

وعلى قول الحسن، ومحمد: إن صيد الصبيان والنساء إذا كانوا يعقلون كصيد الرجال.

---

(56) قال الإمام المهدي أحمد بن يحيى المرتضى -رضي الله عنه- في البحر الزخار: مسألة: وموضع الذبح: أسفل مجامع اللحيين وهو آخر العنق، والعنق كله موضع الذبح أعلاه وأسفله وأوسطه، وموضع النحر أصله، فلا ذكاة في غيره إلا لضرورة، لقوله -صلى الله عليه وآله وسلم- {الذكاة في الحلق واللبة}.

فرع: الهادي والناصر والمؤيد بالله وأبو طالب ولا بد فيهما من قطع أربعة: الحلق، والمريء، والودجين، وإلا لم تحل، لقوله -صلى الله عليه وآله وسلم- ((إذا أنهرت الدم وفريت الأوداج)) أراد الأربعة، إذ ليس إلا ودجين. (زيد وأبوحنيفة) بل يجزئ ثلاثة منها، إذ حكم الأكثر حكم الكل. (الشافعي) بل يجزئ المريء والحلقوم، إذ يحصل به ذهاب الحياة فوراً، وهو المقصود، وإذ قد تبقى الحياة مع قطع الودجين.

قلنا: لا نسلم، سلمنا فلظاهر الخبر. (الشافعي) قال -صلى الله عليه وآله وسلم- ((الذكاة في الحلق واللبة))، قلنا: بين موضع الذبح وفصله بقوله -صلى الله عليه وآله وسلم- ((وفريت الأوداج)). انتهى

قال محمد: ولا تؤكل ذبيحة مجنون ولا سكران ولا صبي، إذا كانوا لايعقلون الذبح، سَمَّوا أو لم يسموا، ولا بأس بذبيحة الجنب والحائض. انتهى.

أمالي أحمد بن عيسى -عليهما السلام- [2/ 396]: عبدالله، قال: سألت قاسم، عن ذبيحة الأغلف، فقال: إذا كان على الملة، ومنعه من الاختتان علة، فلا بأس بذبيحته.

قال محمد في ذبيحة الأغلف إذا ذبح نسكاً أو غيره: إذا ترك الختان على الاستخفاف منه بالختان، لا بسنة رسول الله -صلى الله عليه وآله وسلم-، وهو مستطيع فقد جاء الأثر عن علي وعن غيره: أنه كره ذبيحته، وقد رخص في ذلك جماعة من العلماء، فإن تقزز منها رجل، لما روي [فتصدق بها]، فلا بأس بذلك.

قال: ولكن إن ترك الختان على الاستخفاف بسنة رسول الله -صلى الله عليه وآله وسلم- لم نرَ أكل ذبيحته، ويعاقبه الإمام بقدر ما يرى. انتهى.

والمراد بعبدالله: عبدالله بن منصور القومسي الراوي عن القاسم بن إبراهيم -عليه السلام-. انتهى.

الهادي -عليه السلام- في الأحكام [2/ 286]: باب القول في ذبيحة الأخرس، والعبد الآبق والأغلف.

قال يحيى بن الحسين صلى الله عليه: لا بأس بكل ما ذبح هؤلاء المسمون إذا كانوا من أهل الملة، وكانوا بالذبح عارفين، وكان الأغلف تاركاً للاختتان لعلة، يقوم له بها عند الله حجة، ومن جازت مناكحته جازت ذبيحته.

حدَّثني أبي، عن أبيه: أنه سئل عن ذبيحة الأغلف، والعبد الآبق، والأخرس، فقال: لا بأس بذبيحتهم، إذا صحت الملة لهم، وكانوا من أهلها. انتهى.

الجامع الكافي [8/ 30]: قال محمد: لا بأس بذبيحة الأخرس إذا كان مسلماً، وتكره ذبيحته، إذا كان على غير الإسلام، وهذه المسألة عرضها محمد على أحمد

بن عيسى، فأعجبه الجواب فيها، وكذلك قال القاسم بن إبراهيم: فيما روى عبدالله، عن محمد، عن جعفر، عنه. انتهى.

المراد بعبدالله هو: عبدالله بن الحسين بن علي، وهو الرواي عن محمد بن منصور، عن جعفر بن محمد بن شعبة النيروسي، عن القاسم بن إبراهيم -عليه السلام- مسائله المسماة بمسائل النيروسي.

وفي الجامع الكافي [8/ 30]: قال القاسم -فيما روى عبدالله بن الحسين-، عن محمد، عن جعفر، عنه: ولا بأس بذبيحة الأغلف، والعبد الآبق، إذا كانا من أهل الملة عارفين، وكل من جازت مناكحته حلت ذبيحته.

قال الحسن -عليه السلام- -فيما روى ابن صباح عنه-، وهو قول محمد: ولا بأس بذبيحة أهل الملة من أهل الإسلام، وإن اختلفت أهواؤهم ومذاهبهم.

قال محمد: إذا ترك الأغلف الاختتان على جهة الاستخفاف بسنة رسول الله -صلى الله عليه وآله وسلم- لم نر أكل ذبيحته، ويعاقبه الإمام على قدر ما يرى.

وإن ترك الاختتان على الاستخفاف منه بالاختتان، لا بسنة رسول الله -صلى الله عليه وآله وسلم-، وهو يستطيع الاختتان، فقد جاء الأثر عن علي -صلوات الله عليه- أنه كره أكل ذبيحته، وقد رخصّ فيها جماعة من العلماء، فإن تقزز منها متقزز، لما روي فتصدق بها فلا بأس بذلك. انتهى.

باب القول في ذبائح اليهود والنصارى

[2457] **مجموع زيد بن علي -عليهما السلام-** [صـ171]: حدثني زيد بن علي، عن أبيه، عن جده، عن علي -عليهم السلام-، قال: (ذبيحة المسلمين لكم حلال، إذا ذكروا اسم الله تعالى، وذبائح اليهود[57] والنصارى لكم حلال، إذا

(57) قال الإمام المهدي -رضي الله عنه- في البحر: مسألة (القاسميه، والمؤيد بالله، والناصر، ومحمد بن عبد الله، ورواية عن الإمام زيد) وتحرم ذبيحة الكافر الكتابي كالوثني، (الصادق =

ذكروا اسم الله تعالى، ولا تأكلوا ذبائح المجوس ولا نصارى العرب، فإنهم ليسوا بأهل كتاب). انتهى.

أمالي أحمد بن عيسى -عليهما السلام-[2/ 395]: عبدالله، قال: سألت قاسم، عن ذبيحة اليهودي والنصراني، فقال: يذكر عن زيد بن علي، أنه كان يقول: طعام أهل الكتاب الذي يحل هو الحبوب، فأما الذبائح فلا ؛ لأنهم ينكرون رسول الله -صلى الله عليه وآله وسلم-، وما جاء به من الآيات [عن الله]، فهم بذلك مشركون [بالله]. انتهى.

الجامع الكافي [8/ 31]: قال قال أحمد بن عيسى، والحسن -عليهما السلام-: في رواية ابن صباح عنه، وهو قول محمد: لا بأس بذبائح اليهود والنصارى، إذا سموا على الذبيحة.

قال محمد: وتؤكل أيضاً ذبائحهم، وإن لم يسمع تسميتهم.

قال أحمد، والحسن، ومحمد: ولا تؤكل ذبائح المجوس سموا أم لم يسموا.

قال محمد: لا يختلف آل رسول الله -صلى الله عليه وآله وسلم- في حق حكم من الله -عز وجل-، وذكر اختلاف أبي جعفر، وزيد بن علي -عليهما السلام-، في نكاح أهل الكتاب، وذبائحهم.

قال أبو جعفر: هو حلال، وقال زيد: هو حرام.

قال أحمد بن عيسى -عليهما السلام-: فلم يحرمه زيد بن علي -عليه السلام- على أن تحريمه حكم من الله، ولو كان ذلك كذلك لبريء ممن خالفه، وبريء كل واحد منهما من صاحبه، ولكنه حرمه من جهة النظر، وعلى أنه عنده كذلك، وقد روي عن زيد بن علي -عليهما السلام-: أنه أهدى إليه يهودي فأكل من هديته.

والفريقان، ورواية عن الإمام زيد): بل تحل، لقوله تعالى ﴿وَطَعَامُ ٱلَّذِينَ أُوتُواْ ٱلْكِتَٰبَ حِلٌّ لَّكُمْ﴾.
قلنا: أراد الحبوب لا اللحم، فيحرم كالوثني، إذ العلة الكفر، ولا تصريح في الآية. انتهى.

وقال القاسم -عليه السلام-: وسئل عن ذبيحة اليهود والنصارى، فقال: يذكر عن زيد بن علي -عليه السلام- أنه كان يقول: طعام أهل الكتاب الذي يحل لنا إنما هو الحبوب، أما الذبائح فلا، لأنهم ينكرون رسول الله -صلى الله عليه وآله وسلم-، وما جاء به من الآيات عن الله سبحانه، فهم بذلك مشركون بالله -عز وجل-.

قال محمد: فأما النسك والأضحية، فلا يذبحها يهودي ولا نصراني، لا يذبحها إلا مسلم، روي ذلك عن علي -صلوات الله عليه-، وغيره من أصحاب النبي -صلى الله عليه وآله وسلم-.

وقال في قول علي: (إذا سمعت النصراني يذبح لغير الله فلا تأكل، وإذا لم تسمع فكل، فقد أحل الله ذبائحهم):

قال محمد: هذا ما لم يكن نسكاً، ولا أضحية واجبة، وقد نهى علي -صلى الله عليه-، وابن عباس، عن نكاح أهل الحرب في ديارهم، قال: من أجل النسل لا من أجل التحريم.

قال محمد: فجائز ذبائحهم وصيدهم على هذا. انتهى.

الهادي -عليه السلام- في الأحكام [2/ 320]: في الرد على من قال من أهل الجهالة أن المراد بالطعام في قوله تعالى: ﴿وَطَعَامُ ٱلَّذِينَ أُوتُوا۟ ٱلۡكِتَٰبَ حِلࣱّ لَّكُمۡ﴾ ذبائحُهُم، ما لفظه: أَفَتَوَهَّم أن طعام أهل الكتاب الذي [أَحلَّ] لهم ربُّ الأرباب، هو ذبائحهم التي يذبحون، ولغير قبلة الإسلام بها يتوجهون، وظنوا أن المحصنات اللواتي أطلق نكاحهن، هن المقيمات على دينهن وكفرهن، وليس ذلك كما ظنوا وتوهموا، ولا على ما قالوا وذكروا، بل الطعام الذي أحل الله -عز وجل- لأهل الإسلام، هو ما لا تقع عليه الذكاة من طعامهم، مثل الحبوب وغير ذلك من إدامهم. انتهى.

باب القول في الذبيحة يبين رأسها، وفي ذكاة الجنين ذكاة أمه

[2458] **مجموع زيد بن علي -عليهما السلام- [صـ173]**: حدثني زيد بن علي، عن أبيه، عن جده، عن علي -عليهم السلام-: (في رجل ذبح شاة أو طائراً أو نحو ذلك، فأبان رأسه، فلا بأس بذلك، تلك ذكاة سريعة). انتهى.

الجامع الكافي [8/ 39]: قال القاسم فيما روى عبدالله، عن محمد، عن جعفر، عنه: ومن ذبح طائراً أو شاة، فأبان الرأس فلا بأس بأكله. انتهى.

الهادي -عليه السلام- في الأحكام[2/ 286]: قال يحيى بن الحسين -صلوات الله عليه-: قد ذكر في الخبر أن ذكاة الجنين ذكاة أمه، وليس يصح ذلك عندنا، ولا نقف عليه في قياسنا، لأن الذكاة لا تجب ولا تصح إلا لما ذُكِّيَ وقُدِرَ على تذكيته خارجاً من بطن أمه؛ لأنه لا يكون ذكاة واحد ذكاة اثنين، كما لا تكون نفس واحدة نفس اثنين، وقد يمكن أن يموت في بطنها قبل ذبحها كما يموت عند ذبحها، وقد يحيى في بطنها، ويستخرج حياً بعد موتها، موجود ذلك في الأنعام، وفي غير ذلك من نساء الأنام، ولا تعمل التذكية بما في بطون الأنعام إلا من بعد خروجه حياً، وتذكيته كما كانت تذكية أمه فبخروجه حياً، وبخروجه(58) ينتظمه اسم ذكاته، كما يخرج ولد المرأة حياً باستهلاله، تنتظمه الأحكام في المورايث والصلاة، وليس كل ما روي كان حقاً، ولا ما روي فيه عن رسول الله -صلى الله عليه وآله وسلم- صدقاً.

حدَّثني أبي، عن أبيه: أنه سئل عن الحديث الذي روي أن ذكاة الجنين ذكاة أمه، فقال: الجنين يذكى إذا كان حياً مع أمه، لأن حياتها غير حياته، وموتها غير موته، وقد يمكن أن يموت في بطنها، وقد حرم الله الميتة صغيرها وكبيرها.

---

(58) في الأحكام المطبوع: (بخروجه حياً وبذبحه ينتظمه اسم ذكاته).

قال يحيى بن الحسين -رضي الله عنه-: ومن ذبح ذبيحة فأبان رأسها، فلا بأس بأكلها، وقد كان يقال تلك الذكاة الوحية، كذلك كان يقول جدي -رحمة الله عليه-. انتهى.

[2459] مجموع زيد بن علي -عليهما السلام- [صـ 172]: حدثني زيد بن علي، عن أبيه، عن جده، عن علي -عليهم السلام-، في أجنة الأنعام: (ذكاتهنّ ذكاة أمهاتهنّ إذا أشعرن). انتهى.

الجامع الكافي [8/ 44]: وقال القاسم فيما روى عبدالله بن الحسين، عن محمد عن جعفر، عنه: في الحديث الذي جاء (ذكاة الجنين ذكاة أمه) قال: الجنين: يذكى إذا كان حياً مع أمه، لأن حياتها غير حياته، وموتها غير موته، وقد يمكن أن يموت في بطنها، وقد حرم الله الميتة صغيرها وكبيرها. انتهى.

باب القول في البقرة تند أو البعير

[2460] مجموع زيد بن علي -عليهما السلام- [صـ 172]: حدثني زيد بن علي، عن أبيه، عن جده، عن علي -عليهم السلام-، في بقرة أو ناقة ندت، فضربت بالسلاح، قال: (لا بأس بلحمها).

[2461] حدثني زيد بن علي، عن أبيه، عن جده، عن علي -عليهم السلام- ،، (ما بان من البهيمة يداً أو رجلاً أو إلية وهي حية لم تؤكل، لأن ذلك ميتة).

[2462] حدثني زيد بن علي، عن أبيه، عن جده، عن علي -عليهم السلام- ،، (إذا أَدْرَكْتَ ذكاتها وهي تطرف بعينها، أو تركض برجلها، أو تحرك ذنبها فقد أدركت).

سألت زيد بن علي -عليهما السلام- عن البعير يتردى في البئر فلا يقدر على منحره، فيطعن في دبره، أو في خاصرته، قال -عليه السلام-: (لا بأس بأكله). انتهى.

الهادي -عليه السلام- في الأحكام[2/ 287]: قال يحيى بن الحسين -صلوات الله عليه-: ولو أن بعيراً أو بقرة سقطا في بئر، فلم يقدر على إخراجهما حيين، لوجب على أصحابهما أن يطلبوا منحر البعير أو مذبح البقرة، حتى ينحروه أو يذبحوها، فإن لم يقدروا على ذلك منهما طعنوهما حيث ما أمكن الطعن، وسموا، وأخرجوهما آراباً فأكلوا. انتهى.

الجامع الكافي [8/ 41]: قال الحسن -فيما روى ابن صباح عنه-، وهو قول محمد: وإذا عضبت(59) بهيمة أو شردت، فلم يقدر على تذكيتها إلا بأن يضربها بسيف في غير موضع التذكية ففعل ذلك جائز أكلها وهي ذكية. انتهى.

(59) في الجامع الكافي المطبوع: (وإذا أعصيت).

كتاب الأضاحي

كتاب الأضاحي

الجامع الكافي[8/ 46]: قال أحمد، والقاسم، والحسن، ومحمد: إن الأضحية سنة من رسول الله -صلى الله عليه وآله وسلم- على الغني دون الفقير، ويضحي الغني عن نفسه، وعن ولده الأصاغر. انتهى.

باب القول فيما يجزي من الأضحية

[2463] **مجموع زيد بن علي -عليهما السلام- [صـ170]:** حدثني زيد بن علي، عن أبيه، عن جده، عن علي -عليهم السلام-: أنه قال في الأضحية: (سليمة العينين، والأذنين، والقوائم، لا شرقاء، ولا خرقاء، ولا مقابلة، ولا مدابرة.

أمرنا رسول الله -صلى الله عليه وآله وسلم- أن نستشرف العين، والأذن، الثني من المعز، والجذع من الضأن إذا كان سميناً، لا خرقاء، ولا جدعاء، ولا هرمة، ولا ذات عوار، فإذا أصابها شيء بعدما تشتريها، فبلغت المنحر فلا بأس).

قال أبو خالد -رحمه الله-: فسر لنا زيد بن علي -عليهما السلام-:

المقابلة: ما قطع طرف من أذنها.

والمدابرة: ما قطع من جانب الأذن.

والشرقاء: الموسومة.

والخرقاء: المثقوبة الأذن. انتهى.

[2464] **أمالي أحمد بن عيسى -عليهما السلام- [2/ 94]:** أخبرنا محمد: حدَّثني أحمد بن عيسى، عن حسين، عن أبي خالد، عن زيد، عن آبائه، عن علي -عليهم السلام-، قال في الأضحية: (صحيحة العينين، والأذنين، والقوائم، [لا شرقاء ولا خرقاء ولا مقابلة ولا مدابرة.

أمرنا رسول الله -صلى الله عليه وآله وسلم- أن نستشرف العين والأذن]، الثني من المعز، والجذع من الضأن إذا كان سميناً، لاجرباء، ولا جدعاء، ولا هرمة، فإذا أصابها شيء بعدما اشتريتها، فبلغت المنحر فلا بأس بها).

[2465] أبو الطاهر قال: حدَّثني أبو ضمرة، عن جعفر، عن أبيه: أن علياً كان يقول: (يجزي من البدن الثني، ومن المعز الثني، ومن الضأن الجذع). انتهى.

أبو ضمرة: هو أنس بن عياض من ثقات محدثي الشيعة، قد تقدم الكلام عليه.

الهادي -عليه السلام- في الأحكام [2/ 287]: قال يحيى بن الحسين -صلوات الله عليه-: لا يجزي من الأضحية عوراء، ولا عمياء، ولا جدعاء، ولا مستأصلة القرن كسراً، ولا يجزي من الإبل، ولا من البقر، ولا من المعز إلا الثني، ويجزي من الضأن الجذع، وخير الأضحية أسمنها، والخصيان منها فقد يجوز، وهي سمانها وخيارها.

[2466] وقد روي عن رسول الله -صلى الله عليه وآله وسلم- أنه ضحى بخصي موجوء.

حدَّثني أبي، عن أبيه: أنه سئل عن المشقوقة الأذن، والمثقوبة، ومكسورة القرن في الأضحية.

فقال: كل منقوصة بعوار أو جدع، فلا يُضحي بها، إلا أن لا يوجد في البلد غيرها، ولا بأس بالخصي، لأنه أسمن له، وقد روي عن النبي -صلى الله عليه وآله وسلم- أنه ضحى بخصي موجوء. انتهى.

[2467] **نهج البلاغة** [صـ90]:ومنها -يعني من خطبة لأمير المؤمنين، وسيد الوصيين، علي بن أبي طالب عليه صلوات رب العالمين-، في ذكر يوم النحر وصفة الأضحية: (ومن تمام الأضحية استشراف أذنها، وسلامة عينها، فإذا سلمت الأذن والعين سلمت الأضحية وتمت، ولو كانت عضباء القرن، تجر

رجلها إلى المنسك). قال الرضي -رحمه الله-: والمنسك هاهنا: المذبح. انتهى.

[2468] الهادي -عليه السلام- في الأحكام [صـ287]: قال يحيى بن الحسين -صلوات الله عليه-: بلغنا عن زيد بن علي، عن آبائه، عن علي بن أبي طالب -عليه السلام- أنه قال: (صعد رسول الله -صلى الله عليه وآله وسلم- المنبر يوم الأضحى، فحمد الله وأثنى عليه، ثم قال: ((أيها الناس من كانت عنده سعة فليعظم شعائر الله، ومن لم يكن عنده فإن الله لا يكلف نفساً إلا وسعها))، ثم نزل، فتلقاه رجل من الأنصار، فقال: يا رسول الله إني ذبحت أضحيتي قبل أن أخرج، وأمرتهم أن يصنعوها لعلك أن تكرمني بنفسك اليوم، فقال -صلى الله عليه وآله وسلم-: ((شاتك شاة لحم، فإن كان عندك غيرها فضح بها))، فقال: ما عندي إلا عناق لي جذعة، فقال: ((ضح بها، أما أنها لا تحل لأحد بعدك))، ثم قال: (ما كان من الضأن جذعاً سميناً فلا بأس أن يضحى به، وما كان من المعز فلا يصلح).

قال يحيى بن الحسين -صلوات الله عليه-: يريد بقوله: ((لا يصلح)) أنه لا يصلح أن يضحي بالجذع من المعز. انتهى.

[2469] مجموع زيد بن علي -عليهما السلام- [صـ175]: حدثني زيد بن علي، عن أبيه، عن جده، عن علي -عليهم السلام-، قال: (لما قضى رسول الله -صلى الله عليه وآله وسلم- صلاة يوم النحر تلقاه رجل من الأنصار، فقال: يا رسول الله أكرمني اليوم بنفسك، فقال: ((وما ذاك؟)) قال: إني أمرت بنسكي قبل أن أخرج أن يذبح، فأحببت أن أبدأ بك يا رسول الله، فقال رسول الله -صلى الله عليه وآله وسلم-: ((فشاتك شاة لحم))، قال: يا رسول الله إن عندي عناقاً لي جذعة، قال: ((اذبحها، ولا رخصة لأحد فيها بعدك))، قال: وقال رسول الله -صلى الله عليه وآله وسلم-: ((الجذع من الضأن إذا كان سليماً سميناً، والثني من المعز)). انتهى.

أمالي أحمد بن عيسى -عليهما السلام- [2/ 396]: قال محمد: قلت لأحمد بن عيسى: معي مسائل أحب أن أعرضها عليك، فقال: هات. فنظر فيها، فقال: هذه المسائل إن كنت ترويها عن أبي جعفر، وكان لها عندك إسناد سمعتها منك، قلت: لست أرويها، قال: قد سأل، وقد أجيب.

قلت: ما تقول في الخصي يضحى به؟.

قال: جائز، يذكر ذلك عن النبي -صلى الله عليه وآله وسلم-.

قلت: الشاء، والإبل، والبقر كذلك سواء.

قال: كذلك.

قلت: تنحر البدنة عن واحد، وعن اثنين، أو ثلاثة إلى سبعة؟.

قال: نعم.

قلت: فتنحر البدنة عن أكثر من سبعة؟.

قال: لا.

قلت: سواء كان السبعة من أهل بيت، أو غرباء متفرقين؟.

قال: سواء.

[قلت: وكذلك بمنى تنحر البدنة عن سبعة قارنين أو متمتعين؟.

قال: كذلك][60].

قلت: وكذلك البقرة أيضاً تذبح أو تنحر عن سبعة؟.

قال: كذلك.

قلت: يذبح الكبش عن جماعة؟.

(60) ما بين القوسين غير موجود في الأمالي المطبوع، ونحوه ذكره في الجامع الكافي.

قال: ما أحب أن يذبح عن أكثر من واحد.

قلت: أي شيء تفسير ما روي لا يضحي بالعضباء؟.

قال: العضباء: المكسورة القرن من أصله.

قلت: ولا يضحى بعوراء، ولا بثولاء، -وهي المجنونة-، ولا عجفاء، -وهي المهزولة البين هزالها-، ولا بجدعاء، -وهي المقطوعة الأذن-، ويضحي بالعرجاء إذا كانت تمشي تبلغ المذبح.

قلت: يضحي بالشاة قطع الذئب إليتها.

قال: غيرها خير منها. انتهى.

باب القول في أيا م الأضحى

[2470] **مجموع زيد بن علي -عليهما السلام-** [صـ 169]: حدثني زيد بن علي، عن أبيه، عن جده، عن علي -عليهم السلام-، قال: (أيام النحر ثلاثة: يوم العاشر من ذي الحجة، ويومان بعده، في أيها ذبحت أجزاك، وأشهر الحج، وهي قول الله -عز وجل-: ﴿ٱلْحَجُّ أَشْهُرٌ مَّعْلُومَٰتٌ﴾ [البقرة:197]: شوال، وذو القعدة، وعشر من ذي الحجة، والأيام المعلومات: أيام العشر، والمعدودات: هي أيام التشريق، فمن تعجل في يومين [فنفر بعد يوم النحر بيومين] فلا إثم عليه، ومن تأخر فلا إثم عليه). انتهى.

الجامع الكافي[8/ 52]: قال: القاسم -فيما روى داوود عنه-، وهو قول الحسن -فيما حدَّثنا زيد، عن زيد، عن أحمد، عنه-، وهو قول محمد في المسائل: وأيام الأضحى بمنى والأمصار: ثلاثة أيام؛ يوم النحر، ويومان بعده.

قال القاسم: هذا أكثر ما يقدر فيه.

وقال الحسن: ولا يضحي في اليوم الرابع.

وفيه [8/52]: قال محمد: وكل من رأيت من آل رسول الله -صلى الله عليه وآله وسلم- كانوا لا يضحون يوم النحر حتى تطلع الشمس، وهو عندهم وقت لها. انتهى.

باب القول في الدعاء عند الذبح

[2471] مجموع زيد بن علي -عليهما السلام- [صـ 169]: حدثني زيد بن علي، عن أبيه، عن جده، عن علي -عليهم السلام-: أنه كان إذا ذبح نسكه استقبل القبلة ثم قال: (وجهت وجهي للذي فطر السماوات والأرض حنيفاً مسلماً، وما أنا من المشركين، إن صلاتي ونسكي ومحياي ومماتي لله رب العالمين، لا شريك له، وبذلك أمرت، وأنا من المسلمين، بسم الله، والله أكبر، اللهم منك وإليك، اللهم تقبل مِن علي).

وكان يكره أن ينخعها حتى تموت، وكان -عليه السلام- يطعم ثلثاً، ويأكل ثلثاً، ويدخر ثلثاً. انتهى.

[2472] أمالي أحمد بن عيسى -عليهما السلام- [2/ 393]: ونا محمد، قال: حدَّثني أحمد بن عيسى، عن حسين، عن أبي خالد، عن زيد، عن آبائه، عن علي -عليهم السلام-: أنه كان إذا ذبح نسيكه استقبل القبلة، ثم قال: (وجهت وجهي للذي فطر السموات والأرض عالم الغيب والشهادة حنيفاً مسلماً، وما أنا من المشركين، إن صلاتي ونسكي ومحياي ومماتي لله رب العالمين، لا شريك له وبذلك أمرت، وأنا من المسلمين، اللهم منك ولك، بسم الله وبالله، اللهم تقبل من علي).

وكان يكره أن ينخعها حتى تموت، وكان يطعم ثلثاً، ويأكل ثلثاً، ويدخر ثلثاً.

قال محمد: يدخر ثلثاً في النسك وفي غيره، ولكن أحب إلينا أن لا يخرج من منى من النسك شيئاً، فإن فعل فليس يضيق عليه.

قال محمد: يقول هذا الكلام، وهو قائم قبل أن يضجعها. انتهى.

باب القول في إدخار لحوم الأضاحي، والنهي عن بيع جلودها

[2473] مجموع زيد بن علي -عليهما السلام- [صـ 171]: حدثني زيد بن علي، عن أبيه، عن جده، عن علي -عليهم السلام-، قال: (نهى رسول الله -صلى الله عليه وآله وسلم- عن لحوم الأضاحي أن ندخرها فوق ثلاثة أيام، ونهى أن ينبذ في الدُّبى، والنقير، والمزفت، والحنتم، ونهانا عن زيارة القبور، قال: فلما كان من بعد ذلك، قال: ((يا أيها الناس: إني كنت نهيتكم عن لحوم الأضاحي أن تدخروها فوق ثلاثة أيام، وذلك لفاقة المسلمين، لتواسوا بينكم، فقد وسع الله عليكم، فكلوا وأطعموا وادخروا.

ونهيتكم أن تنبذوا في الدباء، والنقير، والمزفت، والحنتم؛ فإن الإناء لا يحل شيئاً ولا يحرمه، ولكن إياي وكل مسكر.

ونهيتكم عن زيارة القبور، وذلك أن المشركين كانوا يأتونها فيعكفون عندها، وينحرون عندها، ويقولون هجراً من القول فلا تفعلوا كفعلهم، ولا بأس بإتيانها، فإن في إتيانها عظة ما لم تقولوا هجراً).

قال أبو خالد -رحمه الله-: فسر لنا زيد بن علي -عليهما السلام-: الدباء: القرع، والنقير: هو نقير النخل، والمزفت المقير، والحنتم البراني. انتهى.

[2474] الهادي -عليه السلام- في الأحكام [2/ 288]: ولا بأس بأن يخرج صاحبها [من لحمها كما شاء]، ويحبس كما شاء، وكذلك روي عن رسول الله -صلى الله عليه وآله وسلم-: أنه كان نهى أن تحبس لحوم الأضاحي فوق ثلاث، ثم قال بعد ذلك: ((إني كنت نهيتكم عن حبس لحوم الأضاحي فوق ثلاث، فاحبسوها ما بدا لكم))، فوسع لهم ماكان ضَيَّقَ عليهم، فليس فيه حد محدود.

والجزور يجزي عن عشرة من أهل البيت الواحد، والبقرة عن سبعة، والشاة عن ثلاثة، وأن تكون عن واحد أحب إلي.

حدَّثني أبي، عن أبيه: أنه سئل عن لحوم الأضاحي كم يجوز أن تحبس؟.

فقال: ما شاء صاحبها ليس في ذلك حد محدود.

وسئل عن البدنة، والبقرة والشاة عن كم تجزي؟.

فقال: تجزي البدنة عن عشرة، والبقرة عن سبعة، والشاة عن ثلاثة، وكان يقول في الرجل المسلم ينسى التسمية عند الذبح.

فقال: تؤكل ذبيحته؛ النية والملة تكفيه عن التسمية.

قال يحيى بن الحسين: يريد رضي الله عنه إذا تركها ناسياً أكلت، وإن تركها متعمداً فلا تؤكل ذبيحته، ولا كرامة. انتهى.

الجامع الكافي [8/53]: قال القاسم -فيما روى عبدالله بن الحسين، عن محمد، عن جعفر، عنه-: ويجوز أن يحبس المضحي لحم الأضاحي ما شاء ليس لحبسها وقت محدود ؛ لأنه ذكر عن النبي -صلى الله عليه وآله وسلم-: أنه كان نهى عن أن تحبس لحوم الأضاحي فوق ثلاث، ثم قال بعد ذلك: ((إني كنت نهيتكم عن حبس لحوم الأضاحي فوق ثلاث، فاحبسوا ما بدا لكم))، فوسع لهم ما كان ضيق عليهم. انتهى.

الهادي -عليه السلام- في المنتخب [صـ 118]: قال محمد بن سليمان الكوفي -رضي الله عنه-:

قلت: فهل يقدد الرجل من لحم أضحيته؟.

قال: قد روي أن النبي -صلى الله عليه وآله وسلم- كان قد نهى أن لا يحبس لحم الأضحية فوق ثلاث، [ثم أطلق بعد ذلك، فقال: ((كنت نهيتكم ألا تحبسوا لحم الأضحية فوق ثلاث]، فاحبسوا ما بدا لكم، فوسع لهم ما كان ضيق عليهم، وهذا قولنا أن يحبس الرجل لحم أضحيته ما شاء. انتهى.

[2475] **مجموع زيد بن علي -عليهما السلام- [صـ 170]:** حدثني زيد بن

علي، عن أبيه، عن جده، عن علي -عليهم السلام-، قال: ((لا تبيعوا لحوم أضاحيكم ولا جلودها وكلوا منها وأطعموا وتمتعوا)).

وقال -عليه السلام-: أمرني رسول الله -صلى الله عليه وآله وسلم- حين بعث معي بالهدي أن أتصدق بجلودها وحليها وخطمها ولا أعطي الجازر من جلودها شيئاً. انتهى.

باب القول في العقيقة عن المولود

[2476] **صحيفة علي بن موسى الرضا -عليهما السلام-** [صـ466]: عن أبيه عن آبائه -عليهم السلام-، عن علي بن الحسين بن علي بن أبي طالب -عليهم السلام-، قال: حدثتني أسماء بنت عميس(61)، قالت: قَبَّلْتُ جدتك فاطمة بالحسن والحسين -عليهما السلام-، فلما ولد الحسن جاء النبي -صلى الله عليه وآله وسلم-، فقال: ((يا أسماء هاتي ابني)) فدفعته إليه في خرقة صفراء، فرمى بها النبي -صلى الله عليه وآله وسلم-، فقال: ((يا أسماء، ألم أعهد إليك أنك لا تلفي المولود في خرقة صفراء))، فلففته في خرقة بيضاء، فدفعته إليه، فأَذَّن في أذنه اليمنى، وأقام في أذنه اليسرى، ثم قال -صلى الله عليه وآله وسلم- لعلي: ((بأي شيء سميتَ ابني هذا يا علي؟)) قال علي: (ما كنت لأسبقك باسمه يا رسول الله، وقد كنت أحب أن أسميه حرباً)، فقال -صلى الله عليه وآله وسلم-: ((إني لا أسبق باسمه ربي -عز وجل-))، ثم هبط جبريل -عليه السلام-، فقال: يا محمد العلي الأعلى يقرئك السلام، ويقول لك: علي منك

(61) الظاهر أنها سلمى، خادم رسول الله -صلى الله عليه وآله وسلم-، امرأة أبي رافع مولى رسول الله -صلى الله عليه وآله وسلم- وأم بنيه، شهدت خيبراً، وقبلت إبراهيم وبني فاطمة وحضرت غسل فاطمة، وخرج لها الأربعة إلا النسائي، قال علامة العصر عبد الله بن الإمام الهادي الحسن القاسمي في حاشية كرامة الأولياء (صـ374): وسلمى هذه هي التي كانت تولى بعض أمور البتول، وكانت قابلة لها على أولادها، وقد صحف الرواة بأسماء بنت عميس، وأسماء كانت تحت جعفر مهاجرة معه في الحبشة لم تقدم المدينة إلا يوم خيبر سنة سبع من الهجرة، فينبغي التنبه لذلك، وقد وقع ذلك في صحيفة علي بن موسى وغير ذلك. انتهى.

بمنزلة هارون من موسى، إلا أنه لا نبي بعدك، فسم ابنك، هذا بابن هارون، فقال -صلى الله عليه وآله وسلم-: ((وما اسم ابن هارون يا جبريل؟)) فقال: شَبَّر، فقال -صلى الله عليه وآله وسلم-: ((لساني عربي))، فقال: سَمِّه الحسن، فقالت أسماء: فسماه الحسن، فلما كان يوم سابعه عَقّ عنه النبي -صلى الله عليه وآله وسلم- بكبشين أملحين، فأعطى القابلة فَخِذَ كَبْشٍ، وحلق رأسه، وتصدق بوزن الشعر ورقاً، وطلى رأسه بالخلوق، ثم قال: ((يا أسماء الدم فعل الجاهلية)).

قالت أسماء: فلما كان بعد حول من مولد الحسن -عليه السلام-، ولد الحسين فجاء النبي -صلى الله عليه وآله وسلم-، فقال: ((يا أسماء هلمي ابني))، فدفعته إليه في خرقة بيضاء، فأذن في أذنه اليمنى، وأقام في أذنه اليسرى، ووضعه في حجره فبكى، فقالت أسماء: فداك أبي وأمي مم بكاؤك؟ فقال -صلى الله عليه وآله وسلم-: ((من ابني هذا))، قلت: إنه ولد الساعة، فقال -صلى الله عليه وآله وسلم-: ((تقتله الفئة الباغية من بعدي لا أنالهم الله شفاعتي))، ثم قال -صلى الله عليه وآله وسلم-: ((يا أسماء لا تخبري فاطمة فإنها حديثة عهد بولادة))، ثم قال -صلى الله عليه وآله وسلم- لعلي -عليه السلام-: ((بأي شيء سميت ابنك هذا؟)) قال -عليه السلام-: (ما كنت لأسبقك باسمه يا رسول الله، وقد كنت أحبّ أن أسميّه حرباً) فقال -صلى الله عليه وآله وسلم-: ((ما كنت لأسبق باسمه ربي -عز وجل-)) فأتاه جبريل -عليه السلام-، فقال: يا محمد الجبار يقرئك السلام، ويقول لك سمه باسم ابن هارون، فقال -صلى الله عليه وآله وسلم-: ((وما اسم ولد هارون)) فقال: شبير، فقال -صلى الله عليه وآله وسلم-: ((لساني عربي)) فقال: سمه الحسين، فسماه، ثم عق عنه -صلى الله عليه وآله وسلم- يوم السابع بكبشين أملحين، وحلق رأسه، وتصدق بوزن شعره ورقاً، وطلى رأسه بالخلوق، وقال: ((الدم فعل الجاهلية))، وأعطى القابلة فخذ كبش. انتهى.

أسماء بنت عميس:

هي أسماء بنت عميس الخثعمية، أسلمت مع زوجها جعفر، وهاجرت الهجرتين.

روى عنها أولادها؛ عون وعبد الله ومحمد، وعمر بن الخطاب، وماتت بعد علي -عليه السلام-، هكذا ذكر في الجداول.

[2477] **أبو طالب -عليه السلام- في الأمالي**[صـ 434]: أخبرنا أبو الحسين علي بن إسماعيل الفقيه، قال: أخبرنا الناصر للحق الحسن بن علي رضي اللّه تعالى عنه، قال: أخبرنا محمد بن منصور، عن عباد بن يعقوب، عن موسى بن عمير، عن جعفر بن محمد، عن أبيه،عن جده -عليهم السلام-، قال: قال رسول اللّه -صلى الله عليه وآله وسلم-: ((كل مولود مرتهن بعقيقته)). انتهى.

رجال هذا الإسناد قد مر الكلام عليهم، وهم من ثقات محدثي الشيعة، رضي الله عنهم.

الهادي -عليه السلام- في الأحكام[2/ 290]: قال يحيى بن الحسين -صلوات الله عليه-: العقيقة سنة عن رسول الله -صلى الله عليه وآله وسلم-، وهي شاة تذبح عن الصبي يوم سابعه، ثم تطبخ فيأكل منها أهلها، ويطعمون من شاؤوا، ويتصدقون منها، ويستحب لهم أن يحلقوا رأسه، ويتصدقوا بوزن شعره عقياناً أو ورقاً، وقد ذكر عن رسول الله -صلى الله عليه وآله وسلم- أنه عق عن الحسن والحسين -عليهما السلام-، وتصدق، وأكل، وأطعم من عقايقهما، وهذه سنة المسلمين لا ينبغي أن يتركها منهم إلا من لا يجدها.

حدَّثني أبي، عن أبيه: أنه سئل في العقيقة عن الغلام والجارية؟

فقال: يعق عن المولود بعقيقة ما كان غلاماً أو جارية، وكذلك جاء عن رسول -صلى الله عليه وآله وسلم-.

ويستحب أن يتصدق بوزن شعر المولود فضة أو ذهباً، وكذلك ذكر عن فاطمة ابنة رسول الله -صلى الله عليه وآله وسلم- أنها كانت تفعل ذلك.

والغلام والجارية ففيهما شاة شاة.

ويعق يوم السابع، وإنما سميت عقيقة لحلق رأس المولود يوم السابع؛ فسميت الذبيحة عن المولود بذلك، وإنما هو حلق الرأس. انتهى.

المؤيد بالله -عليه السلام- في شرح التجريد [6/423]: والعقيقة سنة، ولا ينبغي تركها لمن وجدها، وهي شاة تذبح عن الصبي أو الصبية يوم سابعهما، ثم تطبخ، فيأكل منها أهلها، ويطعمون البعض، ويتصدقون بالبعض، ولا أحفظ خلافاً في أنها تستحب، إلا أن من العلماء من قال: إنها سنة، ومنهم من قال: إنها تطوع.

[2478] والأصل فيها ما روي عن زيد بن علي، عن أبيه، عن جده، عن علي -عليهم السلام-، قال: قال رسول الله -صلى الله عليه وآله وسلم-: ((كل مولود مرتهن بعقيقته فكه أبواه أو تركاه))، قيل: وما العقيقة؟ قال: ((إذا كان يوم السابع تذبح كبشاً تقطع أعضاؤه، ثم تطبخ فأهد، وتصدق منه، وكل، وتحلق شعره، فتصدق بوزنه ذهباً أو فضة)). انتهى.

الجامع الكافي [8/55]: قال الحسن ومحمد: العقيقة سنة من رسول الله -صلى الله عليه وآله وسلم-، وهو أن تذبح عن المولود يوم السابع.

قال محمد: فإن لم تتيسر العقيقة يوم السابع، فيوم أربعة عشر، أو يوم إحدى وعشرين، كل ذلك سُنَّة.

قال الحسن: ولا يجوز أن يلطخ رأس الصبي من دم عقيقته، فقد نهى أمير المؤمنين -صلوات الله عليه- عن ذلك، وقال: (هذا فعل المشركين)، ولكن إن لطخ رأسه بخلوق، أو زعفران فلا بأس به).

وقال الحسن أيضاً -فيما حدَّثنا زيد، عن زيد، عن أحمد، عنه-، وهو قول محمد: وجائز لأبوي المولود أن يأكلا من عقيقة ولدهما، ويطعما.

[قال الحسن]: ويحلق رأس المولود في اليوم السابع، فإن لم يحلق يوم السابع، فجائز أن يحلق لإسبوعين، ويتصدق بوزن شعره.

قال الحسني: وقرأت في كتاب أحمد بن عيسى في نسخة [مقروءة] على محمد بن منصور، عن جعفر، عن قاسم: يعق عن المولود يوم السابع بعقيقة إن كان غلاماً أو جارية، كذلك جاء عن النبي -صلى الله عليه وآله وسلم-.

ويستحب أن يتصدق بوزن شعر المولود فضة، وكذلك ذكر عن فاطمة بنت رسول الله -صلى الله عليه وآله وسلم-.

والغلام والجارية فيها سواء شاة شاة.

وإنما سميت عقيقة لحلق رأس المولود يوم السابع، فسميت الذبيحة عن المولود كذلك، وإنما هو حلق الرأس.

قال محمد: وإنما جعلت في العقيقة عن الذكر شاتين، لأن فاطمة عَلَيْها السَّلام، عقت عن الحسن والحسين شاة شاة، وعقّ عنهما علي -عليه السلام- شاة شاة، فمن هذه الجهة قالوا شاتين، لا أنهما أوجبا ذلك، إنما تقرب كل واحد منهما بشيء. انتهى.

[2479] **صحيفة علي بن موسى الرضا -عليهما السلام- [صـ 469]**: عن أبيه عن آبائه، عن علي بن الحسين -عليهم السلام-: أن فاطمة عقت عن الحسن والحسين، فأعطت القابلة فَخْذَ كبش، وديناراً. انتهى.

الهادي -عليه السلام- في المنتخب [صـ 119]: قال محمد بن سليمان الكوفي -رضي الله عنه-: وسألته عن العقيقة ما هي؟

قال -عليه السلام-: العقيقة شاة تذبح عن المولود إذا ولد يوم سابعه،

كذلك روي عن النبي -صلى الله عليه وآله وسلم-: ((أنه عق عن الحسن والحسين -عليهما السلام- يوم سابعهما، وحلق رؤوسهما، وتصدق بوزن شعرهما فضة)). انتهى.

[2480] **صحيفة علي بن موسى الرضا -عليهما السلام-** [صـ469]: عن أبيه عن آبائه، عن علي بن الحسين -عليهم السلام-: أنه سمى حسناً يوم سابعه، واشتق من اسم الحسن الحسين، وذكر أنه لم يكن بينهما إلا الحمل.

[2481] **وفيها أيضاً** [صـ476] بإسناده عن آبائه، عن علي -عليهم السلام-، قال: قال رسول الله -صلى الله عليه وآله وسلم-: ((إذا سميتم الولد محمداً فأكرموه، وأوسعوا له المجلس، ولا تقبحوا له وجهاً)).

[2482] **وبهذا الإسناد** قال: قال رسول الله -صلى الله عليه وآله وسلم-: ((ما من قوم كانت لهم مشورة، فحضر معهم من اسمه محمد أو أحمد، فأدخلوه في المشورة إلا خير لهم)).

[2483] **وبه أيضاً** قال: قال رسول الله -صلى الله عليه وآله وسلم-: ((ما من مائدة وضعت، فقعد عليها من اسمه محمد أو أحمد إلا قدس الله ذلك المنزل في كل يوم مرتين)). انتهى.

خاتمة لكتاب الذبائح

الهادي -عليه السلام- في الأحكام[2/ 281]: قال يحيى بن الحسين -صلوات الله عليه-: قال الله سبحانه وتعالى: ﴿وَلَا تَأْكُلُوا مِمَّا لَمْ يُذْكَرِ اسْمُ اللَّهِ عَلَيْهِ وَإِنَّهُ لَفِسْقٌ وَإِنَّ الشَّيَاطِينَ لَيُوحُونَ إِلَى أَوْلِيَائِهِمْ لِيُجَادِلُوكُمْ وَإِنْ أَطَعْتُمُوهُمْ إِنَّكُمْ لَمُشْرِكُونَ (121)﴾[الأنعام] قال: هذه الآية نزلت في مشركي قريش ؛ وذلك أنهم كانوا يقولون للمؤمنين: تزعمون أنكم تتبعون أمر الله، وأنتم تتركون ما ذبح الله لا تأكلونه، وما ذبحتم أنتم أكلتموه، والميته فإنما هي ذبيحة الله؛ فأنزل الله -سبحانه-: ﴿وَلَا تَأْكُلُوا مِمَّا لَمْ يُذْكَرِ اسْمُ اللَّهِ عَلَيْهِ﴾

[الأنعام:121] فحرم بذلك الميتة، وما ذبحت الجاهلية لغير الله.

ثم قال: ﴿وَإِنَّهُۥ لَفِسْقٌ﴾[الأنعام:121] يريد أن كل ما لم يذكر اسم الله عليه فمعصية.

ثم قال: ﴿حُرِّمَتْ عَلَيْكُمُ ٱلْمَيْتَةُ وَٱلدَّمُ وَلَحْمُ ٱلْخِنزِيرِ وَمَآ أُهِلَّ لِغَيْرِ ٱللَّهِ بِهِۦ وَٱلْمُنْخَنِقَةُ وَٱلْمَوْقُوذَةُ وَٱلْمُتَرَدِّيَةُ وَٱلنَّطِيحَةُ وَمَآ أَكَلَ ٱلسَّبُعُ إِلَّا مَا ذَكَّيْتُمْ وَمَا ذُبِحَ عَلَى ٱلنُّصُبِ وَأَن تَسْتَقْسِمُواْ بِٱلْأَزْلَٰمِ ذَٰلِكُمْ فِسْقٌ ٱلْيَوْمَ يَئِسَ ٱلَّذِينَ كَفَرُواْ مِن دِينِكُمْ فَلَا تَخْشَوْهُمْ وَٱخْشَوْنِ ٱلْيَوْمَ أَكْمَلْتُ لَكُمْ دِينَكُمْ وَأَتْمَمْتُ عَلَيْكُمْ نِعْمَتِي وَرَضِيتُ لَكُمُ ٱلْإِسْلَٰمَ دِينًا فَمَنِ ٱضْطُرَّ فِي مَخْمَصَةٍ غَيْرَ مُتَجَانِفٍ لِّإِثْمٍ فَإِنَّ ٱللَّهَ غَفُورٌ رَّحِيمٌ ﴿٣﴾﴾[المائدة:3]

فأما ما أهل لغير الله به: فهو ما ذكر عليه غير اسم الله،

وأما المنخنقة: فهي الدابة ينشب حلقها بين عودين، أو في حبل، أو في غير ذلك مما تنخنق به فتموت.

وأما الموقوذة: فهي التي ترمى على موقذتها، أو تضرب فتموت.

وأما المتردية: فهي التي تردى من رأس الجبل، أومن المطارة، أو في البئر، أو في غير ذلك مما تسقط فيه الدابة فتموت، ولا تلحق ذكاتها.

وأما النطيحة: فهي ما تنطحه البقرة أو الشاة منهن فتموت.

وأما ما أكل السبع فهي: الدابة يقتلها السبع، ولا تلحق ذكاتها فحرم الله ذلك كله إلا أن تلحق منه ذكاة، فيذبح، وفيه شيء من حياة، فيكون حينئذ ذكياً حلالاً للآكلين غير محرم على العالمين، وكانت الجاهلية يعدون ذلك كله ذكياً، وليس بميتة.

ثم قال الله -سبحانه-: ﴿وَمَا ذُبِحَ عَلَى ٱلنُّصُبِ﴾[المائدة:3] والنصب: فهي آلهتهم المنصبة التي كانوا يذبحون لها، وعلى اسمها.

ومعنى قوله: على النصب، فإنما هو للنصب، فحرم الله ما ذبح لها، وعلى اسمها.

ثم قال -جل جلاله، عن أن يحويه قوله أو يناله-: ﴿مَا جَعَلَ ٱللَّهُ مِنۢ بَحِيرَةٖ وَلَا سَآئِبَةٖ وَلَا وَصِيلَةٖ وَلَا حَامٖ وَلَٰكِنَّ ٱلَّذِينَ كَفَرُواْ يَفۡتَرُونَ عَلَى ٱللَّهِ ٱلۡكَذِبَۖ وَأَكۡثَرُهُمۡ لَا يَعۡقِلُونَ ١٠٣﴾[المائدة: 103]: وذلك أن قصي بن كلاب كان أول من بحر وسيب ووصل وحمى، ثم اتبعه على ذلك قريش، ومن كان على دينها من العرب، فكانوا يجعلون ذلك نذراً، ويزعمون أن الله حكم به حكماً، فأكذب الله ذلك في قولهم، وقول إخوانهم المجبرة الذين نسبوا إلى الله كل عظيمة، وقالوا: إنه قضى عليهم بكل معصية وأدخلهم في كل فاحشة فقال: ﴿مَا جَعَلَ ٱللَّهُ مِنۢ بَحِيرَةٖ وَلَا سَآئِبَةٖ وَلَا وَصِيلَةٖ وَلَا حَامٖ﴾[المائدة:103] فنفى أن يكون جعل ذلك فيهم، أو قضى به سبحانه عليهم إكذاباً منه لمن رماه بفعله، ونسب إليه سيئات صنعه فانتفى سبحانه من ذلك، ونسبه إلى أهله، ثم ذكر أنهم يفترون على الله الكذب، فقال: ﴿وَلَٰكِنَّ ٱلَّذِينَ كَفَرُواْ يَفۡتَرُونَ عَلَى ٱللَّهِ ٱلۡكَذِبَۖ وَأَكۡثَرُهُمۡ لَا يَعۡقِلُونَ ١٠٣﴾[المائدة] فصدق الله سبحانه إنه لبري من أفعالهم، متعال عن ظلمهم، وفسادهم، بعيد من القضاء عليهم بغير ما أمرهم، ناء عن إدخالهم فيما عنه نهاهم.

والبحيرة التي كانوا جعلوها: فهي الناقة من الإبل كانت إذا ولدت خمسة أبطن فنتجت الخامس سقباً -وهو الذكر- ذبحوه، فأهدوه الذين يقومون على آلهتهم، وإن كانت أنثى استبقوها، وغذوها، وشرموا أذنها، وسموها بحيرة، ثم لا يجوز لهم بعد ذلك أن يدفعوها في دية، ولا يحلبوا لها لبناً، ولا يجزوا لها وبراً إلا أن يحلبوا لبنها إن خافوا على ضرعها في البطحاء، وإن جزوها جزوها في يوم ريح عاصف يذرون وبرها في الرياح، ولا يحملون على ظهرها، ويخلون سبيلها تذهب حيث شاءت، وإن ماتت اشترك في لحمها النساء والرجال، فأكلوه.

وأما السائبة: فهي من الإبل كان الرجل [منهم] إذا مرض، فشفي، أو سافر

فأدي، أو سأل شيئاً فأعطي - سيب من إبله ما أراد أن يسيبه شكراً لله، ويسميها سائبة، ويخليها تذهب حيث شاءت مثل البحيرة، ولا تمنع من كلا، ولا حوض ماء، ولا مرعى.

وأما الوصيلة: فهي من الغنم كانوا إذا ولدت الشاة خمسة أبطن عندهم فكان الخامس جدياً ذبحوه، أو جديين ذبحوهما، وإن ولدت عناقين استحيوهما، فإن ولدت عناقاً وجدياً تركوا الجدي، ولم يذبحوه من أجل أخته، وقالوا: قد وصلته، فلا يجوز ذبحه من أجلها، وأما الأم فمن عرض الغنم يكون لبنها، ولحمها بين الرجال دون النساء، فإن ماتت أكل الرجال والنساء منها، واشتركوا فيها.

وأما الحام: فهو الفحل من الإبل كان إذا ضرب عشر سنين، وضرب ولد ولده في الإبل، قالوا: هذا قد حمى ظهره، فيتركونه لما نتج لهم، ويسمونه حاماً، ويخلون سبيله، فلا يمنع أينما ذهب، ويكون مثل البحيرة والسائبة، فلا يجوز في دية، ولا يحمل عليه حمل، فهذه الثلاثة من الأنعام التي حرمت ظهورها.

ثم قال -سبحانه-: ﴿ثَمَٰنِيَةَ أَزْوَٰجٍۖ مِّنَ ٱلضَّأْنِ ٱثْنَيْنِ وَمِنَ ٱلْمَعْزِ ٱثْنَيْنِۗ قُلْ ءَآلذَّكَرَيْنِ حَرَّمَ أَمِ ٱلْأُنثَيَيْنِ أَمَّا ٱشْتَمَلَتْ عَلَيْهِ أَرْحَامُ ٱلْأُنثَيَيْنِۖ نَبِّـُٔونِى بِعِلْمٍ إِن كُنتُمْ صَٰدِقِينَ ﴿١٤٣﴾ وَمِنَ ٱلْإِبِلِ ٱثْنَيْنِ وَمِنَ ٱلْبَقَرِ ٱثْنَيْنِۗ قُلْ ءَآلذَّكَرَيْنِ حَرَّمَ أَمِ ٱلْأُنثَيَيْنِ أَمَّا ٱشْتَمَلَتْ عَلَيْهِ أَرْحَامُ ٱلْأُنثَيَيْنِۖ أَمْ كُنتُمْ شُهَدَآءَ إِذْ وَصَّىٰكُمُ ٱللَّهُ بِهَٰذَاۚ فَمَنْ أَظْلَمُ مِمَّنِ ٱفْتَرَىٰ عَلَى ٱللَّهِ كَذِبًا لِّيُضِلَّ ٱلنَّاسَ بِغَيْرِ عِلْمٍۗ إِنَّ ٱللَّهَ لَا يَهْدِى ٱلْقَوْمَ ٱلظَّٰلِمِينَ ﴿١٤٤﴾﴾ [الأنعام]، فذكر الله سبحانه ذلك لما حرموا من البحيرة، والسائبة، والوصلية، والحام، وغيره فجعل الذكر زوجاً، والأنثى زوجاً، فقال: آلذكرين من الثمانية حرمت عليكم أم الانثيين؟ ثم قال: هلم شهداءكم الذين يشهدون أن الله حرم هذا، فقالوا: نحن نشهد، فقال الله -سبحانه-: ﴿فَإِن شَهِدُوا۟ فَلَا تَشْهَدْ مَعَهُمْۚ وَلَا تَتَّبِعْ أَهْوَآءَ ٱلَّذِينَ كَذَّبُوا۟ بِـَٔايَٰتِنَا وَٱلَّذِينَ لَا يُؤْمِنُونَ بِٱلْءَاخِرَةِ

وَهُم بِرَبِّهِمۡ يَعۡدِلُونَ ﴿١٥٠﴾ [الأنعام] ثم قال سبحانه إخباراً منه لهم بما حرم عليهم فقال: ﴿قُل لَّآ أَجِدُ فِي مَآ أُوحِيَ إِلَيَّ مُحَرَّمًا عَلَىٰ طَاعِمٖ يَطۡعَمُهُۥٓ إِلَّآ أَن يَكُونَ مَيۡتَةً أَوۡ دَمٗا مَّسۡفُوحًا أَوۡ لَحۡمَ خِنزِيرٖ فَإِنَّهُۥ رِجۡسٌ أَوۡ فِسۡقًا أُهِلَّ لِغَيۡرِ ٱللَّهِ بِهِۦۚ فَمَنِ ٱضۡطُرَّ غَيۡرَ بَاغٖ وَلَا عَادٖ فَإِنَّ رَبَّكَ غَفُورٞ رَّحِيمٞ ﴿١٤٥﴾ [الأنعام]

والمسفوح: فهو السايل، وهو القاطر.

وأما قوله: ﴿فَإِنَّهُۥ رِجۡسٌ﴾ [الأنعام:145] فإنه يقول إنه رجس محرم.

وأما فسق أهل لغير الله به، فالفسق: هو المعصية، والجراءة على الله بالذبح لغير الله والخطيئة، وأما قوله: ﴿فَمَنِ ٱضۡطُرَّ غَيۡرَ بَاغٖ وَلَا عَادٖ﴾ [الأنعام:145] يريد غير باغ في فعله، ولا مقدم على المعصية في أكله، ولا متعد في ذلك لأمر ربه، ولكن من اضطر إلى ذلك فجائز له أن يأكل منه إذا خشي على نفسه التلف من الجوع، فيأكل منه ما يقيم نفسه ويثبت في بدنه روحه إلى أن يجد في أمره فسحة.

قال يحيى بن الحسين -رضي الله عنه-: كل ما أحل الله سبحانه للمسلمين فبين في كتاب الله رب العالمين، وما حرم عليهم فقد بينه في كتابه لهم: ﴿لِّيَهۡلِكَ مَنۡ هَلَكَ عَنۢ بَيِّنَةٖ وَيَحۡيَىٰ مَنۡ حَيَّ عَنۢ بَيِّنَةٖۗ وَإِنَّ ٱللَّهَ لَسَمِيعٌ عَلِيمٌ ﴿٤٢﴾﴾ [الأنفال] انتهى.

كتاب الأطعمة

كتاب الأطعمة

باب القول في غسل الأيدي قبل الأكل وبعده وآداب الأكل

[2484] **مجموع زيد بن علي -عليهما السلام-** [صـ280]: حدثني زيد بن علي، عن أبيه، عن جده، عن علي -عليهم السلام-، قال: قال رسول الله -صلى الله عليه وآله وسلم-: ((الوضوء قبل الطعام بركة، وبعده بركة، ولا يفتقر أهل بيت يأتدمون الخل والزيت)). انتهى.

الهادي -عليه السلام- في الأحكام[2/ 292]: قال يحيى بن الحسين -صلوات الله عليه-:

ينبغي أن توضأ الأيدي وتنقى قبل أن يهوى بها في الطعام، فإن ذلك أهنأ وأمرأ، وأقرب إلى البر والتقوى.

فإذا وُضع الطعام قال الآكلون: بسم الله، وبالله، والحمد لله على ما هيأ لنا من رزقنا، وأنعم به علينا من طعامنا.

فإذا فرغوا من الطعام قالوا: الحمدلله على ما رزقنا، والحمد لله الذي أطعمنا وأشبعنا، وهيأ لنا من قوتنا وأكرمنا، والحمد لله على ذلك شكراً، لا شريك له.

قال: ولا يأكل أحد بشماله، إلا من علة مانعة له من الأكل بيمينه.

وأن يأكل من الطعام إذا قرب إليه مما بين يديه، إلا أن يكون من التمر فيأكل من حيث أحب وأراد.

[2485] قال: وبذلك جاءت السنة من الرسول -صلى الله عليه وآله وسلم- أنه كان إذا قرب الطعام أكل مما بين يديه، ولم يعده إلى غيره، وإذا وضع التمر جالت يده في الإناء. انتهى.

[2486] **صحيفة علي بن موسى الرضا -عليهما السلام-** [صـ487]: عن

أبيه عن آبائه، عن علي -عليهم السلام-، قال: (كان رسول الله -صلى الله عليه وآله وسلم- إذا شرب لبناً مضمض فاه وقال: ((إن له دسماً)).

[2487] **وبه [صـ 478]**: عن علي -عليهم السلام-: كان رسول الله -صلى الله عليه وآله وسلم- إذا أكل طعاماً قال: ((اللهم بارك لنا فيه، وارزقنا خيراً منه))، وإذا شرب لبناً، قال: ((اللهم بارك لنا فيه، وارزقنا منه خيراً)).

[2488] **وبهذا الإسناد أيضاً [صـ 477]** عن علي -عليهم السلام-، قال: قال رسول الله -صلى الله عليه وآله وسلم-: ((إذا أكلتم الثريد فكلوا من جوانبه، فإن الذروة فيها بركة)).

[2489] **وبه أيضاً [صـ479]**: عن علي -عليه السلام-: أتي النبي -صلى الله عليه وآله وسلم- بطعام، فأدخل أصبعه فإذا هو حار؛ فقال -صلى الله عليه وآله وسلم-: ((دعوه حتى يبرد، فإنه أعظم بركة، فإن الله تعالى لم يطعمنا الحار)). انتهى.

[2490] **أمالي أحمد بن عيسى -عليهما السلام- [1/ 44]**: قال محمد: حضرت عبدالله بن موسى على مائدة، فأكلوا خبزاً ولحماً، وألواناً طبيخاً وشواءً، وغير ذلك، كل ذلك كان يأكل معهم، [فأكل معهم] من الألوان كلها، ثم دعا بالوضوء، فمد يده، فقال: اغسلوا أيديكم.

[2491] حدَّثني أبو معمر، عن زيد بن علي، قال: معاً تختلط دماءكم.

قال محمد: فذكرت قوله لقاسم بن إبراهيم، فذكر نحوه عن النبي -صلى الله عليه وآله وسلم-، وقال القاسم بن إبراهيم: هو أهون على الخادم.

[2492] وحدثنا محمد، قال: حدَّثنا حسين بن نصر، عن خالد، عن حصين، عن جعفر، عن أبيه، قال: نهى رسول الله -صلى الله عليه وآله وسلم- أن يرفع الطشت حتى يمتليء. انتهى.

رجال هذا الإسناد من ثقات محدثي الشيعة، وقد مر الكلام عليهم.

باب القول فيما يكره أكله

[2493] **مجموع زيد بن علي -عليهما السلام- [صـ 176]:** حدثني زيد بن علي، عن أبيه، عن جده، عن علي -عليهم السلام-: قال نهى رسول الله -صلى الله عليه وآله وسلم-: ((عن أكل الضب، والضبع، وعن كل ذي ناب من السباع، وعن كل ذي مخلب من الطير، وعن لحم الحمر الأهلية)). انتهى.

الهادي -عليه السلام- في الأحكام[2/294]: قال يحيى بن الحسين -صلوات الله عليه-: يكره أكل الطافي على الماء من الحوت، وما نضب عنه الماء إلا أن يدرك حياً، أو يموت في حظيرة حظرت لصيده، وجعلت لأخذه.

ويكره أكل الجري والمارماهي[62]، وكذلك روي عن أمير المؤمنين -عليه السلام-.

ويكره أكل كثير من حرشات الأرض؛ مثل القنفذ، والضب نكرهه ونعافه، وليس بمحرم في كتاب ولا سنة.

وكذلك الأرنب نعاف أكلها، وليست بمحرمة، وقد ذكر عن رسول الله -صلى الله عليه وآله وسلم- أنه عافها، ولم يأكلها حين أهديت له، وأمر أصحابه بأكلها، وهي في ذلك من صيد البر الذي أحله الله لصائده.

قال: ويكره أكل الهر الإنسي والوحشي، ككراهتنا لغيره من السباع.

قال: ويكره أكل الطحال، وقد روينا فيه عن علي بن أبي طالب -عليه السلام- أنه قال: (لقمة الشيطان).

ويكره ما عمل أهل الكتاب، والمجوس من الجبن، لأنهم يجعلون فيه أنفحة الميتة.

---

(62) هو نوع من السمك يشبه الحية ويسمى بالفارسية مارماهي باب من حيات الحيوان

ويكره سمن المجوس، واليهود، والنصارى، كما تكره ذبائحهم لقذرهم، ونجاستهم.

ويكره أن يأكل الرجل مستلقياً على قفاه، أو منبطحاً على بطنه، وأن يأكل بشماله.

[2494] وفي ذلك ما بلغنا عن رسول الله -صلى الله عليه وآله وسلم-: (أنه نهى أن يأكل الرجل بشماله، أو مستلقياً، أو منبطحاً).

وكذلك يكره أكل السلحفاة لأنه ليس مما خصه الله بتحليل معلوم، كما خص غيره من صيد البر والبحر، وقد رخص فيه قوم، ولسنا نحبه.

ونكره أكل ما لا يُعرف من حرشة الأرض.

قال: وأما أكل لحوم الجلالة من البقر، والغنم، والطير فلا بأس به إذا كانت تعلف من الأعلاف والمراعي أكثر مما تجل.

ويستحب لمن أراد أكلها أن يحبسها أياماً حتى تطيب أجوافها.

قال: وحدَّثني أبي عن أبيه، أنه سئل عن أكل لحوم الجلالة من الغنم والبقر والطير؟

فقال: لا بأس به، وقد جاءت الكراهة فيها، وأرجو إذا كان أكثر علفها غير ذلك أن لا يكون بأكلها بأس. انتهى.

وقال المرتضى محمد بن يحيى بن الحسين -عليهم السلام- في كتاب الفقه، في جوابه على من ذكر أن القاسم -عليه السلام- رخص في أكل الطحال ما لفظه: وذكرتم أن الشيخ -رحمة الله عليه- -يريد القاسم -عليه السلام- رخص في أكل الطحال.

وهذا عن القاسم فمحال، ما سمعنا بذلك عنه، وقول القاسم والهادي إلى الحق -صلوات الله عليه-ما فهو ما ذكرتم أن الهادي قد قاله.

[2495] وقد روي عن أمير المؤمنين -صلوات الله عليه-: أنه نهى عنها، وقال:(لقمة الشيطان)، والطحال فإنما هي قطعة من دم جامدة، والدم فلا يحل أكله. انتهى.

[2496] **مجموع زيد بن علي -عليهما السلام-** [صـ 173]: حدثني زيد بن علي، عن أبيه، عن جده، عن علي -عليهم السلام-، قال: أتى إلى رسول الله -صلى الله عليه وآله وسلم- راع بأرنب مشوية، قال: فقال رسول الله -صلى الله عليه وآله وسلم- حيث أتاه: ((أهدية أم صدقة؟))، فقال: يا رسول الله بل هدية، فأدناها إلى رسول الله -صلى الله عليه وآله وسلم-، فنظر رسول الله إليها، فرأى في حياها دماً.

قال -عليه السلام-: فقال رسول الله -صلى الله عليه وآله وسلم- للقوم: ((أما ترون ما أرى؟)) قالوا: بلى يارسول الله أثر الدم فقال رسول الله -صلى الله عليه وآله وسلم-: ((دونكم))، فقال القوم: أنأكل يا رسول الله؟ قال: ((نعم))، -وإنما تركها -صلى الله عليه وآله وسلم- إعافة-، قال -عليه السلام-: فأكل القوم.

قال: فقال الراعي: يا رسول الله ما ترى في أكل الضب؟ قال: فقال -صلى الله عليه وآله وسلم-: ((لا نأكل، ولا نطعم ما لا نأكل)).

قال: يا رسول الله فإني أرعى غنم أهلي فتكون العارضة أخاف أن تفوتني بنفسها، وليست معي مدية أفأذبح بسني؟ قال: ((لا))، قال: فبظفري؟ قال: ((لا))، قال: فبعظم؟ قال: ((لا))، قال: فبعود، قال: ((لا))، قال: فبم يا رسول الله؟ قال: ((بالمروة، والحجرين تضرب أحدهما على الآخر، فإن فرى فكل، وإن لم يفر فلا تأكل)) فقال الراعي: يا رسول الله فإني أرمي بالسهم أو، فأصمي، وأنمي، فقال -صلى الله عليه وآله وسلم-: ((ما أصميت فكل، وما أنميت فلا تأكل)).

قال أبو خالد -رحمه الله-: فسر لنا زيد بن علي -عليهما السلام- الإصماء: ما كان بعينك، والإنماء: ما ينأى عنك، أي ما غاب عنك.

قال: فلعل غير سهمك أعان على قتله. انتهى.

الجامع الكافي [8/ 60]: وروى عبدالله بن الحسين، عن ابن منصور، عن جعفر، عن قاسم بن إبراهيم: أنه كره الجري والمارماهي.

وقال الحسن بن يحيى: أجمع آل رسول الله -صلى الله عليه وآله وسلم- على كراهية أكل الجري، والمارماهي والزمير.

وقال الحسن -في رواية ابن صباح عنه-، وهو قول محمد: نكره أكل الجري، والمارماهي بغير تحريم كتحريم أكل الميتة، [والدم].

قال محمد: سمعنا عن من مضى من علماء آل رسول الله -صلى الله عليه وآله وسلم-، وعن أبي جعفر، وزيد بن علي -عليهما السلام-، وغيرهما: أنهم سئلوا عن أكل الجري، والمارماهي، وما ليس عليه فلوس من السمك؟ فكرهوه، ونهوا عن أكله، فنحن نكره ما كرهوا، وننهى عما نهوا عنه، من غير تحريم كتحريم الميتة والدم. انتهى.

وقال المرتضى محمد بن يحيى بن الحسين -عليهم السلام- في كتاب الفقه [مجموع المرتضى (1/ 294)]: وسألتم عن كراهية أهل البيت لأكل الجري، وقلتم: ما معنى كراهيتهم له؟

قال محمد بن يحيى -عليه السلام-: المعنى في ذلك أن أمير المؤمنين -صلوات الله عليه-: نهى عن أكل الجري وكرهه، وعن الطافي على الماء، والمارماهي، كره هذه الثلاثة الأشياء ونهى عنها، ولا ينبغي لأحد أن يأكلها، ولا يتعدى قوله فيها، فإنه -صلوات الله عليه- لم يكره إلا مكروهاً، ولم يقل شيئاً من نفسه، وإنما أخذه عن رسول الله -صلى الله عليه وآله وسلم-، وما كان من

رسول الله -عليه السلام- فهو من الله سبحانه، فليس لأحد أن يتعداه، وهو الحق المستبين، الذي لا شك فيه عند جميع المؤمنين. انتهى.

الهادي -عليه السلام- في الأحكام[2/ 294]: قال يحيى بن الحسين -صلوات الله عليه-: نكره أكل الضب ولا نحرمه.

[2497] وفي ذلك ما روي عن رسول الله -صلى الله عليه وآله وسلم-: أنه دخل على زوجته ميمونة ابنة الحارث، ومعه عبدالله بن عباس، وخالد بن الوليد، فإذا عندها ضباب فيهن بيض، فقال: ((من أين لكم هذا؟)) فقالت: أهدته لي أختي قرينة بنت الحارث، فقال رسول الله -صلى الله عليه وآله وسلم- لعبدالله بن عباس، وخالد بن الوليد: كُلا، فقالا: لا نأكل ولم يأكل رسول الله -صلى الله عليه وآله وسلم-، فقال: ((إني ليحضرني من الله حاضرة)) فقالت ميمونة: أنسقيك يا رسول الله من لبن عندنا؟ قال: ((نعم)) فلما شرب، قال: ((من أين لكم هذا؟)) قالت: أهدته لي أختي، فقال رسول الله -صلى الله عليه وآله وسلم-: ((أرأيتي جاريتك التي كنت استأمرتني في عتقها أعطها أختك، وصليها بها ترعى عليها فإنه خير لك)).

[2498] وبلغنا أن رجلاً نادى رسول الله -صلى الله عليه وآله وسلم-، فقال: يا رسول الله ما ترى في الضب؟ فقال: ((لست بآكله، ولا بمحرمه)). انتهى.

الجامع الكافي[8/ 62]: قال القاسم فيما روى عبدالله بن الحسين، عن محمد بن منصور، عن جعفر، عنه: ويكره الضب، والقنفذ، وغيره من حرشة الأرض.

وفيه: قال القاسم -عليه السلام-: فيما حدَّثنا علي عن ابن هارون، عن ابن سهل، عن عثمان، عن القومسي، عنه: ولا بأس بأكل الأرنب، وقد جاء أن رسول الله -صلى الله عليه وآله وسلم- كان يعافها، فلا يأكلها.

وقال القاسم: إنها تحيض.

وقال محمد: بلغنا عن النبي -صلى الله عليه وآله وسلم-: أنه عاف أكل الأرنب لدم رآه بها، وأذن لأصحابه في أكلها.

وفيه أيضاً [8/63]: قال الحسن -عليه السلام-: أجمع آل رسول الله -صلى الله عليه وآله وسلم- على كراهية أكل الطحال.

وحكى أحمد بن الحسين، عن القاسم: أنه كان لا يكره أكل الطحال، وكذلك روى عبدالله بن الحسين، عن محمد، عن جعفر، عن القاسم.

وقال محمد: أنا أعاف أكل الطحال، لأنه روي عن علي -صلى الله عليه- أنه كرهه.

وفيه أيضاً [8/61]: قال محمد: ونهى عن أكل الضب، ويكره أكل اليربوع والضفدع وجميع هوام الأرض.

وقال محمد: فيما حدَّثنا محمد، عن ابن عامر، عنه: يكره الضفدع بلا تحريم. انتهى.

الهادي -عليه السلام- **في المنتخب** [ص‍ 119]: الأصل في ذلك كله عندنا، والذي نقول به: ما صحّ عندنا أن رسول الله -صلى الله عليه وآله وسلم- حرم أكل لحوم ذي ناب من السباع، وكل ذي مخلب من الطير، فهذا أصل لك فيه كفاية إن شاء الله تعالى.

وفيه [ص‍ 120]: قال -عليه السلام-: يكره ما طفى من السمك فمات، وكذلك يكره ما نضب عنه الماء إلا أن يدرك حياً، أو يموت في حظيرة حظرت لصيده، ويكره أكل الجري والمارماهي، وكذلك صح لنا عن أمير المؤمنين -عليه السلام-.

ويكره أكل الضب، والقنفذ، والأرنب، وليس بمحرم، ولكنا نعافه، وكذلك بلغنا أنه أهدي للنبي -صلى الله عليه وآله وسلم- فعافه، ولم يأكله، وأمر

أصحابه بأكله، انتهى.

الجامع الكافي [8/64]: قال الحسن -عليه السلام-: أجمع آل رسول الله -صلى الله عليه وآله وسلم- على كراهية أكل كل ذي ناب من السبع، وكل ذي مخلب من الطير، ورووا أن رسول الله -صلى الله عليه وآله وسلم- نهى عن أكله.

وقال الحسن أيضاً -فيما حدَّثنا حسين، عن زيد، عن أحمد، عنه-: والفيل من المسوخ - يعني أنه منهي عن أكله-.

قال القاسم -فيما روى عبدالله بن الحسين بن علي، عن ابن منصور، عن جعفر الطبري، عنه-: وسئل عن أكل الدلدل، والضبع؟- فقال: هما من السبع ذي الناب، ولسنا نحب لأحد أن يأكلها لنهي رسول الله -صلى الله عليه وآله وسلم- عن أكل ذي ناب من السبع، وذي مخلب من الطير.

قال: ويكره الهر الإنسي والوحشي، لأنه من السباع.

وقال محمد: بلغنا عن النبي -صلى الله عليه وآله وسلم-: ((أنه نهى عن أكل ذي ناب من السبع، وعن أكل ذي مخلب من الطير))، فأما ذووا الناب من السبع: فهو الأسد، والنمر، والذئب، [والضبع]، والثعلب، والسنور، وابن عرس، وما أشبه ذلك، وكذلك القرد منهي عنه، وقيل: إن الفيل يكره منه ما يكره من [كل] ذي ناب من السبع.

وأما ذو المخلب من الطير: فهو الباز، والصقر، والشاهين، والعقاب، والباشق، وما أشبه ذلك، وما لم يكن له مخلب من الطير فلا بأس بأكله، لا بأس بأكل الغراب الأسود الزرعي، والعقعق، والسوداني.

بلغنا عن علي -صلى الله عليه- أنه أكل لحم سوداني، ولا خير في أكل الغراب الأبقع.

وفيه أيضاً [8/79]: قال الحسن -فيما روى ابن صباح عنه-، وهو قول

محمد: ويكره للرجل المستور أن يواكل الكفار، ويخالطهم في أمورهم.

[2499] وقد روي عن النبي -صلى الله عليه وآله وسلم-: ((لا تصحب إلا مؤمناً، ولا يأكل طعامك إلا تقي)).

[2500] وقال رسول الله -صلى الله عليه وآله وسلم-: ((اصطف بطعامك لمن يحب الله -عز وجل-)) فإنْ آكَلَ الكفار، وخالطهم على وَجْه التقية، والمداراة فنرجوا أن يهب الله -عز وجل- ذلك على حسب ما فعل من مضى من الصالحين.

قال محمد: ويحرم على الرجل أن يأكل مع المرأة الأجنبية، وتوقي مثل هذا أحرز لدينه.

وفيه أيضاً [8/ 78]: قال الحسن -فيما روى ابن صباح عنه-، وهو قول محمد: ينبغي لمن أتى المسجد أن يتجنب أكل الثوم، والبصل، والكراث، وأشباه ذلك مما له رائحة من الطعام وغيره، فإن ذلك قد كره، ونهي عنه، وأكل الثوم، والبصل، والكراث عندنا حلال، وإنما كره النبي -صلى الله عليه وآله وسلم- ذلك لمن حضر الجماعات، لئلا يتأذى به أحد من المسلمين.

قال محمد: ويستحب الرائحة الطيبة لمن أتى المسجد.

قال القاسم -في رواية عبدالله بن الحسين، [عن محمد] عن جعفر، عنه: ولا بأس بأكل الثوم، والبصل، والكراث، إلا من دخل إلى مسجد الجماعات فقد جاء من الكراهية في الثوم عن رسول الله -صلى الله عليه وآله وسلم- ما جاء. انتهى.

باب القول في فضل موائد آل محمد ومن أكل من طعامهم

الهادي -عليه السلام- في الأحكام[2/ 293]: قال يحيى بن الحسين -صلوات الله عليه-: لموائد آل محمد -صلى الله عليه وآله وسلم- فضل على سائر الموائد، ولمن أكل معهم فضل على من أكل مع غيرهم، تفضيلاً من الله سبحانه لهم بولادة نبيه -صلى الله عليه وآله وسلم- إياهم، ولما أراد سبحانه من إبانة

فضلهم، وإتمام النعمة عليهم، وتظاهر نعمائه عندهم.

[2501] وفي ذلك ما حدثني أبي، عن أبيه، يرفعه إلى النبي -صلى الله عليه وآله وسلم- أنه قال: ((إذا وضعت موائد آل محمد حفت بهم الملائكة، يقدسون الله، ويستغفرون لهم ولمن أكل [معهم] من طعامهم)).

قال يحيى بن الحسين -رضي الله عنه-: وذلك احتجاج من الله عليهم، بما أسبغ من كرامته لديهم، فإن شكروا زادهم، وإن كفروا عاقبهم، فنسأل الله أن يجعلنا لأنعمه من الشاكرين، ولآلائه من الذاكرين، وله سبحانه من الخائفين، وأن يمن علينا بشكر ما أولانا، وأعطانا من أفضل العطايا، من ولادة سيد المرسلين، والاصطفاء على العالمين.

قال: فإذا فرغ الطاعمون من طعامهم؛ فليغسلوا أيديهم فلينقوها، ولا يفعلوا فعل الجفاة الطغاة في تركها، فإن غسلها من أفعال الصالحين، وتطهرة لعباد الله المصلين. انتهى.

المؤيد بالله -عليه السلام- **في شرح التجريد** [6/ 443]: ويستحب الأكل من موائد آل محمد -صلى الله عليه وآله وسلم- وذلك لما يرويه يحيى، عن جده القاسم -عليه السلام-، يرفعه إلى النبي -صلى الله عليه وآله وسلم-، قال: ((إذا وضعت موائد آل محمد حفت بهم الملائكة يقدسون الله، ويستغفرون لهم ولمن أكل [معهم] من طعامهم))، ولما يطلب في ذلك من التبرك بمخالطتهم ومعاشرتهم. انتهى.

الجامع الكافي [8/ 78]: قال أحمد بن عيسى -عليه السلام- -فيما روى محمد بن فرات، عن محمد، عن علي بن أحمد، عنه-: كان عبدالله بن الحسن -عليه السلام- إذا حضر طعامَه أحدٌ قال: كل يا عبدالله، تبرك به. انتهى.

باب القول في إجابة الدعوة وما يستحب من الوليمة

الهادي -عليه السلام- في الأحكام[2/297]: قال يحيى بن الحسين -صلوات الله عليه-: المؤمن يجيب المؤمن ولو إلى لقمة، والوليمة في العرس والختان سنة من الرسول -صلى الله عليه وآله وسلم- حسنة، لا ينبغي تركها لمن قدر عليها.

[2502] وفي ذلك ما بلغنا عن رسول الله -صلى الله عليه وآله وسلم- أنه قال: (إذا دعي أحدكم إلى الوليمة فليأتها).

[2503] وقال -صلى الله عليه وآله وسلم- لرجل من الأنصار تَزَوَّجَ-: ((أَوْلِمْ ولو بشاة)). انتهى.

[2504] **مجموع زيد بن علي -عليهما السلام-** [صـ261]: حدثني زيد بن علي، عن أبيه، عن جده، عن علي -عليهم السلام-، قال: قال رسول الله -صلى الله عليه وآله وسلم-: ((لو دعيت إلى كراعٍ لأجبت، ولو أهدي إلي ذراعٌ لقبلت)).

[2505] حدثني زيد بن علي، عن أبيه، عن جده، عن علي -عليهم السلام-، قال: (من تكرمة الرجل لأخيه: أن يقبل بره وتحفته، وأن يتحفه بما عنده، ولا يتكلف له.).

قال: وقال علي -عليه السلام-: سمعت رسول الله -صلى الله عليه وآله وسلم- يقول: ((لا أحب المتكلفين)).

[2506] حدثني زيد بن علي، عن أبيه، عن جده، عن علي -عليهم السلام-، قال: (لأن أخرج إلى سوقكم فأشتري صاعاً من طعامٍ، أو ذراعاً من لحمٍ، ثم أدعو نفراً من إخواني أحب إلي من أن أعتق رقبةً).

[2507] حدثني زيد بن علي، عن أبيه، عن جده، عن علي -عليهم السلام-، قال: قال رسول الله -صلى الله عليه وآله وسلم-: ((لا وليمة إلا في ثلاثٍ: خرسٌ(63)، أو عرسٌ، أو إعذارٌ)).

---

(63) الخرس: وليمة الولادة، والعرس: وليمة الزوجة، والإعذار: وليمة الختان. تمت حاشية.

[2508] حدثني زيد بن علي، عن أبيه، عن جده، عن علي -عليهم السلام-، قال: (إذا دعا أحدكم إخوه فليأكل من طعامه، وليشرب من شرابه، ولا يسأل عن شيءٍ).

[2509] حدثني زيد بن علي، عن أبيه، عن جده، عن علي -عليهم السلام-، قال: ((الوليمة أول يومٍ سنةٌ، والثانية رياءٌ، والثالثة سمعةٌ)).

[2510] حدثني زيد بن علي، عن أبيه، عن جده، عن علي -عليهم السلام-، قال: ((للمسلم على أخيه ست خصالٍ: يعرف اسمه، واسم أبيه، ومنزله، ويسأل عنه إذا غاب، ويعوده إذا مرض، ويجيبه إذا دعاه، [ويشمته إذا عطس]، ويشهد جنازته)). انتهى.

[2511] **صحيفة علي بن موسى الرضا -عليهما السلام-** [صـ485]: عن أبيه عن آبائه عن علي بن الحسين -عليهم السلام- قال: دعا رجل أمير المؤمنين -عليه السلام-.

فقال له علي -عليه السلام-: قد أجبتك على أن تضمن لي ثلاث خصال.

قال: وما هي يا أمير المؤمنين؟

قال: (لا تدخل علي شيئاً من خارج، ولا تدخر علي شيئاً في البيت، ولا تجحف بالعيال). انتهى.

باب القول في أكل الطين وخل الخمر والأكل بالشمال

الهادي -عليه السلام- في الأحكام[2/ 296]: قال يحيى بن الحسين -صلوات الله عليه-: لا يجوز لأحد ولا ينبغي له أن يأكل ما يضره من الطين ؛ لأنه يقال: ربما أنه قتل، وقد نهى الله عن الإلقاء باليد إلى التهلكة، فقال -سبحانه-: ﴿وَلَا تُلْقُوا بِأَيْدِيكُمْ إِلَى التَّهْلُكَةِ﴾ [البقرة:195] وقال -سبحانه-: ﴿وَلَا تَقْتُلُوا أَنفُسَكُمْ إِنَّ اللَّهَ كَانَ بِكُمْ رَحِيمًا ﴿٢٩﴾﴾[النساء] وكل ما أعان على

التلف فلا يجوز أكله لمسلم.

[2512] وقد روي عن رسول الله -صلى الله عليه وآله وسلم- أنه نهى عن [أكل] الطين، وقال: ((إنه يعظم البطن، ويعين على القتل)).

[2513] وبلغنا عن رسول الله -صلى الله عليه وآله وسلم- أنه قال: ((من أكل من الطين حتى يبلغ فيه، ثم مات لم أصل عليه)).

قال يحيى بن الحسين -رضي الله عنه-: لا بأس بأكل الخل الذي يعمل من العنب الذي يسمى خل خمر؛ لأن الله سبحانه إنما حرم الخمر، ولم يحرم الخل، والخل فلا يخامر العقل فيكون خمراً محرماً.

قال: وحدَّثني أبي، عن أبيه: أنه سئل عن أكل خل الخمر.

فقال: لا بأس به ؛ لأنه خل ليس بخمر، وإنما حرم الله الخمر لا الخل. انتهى.

الجامع الكافي [8/ 78]: قال محمد -فيما أخبرنا زيد، عن ابن هارون، عن سعدان، عنه-، وسئل عن الحامل تشتهي الطين؟ ما ترى في أكله؟

فرخص في القليل منه، وذكر [ذلك] عن علي صلى الله عليه. انتهى.

الهادي -عليه السلام- **في الأحكام** [2/ 297]: قال يحيى بن الحسين - صلوات الله عليه-: لا يجوز ولا ينبغي لمسلم أن يأكل بشماله، ولا يشرب بشماله إلا من علة.

[2514] وفي ذلك: ما بلغنا عن رسول الله -صلى الله عليه وآله وسلم- أنه قال: ((إذا أكل أحدكم فليأكل بيمينه، ويشرب بيمينه؛ فإن الشيطان يأكل بشماله، ويشرب بشماله)). انتهى.

[2515] **صحيفة علي بن موسى الرضا** -عليهما السلام- [صـ482]: عن أبيه عن آبائه، عن علي -عليهم السلام-، أنه قال: (كلوا خل الخمر ما فسد، ولا تأكلوا ما أفسدتموه أنتم).

[2516] وبهذا الإسناد عن علي بن أبي طالب -عليه السلام- قال: قال رسول الله -صلى الله عليه وآله وسلم-: ((نعم الإدام الخل، ولم يفتقر أهل بيت عندهم الخل)). انتهى.

باب القول في الذباب أو نحوه يقع في الطعام

الهادي -عليه السلام- في الأحكام[2/ 293]: قال يحيى بن الحسين -صلوات الله عليه-: إذا وقع الخنفساء والذباب في الطعام فليخرج وليرم به وليأكل، فإن ذلك لا يحرم طعاماً ولا يفسده.

[2517] وفي ذلك: ما بلغنا عن رسول الله -صلى الله عليه وآله وسلم- أنه أتي بجفنة مأدومة فوجد فيها خنفساء، فأمر بها فطرحت، وقال: ((سموا عليها وكلوا، فإن [هذا] لا يحرم شيئاً)).

وأتي بطعام فوجد فيه ذباباً فطرحه، ثم قال: ((كلوا فليس هذا الذي أخرجت منه يحرم شيئاً)).

قال: وإن وقعت فيه فأرة فأخرجت حية فلا بأس بأكل الطعام الذي أخرجت منه، وإن كانت ميتة طرحت وألقي ما كان حولها من ذلك الطعام، وأكل سائره إذا كان لم يصبه من قذرها شيء.

فإن وقعت في إناء فيه سمن أو زيت فماتت فيه وكان جامداً ألقيت وألقي ما حولها، وإن كان غير جامد فتغير بموتها فيه ريحه أو لونه أو طعمه دفق كله بأسره. انتهى.

الهادي -عليه السلام- في المنتخب[صـ 120]: قال السائل محمد بن سليمان الكوفي -رضي الله عنه-:

قلت: فإن لم يتغير الطعام بنتن ولا ريح، وقد ماتت الفأرة فيه؟

قال: يطرح ما حواليها ويؤكل باقي الطعام، وكذلك [أيضاً] لو وقعت في

سمن أو زيت فماتت فيه كان على ما وصفنا، يؤخذ ما حواليها إن كان جامداً فيرمى به، ويؤكل سائر ذلك، وإن كان غير جامد فتغير كما وصفنا لم يؤكل، وإن لم يتغير أُكل.

وقد بلغنا وصح عندنا عن النبي -صلى الله عليه وآله وسلم- أنَّه أتى بجفنة من طعام، فوجد فيها خنفساء، فأمر بها فطرحت، ثُمَّ قال: ((سموا عليها)).

وكذلك [أيضاً] أتي بجفنة طعام، فوجد فيها ذباباً فطرحه، وقال: ((كلوا، فليس يحرم هذا شيئاً)). انتهى.

باب القول في بركة ما دعا عليه رسول الله صلى الله عليه وعلى آله

[2518] **الهادي -عليه السلام- في الأحكام**[2/ 296]: قال يحيى بن الحسين -صلوات الله عليه-:

بلغنا أن رجلاً من أصحاب رسول الله -صلى الله عليه وآله وسلم- يقال له: جابر، وقيل: إنه أبو طلحة، و[قد] قيل: إنهما صنعا كل واحد منهما على حدة طعاماً يكون الصاع، ثم دعا رسول الله -صلى الله عليه وآله وسلم-، فنهض، فأتاه رسول الله -صلى الله عليه وآله وسلم-، وجميع من معه فدخل، وأمر بذلك الطعام، فوضع بين يدي رسول الله -صلى الله عليه وآله وسلم-، فتكلم عليه رسول الله -صلى الله عليه وآله وسلم- بكلام، ثم قال: ((ائذن لعشرة)) فأذن لهم، فأكلوا حتى شبعوا، ثم قال: ((ائذن لعشرة))، حتى أكل القوم كلهم، وشبعوا، والقوم سبعون رجلاً، أو ثمانون رجلاً.

قال يحيي بن الحسين -صلوات الله عليه-: كان كلامه -صلى الله عليه وآله وسلم- على الطعام دعا فيه بالبركة. انتهى.

باب القول في أكل الجراد

[2519] أمالي أحمد بن عيسى -عليهما السلام- [4/ 288]: أخبرنا محمد، قال: أخبرنا محمد بن عبيد، عن علي بن غراب، عن جعفر، عن أبيه، قال: قال علي -عليه السلام-: ((الجراد والحيتان ذكي كله)).

حدثنا محمد قال: أخبرنا محمد بن عبيد، عن حاتم، عن جعفر بن محمد، قال: رأيت أبي يأكل الجراد. انتهى.

رجال هذا الإسناد والذي قبله من ثقات محدثي الشيعة، وقد تقدم الكلام عليهم.

الجامع الكافي [8/ 64]: قال القاسم فيما روى عبدالله بن الحسين، عن ابن منصور، عن جعفر، عنه: ولا بأس بأكل الجراد.

وقال الحسن: فيما حدَّثنا محمد، وزيد، عن زيد، عن أحمد، عنه: ولا بأس بأكل الجراد.

[2520] ويروى عن علي -عليه السلام-: (أنه كره صيد المجوسي للجراد والسمك).

قال محمد: وقد اختلف في ميت الجراد إذا وجد وهو ميت، فأطلقه قوم، وكرهه قوم، إلا أن يموت بعد أخذه.

[2521] وروي عن علي -صلى الله عليه- أنه قال: (الجراد والحوت ذكي).

قال محمد: وإذا وجد الجراد في صحراء أو بين شجرة وقد سقط بعضه على بعض، فمات بعضه وبقي بعضه حياً، فكلُّه ذكي، حيه وميته لا بأس بأكله انتهى.

المؤيد بالله -عليه السلام- **في شرح التجريد** [6/ 441]: قال القاسم -عليه السلام-: لا بأس بأكل الغراب، وكذلك الجراد لا بأس بأكله:

أما الجراد: فلا خلاف في جواز أكله، لقوله -صلى الله عليه وآله وسلم-: ((أحلت لكم ميتتان))، وإطلاق القول في جواز أكله من غير استثناء حال من حال يدل على أنَّه يؤكل على أي حال مات، وبه قال أبو حنيفة والشافعي.

وحكي عن قوم أنه يحل منه ما صيد وهي حي، وذلك لا معنى له؛ لأن الخبر ورد مطلقاً فيه، ولم يرو عن النبي -صلى الله عليه وآله وسلم- في الاستثناء شيء.

وأما الغراب: فيجب أن يكون المراد به السود الصغار الَّتِي تلتقط الحب وأما الأبقع فلا، وبه قال أبو حنيفة وأصحابه.

وذلك أن السود الصغار كسائر الطيور المباح أكلها، فأما الأبقع فله مخلب يعمل به فهو من جملة ما قال النبي -صلى الله عليه وآله وسلم-: ((ذي مخلب من الطير)).

ولأنه روي أن النبي -صلى الله عليه وآله وسلم- أذن في قتله على كل حال للمحرم، وفي بعض الأخبار: ((الغراب الأبقع))، فلو جاز أكله لم يؤمر بقتله، بل أمر بذبحه، بل لم يجوز ذلك لمحرم. انتهى.

[2521] **صحيفة علي بن موسى الرضا -عليهما السلام-[صـ503]**: بسنده عن آبائه، عن الحسين بن علي -عليهم السلام-، قال: كنا أنا وأخي الحسن، وأخي محمد بن الحنفية، وبنو عمي عبدالله بن العباس، وقثم، والفضل على مائدة، فوقعت جرادة على المائدة، فأخذها عبدالله بن العباس، فقال للحسن: تعلم يا سيدي ما المكتوب على جناح الجرادة؟ قال -عليه السلام-: سألت أبي أمير المؤمنين علي بن أبي طالب، فقال: (سألت جدك رسول الله -صلى الله عليه وآله وسلم-، فقال لي): ((على جناح الجرادة مكتوب: أنا الله لا إله إلا أنا، رب الجرادة ورازقها، إذا شئت بعثتها لقوم رزقاً، وإذا شئت بعثتها على قوم بلاءً))، فقام عبدالله بن العباس، فقرب من الحسن بن علي، ثم قال: هذا والله من مكنون العلم. انتهى.

باب القول في أكل اللحم

[2522] **صحيفة علي بن موسى الرضا -عليهما السلام-** [صـ 476]: عن أبيه عن آبائه، عن علي -عليهم السلام-، قال: قال رسول الله -صلى الله عليه وآله وسلم-: ((سيد طعام الدنيا والآخرة اللحم، وسيد شراب الدنيا والآخرة الماء، وأنا سيد ولد آدم ولا فخر، والفقر فخري)).

[2523] **وبهذا الإسناد** [صـ 477] عن علي -عليه السلام-: قال رسول الله -صلى الله عليه وآله وسلم-: ((سيد طعام الدنيا والآخرة اللحم والآرز)).

[2524] **وبه** [صـ 479] عن علي -عليه السلام-، قال: (ذكر الشحم واللحم عند النبي -صلى الله عليه وآله وسلم- فقال: ((ليس منهما بضعة تقع في المعدة إلا أنبتت مكانها شفاء، وأخرجت من مكانها داء)).

[2525] **وبه** [صـ 479] عن علي -عليه السلام- قال: قال رسول الله -صلى الله عليه وآله وسلم-: ((عليكم باللحم، [فإنه ينبت اللحم]، ومن ترك اللحم أربعين يوماً ساء خلقه)). انتهى.

[2526] **مجموع زيد بن علي -عليهما السلام-** [صـ 277]: حدثني زيد بن علي، عن أبيه، عن جده، عن علي -عليهم السلام-، قال: (أهدي لرسول الله -صلى الله عليه وآله وسلم- دجاج، فطبخ بعضهنّ، وشوي بعضهنّ، ثم أُتي بهن، فأكل منهن، فأكلت معه، وما رأيت رسول الله -صلى الله عليه وآله وسلم- جمع بين إدامين حتى لحق بالله تبارك وتعالى). انتهى.

باب القول في التمر والرمان والعنب والزبيب

[2527] **صحيفة علي بن موسى الرضا -عليهما السلام-** [صـ 482]: عن أبيه عن آبائه عن علي بن أبي طالب -عليه السلام-، قال كان رسول الله -صلى الله عليه وآله وسلم- إذا أكل التمر يطرح نواه على ظهر كفه ثم يقذف به.

[2528] **وبهذا الإسناد [صـ 482]** عن علي -عليه السلام-، قال: قال رسول الله -صلى الله عليه وآله وسلم-: ((كلوا التمر على الريق؛ فإنه يقتل الديدان في البطن)).

[2529] **وبهذا الإسناد [صـ 472]** أيضاً عن علي بن أبي طالب قال: جاء جبريل إلى النبي -صلى الله عليه وآله وسلم- وقال: ((عليكم بالتمر البرني فإنه خير تمركم يقرب من الله تعالى، ويبعد من النار)).

[2530] **وبه [صـ 485]**: عن علي -عليه السلام- في قوله تعالى: ﴿ثُمَّ لَتُسْأَلُنَّ يَوْمَئِذٍ عَنِ النَّعِيمِ(8)﴾[التكاثر] قال: (الرطب، والماء البارد).

[2531] **وبه [صـ 486]**: عن علي بن الحسين -عليهما السلام- قال: دخل رسول الله -صلى الله عليه وآله وسلم- على علي بن أبي طالب وهو محموم، فأمره أن يأكل الغبيراء (64). انتهى.

[2532] **مجموع زيد بن علي -عليهما السلام- [صـ 279]**: حدثني زيد بن علي، عن أبيه، عن جده، عن علي -عليهم السلام-، قال: (من أكل على الريق إحدى وعشرين عجوة لم يضره ذلك اليوم سم، ومن أدام الغسل بالماء المسخن لم يضره داء).

[2533] حدثني زيد بن علي، عن أبيه، عن جده، عن علي -عليهم السلام-: قال: (كان رسول الله -صلى الله عليه وآله وسلم- يعجبه من الحلو التمر والرطب، ومن الأطعمة الثريد، ومن البقول الهندباء، ورأيت رسول الله -صلى الله عليه وآله وسلم- يلتقط الدبى من الصحفة، ورأيت رسول الله -صلى الله عليه وآله وسلم- يأكل الرطب بالخربز). انتهى.

الخربز -بالكسر-: البطيخ، عربي صحيح، وأصله فارسي.

---

(64) الغبيراء: شجرة وثمرها يقال له الغبراء أو العكس، والغبيراء أيضاً: السُّكُرْكَةُ وهي شراب من الذرة. تمت قاموس.

[2534] **صحيفة علي بن موسى الرضا -عليهما السلام-** [صـ 483]: عن أبيه عن علي بن الحسين، قال: قال علي بن أبي طالب -رضي الله عنه-: (كلوا الرمان بشحمه فإنه دباغ المعدة).

[2535] **وبهذا الإسناد** [صـ 483]: عن علي بن الحسين -عليهما السلام- قال: كان عبدالله بن العباس إذا أكل الرمانة لا يشاركه فيها أحد ويقول: (في كل رمانة حب من حب الجنة).

[2536] **وبه** [صـ 483]: عن علي بن أبي طالب -عليه السلام- قال: قال رسول الله -صلى الله عليه وآله وسلم-: ((كلوا الرمان فليست حبة منه تقع في المعدة إلا أنارت القلب وأخرست الشيطان أربعين يوماً)).

[2537] **وبه** [صـ 484] عن علي -عليه السلام- قال: قال رسول الله -صلى الله عليه وآله وسلم-: ((كلوا العنب حبة حبة، فإنه أمرأ وأهنأ)).

[2538] **وبه** [صـ 484]عن علي -عليه السلام- قال: قال رسول الله -صلى الله عليه وآله وسلم-: ((عليكم بالزبيب ؛ فإنه يكشف المرة، ويذهب بالبلغم، ويشد العصب، ويحسن الخلق، ويطيب النفس، ويذهب الهمّ)). انتهى.

[2539] **وفي الصحيفة أيضاً** [صـ 484] بإسناده عن آبائه عن علي -عليهم السلام-، قال: قال رسول الله -صلى الله عليه وآله وسلم-: ((ضعفت عن الصلاة وعن الجماع فنزل علي قدر من السماء فأكلت منها فزاد في قوتي قوة أربعين رجلاً في البطش والجماع)). انتهى.

باب القول في القرع والبطيخ والملح والعسل والعدس

[2540] **صحيفة علي بن موسى الرضا -عليهما السلام-** [صـ 477]: بسنده عن أبيه عن آبائه -عليهم السلام-، قال قال رسول الله -صلى الله عليه وآله وسلم-: ((إذا طبختم فأكثروا القرع فإنه يشد قلب الحزين)).

[2541] وبهذا الإسناد[صـ 477]: عن الحسين بن علي، عن أبيه -عليهم السلام- قال: (عليكم بالقرع، فإنه يزيد في الدماغ).

[2542] وبه [صـ 486]: عن الحسين علي -عليهما السلام- قال: كان أمير المؤمنين -عليه السلام- يأكل البطيخ بالسكر.

[2543] وبه [صـ 486]: عن علي -عليه السلام- قال: (أن النبي -صلى الله عليه وآله وسلم- أتي ببطيخ، ورطب، فأكل منهما، وقال: ((هذان الأطيبان)).

[2544] وبه [صـ 479] عن علي -عليه السلام- قال: قال رسول الله -صلى الله عليه وآله وسلم-: ((عليكم بالعدس، فإنه مبارك مقدس، يُرق القلب، ويكثر الدمعة، قد بارك فيه سبعون نبياً، آخرهم عيسى بن مريم ﷺ)).

[2545] وبه [صـ 480] عن الحسين بن علي -عليهم السلام-، قال: قال علي -عليه السلام-: (من بدأ بالملح أذهب الله عنه سبعين داء، أولها الجذام).

[2546] وبه [صـ 480]: عن علي -عليه السلام-، قال: قال رسول الله -صلى الله عليه وآله وسلم-: ((عليكم بالملح، فإنه شفاء من سبعين داء، منها الجذام، والبرص، والجنون)).

[2547] وبه [صـ 484]: عنه، عن علي -عليه السلام-، قال: قال رسول الله -صلى الله عليه وآله وسلم-: ((إن يكن في شيء شفاء ففي شرطة الحجام، أو شربة من عسل)).

[2548] وبه [صـ 484]: عن علي -عليه السلام-، قال: قال رسول الله -صلى الله عليه وآله وسلم-: ((لا تردوا شربة من عسل [من أتاكم بها])).

[2549] وبه [صـ 485]: عن الحسين بن علي -عليهما السلام- قال: حدثني علي بن أبي طالب -عليه السلام- قال: قال رسول الله -صلى الله عليه وآله وسلم-: ((ثلاثة يزدن في الحفظ، ويذهبن البلغم: قرآة القرآن، والعسل، واللبان)).

[2550] **وبه[صـ485]** عن علي -عليه السلام- قال: قال رسول الله -صلى الله عليه وآله وسلم-: ((الطيب يشره، والعسل يشره، والنظر إلى الخضرة يشره، والركوب يشره)). انتهى. وفي نسخة بالسين المهملة في الكل من دون هاء (يسر) من السرور.

باب القول في الطعام الذي يسقط من أثر المائدة، وفي ذم الشبع

[2551] **صحيفة علي بن موسى الرضا -عليهما السلام-[صـ481]**: بسنده عن أبيه عن آبائه عن علي -عليهم السلام-، قال: قال رسول الله -صلى الله عليه وآله وسلم-: ((الذي يسقط من المائدة مهور لحور العين)).

[2552] **وبهذا الإسناد [صـ469]**، عن محمد بن علي -عليهما السلام-، قال: حدثني أبي، عن علي بن الحسين -عليهم السلام-: أن الحسين دخل المستراح، فوجد لقمة ملقاة، فدفعها إلى غلام له، وقال: يا غلام ذكرني عن هذه اللقمة إذا خرجت، فأكلها الغلام، فلما خرج الحسين -عليه السلام-، قال: يا غلام أين اللقمة؟ قال: أكلتها يا مولاي، فقال الحسين -عليه السلام-: أنت حر لوجه الله تعالى، فقال له رجل: أعتقته يا سيدي، قال: نعم، سمعت جدي رسول الله -صلى الله عليه وآله وسلم-، وهو يقول: ((من وجد لقمة ملقاة، فمسح منها ما يمسح، وغسل منها ما يغسل، ثم أكلها لم تستقر في جوفه حتى يعتقه الله تعالى من النار))، ولم أكن لأستعبد رجلاً أعتقه الله من النار.

[2553] **وبه [صـ480]**: عن علي -عليه السلام-، قال: (ليس شيء أبغض إلى الله من بطن ملآن).

[2554] **وبه [صـ480]**: عن الحسين بن علي -عليهما السلام-، قال: حدثني علي بن أبي طالب -عليه السلام-: قال أبو جحيفة: أتيت النبي -صلى الله عليه وآله وسلم-، وأنا أتجشأ، فقال لي: ((يا أبى جحيفة أكفف جشاءك، فإن

أكثر الناس شبعاً في الدنيا أطولهم جوعاً يوم القيامة)) قال: فما ملأ أبو جحيفة بطنه من طعام حتى لقي الله تعالى. انتهى.

باب القول في دهن الزيت والورد والبنفسج

[2555] صحيفة علي بن موسى الرضا - عليهما السلام- [صـ 487]: بسنده عن أبيه عن آبائه قال: قال رسول الله -صلى الله عليه وآله وسلم-: ((يا علي عليك بالزيت كُلْه، وادهن به، فإن من أكله وادهن به لم يقربه الشيطان أربعين يوماً)).

[2556] وبهذا الإسناد [صـ 486]: قال علي بن أبي طالب -عليه السلام-: جاءني رسول الله -صلى الله عليه وآله وسلم- بالورد بكلتا يديه فلما أدنيته من أنفي قال -صلى الله عليه وآله وسلم-: ((أما إنه سيد ريحان الجنة بعد الآس)).

[2557] وبه [صـ 487]: عن أبيه موسى بن جعفر، قال: حدثني أبي جعفر -عليه السلام-، قال: دعا أبي بدهن، فقال: ادهن، فقلت: قد دهنتُ، فقال: إنه البنفسج، قلت: وما فضل البنفسج؟

قال: حدثني أبي، عن أبيه، عن جده الحسين بن علي، عن أبيه علي بن أبي طالب -عليهم السلام-، قال: قال رسول الله -صلى الله عليه وآله وسلم-: ((فضل البنفسج على الأدهان كفضل الإسلام على سائر الأديان)).

[2558] وبه [صـ 487]: عن علي -عليه السلام- قال: قال رسول الله -صلى الله عليه وآله وسلم-: ((ادهنوا بالبنفسج، فإنه بارد في الصيف، حار في الشتاء)). انتهى.

باب القول في معاء الكافر

[2559] الهادي -عليه السلام- في الأحكام [2/ 298]: قال يحيى بن الحسين -صلوات الله عليه-: بلغنا عن رسول الله -صلى الله عليه وآله وسلم- أنه قال:

((المؤمن يأكل في معاء واحد، والكافر يأكل في سبعة أمعاء)).

[2560] وكذلك بلغنا أن كافراً أضافه رسول الله -صلى الله عليه وآله وسلم-، وأمر له رسول الله -صلى الله عليه وآله وسلم- بشاة، فحلبت، فشرب الكافر لبنها، ثم أمر بأخرى، فحلبت، فشربه حتى شرب ألبان سبع شياة، ثم إنه أصبح، فأسلم، فأمر له رسول الله -صلى الله عليه وآله وسلم- بشاة، فحلبت، فشرب لبنها، ثم أمر له بأخرى، فلم يستتم لبنها، فقال رسول الله -صلى الله عليه وآله وسلم-: ((المسلم يشرب في معاء واحد، والكافر يشرب في سبعة أمعاء)). انتهى.

كتاب الأشربة

كتاب الأشربة

باب القول في تحريم شرب الخمر وكل مسكر

[2561] **مجموع زيد بن علي -عليهما السلام-** [صـ230]: حدثني زيد بن علي، عن أبيه، عن جده، عن علي -عليهم السلام-، قال: (ما أسكر كثيره فقليله حرام). انتهى.

[2562] **أمالي أحمد بن عيسى -عليهما السلام-** [4/ 259]: أخبرنا محمد، قال: أخبرنا إبراهيم، عن عيسى بن عبدالله، عن أبيه، عن جده، عن علي -عليه السلام-، قال: قال رسول الله -صلى الله عليه وآله وسلم-: ((ما أسكر كثيره فقليله حرام)).

وقال رسول الله -صلى الله عليه وآله وسلم-: ((لا أحل مسكراً)).

وقال: ((كل مسكر حرام)). انتهى.

إبراهيم: هو إبراهيم بن محمد بن ميمون، من ثقات محدثي الشيعة، قد تقدم الكلام عليه.

وعيسى: هو ابن عبدالله بن محمد بن عمر بن علي بن أبي طالب كذلك قد مر الكلام عليه.

[2563] **أبو طالب -عليه السلام- في الأمالي**[صـ541]: حدَّثنا أبو أحمد علي بن الحسين البغدادي الديباجي، قال: حدَّثنا أبو الحسين علي بن عبد الرحمن بن عيسى بن زيد بن ماتي، قال: حدَّثنا محمد بن منصور، قال: حدَّثنا عباد بن يعقوب، عن موسى بن عمير، عن جعفر بن محمد، عن أبيه، عن جده، عن علي -عليهم السلام-، قال: قال رسول الله -صلى الله عليه وآله وسلم-: ((بعثت لكسر المعزاف والمزمار، وأقسم ربي لا يشرب عبد في الدنيا خمراً إلا سقاه الله يوم القيامة حميماً))، ثم قال رسول الله -صلى الله عليه وآله وسلم-: ((كسب المغنية

سحت، وكسب المغني سحت، وكسب الزانية سحت، وحق على الله أن لا يدخل الجنة لحماً نبت من سحت)). انتهى.

رجال هذا الإسناد من ثقات محدثي الشيعة، وقد مر الكلام عليهم، إلا موسى بن عمير:

وهو موسى بن عمير القرشي الكوفي، أبو هارون الجعدي.

عن الصادق، والباقر، والحكم بن عتيبة، وزبيد، وجماعة.

وعنه محمد بن عبيد، وعباد بن يعقوب، وغيرهما.

عداده في ثقات محدثي الشيعة، ولا عبرة بقدح النواصب فيه فهي سجيتهم أعني الوصم لمن اتبع آل محمد –صلى الله عليه وآله وسلم–.

لهوى النفوس سريرة لا تعلم.

[2564] **علي بن بلال في شرح الأحكام** [إعلام الأعلام صـ 402]: وأخبرنا السيد أبو العباس –رحمه الله–، قال: أخبرنا أبو زيد، قال: حدَّثنا محمد بن منصور قال: حدثنا إبراهيم بن محمد، عن عيسى بن عبدالله، عن أبيه، عن جده، عن علي –عليه السلام–، قال: قال رسول الله –صلى الله عليه وآله وسلم–: ((ما أسكر كثيره فقليله حرام))، وقال رسول الله –صلى الله عليه وآله وسلم–: ((لا أحل مسكراً))، وقال: ((كل مسكر حرام)). انتهى.

[2565] **أمالي أحمد بن عيسى –عليهما السلام–** [4/260]: أخبرنا محمد، قال: حدَّثني أحمد بن عيسى، عن حسين، عن أبي خالد، عن زيد، عن آبائه: أن علياً –عليه السلام– أتي برجل قد شرب مسكراً فجلده الحد.

[2566] حدثنا محمد، قال: أخبرنا أحمد بن عيسى، عن حسين، عن أبي خالد، عن زيد، عن آبائه: أن علياً –عليه السلام–، قال: (السكر بمنزلة الخمر).

[2567] حدثنا محمد، قال: حدَّثني قاسم بن إبراهيم، قال: حدَّثني أبو بكر

بن أبي أويس، عن حسين بن عبدالله بن ضميرة، عن أبيه، عن جده، عن علي - عليه السلام -: أنه كان يجلد في قليل ما أسكر كثيره كما يجلد في الكثير.

[2568] حدثنا محمد، قال: حدَّثني أحمد بن عيسى، عن حسين، عن أبي خالد، عن زيد، عن آبائه، عن علي - عليهم السلام -، قال: (ما أسكر كثيره، فقليله حرام).

[2569] حدثنا محمد، قال: حدَّثني أحمد بن عيسى، عن حسين، عن أبي خالد، عن زيد: وسأله رجل عن الداذي(65)؟ فقال: أحولها تحوطون؟ تلك الخمر اجتنبها، كل شراب يزداد فوق ثلاثة أيام جودة فهو حرام. انتهى.

رجال هذه الأسانيد من ثقات محدثي الشيعة وقد مر الكلام.

والداذي: حب من الشجر كهيئة الشعير يطرح في النبيذ ليقوى به.

[2570] علي بن بلال في شرح الأحكام [إعلام الأعلام ص 405]: وأخبرنا السيد أبو العباس، قال: أخبرنا أبو زيد، قال: حدثنا محمد بن منصور، قال: حدثنا أحمد بن عيسى، عن حسين بن علوان، عن أبي خالد، عن زيد، عن آبائه: أن علياً - عليه السلام - قال: (السكر بمنزلة الخمر).

[2571] وفيه: وأخبرنا السيد أبو العباس، قال: أخبرنا أبو زيد، قال: حدثنا محمد بن منصور: قال: حدثنا محمد بن راشد عن عيسى بن عبدالله قال أخبرني أبي عن أبيه عن جده عن علي - عليهم السلام -، قال: قال رسول الله - صلى الله عليه وآله وسلم -: ((ما أسكر كثيره، فقليله حرام، اللهم إني لا أحل مسكراً)).

[2572] علي بن بلال في شرح الأحكام [إعلام الأعلام ص 406]: وأخبرنا السيد أبو العباس - رحمه الله -، قال: أخبرنا أبو زيد، قال: حدَّثنا محمد بن منصور، قال: حدَّثنا عبدالله بن محمد بن سليمان، قال: حدَّثني عبدالله بن

---

(65) معنى: تحوطون: أي تدورون، من قولهم: أنا أحوط حوب ذلك الأمر، أي أنا أدور.

موسى، عن أبي معمر سعيد بن خثيم، عن زيد بن علي، قال: قال لنا زيد بن علي -عليهما السلام-: كل مسكر حرام، وما أسكر كثيره فقليله حرام. انتهى.

رجال هذه الأسانيد قد قدمنا الكلام عليهم، وهم من ثقات محدثي الشيعة.

وعبدالله بن محمد بن سليمان: هو عبدالله بن محمد بن سليمان بن عبدالله بن الحسن بن الحسن بن علي بن أبي طالب -عليهم السلام-.

قال علامة العصر -رحمه الله-: كان ذا قدر جليل، ورد الكوفة، وروى الحديث، وكان والده هرب بعد قتل الفخي إلى عهد إدريس، وأعقب هناك. انتهى.

[2573] أبو طالب -عليه السلام- في الأمالي [صـ 544]: أخبرنا أبو الحسين علي بن إسماعيل الفقيه -رحمه الله-، قال: حدَّثنا الناصر للحق الحسن بن علي -عليه السلام-، قال: حدَّثنا محمد بن منصور، قال: حدَّثنا أحمد بن عيسى، عن حسين بن علوان، عن أبي خالد، عن زيد بن علي، عن آبائه، عن علي -عليهم السلام-، قال: قال رسول الله -صلى الله عليه وآله وسلم-: ((تحرم الجنة على ثلاثة: المنان، والقتات، والنمام، وعلى مدمن الخمر)). انتهى.

[2574] أمالي أحمد بن عيسى -عليهما السلام- [4/261]: أخبرنا محمد، قال: حدَّثني علي بن محمد بن جعفر، عن أبيه، والرضي، قالا: قال أبو عبدالله جعفر بن محمد: التقية من ديني، ولا تقية عندي في شرب النبيذ، والمسح على الخفين، والجهر ببسم الله الرحمن الرحيم.

[2575] حدثنا محمد، قال: حدَّثني أحمد بن صبيح، عن حسين بن علوان، عن جعفر، عن أبيه، عن علي، قال: (نهينا أن نسلم على سكران في حال سكره).

[2576] حدثنا محمد قال: حدثني عبدالله بن محمد بن سليمان، قال: حدثني عبدالله بن موسى، عن أبي معمر سعيد بن خثيم، قال: قال لنا زيد بن علي: كل مسكر حرام، وما أسكر كثيره فقليله حرام.

[2577] حدثنا محمد، قال: حدَّثني عبدالله بن داهر، عن أبيه، عن سعد بن طريف، عن الأصبغ بن نباتة، عن علي -عليه السلام-، قال: (لا يسلم على الذين بين أيديهم الخمور، والرياحين).

[2578] حدثنا محمد، قال: أخبرنا محمد بن راشد، عن عيسى بن عبدالله، قال أخبرني أبي، عن أبيه، عن جده، عن علي -عليهم السلام-، قال: قال رسول الله -صلى الله عليه وآله وسلم-: ((ما أسكر كثيره فقليله حرام، اللهم إني لا أحل مسكر)). انتهى.

رجال هذه الأسانيد من ثقات محدثي الشيعة، وقد تقدم الكلام عليهم جميعاً.

[2579] الهادي -عليه السلام- في الأحكام[2/ 298]: قال يحيى بن الحسين -صلوات الله عليه-: قال رسول الله -صلى الله عليه وآله وسلم-: ((مدمن الخمر كعابد وثن)).

ومدمنه: هو الذي كلما وجده شربه، ولو على رأس كل حول إذا كان مصراً على شربه، غير مجمع على تركه، ولا تائب منه إلى ربه.

قال يحيى بن الحسين: الخمر هو كلما خامر العقل فأفسده، من عنب كان أو زبيب، أو تمر أو عسل، أو زهو، أو حنطة، أو شعير، أو ذرة، أو غير ذلك من الأشياء.

[2580] قال: وبلغنا عن علي بن أبي طالب -عليه السلام-، أنه قال: قال رسول الله -صلى الله عليه وآله وسلم-: ((تحرم الجنة على ثلاثة: مدمن الخمر، والمنان، والقتات))، وهو النمام.

[2581] وبلغنا عن علي -عليه السلام- أنه قال: ((لعن رسول الله -صلى الله عليه وآله وسلم- الخمر، وعاصرها، ومعتصرها، وبائعها، ومشتريها، وساقيها، وشاربها، وآكل ثمنها، وحاملها، والمحمولة إليه)). انتهى.

[2582] **أمالي أحمد بن عيسى -عليهما السلام-**[4/ 266]: أخبرنا محمد، قال: أخبرنا عباد، عن السري، عن جعفر، عن أبيه، قال: قال رسول الله -صلى الله عليه وآله وسلم-: ((ما أسكر كثيره فقليله حرام)). انتهى.

عباد: هو ابن يعقوب، والسري هو ابن عبدالله، وكلاهما من ثقات محدثي الشيعة، وقد تقدم الكلام عليهما.

[2583] **الهادي -عليه السلام- في الأحكام**[2/ 299]: قال يحيى بن الحسين -صلوات الله عليه-: بلغنا عن أمير المؤمنين علي بن أبي طالب -عليه السلام- أنه قال: قال رسول الله -صلى الله عليه وآله وسلم-: ((كل مسكر حرام)).

[2584] وبلغنا عن زيد بن علي -عليه السلام-، عن آبائه: أن أمير المؤمنين -عليه السلام- أتي برجل قد شرب مسكراً، فجلده [الحد] ثمانين.

[2585] قال: وبلغنا عن زيد بن علي -عليه السلام-، عن آبائه، عن علي -عليهم السلام-، أنه قال: (السكر بمنزلة الخمر).

[2586] قال: وحدَّثني أبي، عن أبيه، قال: حدَّثني أبو بكر بن أبي أويس، عن حسين بن عبدالله بن ضميرة، عن أبيه، عن جده، عن علي بن أبي طالب -عليه السلام-: (أنه كان يجلد في قليل ما أسكر كثيره كما يجلد في الكثير).

قال: وحدَّثني أبي، عن أبيه: أنه سئل عن السكر أخمر هو؟.

فقال: قد جاءت في ذلك آثار وأخبار أن كل مسكر خمر، وحدهما واحد، واسمهما واحد، وإن افترقا في المعنى، وكل ما أسكر كثيره، فقليله حرام.

[2587] **أمالي أحمد بن عيسى -عليهما السلام-**[4/ 266]: أخبرنا محمد: أخبرنا عباد، عن بن أبي يحيى، عن أبان بن أبي عياش، عن سعيد بن جبير، عن ابن عباس، عن النبي -صلى الله عليه وآله وسلم- أنه قال: ((كره الله -عز وجل- لكم ستاً: الخمر، والميسر، والمعزاف، والمزمار، والكوبة، والدف)). انتهى.

رجال هذا الإسناد من ثقات محدثي الشيعة، وقد تقدم الكلام عليهم جميعاً.

وعباد: هو ابن يعقوب، وابن أبي يحيى: هو إبراهيم بن أبي يحيى، شيخ الشافعي.

[2588] **الهادي -عليه السلام- في الأحكام**[2/ 300]: قال يحيى بن الحسين -صلوات الله عليه-: قال: وبلغنا عن أمير المؤمنين علي بن أبي طالب -عليه السلام- أنه قال: (ما أسكر كثيره فقليله حرام).

[2589] وبلغنا عن جعفر بن محمد رضي الله عنه، عن أبيه، أنه قال: لا تقية في ثلاث: شرب النبيذ، والمسح على الخفين، والجهر ببسم الله الرحمن الرحيم.

[2590] وبلغنا عن أمير المؤمنين -عليه السلام- أنه قال: (نهينا أن نسلم على سكران في حال سكره).

[2591] وبلغنا عن علي بن أبي طالب -عليه السلام- أنه قال: قال رسول الله -صلى الله عليه وآله وسلم-: ((ما أسكر كثيره فقليله حرام، اللهم إني لا أحل مسكراً)). انتهى.

[2592] **أمالي أحمد بن عيسى -عليهما السلام-**[4/ 267]: حدَّثنا محمد، قال: حدَّثنا عباد، عن موسى بن عمير، عن جعفر، عن أبيه، عن جده، [عن علي -عليه السلام-]، قال: قال رسول الله -صلى الله عليه وآله وسلم-: ((بعثت بكسر المعزاف، والمزمار، وأقسم ربي لا يشرب عبد في الدنيا خمراً إلا سقاه يوم القيامة حميماً))، ثم قال رسول الله -صلى الله عليه وآله وسلم-: ((كسب المغنية سحت، وكسب المغني سحت، وكسب الزانية، وحق على الله أن لا يدخل الجنة لحماً نبت من سحت)). انتهى.

رجال هذا الإسناد من ثقات محدثي الشيعة، وقد تقدم الكلام عليهم.

قوله: وكسب الزانية: يعني أنه سحت كما تقدم من رواية أمالي أبي طالب -

عليه السلام-، بلفظ: ((وكسب الزانية سحت))، وكذلك رواية الجامع الكافي بزيادة السحت، وستأتي عن قريب إن شاء الله.

[2593] **الهادي -عليه السلام- في الأحكام** [2/ 300]: قال يحيى بن الحسين -صلوات الله عليه-: وحدَّثني أبي عن أبيه أنه قال: بلغنا عن أمير المؤمنين -عليه السلام- أنه قال: (لا أجد أحداً يشرب خمراً، ولا نبيذاً [مسكراً] إلا جلدته الحد ثمانين). انتهى.

الجامع الكافي [8/ 88]: وقال القاسم: فيما حدَّثنا علي بن محمد، عن محمد بن هارون، عن ابن سهل، عن عثمان بن محمد، عن القومسي، عنه: المسكر حرام، أجمع آل رسول الله -صلى الله عليه وآله وسلم- على تحريمه.

وفيه [8/ 88]: وقال الحسن بن يحيى: أجمع آل رسول الله -صلى الله عليه وآله وسلم- في الأشربة أن كل مسكر حرام، وعلى أن [كل] شراب يسكر كثيره فقليله حرام.

وقالوا: ما خُمِّرَ من الشراب فأسكر كثيره فهو خمر.

وأجمعوا على كراهية الدردي، والخميرة في النبيذ، والداذي، وكل شراب يجود على الترك فيسكر فهو حرام، وكل شراب يفسد على الترك فيحمض فيصير خلاً فهو حلال، إذا لم يكن فيه عكر.

وإنما النبيذ عندهم الذي يجوز شربه: ما انتبذ بالغداة وشرب بالعشي، أو انتبذ بالعشي وشرب بالغداة، وإن مكث أكثر من يوم وليلة في الشتاء ولم يُغْلَ ولم يسكر فلا بأس بشربه، وكرهوا الشراب في الإناء الضاري(66) حتى يغسل، فهذا النبيذ الذي يجوز شربه إذا لم يكن فيه عكر ولم يغل. انتهى.

---

(66) قال في النهاية: ومنه حديث علي: (أنه نهىَ عن الشُّرب في الإِنَاءِ الضَّارِي)، هو الذي ضُرِّي بالخمرِ وعُوِّد بها، فإذا جُعِل فيه العَصِير صارَ مُسْكِراً. وقال ثَعْلَب: الإنَاءُ الضَّاري ها هنا: هو السَّائل: أي أنه يُنَغِّص الشُّرْبَ على شاربه.

باب القول في الشرب في آنية الذهب والفضة

الهادي -عليه السلام- في الأحكام[2/ 301]: قال يحيى بن الحسين -صلوات الله عليه-: لا يجوز الشرب في آنية الذهب والفضة، ولا الأكل فيها، ولا أرى أن يؤكل، ولا أن يشرب فيما كان من الآنية مرصعاً بهما.

[2594] وفي ذلك ما بلغنا عن رسول الله -صلى الله عليه وآله وسلم- أنه قال: ((الذي يشرب في آنية الذهب والفضة إنما يجرجر في بطنه نار جهنم)).

[2595] قال: ونهى رسول الله -صلى الله عليه وآله وسلم- عن النفخ في الشراب.

قال يحيى بن الحسين: إذا رأى الشارب شيئاً يحتاج إلى أن ينفخه، فليأخذه بيده، فليلقه من شرابه، أو ليهرقه منه. انتهى.

المؤيد بالله -عليه السلام- في شرح التجريد [6/ 458]: ولا يجوز الشرب ولا الأكل في أواني الذهب والفضة، ولا الأواني المفضضة والمذهبة، ولا بأس أن يأكل أو يشرب في أواني النحاس والرصاص وغيرهما.

[2596] وذلك لما روي عن حذيفة أن النبي -صلى الله عليه وآله وسلم- نهى عن الشرب في آنية الذهب والفضة، وقال: ((هي لهم في الدنيا ولكم في الآخرة)).

وروي أيضاً عن النبي -صلى الله عليه وآله وسلم- قال: ((من شرب في آنية الذهب والفضة فإنما يجرجر في بطنه نار جهنم))، فصار النهي عن الشرب فيها منصوصاً عليه، وهو مما لا خلاف فيه. انتهى

باب القول في الإيثار لأصحاب اليمين في الشرب، وفي الشرب قائماً، والشرب من سور الإبل

الهادي -عليه السلام- في الأحكام [2/ 301]: قال يحيى بن الحسين -صلوات الله عليه-: السنة إذا شرب الرجل ماءً، أو لبناً، أو جُلَّاباً، أو غير ذلك مما يسع أصحابه أن يشرب، ثم يدفع المشروب إلى من على يمينه، فيدور الإناء

حتى يأتي إلى من هو عن شمال الشارب الأول.

[2597] وفي ذلك: ما بلغنا، عن رسول الله -صلى الله عليه وآله وسلم- أنه أتي بشراب فشرب منه، وعن يمينه غلام، وعن يساره مشائخ، فقال للغلام: ((أتأذن لي أن أعطي هؤلاء)) فقال الغلام: لا، والله يا رسول الله ما أوثر بنصيبي منه أحداً، فَتَلَّه رسول الله -صلى الله عليه وآله وسلم- في يده. انتهى.

قوله: فتله: أي فوضعه في يده.

[2598] **مجموع زيد بن علي -عليهما السلام- [صـ 264]**: حدثني زيد بن علي، عن أبيه، عن جده، عن علي -عليهم السلام-: قال له رجل: يا أمير المؤمنين ما ترى في سور الإبل، ومشي الرجل في النعل الواحد، وشرب الرجل وهو قائم؟.

قال: فدخل الرحبة وأنا معه والحسن، قال: ودعا بناقة له فسقاها من ذلك الماء، ثم تناول ركوة، فغرف من فضلها، وشرب وهو قائم، ثم انتعل بإحدى نعليه ثم خرج من الرحبة، ثم قال للرجل: (قد رأيت، فإن كنت بنا تقتدي، فقد رأيت ما فعلنا).

[2599] حدثني زيد بن علي، عن أبيه، عن جده، عن علي -عليهم السلام-: قال: (خرجت أنا ورسول الله -صلى الله عليه وآله وسلم- نطوف في نخل، وصاحب النخل معنا، فإذا هو بمطهرة معلقة على نخلة، قال: فتناول رسول الله -صلى الله عليه وآله وسلم- المطهرة وهو قائم، فجعل يشنها في فيه شناً، وهو قائم). انتهى.

[2600] **صحيفة علي بن موسى الرضا -عليهما السلام- [صـ 482]: عن** أبيه: عن آبائه، عن الحسين بن علي -عليهم السلام- قال: كان أمير المؤمنين -عليه السلام- يأمرنا إذا أكلنا أن لا نشرب الماء حتى نتمضمض ثلاثاً. انتهى.

كتاب اللباس

كتاب اللباس

باب القول في تحريم لبس الحرير والذهب على الرجال

الهادي -عليه السلام- في الأحكام[2/302]: قال يحيى بن الحسين -صلوات الله عليه-: لبس الحرير لا يجوز للرجال إلا في الحروب، إلا أن يكون الثوب ليس بحرير كله، ويكون فيه مع الحرير غيره.

[2601] ولا يجوز لهم التختّم بالذهب، وكذلك بلغنا عن أمير المؤمنين علي بن أبي طالب -عليه السلام- أنه قال: (أهديت لرسول الله -صلى الله عليه وآله وسلم- أثواب حرير، فأمرني، فقسمتها بين النساء).

[2602] قال يحيى بن الحسين -رضي الله عنه-: لا أحب الصلاة في شيء من الخز؛ لأني لا آمن أن يكون فيه شيء من الميت لفساد الدهر، وفسالة عماله، فأما الحرير فلا بأس أن يلبس الرجل الثوب الذي بعضه حرير، وبعضه غير حرير إذا كان غير الحرير الغالب على الحرير، وكان أكثر من نصفه.

قال: وحدَّثني أبي، عن أبيه: أنه سئل عن لبس الحرير للرجال؟

فقال: لا بأس به إذا لم يكن الثوب خالصاً كله منه، وكان ما فيه من غير الحرير هو الأكثر الأغلب، وكان دون ما فيه من غيره وإن ترك ذلك تارك تحرياً، وكان مستغنياً، كان ترك لباسه أفضل لما جاء فيه عن النبي -صلى الله عليه وآله وسلم-. انتهى.

الجامع الكافي[8/113]: وقال القاسم، فيما روى عبدالله بن الحسين، عن محمد، عن جعفر، عنه: يكره لبس الحرير الثوب الذي فيه الحرير إذا كان الحرير هو الأكثر الأغلب دون ما فيه من غيره، ولا بأس إن كان دون ذلك، وإن ترك لبس ذلك، فهو أفضل لما جاء عن النبي -صلى الله عليه وآله وسلم-.

وفيه[8/114]: وقال الحسن بن يحيى وسئل عن لبس الذهب، والحرير؟.

فقال: سمعنا عن النبي -صلى الله عليه وآله وسلم-، أنه كره للرجال لبس الحرير، والتختم بالذهب، ولم يكره [ذلك] للنساء.

وإنما نهى النبي -صلى الله عليه وآله وسلم- عن لباس الحرير إذا كان كله من حرير، أو ديباج، وأما الثوب الملحم، فإن كان الأكثر فيه من الحرير، فهو من المنهي عنه، يعني وإن كان الأقل فيه من الحرير، فقد رخص في لبسه، والصلاة فيه جائزة.

ورخص في لبس الثوب الذي فيه العلم من الحرير، ونحوه، وفي لبس الكساء فيه الإبريسم، والصلاة فيه جائزة.

وأما النساء فجائز لهن لبس الحرير والذهب والفضة والصلاة فيهما.

[2603] وفيه [8/115]: قال محمد: روينا عن النبي -صلى الله عليه وآله وسلم-، وعن كثير من الصحابة، وعن العلماء من آل رسول الله -صلى الله عليه وآله وسلم-:[أن النبي -صلى الله عليه وآله وسلم- قال]: ((الذهب، والديباج، والحرير حرام على ذكور أمتي حلال لإناثهم))، وهذا المعمول عليه، إلا عند الضرورات، فقد أذن النبي -صلى الله عليه وآله وسلم- للزبير بن العوام لبس الحرير تحت الدرع في الحرب، وأذن لعبد الرحمن بن عوف في لبس قميص حرير أبيض على جلده لجرب كان به، وقمل، ولا بأس على النساء في لبس الحرير، والأمة، وأم الولد، والمدبرة، والمكاتبة بمنزلة الحرة في لباس الحرير ونحوه. انتهى.

الهادي -عليه السلام- **في المنتخب** [صـ 122]: قال -عليه السلام- وقد روي، عن أمير المؤمنين -عليه السلام- أنه قال: (أهدي لرسول الله -صلى الله عليه وآله وسلم- ثياب حرير، فأمرني، فقسمتها بين النساء). انتهى.

المؤيد بالله -عليه السلام- **في شرح التجريد** [6/461]: لا يجوز للرجال لبس الحرير المحض إلا في الحروب، وذلك لأخبار كثيرة رويت في هذا الباب:

[2604] منها: ما روي عن علي -عليه السلام-، قال: (خرج علينا رسول

الله -صلى الله عليه وآله وسلم-، وفي إحدى يديه ذهب، وفي الأخرى حرير، فقال: ((هذان حرام على ذكور أمتي، وحل لإناثها)).

[2605] وروي هذا عن عدة من الصحابة: زيد بن أرقم، وابن عمر، وعقبة بن عامر، وغيرهم، عن النبي -صلى الله عليه وآله وسلم-، وعن علي -عليه السلام-، قال: (أهديت لرسول الله -صلى الله عليه وآله وسلم- حلّة لحمتها وسداها إبريسم، فقلت: يا رسول الله ألبسها، قال: ((لا، أكره لك ما أكره لنفسي، ولكن اقطعها خمراً لفلانة، وفلانة)) فذكر [فاطمة]، فشقها أربع خمر، وأما في الحرب، فلأنه يكون جنة، وسلاحاً، وإرهاباً باللعدو، وروي أن رسول الله -صلى الله عليه وآله وسلم- رخص لطلحة بن عبيد الله في لبس الحرير، ولا أحفظ خلافاً في ذلك انتهى.

قوله: فذكر، كذا في شرح التجريد، وأصول الأحكام، وبلفظ: (فشققتها) هكذا لفظ أصول الأحكام، وفي الشفاء: (فذكر فاطمة).

باب القول في لبس الخز والمشبع بحمرة

قد تقدم في أول الباب كلام الهادي -عليه السلام- في الخز

وفي الجامع الكافي[8/ 116]: قال محمد: ولا بأس عندنا بلبس الخز، ثبت لنا عن الحسين بن علي، وعلي بن الحسين -عليهما السلام-: أنهما لبسا الخز.

قال القاسم -عليه السلام-: فيما روى عبدالله بن الحسين، عن محمد [النيروسي]، عن جعفر، عنه: ولا يلبس الرجل المقدم[67] من الثياب، وهو المشبع بالحمرة، ويكره لبس المشتهر إلا في الحرب.

ولا بأس بلبس العمائم السود ما لم يفحش صبغها.

(67) في الجامع الكافي المطبوع (ولا يلبس الرجل المقرم من الثياب).

ولا بأس للرجل بلبس الخاتم إذا لم يكن ذهباً، ويلبسه في أي يديه شاء، والذي عليه أهل البيت لبس الخاتم في اليمين.

ولا بأس للنساء بلبس السابري، والصطوي، والعصير إذا لم تشف، ولم تظهر منها شيء مما يكره كشفه، وما شف من ذلك، وسخف حتى يرى منه ما لا تحل رؤيته لم يحل لبسه. انتهى.

باب القول في لبس الخاتم

الهادي -عليه السلام- في الأحكام[2/ 305]: قال يحيى بن الحسين -صلوات الله عليه-: حدَّثني أبي، عن أبيه: أنه سئل عن لباس الخاتم للرجال؟.

فقال: لا بأس بذلك ما لم يكن ذهباً.

والذي عليه أهل بيت النبي -صلى الله عليه وآله وسلم-: لبس الخواتيم في الأيمان.

قال يحيى بن الحسين -رضي الله عنه-: جاء الأثر عن النبي -صلى الله عليه وآله وسلم- أنه تختم في يمينه، وعن علي -عليه السلام-، وعن الحسن، والحسين، وعن خيار آل رسول الله -صلى الله عليه وآله وسلم-، وذلك الواجب عندي ؛ لأن الخاتم يكون فيه اسم الله -عز وجل- وذكره، فينبغي أن يبعد عن اليسار لاستعمالها في إماطة ما يماط بها من الأقذار من الغائط وغيره. انتهى.

وقال -عليه السلام- في المنتخب[صـ 123]: كذلك صح عندنا أن النبي -صلى الله عليه وآله وسلم- تختم في يمينه، وعلي، والحسن، والحسين -عليهم السلام-. انتهى.

وفي مسائل القاسم بن إبراهيم -عليه السلام-[**مجموع القاسم** (2/ 556)]: قال محمد بن القاسم -عليه السلام-: وسألته هل ينقش في الخواتيم شيء من القرآن؟

فقال: القرآن خير ما نقش فيها، وقد كان نقش خاتم رسول الله -صلى الله عليه وآله وسلم- (محمد رسول الله) وهذا من القرآن. انتهى.

[2606] صحيفة علي بن موسى الرضا -عليهما السلام- [صـ 465]: قال: حدثني أبي موسى بن جعفر، قال: كان على خاتم محمد بن علي، ظني بالله حسن، وبالنبي المؤتمن، وبالوصي ذي المنن، وبالخيرين الحسين والحسن. انتهى.

[2607] المؤيد بالله -عليه السلام- في شرح التجريد [6/465]: وعن جعفر، عن أبيه، قال: كان رسول الله -صلى الله عليه وآله وسلم- يتختم بيمينه.

وعن جعفر، عن أبيه، قال: كان نقش خاتم علي -عليه السلام- (الله الملك)، وكان يتختم بيمينه. انتهى.

[2608] صحيفة علي بن موسى الرضا -عليهما السلام- [صـ 498]: بإسناده عن أبيه، عن آبائه، عن علي -عليهم السلام-، قال: قال رسول الله -صلى الله عليه وآله وسلم-: ((تختموا بالعقيق؛ فإنه لا يصيب أحدكم غم ما دام ذلك عليه)). انتهى.

[2609] المرتضى -عليه السلام- في النهي [مجموع المرتضى (2/752): عن أبيه عن آبائه، عن علي -عليهم السلام-:قال ((نهى النبي -صلى الله عليه وآله وسلم-، عن التختم بالذهب للرجال)). انتهى.

الجامع الكافي [8/ 124]: [قال الحسن، ومحمد]: يكره للرجل أن يتختم بالذهب، ولا بأس للمرأة، ولا بأس بخاتم الفضة للرجل، والمرأة.

وفيه [8/ 124]: حدَّثنا الحسين بن محمد، قال: حدَّثنا محمد بن أحمد بن وليد، قال: حدَّثنا سعدان، قال: سمعت أبا جعفر، يقول: عمل والٍ لأهل المدينة وليمة أو دعوة، ودعا فيها الطالبيين، فأول من دخل من الطالبيين نظر إليه، وخاتمه في يمينه، فقال له: أيش تروي في هذا، فلم يكن عنده فيه شيء، ثم دخل بعده أبو الطاهر أحمد بن عيسى، وخاتمه في يمينه، فقال له: يا أبا الطاهر أيش تروي في هذا؟ فروى له سبعة أحاديث، فقال له: مثلك يلبس الخاتم في يمينه. انتهى.

باب القول في دباغ الإهاب طهوره

[2610] **مجموع زيد بن علي -عليهما السلام-** [صـ208]: حدثني زيد بن علي، عن أبيه، عن جده، عن علي -عليهم السلام-: أنه قال: (دباغ الإهاب طهوره، وإن كان ميتة). انتهى.

[2611] **المؤيد بالله -عليه السلام- في شرح التجريد**[ج1ص101]: ويدل على ذلك: ما أخبرنا به أبو الحسين بن إسماعيل، قال: حدَّثنا الناصر، قال: حدَّثنا محمد بن منصور، قال: حدَّثنا أحمد بن عيسى، عن حسين بن علوان، عن أبي خالد، عن زيد بن علي، عن آبائه، عن علي -عليهم السلام-، قال: قال رسول الله -صلى الله عليه وآله وسلم-: ((لاتنتفعوا من الميتة بإهاب، ولاعصب))، فلما كان من الغد خرجت أنا وهو فإذا نحن بسخلة مطروحة على الطريق، فقال: ((ما كان على أهل هذه لو أنتفعوا بإهابها)) فقلت: يا رسول الله أين قولك أمس؟ فقال: ((ينتفع منها بالشيء)). [كأنه يعني الشيء الجاف الذي لا يلصق]. انتهى.

رجال هذا الإسناد من ثقات محدثي الشيعة وقد تقدم الكلام عليهم.

الهادي -عليه السلام- في الأحكام[2/ 304]: قال يحيى بن الحسين -صلوات الله عليه-: حدَّثني أبي، عن أبيه: أنه سئل عن الجلود، إذا دبغت جلود الميتة فقال: الحديث فيها مختلف.

[2612] وقد جاء من النهي عن رسول الله -صلى الله عليه وآله وسلم- في بكتابه إلى مزينة: ((لا تنتفعوا من الميتة بإهاب، ولاعصب، ولا يحل الانتفاع بإهابها، ولا عصبها كما لا يحل الإنتفاع بلحمها، ولا بشيء منها)). انتهى.

الجامع الكافي[8/ 119]: قال أحمد بن عيسى: لا أرى بأساً بالصلاة في جلود الثعالب، وغيرها من السباع إذا دبغت، وأرى دباغها طهورها للحديث عن النبي -صلى الله عليه وآله وسلم-.

وقال القاسم -عليه السلام-: فيما حدَّثنا علي عن ابن هارون، عن أحمد، عن

عثمان، عن القومسي، عنه: يكره جلود الميتة كما يكره عظمها ؛ لأن الذكاة تلزم جلدها كما تلزم غيره من أعضائها، وقال: جلود الثعالب مكروهة، وكذلك جاء عن علي -صلوات الله عليه- انتهى.

باب القول في الخضاب

[2613] **المرشد بالله عليه في الأمالي**[2/ 346]: أخبرنا القاضي أبو القاسم علي بن المحسن بن علي التنوخي - بقراءتي عليه - قال: حدَّثنا أبو محمد سهل بن أحمد بن عبدالله بن سهل الديباجي، قال: حدَّثنا محمد بن محمد بن الأشعث أبو علي الكوفي، قال: حدَّثنا موسى بن إسماعيل بن موسى بن جعفر بن محمد بن علي بن حسين بن علي بن أبي طالب -عليهم السلام-، قال: حدَّثنا أبي، عن أبيه، عن جده جعفر، عن أبيه، عن جده علي، عن أبيه، عن علي -عليهم السلام-،، قال: قال رسول الله -صلى الله عليه وآله وسلم-: ((ثلاث يطفين نور العبد: من قطع ود أبيه، وغير شيبه بسواد،(68) ووضع بصره في الحجرات من غير أن يؤذن له)). انتهى.

الجامع الكافي[8/ 122]: قال محمد في رواية عبدالله بن الحسين: رأيت عبدالله بن موسى، وأحمد بن عيسى، وقاسم بن إبراهيم لا أرى على أحد منهم أثر خضاب برأسه ولا لحيته.

---

(68) أخرج المرشد بالله -رضي الله عنه- في الأمالي بسند ليس على شرطنا عن أبي الدرداء قال: قال رسول الله -صلى الله عليه وآله وسلم-: ((من خضب بالسواد سود الله وجهه يوم القيامة)).
وأخرج أيضاً بسند ليس على شرطنا عن ابن عباس عن النبي -صلى الله عليه وآله وسلم- قال: ((يكون في آخر الزمان قوم يخضبون بالسواد كحواصل الحمام لا يريحون رائحة الجنة)).
وأخرج أيضاً بسند ليس على شرطنا عن أبي هريرة قال: قال رسول الله -صلى الله عليه وآله وسلم-: ((إن المشركين يبيضون لحاهم فغيروا الشيب وخالفوهم)).
وأخرج أيضا بسنده عن ابن عباس رضي الله عنه قال: قال رسول الله -صلى الله عليه وآله وسلم-: ((لا تشبهوا بالأعاجم غيروا اللحى)).
وأخرج أيضا بسنده عن ابن عباس رضي الله عنهما قال: قال رسول الله -صلى الله عليه وآله وسلم-: ((أحسن ما غيرتم به الشيب الحنا والكتم)). انتهى. وجميع أسانيد هذه الأحاديث فيها من ليس على شرطنا تمت مؤلف.

وقد بلغني أن عبدالله بن موسى مس شيئاً من صفرة ولم أره، ورأيت أبا الطاهر يخضب يده بالحناء.

حدَّثنا جعفر، عن قاسم، قال: لا بأس بالخضاب بالسواد، وكان محمد بن الحنفية يخضب بالوسمة.

[2614] وذكر عن علي -عليه السلام- أنه قيل له بعدما شاب: يا أمير المؤمنين لو غيرت لحيتك، فقال: (إني لأكره أن أغير لباساً ألبسنيه الله).

وقد كان الحسن والحسين يخضبان.

قال محمد بن منصور: كرهه علي لما قال له النبي -صلى الله عليه وآله وسلم-: ((تخضب هذه من هذه)) يريد هامته.

قال محمد: جائز الخضاب بالوسمة، والحناء، والكتم. انتهى.

الهادي -عليه السلام- في الأحكام[2/ 303]: قال يحيى بن الحسين -صلوات الله عليه-: ولا بأس بتغيير الشيب إن غيره مُغَيِّر، وتركُه على خلق ربه أفضل.

وقد روي عن أمير المؤمنين علي بن أبي طالب -عليه السلام- أنه قيل له حين كثر شيبه: (لو غيرت لحيتك) قال: (إني أكره أن أغير لباساً ألبسنيه الله -عز وجل-). انتهى.

المؤيد بالله -عليه السلام- في شرح التجريد[6/ 467]: ولا بأس بتغيير الشيب بالخضاب، وتركه أفضل، والخضاب مما لاخلاف في جوازه، وقد روي عن كثير من السلف من أهل البيت وغيرهم. انتهى.

باب القول في المرأة تصل شعرها بغيره

الهادي -عليه السلام- في الأحكام[2/ 303]: قال يحيى بن الحسين -صلوات الله عليه-: لا بأس أن تصل المرأة في شعرها شعراً، أو صوفاً من شعر الغنم، فأما شعر الناس فلا يحل لها أن تصله بشيء من شعرها.

[2615] وفي الواصلة شعرها بشعر الناس ما يروى عن رسول الله -صلى الله عليه وآله وسلم-: (أنه لعن الواصلة والمتوصلة). انتهى.

الجامع الكافي[8/ 123]: وعلى قول محمد: لا ينبغي للمرأة أن تصل شعرها بشعر الناس، ولا بأس أن تصل شعرها بصوف الضأن أو شعر الغنم؛ لأن أحمد قال: فيما روى محمد بن فرات، عن محمد، عن علي بن أحمد، عن أبيه: أنه كان لا يرى بأساً بشعر البزّ، وهي الشاة، وبكل شعر ما خلا شعور الناس فإنه ميتة، وكان أهله يفعلون ذلك بعلمه، ولا ينهاهم - يعني أن أهله كن يصلن شعرهن بشعر الغنم، أو صوف الضأن - فلا ينهاهنّ.

قال محمد: لا بأس به.

وقال محمد: إذا سقطت خصلة من شعر في إناء كره أن يتوضأ به، [أو يشرب]. انتهى.

باب القول في النهي عن كشف العورة

[2616] محمد بن يحيى المرتضى -عليه السلام- في كتاب النهي[مجموع المرتضى ج2ص768]: عن أبيه عن آبائه، عن علي -عليهم السلام-، قال: (نهى رسول الله -صلى الله عليه وآله وسلم- الرجل أن ينظر إلى عورة الرجل.

ونهى المرأة أن تنظر إلى عورة الامرأة، وقال: ((عورة المسلم على المسلم حرام)).

ونهى أن يدخل الحمام إلا بمئزر، وقال: ((من كان يؤمن بالله، واليوم الآخر فلا يدخلن إلا بمئزر)). انتهى (69).

الهادي -عليه السلام- في الأحكام[2/305]: قال يحيى بن الحسين - صلوات الله عليه-: ينبغي للمرأة أن ترخي درعها، وتجر إزارها حتى تستتر قدماها، وغيرهما منها.

---

(69) قد تقدم هذا الكلام عن الإمام المرتضى -عليه السلام- في كتاب الطهارة باب القول في ستر العورة وما نهي عن التبرز فيه من المواضع.

[2617] وفي ذلك ما بلغنا: عن أم سلمة زوج النبي -صلى الله عليه وآله وسلم- أنها قالت للنبي -صلى الله عليه وآله وسلم- لما ذكر الإزار: فالمرأة يا رسول الله، فقال: ((ترخي شبراً))، قالت: إذن ينكشف عنها، قال: ((فذراعاً لا تزيد عليه)).

قال يحيى بن الحسين -رضي الله عنه-: ينبغي للمرأة أن تجر من ذيولها، وملاحفها حتى يستتر جوانبها وقدماها، وليس للرجال ذلك أكثر ما يرخي الرجل ثوبه إلى ظهر قدميه.

وفي الأحكام أيضاً [2/ 302]: قال يحيى بن الحسين -رضي الله عنه-: لا ينبغي لأحد أن يكشف عورته لدخول الماء، أو دخول الحمام، لأن الله قد أمر بستر العورات.

[2618] وقد قال رسول الله -صلى الله عليه وآله وسلم-: ((عورة المؤمن على المؤمن حرام)).

ويستحب لمن دخلها وحده أن يستتر أيضاً، ونوجب على من دخلها مع غيره الاستتار إيجاباً. انتهى.

الجامع الكافي [8/ 126]: قال محمد: عورة المسلم على المسلم حرام، وروى ذلك عن النبي -صلى الله عليه وآله وسلم-.

[2619] وعن علي صلى الله عليه قال: ((إن العبد إذا بدت عورته أعرض عنه الملك)). انتهى.

خاتمة في ما نهي عنه

الهادي -عليه السلام- في الأحكام[2/ 307]: قال يحيى بن الحسين -صلوات الله عليه-:

[2620] نهى رسول الله -صلى الله عليه وآله وسلم- أن يشتمل الرجل

بالثوب الواحد على أحد شقيه.

وأن يحتبي بالثوب الواحد ليس على فرجه منه شئ.

وعن المشي في فرد نعل.

وعن القراءة في الركوع.

وعن لبس الذهب وتختمه.

وعن لبس المعصفر للرجال وغيره من المصبوغ إلا في منازلهم بين أهلهم.

قال يحيى بن الحسين -رضي الله عنه-: إنما نهى رسول الله -صلى الله عليه وآله وسلم- عن الاشتمال بالثوب الواحد على أحد الشقين؛ لأنه إذا فعل ذلك بدا فرجاه وفخذاه، وإنما تلك لبسة جفاة الأعراب الأردياء، وأهل الدعارة من سكان القرية السفهاء. انتهى.

[2621] المرتضى محمد بن يحيى -عليه السلام- في النهي [مجموع المرتضى (2/ 768 - 770)]: عن أبيه يحيى بن الحسين، عن آبائه، عن علي -عليهم السلام-، قال: (نهى رسول الله -صلى الله عليه وآله وسلم- النساء عن دخول الحمام، وقال: ((لعن الله داخلات الحمام)).

ونهى أن يردف الرجل دابته امرأة لا يملكها.

ونهى المرأة أن تستعين بالرجل لحملها على دابتها.

ونهى النساء أن يلي ذلك منهنّ غير رجالهنّ.

ونهى الامرأة أن تسافر إلا مع زوج، أو ذي رحم محرم.

ونهى أن تدخل المرأة المتهمة في دينها على المرأة المأمونة في دينها.

ونهى أن تدخل المذكرة من النساء على امرأة تؤمن بالله واليوم الآخر.

ونهى أن تلبس المرأة لباس الرجال، وتشبه بهم في حال من الحال، وتمشي مشية الرجل، وتكلم بكلامه.

ونهى الرجل أن يتشبه بالمرأة في لباسها، وفي كلامها، أو في مشيها، وقال: (لعن الله ورسوله من فعل ذلك من الرجال والنساء).

ونهى المرأة أن تعصي زوجها في شيء يهواه [منها]، ما لم يحملها على معصية الله.

ونهى عن الكهانة، ونهى أن يصدق الكاهن، ويؤتى، وقال: ((من تكهن أو تكهن له فليس من الله في شيء)).

ونهى عن مجالسة المخنث، وعن إجابة دعوته، وعن أكل طعامه، وعن مناكحته، وقال: ((من فعل ذلك فقد برئ الله ورسوله منه)).

[2622] **وفي كتاب النهي أيضاً [مجموع المرتضى ج2ص756]** قال المرتضى محمد بن يحيى بن الحسين بن القاسم بن إبراهيم -صلوات الله عليه-م وروى عنه -صلى الله عليه وآله وسلم- بإسناد صحيح: ((أنه نهى عن الركوب على النمور وعن الصلاة في الحرير المحض)) وقال النمور من متاع الكفار وزينة من لا خلاق له انتهى.

باب القول في تحريم الغناء وآلات اللهو

[2623] **مجموع زيد بن علي -عليهما السلام- [صـ278]**: حدثني زيد بن علي، عن أبيه، عن جده، عن علي -عليهم السلام-، قال: قال رسول الله -صلى الله عليه وآله وسلم-: ((من تغنى أو غنى له، أو ناح أو نيح له، أو أنشد شعراً أو قرضه وهو فيه كاذب، أتاه شيطانان، فيجلسان على منكبيه يضربان صدره بأعقابهما حتى يكون هو الساكت)).

[2624] حدثني زيد بن علي، عن أبيه، عن جده، عن علي -عليهم السلام-، أنه قال: (بئس البيت بيت لا يعرف إلا بالغنَّاء، وبئس البيت بيت لا يعرف إلا

بالفسوق، والنياحة).

[2625] حدثني زيد بن علي، عن أبيه، عن جده، عن علي -عليهم السلام-، قال: قال رسول الله -صلى الله عليه وآله وسلم-: (([إن] أول من تغنَّى إبليس لعنه الله، ثم زمر، ثم حدا، ثم ناح)).

[2626] حدثني زيد بن علي، عن أبيه، عن جده، عن علي -عليهم السلام-، قال: قال رسول الله -صلى الله عليه وآله وسلم-: ((إياكم والغنَّاء؛ فإنه ينبت في القلب النفاق كما ينبت الماء الشجر)).

[2627] حدثني زيد بن علي، عن أبيه، عن جده، عن علي -عليهم السلام-، قال: قال رسول الله -صلى الله عليه وآله وسلم-: ((كسب البغي والمغنية حرام)).

[2628] حدثني زيد بن علي، عن أبيه، عن جده، عن علي -عليهم السلام-، قال: سمعت رسول الله -صلى الله عليه وآله وسلم- يقول: ((عشر من عمل قوم لوط فاحذروهنّ: إسبال الشارب، وتصفيف الشعر، ومضغ العلك، وتحليل الأزرار، وإسبال الإزار، وإطارة الحمام، والرمي بالجلاهق، والصفير، واجتماعهم على الشرب، ولعب بعضهم ببعض)). انتهى.

[2629] **أمالي أحمد بن عيسى -عليهما السلام-**[4/ 269]: أخبرنا محمد، قال: حدَّثني أحمد بن صبيح، عن حسين، عن أبي خالد، عن زيد، عن آبائه، عن علي -عليهم السلام-، قال: سمعت رسول الله -صلى الله عليه وآله وسلم- يقول: ((عشر من عمل قوم لوط فاحذروهنّ: إسبال الشارب، وتصفيف الشعر، وتنقيض[70] العلك، وتحليل الأزرار، وإسبال الإزار، وإطارة الحمام، والرمي بالجلاهق، والصفير، واجتماعهم على الشراب، ولعب بعضهم ببعض)). انتهى.

رجال هذا الإسناد من ثقات محدثي الشيعة وقد تقدم الكلام عليهم.

---

(70) التنقيض: هو التصويت، وإنقاض العلك: تصويته، وهذا اللفظ في رأب الصدع (3/ 1590)، وأما في العلوم فهو بلفظ (مضغ).

[2630] الهادي -عليه السلام- في الأحكام [2/ 393]: قال يحيى بن الحسين -صلوات الله عليه-: بلغنا عن زيد عن آبائه عن علي بن أبي طالب -عليه السلام-، قال: قال رسول الله -صلى الله عليه وآله وسلم-: ((عشر من أفعال قوم لوط فاحذروهنّ: إسبال الشارب، وتصفيف الشعر، وتنقيض العلك، وتحليل الأزرار، وإسبال الإزار، وإطارة الحمام، والرمي بالجلاهق، والصفير، واجتماعهم على الشراب، ولعب بعضهم ببعض)). انتهى.

[2631] أبو طالب -عليه السلام- في الأمالي [ص 523]: أخبرنا أبو العباس أحمد بن إبراهيم الحسني -رحمه الله-، قال: أخبرنا محمد بن بلال، قال: حدَّثنا أحمد بن محمد بن سلام، قال: حدَّثنا الحسين بن عبد الواحد، قال: حدَّثنا الحسن بن الحسين العرني، عن حسين بن علوان عن أبي خالد عن زيد بن علي عن جده عن علي -عليهم السلام-، أنه قال: (بئس البيت بيت لا يعرف إلا بالغنَّاء، وبئس البيت بيت لا يعرف إلا بالشراب وبئس البيت بيت لا يعرف إلا بالفسق).

ثم قال: قال رسول الله -صلى الله عليه وآله وسلم-: (أول من تغنى إبليس ثم زمر ثم حدا ثم ناح). انتهى.

رجال هذا الإسناد من ثقات محدثي الشيعة وقد تقدم الكلام عليهم.

والحسين بن عبدالواحد: الصواب الحسن بن عبدالواحد كما تقدم الكلام عليه.

[2632] أمالي أحمد بن عيسى -عليهما السلام- [4/ 264]: حدثنا[71] محمد، قال: حدَّثني علي ومحمد ابنا أحمد بن عيسى، عن أبيهما، عن حسين بن علوان، عن أبي خالد، عن زيد بن علي، عن آبائه، عن علي -عليهم السلام-، قال: قال رسول الله -صلى الله عليه وآله وسلم-: ((من تغنى أو غُنِّيَ له، أو ناح أو نيح له، أو أنشد شعراً أو قرضه وهو فيه كاذب، أتاه شيطانان، فيجلسان على

---

(71) لفظ (حدثنا) في عامة الأسانيد التي في الأمالي هو لفظ (رأب الصدع)، ولفظ (أخبرنا) هو لفظ العلوم.

منكبيه يضربان صدره بأعقابهما حتى يكون هو الساكت)).

[2633] حدثنا محمد، قال: حدَّثني علي، ومحمد عن أبيهما، عن حسين بن علوان، عن أبي خالد، عن زيد بن علي، عن آبائه، عن علي -عليهم السلام-، أنه قال: (بئس البيت بيت لا يعرف إلا بالغنَّاء، وبئس البيت بيت لا يعرف إلا بالفسوق والنياحة).

[2634] حدثنا محمد، قال: حدَّثني علي ومحمد، عن أبيهما، عن حسين، عن أبي خالد، عن زيد بن علي، عن آبائه، عن علي -عليهم السلام-، قال: قال رسول الله -صلى الله عليه وآله وسلم-: (أول من تغنى إبليس، ثم زمر، [ثم حدا][72]، ثم ناح).

[2635] حدثنا محمد، قال: حدَّثني علي، ومحمد ابنا أحمد بن عيسى، عن أبيهما، عن حسين، عن أبي خالد عن زيد بن علي عن آبائه، عن علي -عليهم السلام-، قال: قال رسول الله -صلى الله عليه وآله وسلم-: ((إياكم والغنَّاء؛ فإنه ينبت في القلب النفاق كما ينبت الماء الشجر)).

[2636] **وفيها** [4/ 265] **أخبرنا** محمد، قال: حدَّثني علي، ومحمد، عن أبيهما، عن حسين، عن أبي خالد، عن زيد بن علي، عن آبائه، عن علي -عليهم السلام-: قال: أتاه رجل فقال: إن عندي جارية أصبتها، وقد علمت النوح، فقال: ويحك فعلمها القرآن فإني سمعت رسول الله -صلى الله عليه وآله وسلم- يقول: ((لا تُعَلِّموهُنّ النوحَ ولا الغنَّاء فإن كسبهما حرام)). انتهى.

الجامع الكافي [8/ 136]: قال القاسم -عليه السلام-: وحرم الله -عز وجل- على كل مسلم أن يملك خمراً، أو طنبوراً، أو عوداً.

وقال القاسم أيضاً -فيما روى داود عنه-: وسئل عن ضرب الدف واللهو في العرس؟

(72) ما بين القوسين ثابت في رأب الصدع (3/ 1578)، وليس في العلوم.

فقال: كل لهو أو لعب وبطالة لا يرضى الله تعالى بها من أهلها فلا يحل فعلها.

وسئل عن قوله تعالى: ﴿وَمِنَ ٱلنَّاسِ مَن يَشۡتَرِي لَهۡوَ ٱلۡحَدِيثِ﴾.

فقال: [هو] كل باطل يحدث به أهله، أو لهو اجتمع من غناء أو عزف، أو مزمار أو دف، أو مقال قبيح.

[2637] وحدثنا الحسين بن محمد، قال: حدثنا محمد بن وليد، قال: حدثنا سعدان، عن محمد بن منصور قال: سألت أحمد بن عيسى، وعبد الله بن موسى، والقاسم بن إبراهيم، وأبا الطاهر -عليهم السلام- قلت: من يجيز الملاهي؟

فقالوا: المجان.

[2638] قال محمد: وروي عن النبي -صلى الله عليه وآله وسلم- قال: ((بعثت بكسر المزمار، وتحريم الخمر))

[2639] وقال الحسن بن يحيى -عليه السلام-: وسألت عن النرد والشطرنج والملاهي، وما نهي عنه من ذلك، فإنا سمعنا عن أمير المؤمنين علي بن أبي طالب -صلى الله عليه- أنه قال: النرد والشطرنج هي [من] (73) الميسر.

وسمعنا عن أمير المؤمنين -صلى الله عليه- أنه مَرّ على قوم يلعبون بالشطرنج، فقال: ما هذه التماثيل التي أنتم لها عاكفون؟.

وكان لا يرى أن يسلم على من لعب بالشطرنج، وكل شيء ألهي عن ذكر الله مثل الطنبور، والعود، والطبل، والدف، والصنج، والنرد، والشطرنج، والشهادة، وجميع الملاهي [من هذه] التي يعصى الله بها وتشغل عن طاعة الله، فكل ذلك عندنا معصية، لا يحل فعله ولا الرضا به.

قال الله -عز وجل-: ﴿يَٰٓأَيُّهَا ٱلَّذِينَ ءَامَنُوٓاْ إِنَّمَا ٱلۡخَمۡرُ وَٱلۡمَيۡسِرُ وَٱلۡأَنصَابُ وَٱلۡأَزۡلَٰمُ

(73) ما بين القوسين ليس في المطبوع.

رِجۡسٞ مِّنۡ عَمَلِ ٱلشَّيۡطَٰنِ فَٱجۡتَنِبُوهُ لَعَلَّكُمۡ تُفۡلِحُونَ ﴿٩٠﴾ إِنَّمَا يُرِيدُ ٱلشَّيۡطَٰنُ أَن يُوقِعَ بَيۡنَكُمُ ٱلۡعَدَٰوَةَ وَٱلۡبَغۡضَآءَ فِي ٱلۡخَمۡرِ وَٱلۡمَيۡسِرِ وَيَصُدَّكُمۡ عَن ذِكۡرِ ٱللَّهِ وَعَنِ ٱلصَّلَوٰةِۖ فَهَلۡ أَنتُم مُّنتَهُونَ ﴿٩١﴾﴾ [المائدة] فكل شيء شغل عن ذكر الله وعن الصلاة، وألقى العداوة والبغضاء فهو معصية، منهي عنه.

وقال الحسن أيضاً - فيما حدثنا زيد بن حاجب، عن محمد بن الوليد، عن جعفر الصيدلاني، عنه-: وسألناه عن الرجل يمر في الطريق فيسمع صوت الطبل، أو الطنبور، أيتحسس عنه ويأمرهم؟

فقال: سُدّ أذنيك وَجُزْ، هذا دهر تغافل.

وقال الحسن -فيما حدثنا زيد، عن زيد، عن أحمد، عنه-: وسئل عن الغناء أيصلح في الفطر والأضحى والفرح؟

فقال: يكره الغناء في كل حال.

وقال محمد: لا خير في بيع الدفوف، بلغنا عن ابن عباس أنه قال: بيع الدفوف حرام.

قال محمد: والطبول أغلظ في النهي والتحريم -يعني من الدفوف-.

[2640] وروى محمد بأسانيده: عن النبي -صلى الله عليه وآله وسلم- أنه قال: «كره الله لكم أشياء: الخمر، والميسر، والمعزاف، والمزمار، والكوبة والدف».

[2641] وعن النبي -صلى الله عليه وآله وسلم- قال: ((بعثت بكسر المعزاف والمزمار)).

[2642] وعن علي -صلى الله عليه- أنه مر بقوم يلعبون بالشطرنج فقال: ما هذه التماثيل التي أنتم لها عاكفون؟ ثم أفسدها.

فقالوا: يا أمير المؤمنين تقضي[74] علينا النهار ونلهو بها، فقال: وهل أهلك من كان قبلكم إلا باللهو واللعب.

[2643] وفي حديث آخر: أنه - صلى الله عليه - أمر بها فأحرقت وأحرق الجلد، فقال رجل: يا أمير المؤمنين، لا نعود، فقال: إن عدتم عدنا.

[2644] وعن النبي -صلى الله عليه وآله وسلم- أنه نهى أن يسلم على السكران في حال سكره، وعلى المتفكهين بأمهاتهم.

[2645] وعن علي -صلى الله عليه- قال: ستة لا يسلم عليهم: اليهودي، والنصراني والمجوسي، والمتفكهون بالأمهات، والذين بين أيديهم الخمر، واللاعب بالشطرنج.

[2646] [وعن علي - صلى الله عليه - قال: النرد والشطرنج هي الميسر][75].

[2647] وعن علي -صلى الله عليه- أنه مر بقوم يلعبون بالنرد فضربهم بدرته حتى فرق بينهم، ثم قال: اللعب بالنرد قمار.

[2648] وعن النبي - صلى الله عليه وآله - أنه قال: (من لعب بالكعبتين[76] فقد عصى الله ورسوله).

[2649] وعن ابن مسعود قال: (اتقوا هاتين الكعبتين والموسومتين اللتين يزجران زجراً، فإنها من الميسر).

وعن إبراهيم قال: كان أصحاب عبد الله يقفون على أبواب السكك يخرقون الدفوف.

---

(74) في المطبوع: (تُقَصِّر علينا النهار).

(75) ما بين القوسين ثابت في المطبوع.

(76) قال في النهاية الكعاب فصوص النرد واحدها كعب واللعب بها حرام تمت حاشية.

وعن سويد بن غفلة: أنه مر بصبية معها دف فأمر رجلاً معه فحرقه.

وعن حسن بن صالح: أنه كان يعجبه تحريق الدفوف.

[2650] وعن النبي -صلى الله عليه وآله وسلم- أنه قال: ((بعثت بكسر المعزاف والمزمار، وأقسم ربي لا يشرب عبدا في الدنيا خمرا إلا أسقاه الله يوم القيامة حميماً)).

ثم قال رسول الله -صلى الله عليه وآله وسلم-: «كسب المغنية سحت، وكسب المغني سحت، وكسب الزانية سحت، وحقاً على الله أن لا يدخل الجنة لحما نبت من سحت».

[2651] وعن النبي -صلى الله عليه وآله وسلم- قال: «يكون في هذه الأمة خسف و مسخ، وقذف» فقال بعض القوم: متى ذاك يا رسول الله؟ قال: «إذا أظهروا المعازف، وكثرت المغنيات، وشربت الخمور».

[2652] وعن النبي -صلى الله عليه وآله وسلم- قال: «تبيت طائفة من أمتي على أكل وشرب ولهو و لعب، ثم يصبحون قردة وخنازير، وتبعث على أحياء من أحيائهم ريح فتنسفهم كما نسفت من كان قبلهم باستحلالهم الخمور، وضربهم بالدفوف، واتخاذهم القينات».

[2653] وعن النبي -صلى الله عليه وآله وسلم- قال: «تعذب هذه الأمة بخمسة أصناف من العذاب: قذف، و مسخ، وخسف، وريح حمراء كريح عاد، وحيات لها أجنحة تطير بين السماء والأرض تبتلعهم» قالوا: متى ذاك يا رسول الله؟ قال: (إذا شربوا الخمور، وغنتهم القينات، وافترشوا الحرير)

[2654] وقال رسول الله -صلى الله عليه وآله وسلم-: ((لا يحل بيع المغنيات ولا شراؤهن، ولا التجارة فيهن، وأكل أثمانهن حرام، وفيهن أنزل الله علي هذه الآية: ﴿ وَمِنَ ٱلنَّاسِ مَن يَشۡتَرِي لَهۡوَ ٱلۡحَدِيثِ ﴾)).

[2655] وعن ابن عباس: ﴿وَمِنَ ٱلنَّاسِ مَن يَشۡتَرِي لَهۡوَ ٱلۡحَدِيثِ﴾. قال: الغناء ونحوه.

[2656] وعن النبي -صلى الله عليه وآله وسلم- قال: (النظر إلى المغنية حرام، وغناؤها حرام، وثمنها مثل ثمن الكلب، وثمن الكلب سحت، ومن نبت لحمه من سحت فإلى النار).

[2657] وعن النبي -صلى الله عليه وآله وسلم- قال: «من تغني أو غني له، أو ينح أو نيح له، أو أنشد شعر أو قرضه وهو فيه كاذب، أتاه شيطانان فجلسا على منكبيه يضربان صدره بأعقابهما حتى يكون هو الساكت».

[2658] وعن علي -صلى الله عليه- قال: (بئس البيت بيت لا يعرف إلا بالغناء، وبئس البيت بيت لا يعرف إلا بالفسق والنياحة). قال رسول الله -صلى الله عليه وآله وسلم-: ((إن أول من تغنى إبليس، [ثم زمر]، ثم حدا، ثم ناح)).

[2659] وقال رسول الله -صلى الله عليه وآله وسلم-: «إياكم والغناء فإنه ينبت النفاق في القلب كما ينبت الماء الشجر».

[2660] وعن علي -صلى الله عليه - أنه أتاه رجل فقال: إن عندي جارية أصبتها وقد علمت النوح، فقال: ويحك، انطلق وعلمها القرآن، فإني سمعت رسول الله -صلى الله عليه وآله وسلم- يقول: «لا تعلموهن النوح ولا الغناء، فإن كسبهما حرام».

وعن كعب قال: إن في الكتاب الذي أنزل الله على موسى به في التوراة: إنا أنزلنا الحق لنذهب به الباطل، ونبطل اللعب، والزفن، والمزامير، والمزاهير، والكنارات، والشعر، والخمر مز لمن شربها.

[2661] وعن ابن عباس قال: الدف حرام، والكوبة حرام، والمعزاف حرام، والمزمار حرام.انتهى ما ذكره في الجامع الكافي بلفظه وحروفه.

وليست هذه الجملة بأسرها على شرطنا وإنما أوردناها احتجاجاً واستشهاداً لكون أهل هذا الزمان الغالب عليهم العكوف على اللهو واللعب، واستماع المغاني والمزامير وغيرهما من أنواع الطرب، في الصندوق المسمى بالراديوه، وقد شاع هذا الراديوه في العالم، تجده في كل بلد أمامك، نعوذ بالله من الضلالة بعد المعرفة، ومضلات الفتن.

والصحيح من هذه الجملة التي على شرطنا كلام القاسم بن إبراهيم، وكلام الحسن بن يحيى -عليهما السلام-.

وحديث: ((بعثت بكسر المعزاف والمزمار)).

وحديث علي -عليه السلام- أنه مر على قوم يلعبون بالنرد.

وحديث: ((من تغنى أو غني له)).

وحديث: ((بئس البيت بيت)).

وحديث: ((إياكم..)).

وحديث علي -عليه السلام- أنه أتاه رجل فقال إن عندي جارية.

فهذه الأحاديث هي الصحيح عندي في هذه الجملة، وبقيتها في أمالي أحمد بن عيسى مسندة وللناظر نظره.

باب القول في عشر من السنة وفي الختان

[2662] **مجموع زيد بن علي -عليهما السلام-** [صـ279]: حدثني زيد بن علي، عن أبيه، عن جده، عن علي -عليهم السلام-: (عشر من السنة: المضمضة، والاستنشاق، وإحفاء الشارب، وفرق الرأس، والسواك، وتقليم الأظفار، ونتف الإبط، وحلق العانة، والختان، والاستجداد، وهو: الاستنجاء). انتهى.

[2663] **صحيفة علي بن موسى الرضا -عليهما السلام-** [صـ495]:

بإسناده عن أبيه عن آبائه قال: قال رسول الله -صلى الله عليه وآله وسلم-: ((اختتنوا أولادكم يوم السابع فإنه أطهر، وأسرع نباتاً للحم)). انتهى.

[2664] **مجموع زيد بن علي -عليهما السلام-**[صـ279]: **حدثني زيد بن علي، عن أبيه، عن جده، عن علي -عليهم السلام-:** قال: (الختان سنة للرجال، تكرمة للنساء). انتهى.

كتاب الوصايا

كتاب الوصايا

قد قدمنا في الجنائز من كتابنا هذا بحثاً مفيداً في كيفية الوصية فليرجع إليه.

باب القول في أنه لا وصية لوارث

[2665] **مجموع زيد بن علي -عليهما السلام-** [صـ252]: حدثني زيد بن علي، عن أبيه، عن جده، عن علي -عليهم السلام-، قال: (لاوصية لقاتل، ولا لوارث، ولا لحربي). انتهى.

الهادي -عليه السلام- في الأحكام[2/ 313]: قال يحيى بن الحسين -صلوات الله عليه-: حكم رسول الله -صلى الله عليه وآله وسلم- بأن لاوصية لوارث، وهذا عندي فصحيح من قوله، لأنه أقرب إلى الرشد والحق، وأبعد من الظلم والباطل؛ لأنه -صلى الله عليه وآله وسلم- قد نهى أن ينحل الرجل ابنه نحلاً دون سائر ولده، ولم يختلف في هذه الرواية، والوصية إن لم تكن أوكد من النَّحل فليست تكون بدونه.

قال -يعني يحيى بن الحسين -صلوات الله عليه-: وإنما أراد رسول الله -صلى الله عليه وآله وسلم- بقوله: ((لاوصية لوارث)) التسوية بين الورثة، وأن يصير إلى كل وارث ما حكم الله له من ميراثه، فأما الثلث فله أن يوصي به لمن شاء من قريب أو بعيد، فإذا جازت الوصية للبعيد فالقريب أجدر أن تجوز له، وإنما حظر رسول الله -صلى الله عليه وآله وسلم- على الموصي أن يوصي لبعض الورثة بما لا يملكه دون سائرهم، وذلك فهو ما زاد على الثلث، فأما الثلث الذي هو أملك به منهم، ففعله جائز فيه، وحكمه ماض عليه، يوصي به لمن شاء من قريب أو بعيد؛ لأن الله قد أطلق أن يوصي به لمن شاء، وصلة الرحم القريبة أقرب إلى الله من صلة الأجنبي، ورسول الله -صلى الله عليه وآله وسلم- إلى أن يأمر بصلة الرحم ويؤكدها، ويحث على التزيد أقرب منه إلى أن ينهى عن ذلك،

وليس يخرج قوله: ((لا وصية لوارث)) ولا يجوز عليه عندنا إلا على ما قلنا، من أنه لم يجزها فيما لا يملك مما زاد على الثلث. انتهى.

[2666] الجامع الكافي[7/ 176]: وعن أبي جعفر، عن النبي -صلى الله عليه وآله وسلم- قال: ((لا تجوز وصية لوارث، ولا إقرار بدين)).

[2667] وعن الشعبي، عن علي صلى الله عليه، قال: (لا تجوز الوصية لوارث، لا بقليل ولا كثير، إلا أن يشاء الورثة). انتهى.

باب القول في الوصية بأكثر من الثلث

[2668] مجموع زيد بن علي -عليهما السلام- [صـ 252]: حدثني زيد بن علي، عن أبيه، عن جده، عن علي -عليهم السلام-، قال: (لا وصية ولا ميراث حتى يقضى الدين، ولأن أوصي بالخمس أحب إلي من أن أوصي بالربع، ولأن أوصي بالربع أحب إلي من أن أوصي بالثلث، ومن أوصى بالثلث فلم يترك شيئاً).

سألت زيداً بن علي -عليهما السلام-: عن رجل أوصى لرجل بثلث ماله، ولآخر بربعه؟ فقال: (خذ مالاً له ثلث، وربع وهو اثنا عشر، فالثلث أربعة، والربع ثلاثة فيكون الثلث بينهما على سبعة). انتهى.

[2669] علي بن بلال في شرح الأحكام [إعلام الأعلام صـ 462]: أخبرنا السيد أبو العباس الحسني -رحمه الله-، قال: أخبرنا عبد العزيز بن إسحاق، قال: حدَّثنا علي بن محمد النخعي، قال: حدَّثنا المحاربي، قال: حدَّثنا إبراهيم بن الزبرقان، قال: حدَّثني أبو خالد، قال: حدَّثني زيد بن علي، عن أبيه، عن جده، عن علي -عليهم السلام-، قال: (لا وصية، ولا ميراث حتى تقضي الديون، ولأن أوصي بالخمس أحب إلي من أن أوصي بالربع، ولأن أوصي بالربع أحب إلي من أن أوصي بالثلث، ومن أوصى بالثلث فلن يترك مقالة). انتهى.

الجامع الكافي [7/ 169]: قال أحمد، ومحمد: لا يجوز لأحد أن يوصي بأكثر من الثلث.

[2670] وروى محمد بإسناده عن علي صلى الله عليه قال: (لأن أوصي بالسدس أحب إلي من أن أوصي بالخمس، ولأن أوصي بالخمس أحب إلي من أن أوصي بالربع، ولأن أوصي بالربع أحب إلي من أن أوصي بالثلث، ومن أوصى بالثلث فلم يترك). انتهى.

باب القول في إشارة الموصي برأسه

الهادي -عليه السلام- في الأحكام[2/ 315]: قال يحيى بن الحسين -صلوات الله عليه-: لو أن رجلاً حضرته الوفاة، فأصمت، فقال له بعض الورثة: يا فلان تعتق عبدك فلاناً فأشار برأسه - أي نعم -، فقال له: تصدق بكذا وكذا من مالك، فقال: نعم.

[2671] فقد روي عن الحسن والحسين -عليهما السلام- أنهما فعلا ذلك بأمامة ابنة أبي العاص بن الربيع الأموي، وأمها زينب ابنة رسول الله -صلى الله عليه وآله وسلم-، وكان علي بن أبي طالب -عليه السلام- قد تزوجها من بعد وفاة فاطمة ابنة رسول الله -صلى الله عليه وآله وسلم-، وذلك أن فاطمة ابنة رسول الله -صلى الله عليه وآله وسلم- سألته أن يتزوجها، وهي ابنة أختها، فأشارت برأسها: نعم، فأجازا ذلك، وأنفذاه.

وما روي أنهما -صلوات الله عليه-ما فعلا ذلك حتى خاطباها في ذلك الوقت، إلا وقد أيقنا أن معها طرفاً من عقلها.

قال يحيى بن الحسين: فإذا كان ذلك كذلك، صح وجازت إشارتها. انتهى.

الجامع الكافي[7/ 175]: قال محمد: وإذا قيل للمريض: توصي بكذا، فأومأ برأسه -أي نعم-، فالمعمول عليه: أن الوصية لا تجوز.

وروي ذلك عن علي -صلى الله عليه-، وهو قول أهل الكوفة.

وقال أهل المدينة: يجوز الإيماء.

وإذا أوصى المريض بوصية، وهو صحيح العقل، وكتب الوصية، ثم اعتقل لسانه، ثم حضر الشهود، فقريت عليه الوصية، فأومئ برأسه - يقر بها فيها - فبلغنا أن الحسن، والحسين -صلى الله عليهما- أجازا هذا، ومثله قول أهل المدينة.

وأما الكوفيون فإن هذا عندهم لا يجوز.

وأما وصية الأخرس إذا قريت عليه وصيته فكان منه من الإيماء ما يعرف أنه إقرار بالوصية، فهو جائز، لا نعلم في ذلك خلافاً. انتهى.

باب القول فيمن يوصي بمثل نصيب أحد ورثته

[2672] **الجامع الكافي** [7/ 202]: قال محمد: حدَّثنا محمد بن عمران بن أبي ليلى، قال: حدَّثني أبي أبو ليلى، عن الشعبي، عن علي صلى الله عليه: (في رجل ترك بنات وأبوين، وأوصى لامرأة أخرى بمثل حظ إحدى بناته، فهي على اثنين وعشرين، للتي أوصى لها من ذلك أربعة، وللبنات ثلثا ما بقي بعد الوصية، وهو اثنا عشر فنصيب كل واحدة من البنات أربعة، وللأبوين السدسان بعد الوصية ستة). انتهى.

محمد بن عمران:

هو محمد بن عمران بن محمد بن عبدالرحمن بن أبي ليلى، أبو عبدالرحمن الكوفي.

عن أبيه، عن جده، وشريك.

وعنه محمد بن فضيل، ومحمد بن منصور، والعباس بن محمد الدوري.

ووالده: هو عمران بن محمد بن عبدالرحمن بن أبي ليلى الأنصاري.

يروي عن أبيه والشعبي.

وعنه ابنه محمد، الذي يظهر أنهما من رجال الشيعة.

والشعبي: هو عامر، قد مر الكلام عليه.

باب القول في وصية الهادي عليه السلام ومن أحب أن يوصي بمثل وصيته

قال الهادي إلى الحق -عليه السلام- في الأحكام[2/ 308]: أَستَحِبُّ للمسلمين أن يثبتوا في وصاياهم ما استحببت لنفسي، وأثبتُّه في وصيتي، وأمرت به أهل بيتي، ومن أحب أن ينيله الله كل خير، وهو أن يكتب وصيته ويقول:

بسم الله الرحمن الرحيم

الحمدلله رب العالمين، وصلى الله على محمد النبي، وعلى أهل بيته الطاهرين.

شهادة من الله يشهد بها يحيى بن الحسين بن القاسم ابن رسول الله، يشهد على ما يشهد عليه الله سبحانه لنفسه، يشهد أنه لا إله إلا هو والملائكة وأولوا العلم قائماً بالقسط، لا إله إلا هو العزيز الحكيم، اللهم من عندك وإليك وفي قبضتك وقدرتك، عبدك وابن عبديك.

هذا ما أوصى به يحيى بن الحسين، أوصى أنه يشهد أن لا إله إلا الله وحده لا شريك له، وأن محمداً عبده ورسوله، أرسله بالهدى ودين الحق ليظهره على الدين كله ولو كره المشركون، أرسله لينذر من كان حياً ويحق القول على الكافرين، ويشهد أن أمير المؤمنين علي بن أبي طالب -عليه السلام-، أخو رسولك، ووليك، والقائم بحجتك بعد رسولك، والداعي إلى طاعتك، والمجاهد لمن عند عن إجابتك واتباع سنة نبيك -صلى الله عليه وآله وسلم-، الباذل نفسه وماله لك، الشاهر سيفه دون حقك، وفي أمرك، وأمام رسولك، الصابر لك، المصطبر في طاعتك في السراء والضراء والشدة والرخاء واللأواء، أولى الناس بك وبرسولك، وأعظمهم عناء في أمرك وسبيلك، ويتقرب إليك بولايته ومودته، وبولاية من تولاه، وبمعاداة من عاداه، ويشهد أنه أحق خلقك بمقام رسولك -صلى الله عليه وآله وسلم-، وأنه خليفتك من بعده في عبادك،

اخترته لهم، وافترضت طاعته من بعد رسولك عليهم، ليهلك من هلك عن بينة، ويحيى من حيي عن بينة، وأن الله لسميع عليم.

اللهم إني أشهدك يا رب، وكفى بك شهيداً، وأشهد حملة عرشك، وأهل سماواتك وأرضك، ومن ذرأت وبرأت، وخلقت وفطرت، وركبت وجعلت، وصورت ودبرت، بأنك أنت الله الذي لا إله إلا أنت، وحدك لا شريك لك، وأن محمداً عبدك ورسولك، وأن الساعة آتية لا ريب فيها، وأن الله يبعث من في القبور، وأنك واحد أحد فرد صمد، لم تلد ولم تولد، ولم يكن لك كفواً أحد، لا شبيه لك ولا نظير، ولا ضد ولا عديل، لا يشبهك شيء وليس كمثلك شيء، وأنت السميع البصير، لا تحيط بك الأقطار، ولا تجنك البحار، ولا تواري منك الأستار، ولا تحدق بك السموات والأرضون، ولا يتوهمك بتحديد المتوهمون، ولا يستدل عليك المستدلون، إلا ما دللت به على نفسك من أنك أنت سبحانك الواحد الجليل، فالخلق عليك دليل، وأنك لا تقضي بالفساد، ولا تجبر على العصيان العباد، برئ من أفعالهم، تقضي بالخير وتأمر به، وتنهى عن الفجور والبغي وتعذب عليه، صادق الوعد والوعيد، الرحمن الرحيم بالعبيد، أقول فيك بما ذكرت من العدل والتوحيد، وتصديق الوعد والوعيد، قولاً مني مع من يقول به، وأكفيه من أبى القبول له، ولا حول ولا قوة إلا بالله العلي العظيم.

اللهم مَن شهد على مثل ما شهدت عليه وبه، فاكتب شهادته مع شهادتي، ومن أبى فاكتب شهادتي مكان شهادته، واجعل لي به عهداً، يوم ألقاك فرداً، إنك لا تخلف الميعاد.

قلت: وأنا الفقير إلى الله محمد بن الحسن بن محمد بن يحيى العجري المؤيدي ثبته الله، اللهم إني أشهدك على ما شهد به الهادي إلى الحق المبين يحيى بن الحسين بن القاسم بن إبراهيم عليهم صلوات رب العالمين فاكتب شهادتي مع شهادته إنك على كل شي قدير.

رجع الكلام إلى بقية وصية الإمام الهادي إلى الحق المبين، صلوات رب العالمين [عليه]:

ثم يوصي يحيى بن الحسين -مِن بعد ما شهد به لله مِن شهادة الحق- كلَّ من اتصل به وعرفه أو لم يعرفه، من والد وولد، أو قريب أو بعيد، بتقوى الله وحده لا شريك له وبطاعته، والاجتهاد له في السراء والضراء، والخوف منه، والمراقبة له، فإنه يعلم السر وأخفى، ويعلم خائنة الأعين وما تخفي الصدور، والأمر بالمعروف الأكبر، والنهي عن التظالم والمنكر، والإرصاد لأمر الله، فمن علم أنه مستحق للقيام بأمر الله، مستأهل له، فيه الشروط التي يجب له بها القيام والإمامة، من الدين والورع والعلم بما أحل الكتاب، وما حرم من الأسباب، والحلم والشجاعة والسخاء والرأفة بالرعية والرحمة لهم، والتحنن عليهم، والتفقد لأمورهم، وترك الاستئثار عليهم، وأداء ما جعل الله لهم إليهم، وأخذ ما أمر الله بأخذه من أيديهم على حقه، وصرفه في وجوهه، وإقامة أحكامه وحدوده، والثقة بنفسه على عباد ربه، فليقم لله بفرضه، وليدع الناس إلى نفسه، وجهاد أعداءه، والأمر بالمعروف، والنهي عن المنكر، لا يني ولا يفتر، ولا يكل ولا يقصر، فإن ذلك فرض من الله عليه لا يسعه تركه، ولا يجوز له رفضه، واجب عليه في الخوف والأمن والرخاء، والشدة والمحنة والبلاء، ومن لم يثق بنفسه ولم يكن كاملاً في كل أمره، فليتق الله ربه، ولا يدخل في شيء من هذا، فإنه ليس له ذلك، وليرصد لأعداء الله، وليعد سلاحه وما قدر على إعداده، ولينتظر أن يقوم لله حجة من أهل بيت نبيه، من فيه هذه الشروط، فينهض معه، ويبذل نفسه وماله، فإن ذلك أقرب ما يتقرب به المتقربون إلى الرحمن، ويُطلب به الفرار من النيران، ومن مات من المؤمنين منتظراً لذلك مات شهيداً مقرباً فائزاً عند الله مكرما.

ثم يسأل يحيى بن الحسين ويطلب من ولده وولد ولده إلى يوم القيامة وإخوته وأخواته، وعمومته وبني أعمامه، وكل أقربائه ومواليه وشيعته، وأهل مودته، وكل من أحب أن يبره ببر، أو يتقرب إلى الله له بصلة في حياته أو بعد

وفاته، أن يهبوا له هبة مبتوته يقبلها منهم في حياته وبعد وفاته، ما أمكنهم من بر أو هبة أو صلة، من عتق رقاب مؤمنة عفيفة زكية مسلمة، لا يعلم عليها إلا خير، ولا ترمى بشيء من الضير، أو كفارات عما أمكنهم من الأيمان، أو صدقة بما أمكن من ثياب أو إطعام أو نقد، أو سقي ماء في المواطن المحمودة، ويسألهم أن لا يحقروا له شيئاً من الأشياء، ما بين حبة إلى أكثر، فإن الله يقبل اليسير، ويعطي عليه الكثير، فمن أمكنه مما سأله يحيى بن الحسين شيء قل أو كثر فليقل عند إخراجه له: هذا ما استوهبنيه يحيى بن الحسين -رحمة الله عليه-، وقد وهبته له وصرفته حيث أمرني به، وسألني أن أصرفه فيه من الوجوه التي يتقرب بها إلى الله -عز وجل-، اللهم فانفعه بذلك، وأعطه فيه أمنيته، وبلغه به أمله في دار آخرته، إنك عزيز حكيم.

ولا يختار ليحيى بن الحسين من أحب بره -ممن سمى من والده وولده وولد ولده إلى يوم القيامة إن بقي له عقب، أو أنمى الله له نسلاً، وإخوته، وإخوانه، وأعمامه وبني أعمامه، وجميع أقاربه ومواليه وشيعته، وأهل مودته- إلا أزكى ما يقدر عليه، وأطيبه وأحله.

ويسأل يحيى بن الحسين من سماه وسأله البر له إن بلغه الله ظهور إمام عادل فقام معه أحد ممن فرض الله عليه نصرته، والقيام معه إن شاء الله تعالى، أن يسأله الدعاء له بالرحمة والمغفرة، والرضى والرضوان، والتجاوز والإحسان.

ويسأل يحيى بن الحسين من حضر ذلك وبلغه ممن يسأله من الرجال أن يشركه في قيامه مع الإمام وجهاده معه، والقيام بين يديه وقعوده، وحملاته بين يديه، وإخافته للظالمين، وإحسانه إلى المؤمنين.

ثم يحيى بن الحسين يسأل الله أن يحسن جزاء من فعل شيئاً مما سأله وبره بذلك ووصله، ويسأل الله أن يصله ويعطيه على ذلك أفضل العطاء، إنه قريب مجيب ﴿رَبَّنَآ ءَاتِنَا فِى ٱلدُّنْيَا حَسَنَةً وَفِى ٱلْءَاخِرَةِ حَسَنَةً وَقِنَا عَذَابَ

ٱلنَّارِ ﴿٢٠١﴾﴾[البقرة:201]، ما شاء الله لا حول ولا قوة إلا بالله العلي العظيم وحسبنا الله ونعم الوكيل فنعم المولى ونعم النصير.

ثم يوصي الموصي من بعد ذلك كله بما كان له [وعليه]، وبما أحب في ماله وولده، وجميع أسبابه، ولا ينسى حظه من ماله، أن يقدم منه ما ينبغي له ويجوز له تقدمته بين يديه، وإدخاره ليوم يحتاج فيه إليه، ولا يسرف في وصيته، وليذكر من يدع وراءه من عولته، ولا يجوز في ذلك إلا الثلث مما ترك، فإن ذلك أكثر ما يكون له، ويجوز له القول والأمر فيه. انتهى.

وفي الأحكام أيضاً [2/ 317]: قال يحيى بن الحسين -صلوات الله عليه-: ولا ينبغي للمسلمين أن يوصوا في أموالهم بأكثر من الثلث.

[2673] وفي ذلك: ما يروى عن رسول الله -صلى الله عليه وآله وسلم- أن رجلا استشاره أن يوصي بثلثي ماله فقال: لا، فقال: بالنصف، فقال: لا، فقال: بالثلث، فقال: ((الثلث، والثلث كثير، إنك إن تدع ورثتك أغنياء خير من أن تدعهم فقراء عالة يتكففون الناس، وإنك لن تنفق نفقة تبتغي بها وجه الله إلا أجرت فيها)). انتهى.

كتاب القضاء

كتاب القضاء

باب القول فيما يجب على القاضي أن يفعله

[2674] **مجموع زيد بن علي -عليهما السلام- [صـ204]**: حدثني زيد بن علي، عن أبيه، عن جده، عن علي -عليهم السلام-، قال: بعثني رسول الله -صلى الله عليه وآله وسلم- إلى اليمن، فقلت: يا رسول الله تبعثني وأنا شاب لا علم لي بالقضاء.

قال: فضرب يده في صدري، ودعا لي، فقال: ((اللهم اهد قلبه، وثبت لسانه، ولقِّنه الصواب، وثبته بالقول الثابت)).

ثم قال: ((ياعلي إذا جلس بين يديك الخصمان، فلا تعجل بالقضاء بينهما حتى تسمع ما يقول الآخر، يا علي لا تقض بين اثنين وأنت غضبان، ولا تقبل هدية مخاصم، ولا تضيفه دون خصمه؛ فإن الله -عز وجل- سيهدي قلبك، ويثبت لسانك)).

قال: فقال -عليه السلام-: (فوالذي فلق الحبة وبرأ النسمة ما شككت في قضاء بعد). انتهى.

الهادي -عليه السلام- في الأحكام [2/ 328]: قال يحيى بن الحسين -صلوات الله عليه-: ينبغي للقاضي إذا تقاضى إليه خصمان ألا يقضي لأحدهما حتى يسمع كلام الآخر، ويفهم معناهما، ويتثبت [في] حججهما.

[2675] وفي ذلك: ما بلغنا عن رسول الله -صلى الله عليه وآله وسلم- أنه قال لعلي: (إذا تقاضى إليك خصمان فلا تقض للأول حتى تسمع كلام الآخر).

قال يحيى بن الحسين -عليه السلام-: ولا ينبغي للقاضي أن يقضي بين المسلمين وهو غضبان، ولا أن يقضي بينهم وهو جائع شديد الجوع، ولا ينبغي له أن يسلم على أحد الخصمين سلاماً لا يسلمه على صاحبه، وإن كان له

صديقاً، لأنه إذا فعل ذلك أفزع خصم صديقه وأخافه.

وينبغي له أن يساوي بين مجالس الخصمين، ويبدأ بالضعيف على القوي، فيسمع كلامه وحجته، إلا أن يكون القوي هو المستعدي على الضعيف، فإن استويا بالخصومة بدأ بالضعيف، كذلك يفعل في النساء والرجال.

ولا ينبغي له أن يقضي وقلبه مشتغل في شيء آخر. انتهى.

الجامع الكافي [7/221]: قال محمد: إذا جلس إليه الخصمان فتكلم الأول منهما بحجته ودعواه، فلا ينبغي للقاضي أن يجيبه على ما تكلم به، ولا يقضي له ولا عليه حتى يسمع كلام الآخر وحجته، وروي عن النبي -صلى الله عليه وآله وسلم- أنه قال لعلي -صلوات الله عليه-: ((إذا تقاضى إليك الخصمان، فلا تقض للأول حتى تسمع كلام الآخر، فإنه أجدر أن يبين لك القضاء)) قال علي -عليه السلام-: (فما أشكلت عليَّ قضية بعد). انتهى.

الهادي -عليه السلام- في **الأحكام** [2/328]: قال يحيى بن الحسين -صلوات الله عليه-: ينبغي للقاضي أن لا يخوض مع الخصم في شيء من أمره، ولا يشير عليه برأي، إلا أن يأمره بتقوى الله ومحاذرته، وترك الظلم في جميع أمره، وإنصاف خصمه فقط. انتهى.

باب القول في أول القضاء

[2676] **مجموع زيد بن علي** -عليهما السلام- [صـ204]: حدثني زيد بن علي، عن أبيه، عن جده، عن علي -عليهم السلام-، قال: (أول القضاء بما في كتاب الله -عز وجل-، ثم ما قاله رسول الله -صلى الله عليه وآله وسلم-، ثم ما أجمع عليه الصالحون، فإن لم يوجد ذلك في كتاب الله تعالى، ولا في السنة، ولا فيما أجمع عليه الصالحون اجتهد الإمام في ذلك، لا يألوا احتياطاً، واعتبر وقاس الأمور بعضها ببعض، فإذا تبين له الحق أمضاه، ولقاضي المسلمين من ذلك ما لإمامهم). انتهى.

[2677] **الجامع الكافي [7/ 232]**: وعن معاذ، قال: لما بعثني رسول الله -صلى الله عليه وآله وسلم- إلى اليمن قال لي: ((إن عرض لك قضاء كيف تقضي ؟)) قلت: أقضي بما في كتاب الله، قال: ((فإن لم يكن في كتاب الله)) قال: فسنة رسول الله، قال: ((فإن لم يكن في سنة رسول الله)) قلت: أجتهد رأيي، ولا آلو [اجتهاداً]، قال: فضرب بيده على صدري، وقال: ((الحمد لله الذي وفق رسولَ رسولِ الله لما يحب)). انتهى.

باب القول في ذم القضاء، والقضاء بغير علم، وخطأ القاضي

[2678] **مجموع زيد بن علي -عليهما السلام- [صـ204]**: حدثني زيد بن علي، عن أبيه، عن جده، عن علي -عليهم السلام-، قال: (القضاة ثلاثة: قاضيان في النار، وقاض في الجنة، قاض قضى فترك الحق وهو يعلم، وقاض قضى بغير الحق وهو لايعلم، فهذان في النار، وقاض قضى بالحق وهو يعلم فهو في الجنة). انتهى.

الهادي -عليه السلام- في الأحكام[2/ 328]: ولا ينبغي لأحد أن يطلب القضاء ويسأله ويحرص عليه؛ لأن خطره عظيم.

[2679] **وفي ذلك**: ما بلغنا عن النبي -صلى الله عليه وآله وسلم- أنه قال: ((من ولي القضاء فقد ذبح نفسه بغير سكين)).

[2680] وبلغنا عنه -صلى الله عليه وآله وسلم- أنه قال: ((من سأل القضاء وكل إلى نفسه)). انتهى.

[2681] **الجامع الكافي [7/ 224]**: قال محمد: حدَّثنا حسن بن حسين، قال: حدَّثنا خالد بن مختار، عن جعفر بن محمد -عليه السلام-، قال: آخر خطبة خطبها أمير المؤمنين -صلوات الله عليه-: (وإن من أبغض خلق الله إلى الله عبداً وكله الله إلى نفسه، جائراً عن قصد السبيل، مشغوفاً بكلام بدعة، يعمل فيه برأيه.

وإن من أبغض خلق الله إلى الله رجلاً قمَّش جهلاً، غارّاً بأغباش الفتنة، سماه

أشباه الناس عالماً، ولم يغن يوماً سالماً، بَكَّرَ فاستكثر، ما قلّ منه خير مما كثر، حتى إذا ارتوى من آجن، وأكثر من غير طائل، قعد بين الناس قاضياً، ضامناً لتخليص ما التبس على غيره، إن خالف على قاض سبقه لم يأمن في حكمه مَن خَالفَه، وإن نزلت به إحدى المبهمات هَيَّأَ لها حشواً من رأيه، ثم قطع به، فهو من لبس الشبهات في مثل غزل العنكبوت، إن أصاب أخطأ؛ لأنه لا يدري أصاب أم أخطأ، وإن أخطأ به لم يعلم، لا يحسب العلم في شيء مما أنكر، ولا يرى أن من وراء ما بلغ مذهباً، إن قاس شيئاً بشيء لم يكذب بَصَره، وإن أظلم عليه أمر كتم ما يعلم من نفسه لكيلا يقال: لا يعلم، خبَّاط جهلات، ركَّاب عشوات، لا يعتذر مما لا يعلم فيسلم، ولا يَعَضّ على العلم بضرس قاطع، يذري الروايات ذرو الريح الهشيم، تصرخ منه الدماء، وتبكي منه المواريث، وتستحل في قضائه الفروج الحرام، وتحرم في قضائه الفروج الحلال، لا مليء والله بإصدار ماورد عليه، ولا هو أهل لما قُرِّظ به). انتهى.

محمد: هو ابن منصور المرادي -رحمه الله-، وحسن بن حسين: هو العرني من ثقات محدثي الشيعة، وقد تقدم الكلام عليه.

وخالد بن مختار: هو الثمالي، الراوي للسيرة التي للنفس الزكية، وهو الخارج من النفس الزكية -صلوات الله عليه- لجهاد الظلمة، وهو من ثقات محدثي الشيعة.

[2682] **مجموع زيد بن علي -عليهما السلام- [صـ205]**: حدثني زيد بن علي، عن أبيه، عن جده، عن علي -عليهم السلام-، قال: (إذا قضى القاضي وأخطأ ثم علم رُدَّ قضاؤه). انتهى.

باب القول في القاضي هل له أن يحبس أحداً

[2683] **مجموع زيد بن علي -عليهما السلام- [صـ207]**: حدثني زيد بن علي، عن أبيه، عن جده، عن علي -عليهم السلام-: أنه كان يحبس في النفقة، وفي الدين، وفي القصاص، وفي الحدود، وفي جميع الحقوق، وكان يقيد الدعار

بقيود لها أقفال، ويوكّل بهم من يحلّها [في] أوقات الصلاة من أحد الجانبين.

[2684] حدثني زيد بن علي، عن أبيه، عن جده، عن علي -عليهم السلام-: أنه بنى سجناً وسماه نافعاً، ثم بدا له، فنقضه، فسماه مخيساً، وجعل يرتجز ويقول:

ألم تر أني كيساً مكيساً بنيت بعد نافع مخيساً

انتهى.

باب القول في أعلم الأمة وأقضاها بعد الرسول صلى الله عليه وآله وسلم

الهادي -عليه السلام- في الأحكام[2/ 328 - 329]: قال يحيى بن الحسين -صلوات الله عليه-:

[2685] وبلغنا عن رسول الله -صلى الله عليه وآله وسلم- أنه قال: ((علي أعلم القوم وأقضاهم)).

[2686] قال: وبلغنا عن علي -عليه السلام-، أنه كان يقول: (والله لو أطعتموني لقضيت بينكم بالتوراة، حتى تقول التوراة: اللهم قد قضى بي، ولقضيت بينكم بالإنجيل حتى تقول الإنجيل: اللهم قد قضى بي، ولقضيت بينكم بالقرآن، حتى يقول القرآن: اللهم قد قضى بي، ولكن والله لا تفعلون، والله لا تفعلون).

[2687] وروي عنه -عليه السلام- أنه قال: بعثني رسول الله -صلى الله عليه وآله وسلم- إلى اليمن فوجدت حياً من أحياء العرب قد حفروا زبية للأسد فصادوه فيها، فبيناهم كذلك يتطلعون إليه إذ سقط رجل فتعلق بآخر، فتعلق الآخر بآخر، ثم الآخر بآخر، حتى صاروا فيها أربعة فجرحهم الأسد كلهم، فتناوله واحد منهم فقتله، وماتوا كلهم من جراحتهم، فقام أولياء الآخر فأخذوا السلاح وجاءوا إلى أولياء الأول ليقتتلوا.

فأتاهم علي -عليه السلام- وهم في ذلك، فقال: (تريدون أن تقتتلوا ورسول الله -صلى الله عليه وآله وسلم- حي، وأنا إلى جنبكم، ولو اقتتلتم قتلتم أكثر مما تختلفون فيه، فأنا أقضي بينكم بقضاء، فإن رضيتم القضاء، وإلا حجزت بعضكم من بعض حتى تأتوا رسول الله -صلى الله عليه وآله وسلم- فيكون هو الذي يقضي بينكم، فمن تعدى بعد ذلك فلا حق له، اجمعوا لي من القبائل الذين حفروا البئر ربع الدية، وثلث الدية، ونصف الدية، ودية كاملة:

فيكون للأول ربع الدية؛ لأنه هلك من فوقه ثلاثة.

وللذي هلك ثانياً ثلث الدية، لأنه هلك من فوقه اثنان.

وللثالث نصف الدية، لأنه هلك من فوقه واحد.

وللرابع الدية كاملة.

فأبوا أن يرضوا، فأتوا رسول الله -صلى الله عليه وآله وسلم- فلقوه عند مقام إبراهيم -صلى الله عليه وآله وسلم- في المسجد الحرام فقصوا عليه القصة فقال: ((أنا أقضي بينكم، واحتبى ببرده))، فقال: رجل من القوم إن علياً قد قضى بيننا، فلما قصوا عليه القصة التي قضى بها علي -عليه السلام-، أجاز ذلك وأمضاهم عليه.

[2688] وبلغنا عن أمير المؤمنين علي -عليه السلام-، أنه وجد درعاً له عند نصراني، فأقبل به إلى شريح قاضيه على المسلمين، فخاصمه عليه.

قال: فلما رآه شريح رحل له عن مجلسه، فقال له: مكانك، فجلس إلى جنبه، فقال: يا شريح أما إنه لو كان خصمي مسلماً ما جلست معه إلا في مجلس الخصوم، ولكنه نصراني، وقد قال رسول الله -صلى الله عليه وآله وسلم-: ((إذا كنتم وإياهم في طريق فألجؤوهم إلى مضائقه، وصغروا بهم كما صغر الله بهم من غير أن تظلموهم))، ثم قال -عليه السلام-: يا شريح إن هذا درعي لم أبع ولم أهب.

فقال شريح للنصراني: ما تقول فيما قال أمير المؤمنين.

فقال النصراني: ما الدرع إلا درعي، وما أمير المؤمنين [عندي] بكاذب.

قال: فالتفت شريح إلى علي، فقال: يا أمير المؤمنين، هل من بينة؟.

قال: فضحك علي، وقال: أصاب شريح، ما لي من بينة.

فقضى بالدرع للنصراني، قال: فقام النصراني فمشي هنيهة، ثم رجع، ثم قال: أما أنا فأشهد أن هذه أحكام الأنبياء، أمير المؤمنين يمشي إلى قاضيه يقضي عليه، أشهد أن لا إله إلا الله، وحده لا شريك له، وأن محمداً عبده ورسوله، الدرع والله درعك يا أمير المؤمنين، اتبعت الجيش وأنت منطلق إلى صفين، فجررتها من بعيرك الأورق.

قال أمير المؤمنين: أما إذا أسلمت فهي لك، وحمله على فرس، وقاتل مع أمير المؤمنين يوم النهروان.

قال يحيى بن الحسين -رضي الله عنه-: رحم الله علياً أمير المؤمنين فقد جهل الحق من جهل فضله، وجار عن القصد من جار عن قصد حقه، فكيف بمن جار عن حقه، وهو يسمع قول الله سبحانه حين يقول فيه -رضوان الله عليه-: ﴿إِنَّمَا وَلِيُّكُمُ ٱللَّهُ وَرَسُولُهُۥ وَٱلَّذِينَ ءَامَنُواْ ٱلَّذِينَ يُقِيمُونَ ٱلصَّلَوٰةَ وَيُؤۡتُونَ ٱلزَّكَوٰةَ وَهُمۡ رَٰكِعُونَ ﴿٥٥﴾﴾[المائدة:55] فجعل الولاية لله سبحانه ولرسوله وللمؤتي من المؤمنين الزكاة وهو راكع، فكان ذلك أمير المؤمنين دون غيره من سائر المسلمين، لا ينازعه فيه منازع، ولا يدفعه عنه دافع، بحكم الله له بذلك، وقوله فيه ما قال من ذلك وغيره، من قوله: ﴿وَٱلسَّٰبِقُونَ ٱلسَّٰبِقُونَ ﴿١٠﴾ أُوْلَٰٓئِكَ ٱلۡمُقَرَّبُونَ ﴿١١﴾﴾[الواقعة] فكان السابق إلى ربه غير مسبوق.

ويقول تبارك وتعالى فيه وفي العباس بن عبد المطلب عندما كان من تشاجرهما في الفضيلة، فقال العباس: أنا ساقي الحجيج، وقال علي -عليه

السلام-: أنا السابق إلى الله ورسوله، فأنزل الله -عز وجل- في ذلك ﴿ أَجَعَلْتُمْ سِقَايَةَ ٱلْحَآجِّ وَعِمَارَةَ ٱلْمَسْجِدِ ٱلْحَرَامِ كَمَنْ ءَامَنَ بِٱللَّهِ وَٱلْيَوْمِ ٱلْءَاخِرِ وَجَٰهَدَ فِى سَبِيلِ ٱللَّهِ لَا يَسْتَوُۥنَ عِندَ ٱللَّهِ وَٱللَّهُ لَا يَهْدِى ٱلْقَوْمَ ٱلظَّٰلِمِينَ ﴿١٩﴾ ٱلَّذِينَ ءَامَنُوا۟ وَهَاجَرُوا۟ وَجَٰهَدُوا۟ فِى سَبِيلِ ٱللَّهِ بِأَمْوَٰلِهِمْ وَأَنفُسِهِمْ أَعْظَمُ دَرَجَةً عِندَ ٱللَّهِ وَأُو۟لَٰٓئِكَ هُمُ ٱلْفَآئِزُونَ ﴿٢٠﴾ يُبَشِّرُهُمْ رَبُّهُم بِرَحْمَةٍ مِّنْهُ وَرِضْوَٰنٍ وَجَنَّٰتٍ لَّهُمْ فِيهَا نَعِيمٌ مُّقِيمٌ ﴿٢١﴾ خَٰلِدِينَ فِيهَآ أَبَدًا إِنَّ ٱللَّهَ عِندَهُۥٓ أَجْرٌ عَظِيمٌ ﴿٢٢﴾ ﴾ [التوبة] وكان سبب ما أنزل الله من ذلك أن العباس بن عبد المطلب -رحمه الله- ذكر فضل ما في يده، وما يظهر من عمله من سقاية الحاج، وعمارة المسجد الحرام.

وذكر أمير المؤمنين قديم إسلامه وهجرته، واجتهاده في جهاد أعداء ربه وبذله مهجته لله ورسوله، فقضى الرحمن بينهما، وبيّن الفصل بين فضيلتهما، بما ذكر وقال في كتابه، ولو ذهب أحد يصف ما لأمير المؤمنين -عليه السلام- في واضح التنزيل من الذكر الجميل لعسر عليه ذكره، وطال عليه شرحه.

والحمد لله رب العالمين والعاقبة للمتقين، وصلى الله على محمد الأمين، وعلى آله البررة الطيبين الطاهرين.

باب القول في القضاء في الشرب

[2689] **مجموع زيد بن علي -عليهما السلام-** [صـ207]: حدثني زيد بن علي، عن أبيه، عن جده، عن علي -عليهم السلام-: أنه قضى في الشرب أن أهل السفل أمراء على أهل العلو، وجعله بينهم على الحصص. انتهى.

الهادي -عليه السلام- في الأحكام[2/332]: قال يحيى بن الحسين -صلوات الله عليه-: يقضى لصاحب الزرع أن يمسك من الماء إلى الشراكين، ولصاحب النخل إلى الكعبين، ثم يرسلون الماء إلى من هو أسفل منهم، وكذلك يفعل الأسفلون حتى ينتهي السيل إلى آخر الضياع إن كان كثيراً، و يقصر عن

الأسفلين إن كان قليلاً، والأعلى فالأعلى أولى بقليل الماء.

[2690] وكذلك بلغنا عن رسول الله -صلى الله عليه وآله وسلم- أنه قضى بين أهل المدينة في سيل مهزور، وكان يصب فيها حتى حُوِّل، فقال أهل أسفل الوادي: أهل أعلى الوادي يمسكون عنا الماء، فقضى رسول الله -صلى الله عليه وآله وسلم- لصاحب الزرع إلى الشراكين، ولصاحب النخل إلى الكعبين، ثم يرسلون إلى من هو أسفل منهم. انتهى.

باب القول في القضاء بين أهل الأسواق في المجالس

الهادي -عليه السلام- في الأحكام [2/332]: قال يحيى بن الحسين -صلوات الله عليه-:

[2691] بلغنا عن أمير المؤمنين -عليه السلام- أنه خرج إلى السوق ذات يوم، فإذا دكاكين قد بنيت ورفعت، فقال: (ما هذا السوق إلا للأسود والأبيض، فمن سبق إلى مكان غدوة فهو مكانه إلى الليل).

قال: فكنا نأتي الرجل في المكان قد كنا نبايعه فيه ثم نأتيه من الغد فيوجد في مكان آخر قد جلس فيه.

قال يحيى بن الحسين -رضي الله عنه-: هذا في الذين يقعدون على قارعة الطريق، وليسوا بأهل بيوت ولا حوانيت، وإنما يجلسون أمام أصحاب البيوت، [والحوانيت] في الطريق، فهم الذين حكم بذلك فيهم أمير المؤمنين -عليه السلام-، فأما أصحاب البيوت والحوانيت فهم أولى ببيوتهم وحوانيتهم لا يزاحمهم فيها أحد، ولا يكون أحد أحق منهم بها. انتهى.

باب القول في إعطاء القاضي رزقاً على قضائه، وفي الرشوة على الحكم

[2692] **مجموع زيد بن علي -عليهما السلام-** [صـ205]: حدثني زيد بن علي، عن أبيه، عن جده، عن علي -عليهم السلام-: أنه كان يأمر شريحاً بالجلوس في المسجد الأعظم، وكان يعطي شريحاً على القضاء رزقاً من بيت مال المسلمين. انتهى.

الهادي -عليه السلام- في الأحكام[2/ 333]: قال يحيى بن الحسين -صلوات الله عليه-: لا بد للقاضي من العطاء والتوسعة، وإلا هلك وعياله، واشتغل عن القضاء قلبه.

[2693] وكذلك بلغنا عن أمير المؤمنين -عليه السلام-: أنه كان يرزق شريحاً خمسمائة درهم. انتهى.

الجامع الكافي [7/ 246]: وقد بلغنا أن علياً -صلوات الله عليه- رزق شريحاً خمسمائة -[أي درهم]-.

الهادي -عليه السلام- في الأحكام [2/ 335]: قال يحيى بن الحسين -صلوات الله عليه-: من ارتشى في حكمه فهو سحت محرم، وهو ملعون عند الله فاسق مجرم، ومهر البغي سحت، وثمن الكلب وأجرة الكاهن سحت، ويكره أجرة الغازي في سبيل الله بجُعل، وهو الذي لا يخرج إلا أن يعطى على خروجه، فتلك التي لا تجوز عندنا إنفاقها، وكذلك روي لنا عن أمير المؤمنين علي بن أبي طالب -عليه السلام-. انتهى.

[2694] **الجامع الكافي**[7/ 247]: وروى محمد بإسناده عن علي -صلوات الله عليه-: أنه كره للقاضي أن يأخذ على القضاء رزقاً.

[2695] وعن علي -صلوات الله عليه-: (من أخذ على حكمه شيئاً فذلك سحت). انتهى.

خاتمة لكتاب القضاء

الهادي -عليه السلام- في الأحكام[2/333]: قال يحيى بن الحسين -صلوات الله عليه-: يحتاج القاضي أن يكون عالماً بما قضى، فَهِمَاً بما ورد عليه، ورعاً في دينه، عفيفاً عن أموال المسلمين، حليماً إذا استجهل، وثيق العقل جيد التمييز، صليباً في أمر الله، فإن نقص من هذه الخصال شيء كان ناقصاً.

قال يحيى بن الحسين -رضي الله عنه-: ويجب على القاضي أن يتعاهد من يقدم عليه من أهل البلاد يتقاضون إليه؛ فإنه إذا أطال حبسهم تركوا حوائجهم، وانصرفوا إلى أهليهم، فيكون الذي أبطل حقوقهم القاضي الذي لم يتعاهدهم، ولم يرفع بهم رأساً.

وينبغي للقاضي أن يحرص على الصلح بين الناس ما لم يبن له الحق، فإذا بان له الحق فلا صلح.

[2696] قال: وبلغنا عن رسول الله -صلى الله عليه وآله وسلم- أنه قال: ((القضاة ثلاثة: اثنان في النار، وواحد في الجنة، فأما الذي في الجنة فقاض علم الحق فقضى به فهو في الجنة، وأما القاضيان اللذان في النار: فقاض عرف الحق فجار متعمداً، وقاض قضى بغير علم واستحيى أن يقول لا أعلم فهما في النار)).

[قال: و] ينبغي للقاضي أن يساوي بين الخصمين في الإقبال عليهما، والمكالمة لهما. انتهى.

كتاب السير

كتاب السير

باب القول في الإمام الذي تجب طاعته

الهادي -عليه السلام- في الأحكام[2/ 337]: قال يحيى بن الحسين -صلوات الله عليه-: الإمام الذي تجب طاعته:

هو أن يكون من ولد الحسن أو الحسين -عليهما السلام-.

ويكون ورعاً تقياً، صحيحاً نقياً.

وفي أمر الله -عز وجل- جاهداً، وفي حطام الدنيا زاهداً.

فَهِمَا بما يحتاج إليه، عالماً بملتبس ما يرد عليه.

شجاعاً كمياً بذولاً سخياً.

رؤوفا بالرعية رحيماً متعطفاً، متحنناً حليماً، مواسياً لهم بنفسه، مشاركا لهم في أمره، غير مستأثر عليهم، ولا حاكم بغير حكم الله فيهم.

رصين العقل بعيد الجهل، آخذاً لأموال الله من مواضعها، راداً لها في سبلها مفرقاً لها في وجوهها التي جعلها الله لها، مقيماً لأحكام الله وحدوده، آخذاً لها ممن وجبت عليه، ووقعت بحكم الله فيه، من قريب أو بعيد، شريف أو دني.

لا تأخذه في الله لومة لائم، قائماً بحقه، شاهراً لسيفه، داعياً إلى ربه، مجتهداً في دعوته، رافعاً لرايته، مفرقاً للدعاة في البلاد، غير مقصر في تأليف العباد.

مخيفاً للظالمين، مؤمناً للمؤمنين، لا يأمن الفاسقين ولا يأمنونه، بل يطلبهم ويطلبونه، قد باينهم وباينوه، وناصبهم وناصبوه، فهم له خائفون، وعلى هلاكه جاهدون، يبغيهم الغوايل، ويدعو إلى جهادهم القبائل، متشرداً عنهم، خائفاً منهم، لا تردعه ولا تهوله الأخواف، ولا يمنعه عن الاجتهاد عليهم كثرة الإرجاف، شمري مشمر، مجتهد غير مقصر.

فمن كان كذلك من ذرية السبطين، الحسن والحسين -عليهما السلام-، فهو الإمام المفترضة طاعته، الواجبة على الأمة نصرته، ومن قصر عن ذلك ولم ينصب نفسه، ولم يشهر سيفه، ويباين الظالمين ويباينوه، ويتبين أمره، ويرفع راياته، لتكمل الحجة لربه على جميع خلقه، بما يظهر لهم من حسن سيرته، وظاهر ما يبدو لهم من سريرته، فيجب بذلك على الأمة المهاجَرة إليه، والمصابرة معه ولديه، فمن فعل ذلك من الأمة من بعد ما أبان لهم صاحبهم نفسه، وقصد ربه، وشهر سيفه، وكشف بالمباينة للظالمين رأسه، فقد أدى إلى الله فرضه، ومن قصر في ذلك كانت الحجة لله عليه قائمة ساطعة، منيرة بينة قاطعة، ليهلك من هلك عن بينة ويحيى من حي عن بينة وإن الله لسميع عليم. انتهى.

الجامع الكافي[8/ 149]: قال أحمد بن عيسى: فيما حدَّثنا علي بن محمد، عن محمد بن هارون، عن سعدان بن محمد، عن محمد بن منصور، قال: قلت لأحمد بن عيسى -عليه السلام- تخاف علي من هذا الأمر شيئاً إن أدركني الموت على هذا، -يعني تركنا الجهاد-؟.

قال: لا، إذا كنت مرصداً.

وسمعت رجلاً يناظره في جلوسه عن هذا الأمر، فكان من حجته أن قال: أليس قد صبر علي -صلوات الله عليه- على الجور حتى وجد القوة.

قيل له: على أي جور صبر؟.

قال: على عثمان.

وقال أحمد: فيما حدَّثنا علي بن محمد بن الحسين الهمداني، قال: حدَّثنا علي بن أحمد بن حاتم، قال: حدَّثنا محمد بن سندان، قال: حدَّثنا محمد بن جبلة، عن أحمد بن عيسى، قال: قال الله -عز وجل- في ابتلاء الناس بالطاعة، والمعصية: ﴿يَٰٓأَيُّهَا ٱلَّذِينَ ءَامَنُوٓاْ أَطِيعُواْ ٱللَّهَ وَأَطِيعُواْ ٱلرَّسُولَ وَأُوْلِي ٱلۡأَمۡرِ مِنكُمۡۖ﴾[النساء:59]، فجعل الطاعة فريضة، وصل بها طاعة ولاة أمره بطاعة رسوله، وطاعة رسول

الله -صلى الله عليه وآله وسلم- بطاعته، فولاة الأمر: هم القوامون بدين الله في خلقه، الذابون عن حرم الله وخلقه، الداعون إليه من أدبر عنه، اصطفاهم لذلك فرضيهم له، وشرفهم بذلك وكرّمهم به، إذ جعل طاعتهم فريضة من فرائضه، ومعصيتهم مقرونة بمعصيته، ثم أخلصهم بالتطهير فاختصهم بالتخيير، وقدمهم في النعمة، وفضلهم للتكرمة، واصطفاهم بالأمانة التي هي أعظم الدرجات بعد النبؤة، وفرض عليهم القيام بالكتاب والسنة، وفرض لهم على العباد حقوقاً اختصهم بها، وجعل هذه الحقوق موصلة بحقه مطوقة على جميع خلقه، ثم ضاعف لهم الثواب، وضاعف عليهم العقاب بقدر ما وَلُوْا وما وَلَّوْا من أمر العباد، فعظمت الخطوب في تضاعف الحساب والذنوب، وذلك أن المخصوصَ بالنعمة، المقدم بالتكرمة، متظاهرةٌ عليه الحجة، وإن كانت لكل واحد لازمة.

وليس للإمام أن ينتقص الرعية حقها، ولا للرعية أن تنتقص حق إمامها، فإن خالف كتاب الله، وسنة رسوله -صلى الله عليه وآله وسلم-، ولم يعدل بينهم، وبسط عليهم بالجبرية، والتكبر عليهم، فمنعهم حقوقهم، واستأثر عليهم بفيهم، وأظهر الفساد والمنكر، فلا طاعة له عليهم في معصية خالقهم، وحرمت عليه إمامتهم وولايتهم، وحرمت عليهم طاعته ومعاونته، وكان حقُّ الله عليهم مجاهدتَه حتى يفيء إلى أمر الله، أو يعتزل ولاية أمره، فإنه لاولاية لمن لم يحكم بما أنزل الله؛ لقول الله -عز وجل-: ﴿وَمَن لَّمْ يَحْكُم بِمَآ أَنزَلَ ٱللَّهُ فَأُوْلَـٰٓئِكَ هُمُ ٱلظَّـٰلِمُونَ ﴿٤٥﴾﴾[المائدة]، ﴿وَمَن لَّمْ يَحْكُم بِمَآ أَنزَلَ ٱللَّهُ فَأُوْلَـٰٓئِكَ هُمُ ٱلْفَـٰسِقُونَ ﴿٤٧﴾﴾[المائدة]، ﴿وَمَن لَّمْ يَحْكُم بِمَآ أَنزَلَ ٱللَّهُ فَأُوْلَـٰٓئِكَ هُمُ ٱلْكَـٰفِرُونَ ﴿٤٤﴾﴾[المائدة] ولا يحل للمؤمنين الإقرار بحكم الكافرين، ولا الظالمين ولا الفاسقين، ولا الرضا به؛ فيكونون شركاءهم في مأثمه، فإنه من أقر ورضي بمعصية الله فقد عصى، ومن عصى الله فقد استحق سخطه، ومن سخط الله عليه كانت النار أولى به، نعوذ بالله من سخطه، ونعوذ به من الإقرار

بمعصيته، والرضا بفعال الظلمة من عباده، ونستعين بالله على تأدية حقه في مجاهدة من أوجب علينا جهاده، فإنه لاحول ولا قوة إلا بالله، وقد عظم الله ثواب الجهاد في سبيله.

وسبيلُه: إحياءُ كتاب الله، وسنة نبيه -صلى الله عليه وآله وسلم-، فقال: ﴿يَٰٓأَيُّهَا ٱلَّذِينَ ءَامَنُواْ هَلۡ أَدُلُّكُمۡ عَلَىٰ تِجَٰرَةٖ تُنجِيكُم مِّنۡ عَذَابٍ أَلِيمٖ ١٠﴾، إلى قوله تعالى: ﴿وَبَشِّرِ ٱلۡمُؤۡمِنِينَ ١٣﴾[الصف]، وقال الله -عز وجل-: ﴿إِنَّ ٱللَّهَ ٱشۡتَرَىٰ مِنَ ٱلۡمُؤۡمِنِينَ أَنفُسَهُمۡ وَأَمۡوَٰلَهُم﴾ الآية [التوبة:111]، وقال: ﴿فَٱلَّذِينَ هَاجَرُواْ وَأُخۡرِجُواْ مِن دِيَٰرِهِمۡ وَأُوذُواْ فِي سَبِيلِي وَقَٰتَلُواْ وَقُتِلُواْ لَأُكَفِّرَنَّ عَنۡهُمۡ سَيِّـَٔاتِهِمۡ﴾ الآية [آل عمران:195]وقال: ﴿لَّا يَسۡتَوِي ٱلۡقَٰعِدُونَ مِنَ ٱلۡمُؤۡمِنِينَ غَيۡرُ أُوْلِي ٱلضَّرَرِ وَٱلۡمُجَٰهِدُونَ فِي سَبِيلِ ٱللَّهِ بِأَمۡوَٰلِهِمۡ وَأَنفُسِهِمۡۚ فَضَّلَ ٱللَّهُ ٱلۡمُجَٰهِدِينَ بِأَمۡوَٰلِهِمۡ وَأَنفُسِهِمۡ عَلَى ٱلۡقَٰعِدِينَ دَرَجَةٗۚ وَكُلّٗا وَعَدَ ٱللَّهُ ٱلۡحُسۡنَىٰۚ وَفَضَّلَ ٱللَّهُ ٱلۡمُجَٰهِدِينَ عَلَى ٱلۡقَٰعِدِينَ أَجۡرًا عَظِيمٗا ٩٥﴾ [النساء:95،96]وقال: ﴿وَإِن نَّكَثُوٓاْ أَيۡمَٰنَهُم مِّنۢ بَعۡدِ عَهۡدِهِمۡ وَطَعَنُواْ فِي دِينِكُمۡ فَقَٰتِلُوٓاْ أَئِمَّةَ ٱلۡكُفۡرِ إِنَّهُمۡ لَآ أَيۡمَٰنَ لَهُمۡ لَعَلَّهُمۡ يَنتَهُونَ ١٢﴾ [التوبة]، فسماهم أئمة الكفر بنكثهم أيمانهم، وأمركم بقتالهم، ثم كرر [ذلك] عليهم، فقال: ﴿أَلَا تُقَٰتِلُونَ قَوۡمٗا نَّكَثُوٓاْ أَيۡمَٰنَهُمۡ﴾[التوبة:13]، الآيتين.

فإن لا يكون عدوكم هؤلاء الذين بحضرتكم هم المخصوصين بهذه الآية فإنهم إخوانُ من مضى قبلهم في نكثهم وكفرهم، وجرأتهم على الله وفجورهم، وحجة الله في الماضين كحجته في الباقين، وأمره فيهم واحد بلا تغيير ولا تبديل.

وفي الجامع الكافي أيضاً [8/ 168]: قال محمد: سألت أحمد بن عيسى -عليه السلام-، قلت: قد عرفتَ أهلَك فصف الرجل منكم الذي إذا دعى وجبت علينا وعلى الأمة إجابته وبيعته ومعاونته؟.

فقال: الورع العاقل الشديد العقدة، العالم بما يجب من الأمور والأحكام، العالم باختلاف الناس، وإن كان دون هذه الصفة كبعض الأسلاف جاز.

وقال أحمد أيضاً: فيما حدَّثنا علي بن محمد، عن علي بن الحسين، عن علي بن حاتم، عن محمد بن سندان، عن محمد بن جبلة عنه: والإمام منا أهل البيت الواجب طاعته وإجابته، من أطاع ربه، وأشعر تقوى الله قلبه، وشَمّر في الله ثوبه، وأطال في الله خوفه، واشتدت بأمور المسلمين عنايته فيتحنن عليهم برأفته، ويعطف عليهم برحمته، ويتفقد أمورهم بنظره، وكَلأَ صغيرَهم وكبيرهم بعينه، وأحاطت عليهم شفقته، واتَّبَع فيهم آثار نبيه -صلى الله عليه وآله وسلم-، فخلفه فيهم بعده، وسلك فيهم قصده، وأحيا فيهم سنته، وأظهر فيهم شريعته، وسار فيهم بسيرته، فواساهم بنفسه، وعدل فيهم بقَسْمِه، الموثوق بعقله ودينه وفهمه وعلمه، المأمون عندهم عيبه، المؤدي حق الله فيما استحفظه، فإذا كان كذلك فقد استوجب منهم الطاعة، واستحق منهم الإجابة.

وقد تقدم قول القاسم -عليه السلام- في المسألة التي قبل هذه (77).

وقال الحسن بن يحيى -عليه السلام-: أجمع آل رسول الله -صلى الله عليه وآله وسلم- على أن الداعي منهم إلى أمر الله ينبغي أن يكون عالماً بما يدعو إليه، عاملاً به، فإذا كان كذلك وجب معاونته على أمر الله، والشرائط التي توجب لهم أن يستحقوا بها مقام الرسول -صلى الله عليه وآله وسلم-، ويستوجبون بها أن يكونوا متبوعين غير تابعين:

العلم بالكتاب والسنة، والجهاد في سبيل الله، والعدل، والزهد، والتقوى، وأداء الأمانات إلى أهلها، فمن كانت فيه هذه الخصال من أهل بيت النبي -صلى الله عليه وآله وسلم-، فقد وجب على أهل بيته وعلى المسلمين اتباعُه وتقدمتُه وطاعتُه، ومعاونتُه على البر والتقوى، فقد استكمل الشريطة من رسول الله -

(77) يعني من الجامع تمت حاشية.

صلى الله عليه وآله وسلم-، وكان على الناس أن يقتبسوا من علمه، وأن يهتدوا بهديه، ومن كان فيه التقوى، والزهد، والعلم فعلى العباد أن يهتدوا بهديه، ويقتدوا بأعماله الصالحة، ولا يستوحشوا معه إلى غيره.

وقد أجمعت الأمة على أنهم من الصفوة الذين ورثوا الكتاب إذا عملوا بالكتاب، ولم يجمعوا هم على أن لغيرهم فيها تأويلاً. انتهى.

[2670] **مجموع زيد بن علي -عليهما السلام- [صـ243]**: حدثني زيد بن علي، عن أبيه، عن جده، عن علي -عليهم السلام-، قال: (حق على الإمام أن يحكم بما أنزل الله، وأن يعدل في الرعية، فإذا فعل ذلك فحق عليهم أن يسمعوا وأن يطيعوا، وأن يجيبوا إذا دعوا، وأي إمام لم يحكم بما أنزل الله فلا طاعة له). انتهى.

الجامع الكافي [8/ 155]: حدثنا زيد بن حاجب، قال: حدثنا محمد بن أحمد بن وليد، قال: حدثنا جعفر بن الصيدلاني، قال: سأل بعضُ أصحابنا الحسنَ بن يحيى - وأنا أسمع - وقد ذهبنا إليه جماعة من أصحابنا منهم: قاسم بن يحيى الخواص[78]، وحسين بن شقير[79]، وحسين بن عبدالملك[80]، وحسن بن علي الخلال[81]، ومحمد بن سليمان الخزّاز[82]، سألناه عن الأمر والنهي، وذكرنا

---

(78) لعله: قاسم بن يحيى بن عطاء بن مقدم بن مطيع الهلالي المقدمي، أبو محمد الواسطي، ذكره بن حبان في الثقات، وقال: مستقيم الحديث، وقال الدارقطني: ثقة، قال ابن حجر في التقريب: ثقة من التاسعة مات سنة (197)هـ.

(79) لم أقف عليه.

(80) لعله: الحسين بن عبد الملك بن عمرو الأحول، قال في لسان المزان: روى عن أبيه، وعنه الحسين بن سعيد، ذكروه في رجال الشيعة.

(81) الحسن بن علي ابن محمد الهذلي، أبو علي الحُلواني - بضم المهملة- الخلال، الريحاني المكي، عن عبد الرزاق ويزيد بن هارون وغيرهما، وعنه يحيى بن الحسن العقيقي ومحمد بن هارون، قال يعقوب بن شيبة: كان ثقة ثبتاً متقناً ووثقه النسائي والخطيب، توفي سنة اثنتين وأربعين ومأتين، احتج به الجماعة إلاَّ النسائي. قال في التقريب: نزيل مكة ثقة حافظ له تصانيف.

(82) محمد بن سليمان بن هشام بن سليمان بن عمرو بن طلحة اليشكري أبو جعفر، ويقال أبو علي الشطوي البغدادي الخزاز، ابن بنت سعيدة بنت مطر الوراق، ويعرف بأخي هشام، بصري الأصل، ضعفه أهل الجرح والتعديل، ولعل سبب ذلك كونه من الشيعة، توفي بالكرخ، سنة خمس وستين ومائتين.

اتساع الشيء وكثرته أيضيق علينا القعود عنه؟

فذكر قصة النبي - صلى الله عليه وآله - وكفه عمن كان معه، وذكر علياً وكفه بعد النبي - صلى الله عليه وآله - وقعوده، حتى كان ما كان من أمر عثمان، وأنهم أرادوا أن يحرقوا باب علي، فلولا أنه اتسع لعلي - صلى الله عليه - القعود لم يقعد، وذكر الحسين ووسع في القعود، وقال: مروا وانهوا طاقتكم، ومن قعد فموسع عليه غير مضيق.

ثم قال: استبقوا أنفسكم لهذا الأمر، فأنتم أهل الحق - أو أهل الدين - الشك من جعفر -يعني الزيدية -.

وقال: لو أمر رجل وحده إماماً جائراً فقتله مات شهيداً.

قال: ولما أردنا أن نخرج من عنده، قال: إذا خرجتم فاخرجوا واحداً واحداً، واثنين اثنين، لا تخرجوا جملة.

وقال: أبشروا معشر الزيدية، فلو نفض رسول الله -صلى الله عليه وآله وسلم- رأسه من التراب ما حط رحله إلا فيكم أو بينكم.

وقال: ما ضر من بات ينوي هذا الأمر، أن يكون محتبياً بسيفه في فسطاط المهدي، بل في فسطاط رسول الله - صلى الله عليه وآله-.

وسألنا عن الأمر والنهي فريضة؟

قال: نعم، وقد رخص فيه. انتهى.

باب القول فيما يثبت به عقد الإمامة

الهادي -عليه السلام- في الأحكام [2/338]: قال يحيى بن الحسين - صلوات الله عليه-: تثبت الإمامة للإمام، وتجب له على جميع الأنام بتثبيت الله لها فيه، وجعله إياها له، وذلك فإنما يكون من الله إليه إذا كانت الشروط المتقدمة التي ذكرناها فيه، فمن كان من أولئك كذلك فقد حكم الله له بذلك، رضي

بذلك الخلق أم سخطوا.

قال: وليس يثبت الإمامة الناس للإمام كما يقول أهل الجهال من الأنام: إن الإمامة بزعمهم إنما تثبت للإمام برضى بعضهم، وهذا فأحول المحال، وأسمج مايقال به من المقال، بل الإمامة تثبت بتثبيت الرحمن لمن ثبتها [فيه]، وحكم بها له من الإنسان، رضي المخلوقون أم سخطوا، شاءوا ذلك وأرادوه أم كرهوا، فمن ثبت الله له الإمامة وجبت له على الأمة الطاعة، ومن لم يثبت الله له ولاية على المسلمين كان مأثوماً معاقباً، ومن اتبعه على ذلك من العالمين، لأنه اتبع من لم يجعل الله له حقاً، وعقد لمن لم يعقد الله له عقداً، والأمر والاختيار فمردود في ذلك إلى الرحمن، وليس من الاختيار في ذلك شيء إلى الإنسان، كما قال الله – سبحانه –: ﴿وَرَبُّكَ يَخْلُقُ مَا يَشَاءُ وَيَخْتَارُ مَا كَانَ لَهُمُ الْخِيَرَةُ سُبْحَانَ اللَّهِ وَتَعَالَىٰ عَمَّا يُشْرِكُونَ ۝﴾ [القصص]، ويقول – سبحانه –: ﴿وَمَا كَانَ لِمُؤْمِنٍ وَلَا مُؤْمِنَةٍ إِذَا قَضَى اللَّهُ وَرَسُولُهُ أَمْرًا أَن يَكُونَ لَهُمُ الْخِيَرَةُ مِنْ أَمْرِهِمْ وَمَن يَعْصِ اللَّهَ وَرَسُولَهُ فَقَدْ ضَلَّ ضَلَالًا مُّبِينًا ۝﴾ [الأحزاب:36]، صدق الله سبحانه لقد ضل من اختار سوى خيرته، وقضى بخلاف قضائه، وحكم بضد حكمه، فالحكم كله لله سبحانه، فمن رضي رضيناه، ومن ولَّى علينا سبحانه أطعناه، ومن نحاه عنا جل جلاله نحيناه، وقد بين لنا سبحانه من حكم له بالتولية على الأمة، ومن صرفه عن الأمر والنهي عن الرعية، فجعل خلفاءه الراشدين، وأمناءه المؤمنين، من كان من أهل صفوته وخيرته أجمعين، على ما ذكرنا ووصفنا، من الصفة التي بينا ووصفنا بها الإمام وشرحنا وأخبرنا، أن من كان على خلاف ذلك منهم، فإنه لا يكون بحكم الله إماماً عليهم، وفي ذلك ما يقول الله – سبحانه –: ﴿قُلْ هَلْ مِن شُرَكَائِكُم مَّن يَهْدِي إِلَى الْحَقِّ قُلِ اللَّهُ يَهْدِي لِلْحَقِّ أَفَمَن يَهْدِي إِلَى الْحَقِّ أَحَقُّ أَن يُتَّبَعَ أَمَّن لَّا يَهِدِّي إِلَّا أَن يُهْدَىٰ فَمَا لَكُمْ كَيْفَ تَحْكُمُونَ ۝﴾ [يونس]، فنهاهم عن الحكم لمن قصر عن الهداية إلى الحق بالولاية العظمى، وحكم بها سبحانه لمن كان من عباده هادياً إلى الحق والتقى

من صفوته، وموضع خيرته الذين اختارهم بعلمه، وفضلهم على جميع خلقه، وجعلهم الورثة للكتاب المبين، الحكام فيه بحكم رب العالمين، ختم بهم الرسل، وجعل ملتهم خير الملل، فهم آل رسول الله -صلى الله عليه وآله وسلم- وأبناؤه، وثمرة قلبه وأحباؤه، وخلفاء الله وأولياؤه، وفي ذلك ما يقول الله جل جلاله، عن أن يحويه قول أو يناله: ﴿ثُمَّ أَوْرَثْنَا ٱلْكِتَٰبَ ٱلَّذِينَ ٱصْطَفَيْنَا مِنْ عِبَادِنَا فَمِنْهُمْ ظَالِمٌ لِّنَفْسِهِۦ وَمِنْهُم مُّقْتَصِدٌ وَمِنْهُمْ سَابِقٌۢ بِٱلْخَيْرَٰتِ بِإِذْنِ ٱللَّهِ ذَٰلِكَ هُوَ ٱلْفَضْلُ ٱلْكَبِيرُ ﴿٣٢﴾﴾ [فاطر]، فجعل سابقهم هو الآمر فيهم، والحاكم عليهم، وعلى غيرهم من جميع المسلمين، وغيرهم من جميع عباد رب العالمين.

حدَّثني أبي، عن أبيه أنه سئل: هل تثبت الإمامة للإمام بغير رضى من المسلمين، وبغير عقد متقدم باثنين ولا أكثر ؟.

فقال: اعلم هداك الله أن الإمامة إنما تثبت لمن تثبت له بالله وحده، وبما جعلها تجب به من كمال الكامل، المطيق لها بالعلم غير الجاهل، فمن كان في العلم كاملاً، ولم يكن بما يحتاج إليه من الدين جاهلاً، فإن على المسلمين العقد له، والرضا به، ولا يجوز لهم غير ذلك، ولا يسعهم إلا أن يكونوا كذلك. انتهى.

الجامع الكافي [8/ 171]: قال محمد: سألت أحمد بن عيسى -عليه السلام- عن الدعوة هل إلى الرضى من آل محمد ؟ فقال: نعم، الدعوة إلى الرضى، ثم قال: الذي يقوم هو الرضى، ولكنها دعوة جامعة.

وذكر عن عبدالله بن موسى، عن زيد بن علي -عليهم السلام-، وعن جماعة ممن قام من أهل بيته أنهم دعوا إلى الرضى من آل محمد -صلى الله عليه وآله وسلم-، وقال القاسم: إن كان الرضى معلوماً فدعا عن أمره، وإلا دعا إلى نفسه إذا كان موضعاً لذلك.

حدَّثنا علي بن محمد، عن ابن هارون، عن سعدان، عن محمد، قال: قلت

لأحمد بن عيسى -عليه السلام-: حدَّثني عبدالله بن موسى: أن زيد بن علي، ومحمد بن عبدالله، وحسين بن علي صاحب فخ -عليهم السلام-: دعوا إلى الرضى، فقال: صدق، دعا الحسين صاحب فخ إلى الرضى، وهو كان الرضى.

وقال الحسن بن يحيى: أجمع آل رسول الله -صلى الله عليه وآله وسلم- على أن الدعوة تكون إلى كتابه، وسنة نبيه، والرضى من آل رسول الله -صلى الله عليه وآله وسلم-. انتهى.

العدد الذي يجب معه التغيير

الجامع الكافي [8/ 173]: قال محمد: سألت عبد الله بن موسى عليه السلام: متى يجب على الإمام التغيير؟

قال: إذا كان معه ثلاثمائة وثلاثة عشر، عدة أهل بدر.

وسألت أحمد بن عيسى عن ذلك.

فقال: لست أوقت في ذلك وقتاً، قلوا أو كثروا، القائم بذلك أعلم، ثم قال: قد قام الحسين بن علي -صلى الله عليه- في نفر يسير.

قال [السيد] الشريف - أبو عبد الله محمد بن علي بن عبد الرحمن العلوي الحسني -رضي الله عنه -: أخبرنا أبي -رضي الله عنه-، وحسين البجلي قراءة قالا: أخبرنا أبو الحسن علي بن شقير، قال: حدثنا علي بن عمرو الجبّان، قال: سمعت محمد بن منصور يقول: كنت يوماً عند أحمد بن عيسى فقال له رجل: أنت أطوع في الناس من علي بن أبي طالب، وما أرى أحداً أعظم حرمةً ممن أمكنه من هذا الأمر شيئ فجلس عنه!.

فقال أحمد: قد نظرت في هذا الأمر فوجدت صاحبه يحتاج إلى أربعة ليس به عنهم غني في حال من الأحوال:

يحتاج إلى وزير عالم بما يرد عليه، مأمون على ذلك.

وإلى رجل عالم بالقضاء واختلاف الناس.

ورجل عالم بالحرب وتدبيرها مأمون عليها.

ورجل مأمون على بيت المال.

فما وجدت الأربعة. فقطع الرجل.

وقال الحسن بن يحيى: قد أعلم الله نبيه -عليه السلام- كيف يقاتل، وأخبره بالعدة التي يجوز بها القتال، فقال: ﴿إِن يَكُن مِّنكُمْ عِشْرُونَ صَٰبِرُونَ يَغْلِبُوا۟ مِا۟ئَتَيْنِ وَإِن يَكُن مِّنكُم مِّا۟ئَةٌ يَغْلِبُوٓا۟ أَلْفًا مِّنَ ٱلَّذِينَ كَفَرُوا۟﴾ [الأنفال:65]، ثم علم ضعفهم عن ذلك فقال: ﴿فَإِن يَكُن مِّنكُم مِّا۟ئَةٌ صَابِرَةٌ يَغْلِبُوا۟ مِا۟ئَتَيْنِ وَإِن يَكُن مِّنكُمْ أَلْفٌ يَغْلِبُوٓا۟ أَلْفَيْنِ بِإِذْنِ ٱللَّهِ ۗ وَٱللَّهُ مَعَ ٱلصَّٰبِرِينَ ۝﴾ [الأنفال:66]،ثم قال: ﴿كَم مِّن فِئَةٍ قَلِيلَةٍ غَلَبَتْ فِئَةً كَثِيرَةً بِإِذْنِ ٱللَّهِ ۗ وَٱللَّهُ مَعَ ٱلصَّٰبِرِينَ ۝﴾ [البقرة:149]. فلم يضيق على من حضرته النية في الدين، الدفع عن دينه ونفسه وماله وحريمه، أن يقاتل في فئة لا حد لها.

ثم أخبر النبي صلى الله عليه وآله وسلم: ((أن من أكبر الجهاد كلمة عدل عند إمام جائر))، فإن قتل المتكلم بها كان شهيداً، وكمال الطاعة في جهاد العدو أن يقاتلوا في الفئة والعدة.

وقال لنبيه -صلى الله عليه وآله وسلم-: ﴿وَأَعِدُّوا۟ لَهُم مَّا ٱسْتَطَعْتُم مِّن قُوَّةٍ وَمِن رِّبَاطِ ٱلْخَيْلِ تُرْهِبُونَ بِهِۦ عَدُوَّ ٱللَّهِ وَعَدُوَّكُمْ﴾ [الأنفال:60]. انتهى.

باب القول في إمامين في وقت واحد

الجامع الكافي [8/ 167]: وقال الحسن بن يحيى: أجمع آل رسول الله -صلى الله عليه وآله وسلم- على أنه جائز أن يدعوَ جماعة متفرقون، أو مجتمعون، ويعقد في كل ناحية هذا العقد على النصرة، والقيام بأمر الله -عز وجل-، وعلى

كل من حضر قائماً بأمر الله أن ينصره بقدر الطاقة، فإذا ظهر أمر الله، فآل رسول الله -صلى الله عليه وآله وسلم- الأتقياء العلماء أعلم بالرضى منهم.

وقال الحسن -عليه السلام-: فإن زعم زاعم أنه لا يصلح إلا أن يكون الإمام إلا واحداً، فإن النبوة أعظم قدراً عند الله تعالى من الإمامة، قال الله -عز وجل-: ﴿إِذْ أَرْسَلْنَآ إِلَيْهِمُ ٱثْنَيْنِ فَكَذَّبُوهُمَا فَعَزَّزْنَا بِثَالِثٍ﴾[يس:14]، وقال -عز وجل-: ﴿وَدَاوُۥدَ وَسُلَيْمَٰنَ إِذْ يَحْكُمَانِ فِى ٱلْحَرْثِ﴾[الأنبياء:78]، وقال لموسى وهارون: ﴿ٱذْهَبَآ إِلَىٰ فِرْعَوْنَ﴾ [طه:43]، وكان إبراهيم وإسماعيل ولوط في زمن واحد يدعون إلى الله، فإذا استقام أن يكون الداعي إلى الله من الرسل في زمن واحد اثنان وثلاثة، فذلك فيما دون النبوة أجوز.

وسألت إذا خرج منكم خارج فرضي به بعضكم؛ فإنه إذا رضي به الصالحون فعليك أن تتبعه، إن أهل بيت النبي -صلى الله عليه وآله وسلم- المتسمكين بالكتاب، العالمين بسنة الرسول، لا يرفعون راية إلا وهم يريدون الله بها لا يدعون فيها إلى ضلالة أبداً. انتهى.

باب القول في المعدن الذي تجوز فيه الإمامة

الجامع الكافي [8/ 162]: قال محمد: قال أحمد بن عيسى -عليه السلام-: الدعوة إلى الرضى من آل محمد.

وفي رواية سعدان، عن محمد، عنه، قلت له: من [ولد] الحسن والحسين.

قال: نعم.

وفيه [8/ 163]: قال الحسن بن يحيى: الإمامة في ولد الحسن والحسين.

وفيه [8/ 163] قال -يعني محمداً-: وليس بين ولد الحسن والحسين عندنا فرق في الإمامة، فمن قام منهم يستحق مقامه بالعلم والورع والعقل فهو عندنا موضع لما قام به، وعلى ذلك رأينا آل رسول الله -صلى الله عليه وآله وسلم- من

مضى منهم، ومن أدركنا منهم أحمد بن عيسى، وعبدالله بن موسى، والقاسم بن إبراهيم -عليهم السلام-، وغيرهم ممن أدركنا من علمائهم.

[2671] قال: وقد ثبت لنا عن النبي -صلى الله عليه وآله وسلم- أنه قال: ((إني تارك فيكم ما إن تمسكتم به لن تضلوا [بعدي]، كتاب الله، وعترتي أهل بيتي)).

وفي الجامع الكافي أيضاً: قال الحسن: أجمع علماء آل رسول الله -صلى الله عليه وآله وسلم- أن علي بن أبي طالب كان أفضل الناس بعد رسول الله -صلى الله عليه وآله وسلم-، وأولاهم بمقامه، ثم من بعد أمير المؤمنين الحسن والحسين أولى الناس بمقام أمير المؤمنين، ثم من بعد ذلك علماء آل رسول الله -صلى الله عليه وآله وسلم-، وأتقياؤهم وأبرارهم أئمة المسلمين في حلالهم وحرامهم وسنن نبيهم، فمن أمر [منهم] بالمعروف، ونهى عن المنكر وجبت على المسلمين معاونته ونصرته، وأن القائم منهم بالمعروف والجهاد أفضل عندهم من القاعد، وكلٌّ مصيب قدوة.

قال الحسن: وقد دل رسول الله -صلى الله عليه وآله وسلم- على إمامة علي والحسن والحسين بأعيانهم وأسمائهم:

فقال في علي -عليه السلام-: ما تقدم ذكره في باب إمامته(83).

[2672] وقال في الحسن، والحسين صلى الله عليهما: ((هما سيدا شباب أهل الجنة، وأبوهماخير منهما)) فجعلهما سيدين وبيّن فضلهما، ودل على إمامتهما، ودل على أنه لا يحل لأحد أن يتقدم من جعله رسول الله -صلى الله عليه وآله وسلم- سيداً، وشهد له بالجنة.

[2673] وقال: ((اللهم أحب من أحبهما، وأبغض من أبغضهما)).

[2674] وقال -صلى الله عليه وآله وسلم-: ((تعلموا منهما، ولا تعلموهما

---

(83) سيأتي في الجزء الرابع من كتابنا هذا تمت مؤلف.

فهما أعلم منكم)).

[2675] وقال لأبيهما ولهما: ((أنا سلم لمن سالمتم، وحرب لمن حاربتم)) فأثبت أن حربهم حربه، وسلمهم سلمه، وهذه قضية من رسول الله -صلى الله عليه وآله وسلم- فيهم وفي من تمسك بالكتاب من الذرية.

[2676] وقال: ((إن استنصروكم فانصروهم، وإن لبدوا فالبدوا))، وأوجب على الأمة نصرتهم إذا استنصروهم، ولم يأمرهما بنصر أحد ولا اتباعه، ففي ذلك دليل على أنهما المتبوعان، وليسا بتابعين، وفي إبانة فضلهما وفي علمهما وأنفسهما على جميع الأمة دليل على أنه لا يجوز أن يكون الفاضل العالم تبعاً للجاهل المفضول، فكيف وقد أمر [الله] بنصرتهما.

[2677] وقال: ((النجوم أمان لأهل السماء، وأهل بيتي أمان لأمتي)).

وخصهما الله [بأبوة] رسول الله -صلى الله عليه وآله وسلم-، وسماهما ابنيه في كتابه فقال: ﴿فَقُلْ تَعَالَوْا نَدْعُ أَبْنَاءَنَا وَأَبْنَاءَكُمْ وَنِسَاءَنَا وَنِسَاءَكُمْ وَأَنفُسَنَا وَأَنفُسَكُمْ ثُمَّ نَبْتَهِلْ فَنَجْعَل لَّعْنَتَ اللَّهِ عَلَى الْكَاذِبِينَ ﴿٦١﴾﴾ الآية[آل عمران:61].

[2678] وخصهما بآية التطهير: ﴿إِنَّمَا يُرِيدُ اللَّهُ لِيُذْهِبَ عَنكُمُ الرِّجْسَ أَهْلَ الْبَيْتِ وَيُطَهِّرَكُمْ تَطْهِيرًا ﴿٣٣﴾﴾[الأحزاب]، فلما نزلت هذه الآية جعل رسول الله -صلى الله عليه وآله وسلم- الكساء عليه، وعلى علي، وفاطمة، والحسن، والحسين، ثم قال: ((هؤلاء أهل بيتي فأذهب عنهم الرجس، وطهرهم تطهيراً))، وفرض مودتهما على كل مسلم، ومودة علي وذريتهما، وجعل لهما الخمس فريضة في كتاب الله.

فلهما آية الصفوة، قوله: ﴿ ثُمَّ أَوْرَثْنَا الْكِتَابَ الَّذِينَ اصْطَفَيْنَا مِنْ عِبَادِنَا﴾ [فاطر:32] وآية التطهير، وآية المباهلة، وآية الخمس، وآية الفيء، وآية المودة.

فدل عليهما بالدلالة التي أبان فضلهما، وعظم منزلتهما، وقال الله -سبحانه-: ﴿فَـَٔاتِ ذَا ٱلْقُرْبَىٰ حَقَّهُۥ﴾[الروم:38] فدل عليهما بأعيانهما، وأسمائهما، وأنسابهما، وأفعالهما فإمامتهما واحدة، وحقهما واجب، وهما إمامان في وقت واحد إن قاما فلهما، وإن قعدا فلهما درجتهما في الجنة واحدة، ومنزلتهما في الجنة واحدة، إلا أن الحسن يتقدم الحسين بالسن.

[2679] لقول النبي -صلى الله عليه وآله وسلم-: ((يؤمكم أقراؤكم لكتاب الله، وأقدمكم هجرة، وأعلاكم سناً)).

وقال لأبيهما ولهما ولمن تمسك بالكتاب من ذريتهما: ((إني تارك فيكم ما إن تمسكتم به لن تضلوا أبداً كتاب الله وعترتي أهل بيتي)) فهما أَبَوَا العترة الطاهرة وسيداها، والموضع الذي أخبر رسول الله -صلى الله عليه وآله وسلم- أن في التمسك بهما الهدى، فلا يحل لمسلم أن يتقدمهما، ولا يطلب الهدى في غيرهما، ولا في [غير] أولادهما المتمسكين بالكتاب، ودلالته على أولادهما أن يتمسك العباد بهما، وبالمتمسكين بالكتاب من ذريتهما فمن تمسك بالكتاب وبهم لم يضل أبداً.

[2680] ثم أخبرنا النبي -صلى الله عليه وآله وسلم- كيف الإمامة بعد هؤلاء المسميين بأعيانهم -يعني بعد علي والحسن والحسين- فقال: ((إني تارك فيكم الثقلين كتاب الله، وعترتي أهل بيتي ألا وإنهما لن يفترقا حتى يردا علي الحوض، ألا وإنهما الخليفتان من بعدي))، فبين بهذا الكلام فرض الإمامة كيف هي في كل عصر وزمان وإلى الأبد، على هذه الشريطة التي شرط، وهي لزوم الكتاب.

فإذا كان من آل رسول الله -صلى الله عليه وآله وسلم- رجل عالم بكتاب الله وسنة نبيه، عامل بذلك؛ فهو الإمام الذي دل عليه رسول الله -صلى الله عليه وآله وسلم- في كل عصر وزمان، على المسلمين الآخذ عنه حلالهم وحرامهم وسنن نبيهم، فإذا دعاهم إلى نصرة الحق وجب عليهم نصرته.

ولن يخلو أهل بيت رسول الله -صلى الله عليه وآله وسلم- في كل عصر

وزمان أن يكون فيهم مأمون على كتاب الله وسنة نبيه، علمه من علمه، وجهله من جهله، لقول رسول الله -صلى الله عليه وآله وسلم-: ((لن يفترقا حتى يردا علي الحوض))، فهذا إجماع من مضى من آل رسول الله -صلى الله عليه وآله وسلم- الأتقياء الأبرار الذي بهم يقتدى، فبين رسول الله -صلى الله عليه وآله وسلم- الإمامة، ولم يدع لأحد فيها اختيار، وبينها [الله] في كتابه فقال: ﴿كُنتُمْ خَيْرَ أُمَّةٍ أُخْرِجَتْ لِلنَّاسِ تَأْمُرُونَ بِالْمَعْرُوفِ وَتَنْهَوْنَ عَنِ الْمُنكَرِ﴾[آل عمران:110]وقال: ﴿وَلْتَكُن مِّنكُمْ أُمَّةٌ يَدْعُونَ إِلَى الْخَيْرِ وَيَأْمُرُونَ بِالْمَعْرُوفِ وَيَنْهَوْنَ عَنِ الْمُنكَرِ وَأُولَٰئِكَ هُمُ الْمُفْلِحُونَ ﴿١٠٤﴾﴾[آل عمران:104]، وقال: ﴿إِنَّ الَّذِينَ آمَنُوا وَعَمِلُوا الصَّالِحَاتِ أُولَٰئِكَ هُمْ خَيْرُ الْبَرِيَّةِ ﴿٧﴾﴾[البينة] وقال: ﴿يَا أَيُّهَا الَّذِينَ آمَنُوا هَلْ أَدُلُّكُمْ عَلَىٰ تِجَارَةٍ تُنجِيكُم مِّنْ عَذَابٍ أَلِيمٍ ﴿١٠﴾﴾ [الصف]..إلى آخر الآيتين، وقال: ﴿لَا يَسْتَوِي مِنكُم مَّنْ أَنفَقَ مِن قَبْلِ الْفَتْحِ وَقَاتَلَ﴾[الحديد:10]..الآية، وقال: ﴿فَضَّلَ اللَّهُ الْمُجَاهِدِينَ بِأَمْوَالِهِمْ وَأَنفُسِهِمْ عَلَى الْقَاعِدِينَ دَرَجَةً وَكُلًّا وَعَدَ اللَّهُ الْحُسْنَىٰ﴾[النساء:95]..الآيتين، فقد بين الله لذوي العقول والأديان، ودلهم على أفضل آل رسول الله -صلى الله عليه وآله وسلم- وأتقاهم لله، وأعلمهم بكتاب الله، وأكثرهم جهاداً في سبيل الله فأشد أهل بيت النبي بكتاب الله تمسكاً، وأكثرهم به علماً، وعملاً أوجبُهم على المسلمين حقاً.

[2681] ثم ذكر رسول الله -صلى الله عليه وآله وسلم- المهدي، وسماه باسمه، واسم أبيه فقال: ((اسمه كاسمي، واسم أبيه كاسم أبي، سخي بالمال، شديد على العمال، رحيم بالمساكين)).

والشريطة فيمن لم يسمه رسول الله -صلى الله عليه وآله وسلم- في غير وقت دولتهم من كان من العترة فيه العلم، والجهاد، والعدل، وأداء الأمانات إلى أهلها.

وقال: محمد بن علي، وزيد بن علي -عليهما السلام- وكانا إمامين من أئمة

الهدى-: نحن ولد فاطمة أئمتكم في حلالكم وحرامكم، الإمامُ منا المفترضُ الطاعة؛ الشاهرُ سيفه، الداعي إلى سبيل ربه بالحكمة والموعظة الحسنة، وليس الإمام المفترض الطاعة الجالس في بيته، المرخي عليه ستره، تجري عليه أحكام الظلمة، ولا تجري حكومته على ما وارى بابه، وذلك أنهم لا يحتاجون إلى الطاعة إلا مع الأمر والنهي، وإقامة الحدود، وأخذ الأفياء والأخماس في مواضعها، ووضعها في أهلها، والأخذ للمظلوم من الظالم.

قال محمد(84): في كتاب المسائل: وليس بين ولد الحسن والحسين عندنا فرق في الإمامة، فمن قام منهم يستحق مقامه بالعلم، والورع، والعقل فهو عندنا موضع لما قام به، وعلى ذلك رأيت آل رسول الله -صلى الله عليه وآله وسلم- من مضى منهم، وممن أدركنا منهم: أحمد بن عيسى، وعبدالله بن موسى، وقاسم بن إبراهيم، وغيرهم ممن أدركنا من علمائهم، وقد ثبت لنا عن النبي -صلى الله عليه وآله وسلم-: ((إني تارك فيكم ما إن تمسكتم به لن تضلوا من بعدي كتاب الله، وعترتي أهل بيتي)) انتهى(85).

[2682] وفي **نهج البلاغة**[ص- 201]: قال أمير المؤمنين علي بن أبي طالب - صلوات الله عليه-: (أين الذين زعموا أنهم الراسخون في العلم دوننا كذباً، وبغياً علينا أن رفعنا الله، ووضعهم، وأعطانا، وحرمهم، وأدخلنا، وأخرجهم، بنا يستعطى الهدى، ويستجلى العمى، إن الأئمة من قريش غرسوا في هذا البطن من هاشم لا تصلح على سواهم، ولا تصلح الولاة من غيرهم). انتهى.

المحيط بالإمامة: لا خلاف بين الشيعة في إمامة الحسن والحسين -عليهما

---

(84) من هنا إلى آخر الباب قد مضى في أول الباب وهو هكذا مكرر في الجامع الكافي تمت مؤلف.
(85) هذا الكلام السابق ليس في الجامع الكافي المطبوع، وهو في زيادات الجامع الكافي، وقد نقل أكثره من الجامع الكافي مولانا الإمام الحجة مجد الدين المؤيدي في الجزء الأول من لوامع الأنوار عند ذكره للجامع الكافي وسنده، ونقل منه شذرات مما تقدم.

السلام-، ثم اختلفوا بعد ذلك:

فذهبت الزيدية إلى أن الإمام بعد الحسين بن علي -عليه السلام- من يخرج بالدعوة شاهراً لسيفه داعياً إلى سبيل ربه من أولاد الحسن أو الحسين -عليهما السلام-، وقد جمع الصفات التي بيناها في باب صفات الإمام فهو إمام، وذلك نحو زيد بن علي، ويحيى بن زيد، ومحمد بن عبدالله، وإبراهيم بن عبدالله، وغيرهم -عليهم السلام-. انتهى.

باب القول فيما يلزم الإمام لرعيته وما يلزمهم له

الجامع الكافي [8/ 191]: قال أحمد بن عيسى - فيما حدثني علي بن محمد الشيباني، قال: أخبرنا علي بن الحسين الهمداني، قال: حدثنا علي بن حاتم، قال: حدثنا محمد بن مروان، قال: حدثنا محمد بن جبلة، عن أحمد بن عيسى - قال: ليس للإمام أن ينتقص الرعية حقها، ولا للرعية أن تنتقص حق إمامها، فمن حق الرعية على إمامها:

إقامة كتاب الله وسنة نبيه فيها، بالعدل بينها في أحكامها، والتسوية بينها في قسمتها، والأخذ لمظلومها من ظالمها، ولضعيفها من قويها، ولوضيعها من شريفها، ولمحقها من مبطلها، والعناية بأمر كبيرها وصغيرها، والتفقد لمعاشها في دنياها، ومصلحتها في دينها، وعمومها بالتحنن عليها، والرأفة والرحمة لها، كالأب الرؤوف الرحيم بولده، المتعطف عليهم بجهده، الكالي لهم بعينه ونفسه، يجنبهم المراتع الوبيئة، ويوردهم المناهل الروية العذبة، فإن الله - سبحانه - حمد ذلك من أخلاق نبيه له فقال -جل وعلا-: ﴿لَقَدْ جَآءَكُمْ رَسُولٌ مِّنْ أَنفُسِكُمْ عَزِيزٌ عَلَيْهِ مَا عَنِتُّمْ حَرِيصٌ عَلَيْكُم بِٱلْمُؤْمِنِينَ رَءُوفٌ رَّحِيمٌ ﴿١٢٨﴾﴾ [التوبة: 128].

فإذا فعل ذلك الوالي برعيته، كان حقاً على الرعية كرامته وتعظيمه، وإجلاله وتبجيله، وبره وتفضيله ومكانفته، [ومتابعته] ومعاونته، وطاعته ومؤازرته،

والاستقامة له ما استقام على كتاب الله وسنة نبيه، فإن خالف ذلك إلى غيره من التسلط بالجبرية والتكبر عليهم، فمنعهم حقهم، واستأثر عليهم بفيئهم، فلا طاعة له عليهم في معصية خالقهم، وحرمت عليه إمامتهم وولايتهم، وحرمت عليهم طاعته ومعاونته، وكان حق الله عليهم مجاهدته حتى يفيء إلى أمر الله، أو يعتزل ولاية أمره، فإنه لا ولاية لمن لم يحكم بما أنزل الله. انتهى.

الهادي -عليه السلام- في الأحكام[2/ 344]: قال يحيى بن الحسين -صلوات الله عليه-: يجب لله على الإمام أن يقوم بأمره[86] ويأمر به، وينهى عن نهيه، ويقيم حدوده على كل من وجبت عليه، من شريف أو دني، قريب الرحم أو بعيدها، وأن يأخذ أموال الله من كل من وجبت عليه، ويسلمها إلى من أُمر بتسليمها إليه، ويشتد غضبه على كل من عصى الرحمن، ولو كان أباه أو أخاه أو عمه أو ابنه، لا يحيف ولا يحابي، ولا يقصر في أمر الله ولا ينثني، مبعداً للعاصين شديداً عليهم، مقرباً للمؤمنين سهلاً لديهم، شديداً على المنافق، قريباً من الموافق، كما قال الله -عز وجل- في محمد -صلى الله عليه وآله وسلم- وأصحابه حين يقول: ﴿مُّحَمَّدٌ رَّسُولُ ٱللَّهِ وَٱلَّذِينَ مَعَهُۥٓ أَشِدَّآءُ عَلَى ٱلْكُفَّارِ رُحَمَآءُ بَيْنَهُمْ تَرَىٰهُمْ رُكَّعًا سُجَّدًا يَبْتَغُونَ فَضْلًا مِّنَ ٱللَّهِ وَرِضْوَٰنًا﴾ [الفتح:29] إلى آخر السورة.

قال يحيى بن الحسين -رضي الله عنه-: ويجب على الإمام أن يكون غضبه لله من فوق غضبه لنفسه. انتهى.

الجامع الكافي [8/ 170]: قال الحسن: ويحق على من أراد الله والانتصار للدين، أن لا يظهر نفسه، ولا يغرر بسفك دمه ودماء المسلمين، وإباحة الحريم، إلا ومعه فئه من المتديّنين من يوثق بطاعتهم ووفائهم، إذا كان يعلم من نفسه أنه لا يميل إلى هوى، ولا رئاسة ولا دنيا، وأن يعدل على القريب والبعيد، ويعمل فيهم بما عرفه الله من كتاب الله وسنة نبيه.

---

(86) أي بأمر الله تمت مؤلف

[2683] وقد انتهى إلينا في الخبر المشهور أن النبي -صلى الله عليه وآله وسلم- وقف على باب بيت فيه جماعة من قريش فأخذ بعضادتي الباب، ثم قال: ((إن الأئمة من قريش، الذين إذا حكموا عدلوا، وإذا قسموا قسطوا، وإذا استرحموا رحموا، فمن لم يفعل ذلك فعليه لعنة الله والملائكة والناس أجمعين)).

وبلغني عن محمد بن علي عليه السلام أنه قال: ما يصنع المتسرع إلى هذا الأمر، فوالله ما هو إلا لبس الخشن، وأكل الجشب، وسيرة علي بن أبي طالب -صلى الله عليه-، أو معالجة الأغلال في النار.

وفيه [8/ 171]: وقال محمد: بلغنا عن زيد بن علي - -عليهما السلام-- أنه قال: الإمام منا أهل البيت، الموثوق بدينه، الموثوق بعقله وفهمه، الموثوق بعلمه.

[2684] وروي عن علي -صلى الله عليه- قال: (لا تسمعوا إلى قولنا معشر قريش، ولكن انظروا إلى فعلنا، فمن أطاع الله ورسوله فاسمعوا له وأطيعوا).

المحيط بالإمامة: قال الهادي إلى الحق -عليه السلام-: يلزم الإمام أن يقوم في الأمة بالأمر بالمعروف، والنَّهي عن المنكر، ويقيم حدود الله - -عز وجل- - على كل من وجبت عليه، من شريف أو دنيء، قريب أو بعيد، ويشتد غضبه على من عصى الله تعالى، ولو كان أباه أو ابنه أو غيرهما من قريب أو بعيد.

والأصل في وجوب الأمر بالمعروف والنَّهي عن المنكر: قول تعالى: ﴿لُعِنَ ٱلَّذِينَ كَفَرُواْ مِنۢ بَنِيٓ إِسۡرَٰٓءِيلَ عَلَىٰ لِسَانِ دَاوُۥدَ وَعِيسَى ٱبۡنِ مَرۡيَمَۚ ذَٰلِكَ بِمَا عَصَواْ وَّكَانُواْ يَعۡتَدُونَ ﴿٧٨﴾ كَانُواْ لَا يَتَنَاهَوۡنَ عَن مُّنكَرٖ فَعَلُوهُۚ لَبِئۡسَ مَا كَانُواْ يَفۡعَلُونَ ﴿٧٩﴾﴾ الآية، فدل أن الذي لأجله لعن بنو إسرائيل هو تركهم الأمر بالمعروف والنهي عن المنكر.

وقال الله -عز وجل-: ﴿وَلۡتَكُن مِّنكُمۡ أُمَّةٞ يَدۡعُونَ إِلَى ٱلۡخَيۡرِ وَيَأۡمُرُونَ بِٱلۡمَعۡرُوفِ وَيَنۡهَوۡنَ عَنِ ٱلۡمُنكَرِۚ وَأُوْلَٰٓئِكَ هُمُ ٱلۡمُفۡلِحُونَ ﴿١٠٤﴾﴾، وقال: ﴿كُنتُمۡ خَيۡرَ أُمَّةٍ

أُخۡرِجَتۡ لِلنَّاسِ تَأۡمُرُونَ بِٱلۡمَعۡرُوفِ وَتَنۡهَوۡنَ عَنِ ٱلۡمُنكَرِ﴾.

[2685] وروى زيد بن علي عن أبيه عن جده، عن علي -عليهم السلام-، قال: قال رسول الله -صلى الله عليه وآله وسلم-: (لتأمرن بالمعروف ولتنهونَّ عن المنكر، أو ليسلطن الله عليكم شراركم، فيدعو خياركم فلا يستجاب لهم).

ثم الأمر بالمعروف[87] ينقسم إلى قسمين: قسم يلزم الكافة، وقسم يختص بالإمام:

فالقسم الذي يلزم الكافة: فهو المنع من المناكير الظاهرة، كالظلم، وشرب الخمر، والزنا، والسعي في الأرض بالفساد، وما جرى مجرى ذلك، والحمل على الوجبات، وما يلزم الكافة فهو للإمام ألزم؛ لأنه أحدهم، ولأنه منصوب على مراعاة مصالح الأمة، وأعظم مصالحها يتعلق بالأمر بالمعروف والنَّهي عن المنكر.

والقسم الثاني: يختص بالأئمة ومن يقوم مقامهم، وذلك نحو سماع الشهادات، وتنفيذ الأحكام، واستيفاء الحقوق، ممن فر منه، ووضعها في أهلها، وتولي الأيتام الذي لا أوصياء لهم، والنظر في الأوقاف، وتجييش الجيوش، وإقامة الجمعات، ومراعاة أحوال المساجد، وإقامة الحدود، والتعزير.

وقد بينا فيما تقدم أن قوله -تعالى-: ﴿وَٱلسَّارِقُ وَٱلسَّارِقَةُ فَٱقۡطَعُوٓاْ أَيۡدِيَهُمَا﴾، و[قوله]: ﴿ٱلزَّانِيَةُ وَٱلزَّانِي فَٱجۡلِدُواْ كُلَّ وَٰحِدٖ مِّنۡهُمَا مِاْئَةَ جَلۡدَةٖ﴾ ﴿وَٱلَّذِينَ يَرۡمُونَ ٱلۡمُحۡصَنَٰتِ ثُمَّ لَمۡ يَأۡتُواْ بِأَرۡبَعَةِ شُهَدَآءَ فَٱجۡلِدُوهُمۡ ثَمَٰنِينَ جَلۡدَةٗ﴾ وما أشبه هذه الآيات أمر للأئمة، فإن الإمام إنما يحتاج إليه في مثل ذلك فوجب أن يلزمه أن يقوم بذلك، وأن لا يفرق بين القريب والبعيد، كما قال -تعالى-: ﴿قُلۡ إِن كَانَ ءَابَآؤُكُمۡ وَأَبۡنَآؤُكُمۡ وَإِخۡوَٰنُكُمۡ وَأَزۡوَٰجُكُمۡ وَعَشِيرَتُكُمۡ وَأَمۡوَٰلٌ ٱقۡتَرَفۡتُمُوهَا

(87) مثل هذا الكلام ذكره المؤيد بالله -رضي الله عنه- في شرح التجريد فلعل صاحب المحيط نقله من شرح التجريد والله أعلم تمت مؤلف.

وَتِجَٰرَةٌ تَخْشَوْنَ كَسَادَهَا وَمَسَٰكِنُ تَرْضَوْنَهَآ أَحَبَّ إِلَيْكُم مِّنَ ٱللَّهِ وَرَسُولِهِۦ وَجِهَادٍ فِى سَبِيلِهِۦ فَتَرَبَّصُوا۟ حَتَّىٰ يَأْتِىَ ٱللَّهُ بِأَمْرِهِۦ﴾، وقال تعالى: ﴿ يَٰٓأَيُّهَا ٱلَّذِينَ ءَامَنُوا۟ كُونُوا۟ قَوَّٰمِينَ بِٱلْقِسْطِ شُهَدَآءَ لِلَّهِ وَلَوْ عَلَىٰٓ أَنفُسِكُمْ أَوِ ٱلْوَٰلِدَيْنِ وَٱلْأَقْرَبِينَ﴾. انتهى.

الجامع الكافي [8/ 192- 193]: قال الحسن بن يحيى -عليه السلام-: قال النبي -صلى الله عليه وآله وسلم- ((كلكم راع وكلكم مسئول عن رعيته فالإمام مسئول عن رعيته))، وولي الإمام يسأل عما استرعي، ومن دون ذلك عن ما استرعي حتى من ولي عشرة ودون ذلك، وكذلك يسأل [الرجل] عمن يرعى من أهله وغير أهله، وكذلك تسال المرأة عما استرعاها عليه زوجها، وكذلك تسأل عما استرعت عليه حتى عن الشاة في البيت ونحوها، فعليهم جميعاً العدل حتى يقوموا بالأمانة والنصيحة والإحاطة عليهم، فإذا سئلوا عن ذلك كانوا قد قاموا منه بما يجب عليهم.

وسئل عن معنى حديث النبي صلى الله عليه وآله وسلم: أنه دخل على امرأة أبي رافع فرأى في بيتها هرة، فقال: ((أحسني إليها فإنك مسئولة عنها)).

قال: ومعناه عندنا: أن الله تبارك وتعالى فرض على المؤمنين الإحسان إلى ما حولهم، ولا يتعدوا عليه بإضرار ولا مُثلة. انتهى.

[2686] **مجموع زيد بن علي -عليهما السلام-** [صـ243]: حدثني زيد بن علي، عن أبيه، عن جده، عن علي -عليهم السلام-، قال: ((حق على الإمام أن يحكم بما أنزل الله، وأن يعدل في الرعية، فإذا فعل ذلك، فحق عليهم أن يسمعوا وأن يطيعوا، وأن يجيبوا إذا دعوا، وأيما إمام لم يحكم بما أنزل الله فلا طاعة له)).

[2687] حدثني زيد بن علي، عن أبيه، عن جده، عن علي -عليهم السلام-، قال: قال رسول الله -صلى الله عليه وآله وسلم-: ((أيما وال احتجب من حوائج الناس احتجب الله عنه يوم القيامة)). انتهى.

المؤيد بالله -عليه السلام- في شرح التجريد[6/ 481]: وروى زيد بن علي عن أبيه عن جده عن علي -عليهم السلام-، قال: (حق على الإمام أن يحكم بما أنزل الله، وأن يعدل في الرعية) [وذلك مما لا خلاف فيه].

وفيه[6/ 482] وروى زيد بن علي عن أبيه عن جده عن علي -عليهم السلام-، قال: قال رسول الله -صلى الله عليه وآله وسلم-: ((أيما وال احتجب من حوائج الناس أحتجب الله عنه يوم القيامة)). انتهى.

[2688] **الجامع الكافي**[8/ 204]: وروى محمد بإسناده عن النبي -صلى الله عليه وآله وسلم- أنه قال: ((أيما وال احتجب من حوائج الناس احتجب الله عنه يوم القيامة)). انتهى.

باب القول في الاستعانة بالمخالفين على الظلمة الفاسقين

الهادي -عليه السلام- في الأحكام[2/ 347]: قال يحيى بن الحسين -صلوات الله عليه-: لا بأس بأن يستعان بالمخالفين الفاسقين، على الفجرة الكافرين، إذا جرت عليهم أحكام المحقين، وأقيمت عليهم حدود رب العالمين، وكانوا في ذلك غير ممتنعين، وكان مع الإمام طايفة من المحقين، الذين يأمرون بالمعروف وينهون عن المنكر، ويخيفون من خالف ذلك ممن كان في العسكر.

وفيه[2/ 347]: وقد كان رسول الله -صلى الله عليه وآله وسلم- يدعو إلى الجهاد، ويأمر به جميع العباد، ويستعين على الكافرين، بكثير من الفسقة المنافقين الظلمة المخالفين، وكذلك كان أمير المؤمنين علي بن أبي طالب -عليه السلام- يقاتل من قاتل بمن معه من الناس، وفيهم كثير من الفسقة المخالفين، الظلمة المنافقين، الخونة الضالمين.

[2689] وفي ذلك ما روى عنه -عليه السلام- من قوله بعد رجوعه من صفين، وهو يخطب على المنبر بالكوفة، فتكلم بعض الخوارج، فقال: لاحكم إلا لله، ولا طاعة لمن عصى الله، فقال -رحمة الله عليه-: (حكم الله ينتظر فيكم، أما إن

لكم علينا ثلاثاً ما كانت لنا عليكم ثلاث: لا نمنعكم الصلاة في مسجدنا ما كنتم على ديننا، ولا نبدأكم بمحاربة حتى تبدؤوننا، ولا نمنعكم نصيبكم من الفيء ما كانت أيديكم مع أيدينا)، فقال: أيديكم مع أيدينا، يريد: في المحاربة لعدونا، فدل ذلك على الاستعانة بالمخالفين، ما جرت عليهم أحكام رب العالمين.انتهى.

الجامع الكافي [8/ 197]: قال محمد: سمعت القاسم يقول: ويستعان في محاربة الباغين [الكافرين]، بالفاسقين من المسلمين، ثم لا سيما إذا خضعوا لحكم الحق واستكانوا؛ لأن الله - سبحانه - فرض عليهم معاونة المحقين، وإن كانوا ظلمة فاسقين، كما فرض عليهم [غير] ذلك من الصلاة، وغيرها من الفرائض، وفيما فرض الله عليهم من فرائضه، وإن فسقوا دليل على جواز الاستعانة بهم، وكيف لا يستعان بالفاسقين على الباغين، والمعاونة واجبة من الله تعالى على الفاسقين فيهم، لا يحل لمؤمن ولا فاسق تعطيلها ولا تركها.

فقيل له: فكيف بما لا يؤمنون عليه من الظلم؟

فقال: إن صاروا من ذلك إلى شيء حكم عليهم فيه بما يلزمهم من الحكم، ولو حرمت الاستعانة بهم من أجل ما يخافون عليه من ذلك في الباغين، لحرمت الاستعانة بهم على قتال المشركين؛ لأنه قد يخاف في ذلك من فجورهم وغشمهم ما يخاف على الباغين مثله سواء، وقد استنفر الله في سبيله المنافقين، وذمهم في كتابه على التخلف عن نبيه وعن المؤمنين، وقاتل بهم رسول الله المشركين، والمنافق أحق وأولى أن يخاف ويتقي، من موحد وإن فسق وتعدى، ولو حرمت على المؤمنين معاونتهم، للزم المؤمنين طردهم ومحاربتهم، حتى لو كان في معاونتهم لهم اجتياح جميع الظالمين، وفي تركهم إياهم هلاك جميع المسلمين، لما حلت للمؤمنين منهم معاونة ولا مناصرة ما داموا فاسقين، ويحق على الفاسقين أن لا تكون منهم إجابة ولا مظاهرة للمؤمنين. انتهى.

باب القول في أهل الجمل وصفين والنهروان

[2690] **الناصر للحق -عليه السلام- في البساط**[صـ 100]: حدثني محمد بن منصور قال: حدثني أحمد بن عيسى، عن الحسين، عن أبي خالد، عن زيد بن علي، عن آبائه، عن علي -عليه السلام- قال: قال له رجل: يا أمير المؤمنين أرأيت قومنا أمشركون هم؟ -يعني أهل القبلة-.

قال: (لا، والله ما هم بمشركين، ولو كانوا مشركين ما حلت لنا مناكحتهم، ولا ذبائحهم، ولا مواريثهم، ولا المقام بين أظهرهم، ولا جرت الحدود عليهم، ولكنهم كفروا بالأحكام، وكفروا بالنعم والأعمال، غير كفر الشرك). انتهى.

رجال هذا الإسناد من ثقات محدثي الشيعة، وقد مر الكلام عليهم.

[2691] **الجامع الكافي**: قال محمد في كتاب أحمد: حدَّثني علي بن أحمد بن عيسى، عن أبيه: أن رجلاً سأل أمير المؤمنين -عليه السلام-، فقال له: ما نسمي أهل حربنا ؟.

فقال أمير المؤمنين -عليه السلام-: (نسميهم بما سماهم الله به يقول الله -عز وجل- ﴿ **تِلْكَ ٱلرُّسُلُ فَضَّلْنَا بَعْضَهُمْ عَلَىٰ بَعْضٍ مِّنْهُم مَّن كَلَّمَ ٱللَّهُ وَرَفَعَ بَعْضَهُمْ دَرَجَٰتٍ** ﴾ [البقرة:253] إلى قوله ﴿**وَلَوْ شَآءَ ٱللَّهُ مَا ٱقْتَتَلَ ٱلَّذِينَ مِنۢ بَعْدِهِم مِّنۢ بَعْدِ مَا جَآءَتْهُمُ ٱلْبَيِّنَٰتُ وَلَٰكِنِ ٱخْتَلَفُوا۟ فَمِنْهُم مَّنْ ءَامَنَ وَمِنْهُم مَّن كَفَرَ وَلَوْ شَآءَ ٱللَّهُ مَا ٱقْتَتَلُوا۟ وَلَٰكِنَّ ٱللَّهَ يَفْعَلُ مَا يُرِيدُ** ﴿٢٥٣﴾﴾[البقرة]، فنحن الذين آمنوا، وهم الذين كفروا) انتهى(88).

[2692] **ابن أبي الحديد -رحمه الله- في شرح نهج البلاغة** [5/ 259]: قال نصر: وحدَّثنا يحيى بن علي، عن الأصبغ بن نباتة، قال: جاء رجل إلى علي، فقال: يا أمير المؤمنين: هؤلاء القوم الذين نقاتلهم، الدعوة واحدة، والرسول واحد،

(88) هذا الكلام كله ليس في الجامع الكافي المطبوع وهو في زيادات الجامع الكافي.

والصلاة واحدة، والحج واحد، فماذا نسميهم؟

قال: (نسميهم بما سماهم الله في كتابه).

قال: ما كل ما في الكتاب أعلمه.

قال: (أما سمعت الله يقول: ﴿تِلْكَ الرُّسُلُ فَضَّلْنَا بَعْضَهُمْ عَلَىٰ بَعْضٍ﴾ [البقرة:253] إلى قوله: ﴿وَلَوْ شَاءَ اللَّهُ مَا اقْتَتَلَ الَّذِينَ مِن بَعْدِهِم مِّن بَعْدِ مَا جَاءَتْهُمُ الْبَيِّنَاتُ وَلَٰكِنِ اخْتَلَفُوا فَمِنْهُم مَّنْ آمَنَ وَمِنْهُم مَّن كَفَرَ﴾ [البقرة:253]، فلما وقع الإختلاف كنا نحن أولى بالله وبالكتاب وبالنبي وبالحق، فنحن الذين آمنوا، وهم الذين كفروا، وشاء الله قتالهم، فقاتلتهم بمشيئة الله وإرادته). انتهى.

[ترجمة ابن أبي الحديد]

ابن أبي الحديد: هو عزالدين، أبو حامد، عبدالحميد بن هبة الله المدايني الشهير بابن أبي الحديد أحد رجال الشيعة وثقاتهم، وكلامه في شرح النهج في مواضع متعددة يدل على محبة خالصة للعترة النبوية.

ونصر: هو ابن مزاحم المنقري، ويحيى: هو ابن يعلى الأسلمي، والأصبغ بن نباته صاحب علي -عليه السلام-، وكلهم جميعاً من ثقات محدثي الشيعة، وقد مر الكلام عليهم.

ونصر بن مزاحم ذكر هذه الرواية في كتاب أخبار صفين وهو كتاب عظيم عديم النظير لم يعتمد ابن أبي الحديد -رحمه الله- في معظم أخبار صفين إلا عليه.

[2693] **مجموع زيد بن علي -عليهما السلام-** [صـ270]: حدثني زيد بن علي، عن أبيه، عن جده، عن علي -عليهم السلام-: أنه أتاه رجل فقال: يا أمير المؤمنين نكفر أهل الجمل، وصفين، وأهل النهروان؟ قال: (لا، هم إخواننا بغوا علينا، فقاتلناهم حتى يفيؤوا إلى أمر الله -عز وجل-). انتهى.

قلت وبالله التوفيق: هذه الرواية تحمل على ما مر، وهو أن يحمل قول السائل

هنا (أكفار) علي كفر الشرك لا غير، فأما كفرهم بالنعم والأحكام فقد كفروا بهما، بدليل قوله -عليه السلام- في رواية الناصر -عليه السلام-: (ولكنهم كفروا بالأحكام وكفروا بالنعم، (والأعمال غير كفر الشرك). انتهى. فهذا وجه الجمع بين الروايتين(89). والله أعلم.

باب القول في حكم من حارب أمير المؤمنين والمتخلف عنه والشاتم له

الهادي -عليه السلام- في الأحكام[ج1ص30]: حدثني أبي عن أبيه أنه سئل

---

(89) قال مولانا الإمام الحجة مجد الدين المؤيدي -عليه السلام- في لوامع الأنوار (2/ 505): ولا يعترض هذا بلزوم إجراء أحكام الكافرين المحاربين لرسول الله -صَلَّى الله عَلَيْه وآله وسَلَّم- عليهم؛ فإن الكفر والشرك والنفاق أنواع مختلفة، ولكل نوع منها معاملة، كما اختلفت معاملة الكتابي، والوثني، والمرتد، وغيرهم، مع كونهم جميعاً كافرين بنص الكتاب المبين، وإجماع المسلمين.

فلأصحاب الكفر بالله سبحانه ورسوله صَلَّى الله عَلَيْه وآله وسَلَّم الذين لا يقرّون بالشهادتين، ولا يقيمون الصلاة، ولا يستقبلون القبلة، أو المكذبين لإحدى الضروريات من دين الإسلام، معاملة.

وهم أيضاً أقسام: كتابي، وغير كتابي، ومرتد، وأصلي، ومجاهر، ومنافق؛ ولكل قسم أحكام.

ولأهل الكفر بغير ذلك مما ورد في الكتاب المبين، أو علم بسنة الرسول الأمين صَلَّى الله عَلَيْه وآله وسَلَّم تسميتهم كافرين معاملة؛ وهم أيضاً على أقسام.

وقد روى الإمام الناصر للحق الحسن بن علي الأطروش (ع) بسنده عن الحسن، قال: قال رسول الله صَلَّى الله عَلَيْه وآله وسَلَّم: ((سباب المؤمن فسوق، وقتاله كفر)).

ورواه أيضاً بسنده عن عبدالله، ورواه الكنجي عن أبي وائل، عن عبدالله، وقال: سمعته عن عبدالله، عن النبي صَلَّى الله عَلَيْه وآله وسَلَّم.

قال: هذا حديث صحيح متفق على صحته، رواه البخاري، ومسلم، والترمذي، وغير ذلك كثير.

نعم، وعلى هذا أنواع الفسق والشرك والنفاق، وغيرها من أسماء المذام، وكل ذلك موقوف على الدليل من الكتاب وسنة سيد الأنام، صلى الله عليه وسلم وعلى آله الكرام.

فلأهل الكفر والنفاق بولاية أمير المؤمنين (ع) أحكام، قد بينها الرسول صَلَّى الله عَلَيْه وآله وسَلَّم لوصيه (ع)، وأجراها عليهم الوصي، وأوضحها للأنام؛ وما ورد من نفي الكفر، أو الشرك، عنهم، فالمراد نفي المُخْرِجَيْنِ عن اسم الملة، المقتضيين لسبي النساء والذرية، وتحريم المناكحة، ونحوها من الأحكام.

عن من حارب أمير المؤمنين؟ أو تخلف عنه في حربه فلم يكن معه ولا عليه؟ فقال: من حاربه فهو حرب لله ولرسوله، ومن قعد عنه بغير إذنه فضال هالك في دينه.

وحدثني أبي عن أبيه أنه سئل عمن شتم أمير المؤمنين، أو قرفه استخفافاً بالفضل وأهله، وجهلاً بما جعل الله لأمير المؤمنين -عليه السلام- من فضله؟

فقال: يحكم عليه الإمام بما يرى ويكون بشتمه إياه فاسقاً كافراً. انتهى.

وقال الإمام الأعظم زيد بن علي -عليهما السلام- في جوابه على من كتب إليه من أهل المدينة: وذكرت أمر طلحة، والزبير، وعائشة، ومن تبعهم، وما كان منهم من الحرب لأمير المؤمنين -عليه السلام-.

وقلت: إن قوما قالوا: قد تابوا من ذلك، فأَحْبَبْتَ أن تعلم قولي في ذلك؛ فقد ثبت عليهم ما أجرموا وإلى اللّه المصير.

وفيه أيضاً: وكتبت تسألني عن الذين اعتزلوا عن أمير المؤمنين علي بن أبي طالب -عليه السلام-، ولم يقاتلوا معه ولم يقاتلوه.

والذي أختاره لنفسي ومن أطاعني فيهم من أمتنا، أن القوم لم يكن لهم في الحق بصيرة فارتابوا فيه، فتركهم أمير المؤمنين -عليه السلام- في ريبهم يترددون، وعلى شكهم يقيمون، وحرمهم عطاء المحقين في الدنيا أيام حياته، فهذا عافاك اللّه تعالى قولي في المرتابين الشاكين، الذين قعدوا عن أمير المؤمنين -صلوات الله عليه- وسلامه.

فأما حزب أمير المؤمنين، فلا شك في أمرهم، هم حزب اللّه، وحزب رسول اللّه -صلى الله عليه وآله وسلم-(90). انتهى.

---

(90) يحتمل أن تكون كلمة (حرب) بالراء المهملة، وأن تكون كلمة (حزب) بالراء المعجمة، والمعنى فيها على الوجهين مستقيم.

باب القول فيمن نكث بيعة محق

الهادي -عليه السلام- في الأحكام [2/ 352]: قال يحيى بن الحسين -صلوات الله عليه-: من نكث بيعة محق فهو عند الله من الفاجرين، وفي حكم الله من المعذبين، وفي ذلك ما يقول رب العالمين: ﴿إِنَّ ٱلَّذِينَ يُبَايِعُونَكَ إِنَّمَا يُبَايِعُونَ ٱللَّهَ يَدُ ٱللَّهِ فَوْقَ أَيْدِيهِمْ فَمَن نَّكَثَ فَإِنَّمَا يَنكُثُ عَلَىٰ نَفْسِهِۦ وَمَنْ أَوْفَىٰ بِمَا عَـٰهَدَ عَلَيْهُ ٱللَّهَ فَسَيُؤْتِيهِ أَجْرًا عَظِيمًا ﴿١٠﴾﴾[الفتح:10].

[2694] **وفي ذلك**: ما بلغنا عن رسول الله -صلى الله عليه وآله وسلم- أنه قال: (ثلاثة لا ينظر الله إليهم يوم القيامة ولا يزكيهم ولهم عذاب أليم: رجل بايع إماماً عادلاً فإن أعطاه شيئاً من الدنيا وفى له وإن لم يعطه لم يف له.

ورجل له ماء على ظهر الطريق يمنعه سائبة الطريق.

ورجل حلف بعد العصر لقد أعطي بسلعته كذا وكذا فيأخذها الآخر مصدقاً لقوله وهو كاذب).

[2695] وبلغنا عن أمير المؤمنين علي بن أبي طالب -عليه السلام- أنه قال: قال رسول الله -صلى الله عليه وآله وسلم-: ((يا معشر الرجال من بايعني منكم على ما بايعت عليه النساء فوفى فله الجنة، ومن أصاب شيئاً مما نهي عنه فأقيم عليه فيه الحد فهو كفارته، ومن أصاب شيئاً مما نهي عنه فستر عليه فذلك إلى الله إن شاء أخذه، وإن شاء عفى عنه)).

قال يحيى بن الحسين -عليه السلام-: معنى قوله -صلى الله عليه وآله وسلم-: ((فأقيم عليه فيه الحد فهو كفارته))، يريد أنه كفارة له من بعد التوبة والإقلاع عن المعصية والرجوع إلى الطاعة. انتهى.

باب القول في كيفية أخذ البيعة

الجامع الكافي[8/ 177]: قال القاسم -فيما حدَّثنا علي، عن ابن هارون، عن ابن سهل، عن عثمان بن حيان، عن القومسي، عنه- قال: بيعة النساء كبيعة الرجال إلا أنه يكون بين يده ويدها ثوب.

وقال الحسن: بايع النبي -صلى الله عليه وآله وسلم- الأنصار على العقبة، وشرط عليهم: أن يسمعوا له ويطيعوا في المنشط والمكره، وأن يمنعوه وذريته من بعده مما يمنعون منه أنفسهم وذراريهم.

وبايع الناس علياً -صلوات الله عليه- على أن يسير فيهم بكتاب الله، وسنة نبيه -صلى الله عليه وآله وسلم- طاقته وجهده.

[2696] قال محمد: بلغنا عن علي صلى الله عليه أنه قال -في بيعته حين بويع-: (أطيعوني ما أطعت الله، فإذا عصيت الله، فلا طاعة لي عليكم).

قال محمد: جعلها سنة لمن بعده.

قال محمد: حدثنا محمد بن جميل، عن أبي معمر، قال: أتيت زيد بن علي -صلى الله عليه- فقلت له: ابسط يدك أبايعك.

فقال لي: لا. قلت: ولم؟

قال: إنك حديث أخاف أن أحملك ما لا تطيق فآثم، أو تحمل ما لا تطيق فتأثم.

قال: قلت: أسألك بحق الله وحق رسوله إلا بايعتني.

قال: ابسط يدك، فبسطت يدي فقال [لي]: عليك عهد الله، وميثاقه، وذمته، وكفالته، وما أخذ الله على النبيين من عهد، أو ميثاق، أو ذمة، أو كفالة، لتصبرن معنا على الموت على قتال عدونا، لا تولي دبراً حتى يحكم الله بيننا وبين عدونا وهو خير الحاكمين.

قال: قلت: نعم.

قال: فقال لي زيد بن علي: ولك علينا مثل ذلك: أن نصبر معك على الموت على قتال عدونا، لا نولي دبراً حتى يحكم الله بيننا وبين عدونا وهو خير الحاكمين. انتهى.

باب القول فيما يبطل إمامة الإمام

الهادي -عليه السلام- في الأحكام [2/ 341]: قال يحيى بن الحسين -صلوات الله عليه-: تزول إمامة الإمام أن يأتي بكبيرة من الكبائر والعصيان فيقيم عليها، ولا ينتقل بالتوبة عنها، فإذا كان كذلك، وأقام على ذلك، زالت إمامته، وبطلت عدالته، ولم تلزم الأمة بيعته، وكان عند الله من المخذولين الملعونين، المسخوط عليهم الفاسقين، الذين تجب عداوتهم، وتحرم موالاتهم.

[2697] حدَّثني أبي، عن أبيه، يرفعه إلى النبي -صلى الله عليه وآله وسلم- قال: قال رسول الله -صلى الله عليه وآله وسلم-: ((يقول الله لجبريل -عليه السلام-: يا جبريل ارفع النصر عنه وعنهم، فإني لا أرضى هذا الفعل في زرع هذا النبي)).

قال يحيى بن الحسين -صلوات الله عليه-: هذا القول، والحديث إنما هو فيمن قام من ولد الرسول -صلى الله عليه وآله وسلم- فعمل بغير الحق، فأما من عمل منهم بالحق فهو عند الله رضي مرضي، هاد مهتد، مقبول منصور. انتهى.

وفي الجامع الكافي [8/ 187]: قال: وسمعت القاسم يقول -فيمن قام من أهل البيت فعمل بغير ما ينبغي-: قال: قال رسول الله -صلى الله عليه وآله وسلم-: «يقول الله -عز وجل- لجبريل -عليه السلام-: ارفع النصر عنه وعنهم، فإني لا أرضى هذا الفعل في زرع هذا النبي». انتهى.

باب القول في مباينة الظالمين والبعد عنهم

[2698] **الجامع الكافي**[8/ 189]: قال محمد: حدَّثني أبو الطاهر، قال: حدَّثني أبي، عن أبيه، عن أبي جعفر -عليه السلام-، قال: (إذا كان يوم القيامة جعل سرادق من نار، ويجعل فيه أعوان الظالمين، ويجعل لهم أظافير من حديد يحتكون بها حتى تبدوا أفئدتهم، قال: فيقولون: ربنا ألم نكن نعبدك؟ فيقول: بلى، ولكنكم كنتم للظالمين أعواناً).

[2699] وحدَّثني أبو الطاهر، قال: حدَّثني أبي، عن أبيه، عن أبي جعفر -عليهم السلام-، قال: (المعين لهم كالمعين لفرعون على موسى -عليه السلام-).

[2700] قال محمد: حدَّثني عبدالله بن موسى، عن أبيه -عليهما السلام-، قال: قال رسول الله -صلى الله عليه وآله وسلم-: ((من سود علينا فقد أشرك في دمائنا)) يعني من كثر. انتهى.

وفيه[8/ 187]: قال محمد وأخبرني قاسم: أن ابن رباح كلمه في أن يكتب إلى المأمون يرد جوابه، قال: ويلك، فذكر من المال ما لا أحصيه.

قال: فقلت له: لا، والله لا يراني الله أفعل ذلك. انتهى.

الهادي -عليه السلام- في الأحكام[2/ 353]: قال يحيى بن الحسين -صلوات الله عليه-: حدَّثني أبي، عن أبيه، قال: سأل المأمون رجلاً من بعض آل أبي طالب ممن كان كبيراً عند المأمون أن يواصل بينه وبين القاسم بن إبراهيم -رحمة الله عليه- بكتاب، ويجعل له من المال كذا وكذا -أمراً جسيماً، غليظاً عظيماً-.

قال: فأتاه ذلك الرجل فكلمه في أن يكتب إلى المأمون كتاباً، أو يضمن له إن كتب إليه المأمون كتاباً أن يرد عليه جواباً.

فقال القاسم -عليه السلام- للرجل: لا، والله لا يراني الله أفعل ذلك أبداً.

وفيه[2/ 404]: قال يحيى بن الحسين -عليه السلام-: من أعان ظالماً ولو

بخط حرف، أو برفع دواة أو وضعها، ثم لقي الله -عز وجل- على ذلك وبه، ولم يكن اضطرته إلى ذلك مخافة على نفسه، لقي الله يوم القيامة وهو معرض عنه، غضبان عليه، ومن غضب الله عليه فالنار مأواه، والجحيم مثواه، أما إني لا أقول إن ذلك في أحد من الظالمين دون أحد بل أقول: إنه لا يجوز معاونة الظالم، ولا معاضدته، ولا منفعته، ولا خدمته كائناً من كان، من آل رسول الله -صلى الله عليه وآله وسلم-، أو من غيرهم، كل ظالم ملعون، وكل معين لظالم ملعون.

[2701] وفي ذلك: ما بلغنا عن رسول الله -صلى الله عليه وآله وسلم- أنه قال: ((من جبى درهماً لإمام جائر كبه الله على منخريه في النار)).

وفي ذلك: ما يقال: إن المعين للظالم كالمعين لفرعون على موسى.

وفي ذلك: ما بلغنا عن أبي جعفر محمد بن علي -رحمة الله عليه- أنه كان يروي ويقول: (إذا كان يوم القيامة جعل سرادق من نار، وجعل فيه أعوان الظالمين، ويجعل لهم أظافير من حديد يحكون بها أبدانهم حتى تبدو أفئدتهم، فيقولون: ربنا ألم نكن نعبدك، فيقال: بلى، ولكنكم كنتم أعواناً للظالمين).

وبلغنا عن رسول الله -صلى الله عليه وآله وسلم- أنه قال: ((من سود علينا فقد شرك في دمائنا)). انتهى.

الجامع الكافي [8/ 184- 185]: حدثنا علي بن محمد، قال: حدثنا ابن هارون، قال: حدثنا سعدان قال: قال محمد بن منصور: قلت لأحمد بن عيسى: حدثني أحمد بن خيرويه، عن حفص بن جناح، ووثقه أحمد، قال: خرج عيسى بن زيد، وخرج معه حسن بن صالح إلى مكة فخرجت معهما، فلما صرنا بمكة فنادى منادي هؤلاء -يعني السلطان- في عيسى بن زيد يبذل له من المال، ويعطي من العهود والمواثيق ما لو أعطيته الطير لأخذت من جو السماء، فقيل لعيسى: لو أخذته منهم فاستعنت به عليهم؟

فقال عيسى: ما يسرني أنهم باتوا آمنين مني ليلة، وأن لي ما طلعت عليه الشمس، ولا يسرني أني بت ليلة آمنة منهم وأن لي ما طلعت عليه الشمس، ولا يسرني أني وثقت بعهدهم أو ركنت أو هممت وأن لي ما طلعت عليه الشمس.

فقال أبو عبد الله: قد بلغني.

فقلت لأبي عبد الله: يسرك أنهم باتوا ليلة آمنين منك وأن لك الدنيا؟.

قال: لا والله.

قلت: فيسرك أنك بت ليلة آمناً منهم وإن لك الدنيا؟

قال: لا والله، وما أصنع بالدنيا، ثم ذكر معاناته لهذا الأمر [مذ كان حدثاً وما وجد فيه من الرجال، وما مر عليه من الأمور]، إلى أن بلغ حال هذه وسمعته تبرم [بالبقاء].

وقال: ما عرف أحداً تمنى معه الحياة.

وقال: ما أصنع بالدنيا ما أتمنى إلا توبة وأن يرضى، وأن لا يؤاخذني بسوء السريرة وحب الدنيا، وربما مكثت أشهراً لا أرى ولدي، ذكر ثمانية أشهر ونحوها. انتهى.

باب القول في فضل الجهاد

[2702] الهادي -عليه السلام- في الأحكام [2/375]: وفي ذلك ما بلغنا عنه -صلى الله عليه وآله وسلم- أنه قال: ((ما اغبرت قدما أحد في سبيل الله فطعمته النار)).

[2703] وبلغنا عنه -صلى الله عليه وآله وسلم- أنه قال: ((لنومة في سبيل الله أفضل من عبادة ستين سنة في أهلك، تقوم ليلك لا تفتر، وتصوم نهارك لا تفطر)).

[2704] وبلغنا عن حسان بن ثابت الأنصاري أنه قال: يا رسول الله عندي عشرة الآف، فإن أنفقتها يكون لي أجر مجاهد؟ فقال -صلى الله عليه وآله وسلم-: ((فكيف بالحط والارتحال)). انتهى.

[2705] **مجموع زيد بن علي -عليهما السلام- [صـ 238]**: حدثني زيد بن علي، عن أبيه، عن جده، عن علي -عليهم السلام-، قال: قال رسول الله -صلى الله عليه وآله وسلم-: ((أفضلُ الأعمال بعد الصلاة المفروضة، والزكاة الواجبة، وحجة الإسلام، وصوم شهر رمضان، الجهادُ في سبيل الله، والدعاءُ إلى دين الله، والأمر بالمعروف، والنهي عن المنكر، عدل الأمر بالمعروف الدعاء إلى الله في سلطان الكافرين، وعدل النهي عن المنكر الجهاد في سبيل الله، والله لروحة في سبيل الله أو غدوة خير من الدنيا وما فيها)).

[2706] حدثني زيد بن علي، عن أبيه، عن جده، عن علي -عليهم السلام-، قال: (غزوة أفضل من خمسين حجة، ورباط يوم في سبيل الله أفضل من صوم شهر وقيامه، ومن مات مرابطاً جرى له عمله إلى يوم القيامة، وأجير من عذاب القبر).

[2707] حدثني زيد بن علي، عن أبيه، عن جده، عن علي -عليهم السلام-، قال: (لا يفسد الجهاد والحج جور جائر، كما لا يفسد الأمر بالمعروف والنهي عن المنكر غلبة أهل الفسق).

[2708] حدثني زيد بن علي، عن أبيه، عن جده، عن علي -عليهم السلام-، قال: (من اغبرت قدماه في سبيل الله حرم الله وجهه على النار، ومن رمى بسهم في سبيل الله فبلغ أو قصر كان كعتق رقبة، ومن ضرب بسيف في سبيل الله فكأنما حج عشر حجج، حجة في إثر حجة). انتهى.

[2709] **صحيفة علي بن موسى الرضا -عليهما السلام- [صـ 491]**: عن أبيه عن آبائه -عليهم السلام-، قال: قال علي بن الحسين -عليه السلام-، بينما أمير المؤمنين -عليه السلام- يخطب الناس، ويحضهم على الجهاد إذ قام إليه

شاب، فقال: يا أمير المؤمنين: أخبرني عن فضل الغزاة في سبيل الله، فقال -عليه السلام-: (كنت رديف رسول الله -صلى الله عليه وآله وسلم- على ناقته العضباء، ونحن مقفلون من غزوة ذات السلاسل فسألته عما سألتني عنه، فقال: ((إن الغزاة إذا همّوا بالغزو، كتب الله لهم برآءة من النار، وإذا تجهزوا لغزوهم، باهى الله بهم الملائكة، فإذا ودعوهم أهلوهم بكت عليهم الحيطان والبيوت، ويخرجون من ذنوبهم كما تخرج الحية من سلخها، ويوكل الله بكل واحد منهم أربعين ألف ملك يحفظونه من بين يديه، ومن خلفه، وعن يمينه، وعن شماله، ولا يعمل حسنة إلا ضعّفت له، ويكتب له كل يوم عبادة ألف رجل يعبدون الله تعالى ألف سنة، كل سنة ثلثمائة وستون يوماً، واليوم مثل عمر الدنيا، وإذا صاروا بحضرة عدوهم انقطع علم أهل الدنيا عن ثواب الله إياهم، فإذا برزوا لعدوهم، وأشرعت الأسنة، وفُوِّقت السهام، وتقدم الرجل إلى الرجل حفّتهم الملائكة بأجنحتها، ويدعون لهم بالنصر والتثبيت، فينادي مناد: الجنة تحت ظلال السيوف، فتكون الطعنة، والضربة على الشهيد أهون من شرب الماء البارد في اليوم الصائف، وإذا زل الشهيد عن فرسه بطعنة أو ضربة لم يصل إلى الأرض حتى يبعث الله -عز وجل- إليه زوجته من الحور العين، فتبشره بما أعد الله له من الكرامة، فإذا وصل إلى الأرض تقول له الأرض: مرحباً بالروح الطيب، التي خرجت من الجسد الطيب، أبشر، فإن لك ما لا عين رأت، ولا أذن سمعت، ولا خطر على قلب بشر، ويقول الله تعالى: أنا خليفته في أهله، ومن أرضاهم فقد أرضاني، ومن أسخطهم فقد أسخطني، ويجعل الله روحه في حواصل طير خضر تسرح في الجنة حيث شاءت، تأكل من ثمارها، وتأوي إلى قناديل من ذهب معلقة بالعرش، ويعطى الرجل منهم سبعين غرفة ما بين صنعاء والشام يملأ نورها ما بين الخافقين، في كل غرفة سبعون باباً، على كل باب سبعون مصراعاً من ذهب، على كل باب ستور مسبلة، في كل غرفة سبعون خيمة، في كل خيمة سبعون سريراً من ذهب، قوائمها الدر والزبرجد، موصولة

بقضبان من زمرد، على كل سرير أربعون فرشاً، غلظ كل فراش أربعون ذراعاً، في كل فراش زوجة من الحور العين عرباً أتراباً)).

فقال الشاب: يا أمير المؤمنين أخبرني عن العربة، فقال: (هي الغنجة الرضية الشهية، لها سبعون ألف وصيفة، وسبعون ألف وصيف، صفر الحلي، بيض الوجوه، عليهم تيجان اللؤلؤ، على رقابهم المناديل، بأيديهم الأكوبة والأباريق، وإذا كان يوم القيامة يخرج من قبره شاهراً سيفه تشخب أوداجه دماً، اللون لون الدم، والرائحة رائحة المسك يخطر في عرصات القيامة، فوالذي نفسي بيده لوكان الأنبياء على طريقهم لترجلوا لهم لما يرون من بهائهم، حتى يأتوا إلى موائد من الجواهر فيقعدون عليها، ويشفع الرجل منهم في سبعين ألفاً من أهل بيته وجيرانه، حتى إن الجارين يختصمان أيهما أقرب جواراً فيقعدون معي ومع إبراهيم على مائدة الخلد، فينظرون إلى الله سبحانه في كل يوم بكرة وعشية). انتهى.

قوله: (فينظرون إلى الله سبحانه في كل يوم) الخ، معناه ينتظرون رحمة ربهم وثوابه، ومثله قوله تعالى: ﴿وُجُوهٌ يَوْمَئِذٍ نَاضِرَةٌ(22)إِلَى رَبِّهَا نَاظِرَةٌ(23)﴾[القيامة]، أي منتظرة ثواب ربها ورحمته: قال الشاعر:

وجـوه يـوم بـدرٍ نـاظرات ... إلى الـرحمن يـأتي بـالخلاص

أي منتظرة للفرج من ربها لا أنهم ينظرونه عياناً فقد منع من رؤيته القرآن الكريم، قال تعالى: ﴿لَا تُدْرِكُهُ الْأَبْصَارُ وَهُوَ يُدْرِكُ الْأَبْصَارَ وَهُوَ اللَّطِيفُ الْخَبِيرُ﴾ [الأنعام:103]، وهو إجماع آل محمد -عليهم السلام- على أن الله -عز وجل- لا يُرى لا في الدنيا ولا في الآخرة، واستدلوا على ذلك بأدلة باهضة ليس هذا موضعها، ويتأولون ما ورد مما يوهم رؤيته من الأخبار بتأولات حسنة مذكورة في الكتب الكلامية.

[2709] الجامع الكافي [8/217]: قال محمد: حدَّثني أبو الطاهر، قال: حدَّثنا حسين بن زيد، عن عبدالله بن حسن، وحسين بن حسن: أنهما دخلا على عبدالله بن محمد بن عمر بن علي -عليهم السلام- وهو يتجهز للغزو في زمن أبي جعفر، فقالا: مع هذا، وهو يفعل ويفعل، فقال: حدثتني أمي خديجة بنت علي بن الحسين، عن أبيها، قال: قال رسول الله -صلى الله عليه وآله وسلم-: ((الجهاد حلو خضر لا يزيده عدل عادل، ولا ينقصه جور جائر إلى آخر عصابة تقاتل الدجال)). انتهى.

[2710] أبو طالب -عليه السلام- في الأمالي [صـ 395]: حدَّثنا أبو عبدالله أحمد بن محمد البغدادي، قال: حدَّثنا عبد العزيز بن جعفر الكوفي، قال: حدَّثنا علي بن محمد النخعي، قال: حدَّثنا سليمان بن إبراهيم المحاربي، قال: حدَّثنا نصر بن مزاحم المنقري، قال: حدَّثنا إبراهيم بن الزبرقان التيمي، قال: حدَّثنا أبو خالد عمرو بن خالد الواسطي، قال: حدَّثنا زيد بن علي، عن أبيه، عن جده، عن علي -عليهم السلام-، قال: قال رسول الله -صلى الله عليه وآله وسلم-: ((أفضلُ الأعمال بعد الصلاة المفروضة، والزكاة الواجبة، وحجة الإسلام، وصوم شهر رمضان، الجهادُ في سبيل الله، والدعاء إلى دين الله، والأمر بالمعروف، والنهي عن المنكر، عدل الأمر بالمعروف الدعاء إلى دين الله في سلطان الكفر، عدل النهي عن المنكر الجهاد في سبيل الله، لروحة في سبيل الله، أو غدوة خير من الدنيا وما فيها)). انتهى.

رجال هذا الإسناد قد تقدم الكلام عليهم وهم من ثقات محدثي الشيعة رضي الله عنهم.

باب القول في وصية الإمام لسراياه

[2711] مجموع زيد بن علي -عليهما السلام- [صـ 237]: حدثني زيد بن علي، عن أبيه، عن جده، عن علي -عليهم السلام-، قال: (كان رسول الله -

صلى الله عليه وآله وسلم- إذا بعث جيشاً من المسلمين بعث عليهم أميراً، ثم قال: ((انطلقوا بسم الله، وبالله، وفي سبيل الله، وعلى ملة رسول الله، أنتم جند الله تقاتلون من كفر بالله، ادعوا إلى شهادة أن لا إله إلا الله، وأن محمداً رسول الله -صلى الله عليه وآله وسلم-، والإقرار بما جاء به محمد من عند الله، فإن آمنوا فإخوانكم في الدين لهم مالكم، وعليهم ما عليكم، وإن هم أبوا فناصبوهم حرباً، واستعينوا عليهم بالله، فإن أظهركم الله عليهم، فلا تقتلوا وليداً، ولا امرأة، ولا شيخاً كبيراً لايطيق قتالكم، ولا تغوروا عيناً، ولا تقطعوا شجراً إلا شجراً يضركم، ولا تمثلوا بآدمي ولا بهيمة، ولا تظلموا، ولا تعتدوا، وأيما رجل من أقصاكم أو أدناكم، من أحراركم أو عبيدكم، أعطى رجلاً منهم أماناً، أو أشار إليه بيده فأقبل إليه بإشارته، فله الأمان حتى يسمع كلام الله، فإن قبل فأخوكم في دينكم، وإن أبى فردّوه إلى مأمنه، واستعينوا بالله عليه، لا تعطوا القوم ذمتي ولا ذمة الله، فالمخفر ذمة الله لاق الله وهو عليه ساخط، أعطوهم ذمتكم وذمم آبائكم، وَفُوا لهم، فإن أحدكم لأن يخفر ذمته وذمة أبيه، خير له من أن يخفر ذمة الله ورسوله)). انتهى.

[2712] **الجامع الكافي**[8/ 214]: قال محمد: وحدَّثني أحمد بن صبيح، عن حسين، عن أبي خالد، عن زيد، عن آبائه، عن علي -صلوات الله عليه-، قال: (كان رسول الله -صلى الله عليه وآله وسلم- إذا بعث جيشاً إلى المشركين، قال: ((انطلقوا بسم الله، وبالله، وفي سبيل الله، وعلى ملّة رسول الله، لا تقاتلوا القوم حتى تحتجوا عليهم، وادعوهم إلى شهادة أن لا إله إلا الله وحده لاشريك له، وأن محمداً عبده ورسوله، والإقرار بما جاء به من الله -عز وجل-، فإن أجابوكم فإخوانكم، وإن أبوا فناصبوهم حرباً، واستعينوا بالله، لا تقتلوا وليداً، ولا امرأة، ولا شيخاً كبيرا لا يطيق قتالكم، لا تغوروا عيناً، ولا تعقروا شجراً إلا شجراً يضركم، أو يمنعكم من شيء، ولا تمثلوا بآدمي، ولا بهيمة، ولا تغلوا ولا تعتدوا، وأيما رجل من أقصاكم أو أدناكم، أشار إلى رجل من المشركين بيده،

فأقبل إليه بإشارته، فله الأمان حتى يسمع كلام الله -أي كتاب الله- فإن قبل فأخوكم، وإن أبى فردوه إلى مأمنه، واستعينوا بالله، ولا تعطوا القوم ذمتي ولا ذمة الله، والمخفر لذمة الله لاقي الله وهو عليه ساخط، أعطوا القوم ذمتكم، وأوفوا لهم)). انتهى.

رجال هذا الإسناد قد تقدم الكلام عليهم، وهم من ثقات محدثي الشيعة.

الهادي -عليه السلام- في الأحكام[2/ 368]: قال يحيى بن الحسين -صلوات الله عليه-: إذا وجه الامام واليه في محاربة عدوه، وجب عليه أن يوصيه بكل ما يقدر عليه من طاعة الله والرفق، وحسن السياسة، وجودة السيرة، والتثبت في أمره ثم يقول: بسم الله وبالله وفي سبيل الله وعلى ملة رسول الله -صلى الله عليه وآله وسلم- لا تقاتلوا القوم حتى تحتجوا عليهم فإن أجابوكم إلى الدخول في الحق والخروج من الباطل والفسق، ودخلوا في أمركم فهو إخوانكم لهم مالك وعليهم ما عليكم، وإن أبوا ذلك وقاتلوكم فاستعينوا بالله عليهم، ولا تقتلوا وليداً ولا إمرأة ولا شيخاً كبيراً لا يطيق قتالكم، ولا تغوروا عيناً، ولا تعقروا شجراً إلا شجراً يضركم، ولا تمثلوا بآدمي ولا بهيمة، ولا تغلوا ولا تعتدوا، وأيما رجل من أقصاكم أو أدناكم أشار إلى رجل بيده فأقبل إليه بإشارته فله الأمام حتى يسمع كلام الله وهو كتاب الله وحجته فإن قبل فأخوكم في الدين، وإن أبى فردوه إلى مأمنه واستعينوا بالله، ولا تعطوا القوم ذمة الله ولا ذمة رسوله ولا ذمتي، أعطوا القوم ذمتكم، وأفوا بما تعطونهم من عهدكم).

قال يحيى بن الحسين -صلوات الله عليه-: وكثير من هذا القول كان رسول الله -صلى الله عليه وآله وسلم- يوصي به عساكره.

قال يحيى بن الحسين -صلوات الله عليه-: فإن كانت السرية تقاتل قوماً من أهل دار الحرب أُمِرَت بأن تدعوهم إلى شهادة أن لا إله إلا الله، وأن محمداً رسول الله -صلى الله عليه وآله وسلم-، وأخبرت أنهم إن أجابوا إلى ذلك فقد

حقنوا دماءهم، ومنعوا أموالهم، وأوصى فيهم بما أوصى في أهل البغي. انتهى.

باب القول في الألوية والرايات

[2713] **مجموع زيد بن علي -عليهما السلام-** [صـ241]: حدثني زيد بن علي، عن أبيه، عن جده، عن علي -عليهم السلام-: (أن النبي -صلى الله عليه وآله وسلم- دخل مكة يوم الفتح، وعلى رأسه عمامة سوداء).

[2714] حدثني زيد بن علي، عن أبيه، عن جده، عن علي -عليهم السلام-: كانت رايات النبي -صلى الله عليه وآله وسلم- سوداء، وألويته بيضاء. انتهى.

[2715] **الجامع الكافي** [8/ 278]: وعن النبي -صلى الله عليه وآله وسلم- أنه كان يسافر يوم الاثنين والخميس، ويعقد فيهما الألوية.

وعن النبي -صلى الله عليه وآله وسلم- أن لواءه كان أبيض.

وعنه -عليه السلام-: أن رايته كانت سوداء.

وعن علي -صلوات الله عليه-: أن رايته كانت يوم صفين حمراء. انتهى.

باب القول في محاربة أهل البغي من أهل القبلة

[2716] **الهادي -عليه السلام- في الأحكام**[2/ 379]: قال يحيى بن الحسين -صلوات الله عليه-: فيجب على من قاتل الظلمة الباغين أن يحتج عليهم من قبل قتالهم، ويدعوهم إلى كتاب ربهم، فإن أجابوا حرم عليه قتلهم، وقتالهم، وأموالهم، وإن امتنعوا من الحق حل للمسلمين قتلهم، وقتالهم، ويغنم ما أجلبوا به في عساكرهم، ولم يجز سَبْيَهم، ولم يحل ذلك فيهم، كذلك فعل أمير المؤمنين علي بن أبي طالب -عليه السلام- بالبصرة يوم الجمل قتل من قاتله، وأخذ ما في العسكر، ولم يتبع من المنهزمة مدبراً، ولم يجز على جريح، ولم يجز لأحد سبياً، فتكلم بعض أصحابه في ذلك، وقالوا: أحللت لنا دماءهم، وأموالهم، وحرمت علينا سبيهم، فقال: ذلك حكم الله فيهم، وعليهم، وفي غيرهم من سواهم ممن

يفعل كفعلهم، فلما أن أكثروا عليه في ذلك قام خطيباً، فحمد الله، وأثنى عليه، وصلى على النبي -صلى الله عليه وآله وسلم-، ثم قال: (أيها الناس إنكم قد أكثرتم من القيل والقال، والكلام في ما لا يجوز من المحال، فأيكم يأخذ عائشة في سهمه ؟ فقال كلّهم: لا أيّنا، فقال: فكيف ذلك وهي أعظم الناس جرماً)، فلما أن قال ذلك لهم استفاقوا من جهلهم، وأبصروا من عمائهم، واستيقظوا من نومهم، وصوَّبوه في قوله، واتبعوه في أمره، وعلموا أن قد أصاب، وجانب الشك، والإرتياب انتهى.

[2718] **مجموع زيد بن علي -عليهما السلام-** [صـ 270]: حدثني زيد بن علي، عن أبيه، عن جده، عن علي -عليهم السلام-، قال: (أمرني رسول الله -صلى الله عليه وآله وسلم- بقتال الناكثين والقاسطين والمارقين، فما كنت لأترك شيئاً مما أمرني به حبيبي رسول الله -صلى الله عليه وآله وسلم-). انتهى.

[2719] **الجامع الكافي**[8/ 277]: وروى محمد بإسناده، عن علي -صلوات الله عليه- أنه قال: (أمرني رسول الله -صلى الله عليه وآله وسلم-: أن أقاتل الناكثين، والقاسطين، والمارقين، فقال: الناكثون أصحاب الجمل، والمارقون الخوارج، والقاسطون أهل الشام).

قال القاسم: وإذا صاف أهل العدل أهل البغي، فتقام الصفوف مثل صفوف الصلاة، ويسووا بين مناكبهم، ويوقف واقفة خلف الصفوف يمنعون من تولى عن الصف في رواية سعدان عن محمد عنه ثم يزفون كما تزف العروس.

[2720] وروى محمد بإسناده عن علي -صلوات الله عليه- أنه عبأ أصحابه يوم الجمل ثلاث صفوف، وجعل الحسن عن يمينه، والحسين صلى الله عليهما على الميسرة، ومحمد بن علي في القلب، فأخذ علي -صلوات الله عليه- المصحف، فبدأ بالصف الأول، فقال: أيكم يتقدم إلى هؤلاء القوم، فيدعوهم إلى ما فيه وهو مقتول فخرج رجل شاب يقال له: مسلم، فقال: أنا يا أمير المؤمنين، فمضى، فدخل في الصف الثاني، فقال: من يتقدم إلى هؤلاء، فيدعوهم

إلى ما فيه، وهو مقتول، فعرض له مسلم في الصف الثاني، فخرج علي -صلوات الله عليه- إلى الصف الثالث، فقال: مثل ذلك، فعرض له مسلم، فدفع المصحف إليه، فلما رأوه رشقه القوم، فقال: يا أمير المؤمنين هلك الناس، فقال علي -صلوات الله عليه-: نضرب من أقبل بمن أدبر حتى يعبد الله حقاً.

وعن علي -صلوات الله عليه- أنه كان يقاتل إذا زالت الشمس وفعل ذلك يوم النهروان.

وفيه[8/ 279]: وقال الحسن بن يحيى: أجمع آل رسول الله -صلى الله عليه وآله وسلم- على أن لا يقاتلوا أحداً من أهل البغي حتى يدعوهم. انتهى.

الهادي -عليه السلام- في الأحكام[2/ 367]: قال يحيى بن الحسين -صلوات الله عليه-: لا ينبغي أن يبيت أهل القبلة في مدنهم، ولا يوضع عليهم منجنيقات يرمى بها في داخل الحصن، ولا يمنعوا من ميرة، ولا شراب، ولا يفتح عليهم بحر ليغرق مدنهم، ولا تضرب مدينتهم بنار خشية أن يصاب من ذلك من لا يجوز إصابته من النساء والولدان، وغيرهم من المؤمنين الذين لا يعلمون، وأبناء السبيل المستخفين في بلدهم، وغيرهم ممن ليس على دينهم، ممن تؤيه المدن والقرى.

وفي ذلك ما يقول الله سبحانه لنبيه -صلى الله عليه وآله وسلم- في غزوة الحديبية حين يقول: ﴿وَلَوْلَا رِجَالٌ مُّؤْمِنُونَ وَنِسَآءٌ مُّؤْمِنَٰتٌ لَّمْ تَعْلَمُوهُمْ أَن تَطَـُٔوهُمْ فَتُصِيبَكُم مِّنْهُم مَّعَرَّةٌۢ بِغَيْرِ عِلْمٍۖ لِّيُدْخِلَ ٱللَّهُ فِى رَحْمَتِهِۦ مَن يَشَآءُۚ لَوْ تَزَيَّلُوا۟ لَعَذَّبْنَا ٱلَّذِينَ كَفَرُوا۟ مِنْهُمْ عَذَابًا أَلِيمًا ﴿٢٥﴾﴾[الفتح] انتهى.

[2721] **أبو طالب -عليه السلام- في الأمالي**[صـ 93]: حدَّثنا أبو عبدالله أحمد بن محمد البغدادي المعروف بالآبنوسي، قال: حدَّثنا أبو القاسم عبدالعزيز، قال: حدَّثنا أبو الأزهر سعيد بن مالك الكاتب، قال: حدَّثني أبي، قال: حدَّثني الحسين بن علوان، عن عمرو بن خالد، عن زيد بن علي، عن أبيه علي بن الحسين، عن

الحسين بن علي -عليهم السلام-، قال: (لما كان يوم الجمل، فتواقفنا، فما لبث أهل البصرة أن انهزموا، فقال أمير المؤمنين -عليه السلام-: ألا لا تتبعوا مدبراً، ولا تذففوا على جريح، ومن أغلق بابه فهو آمن، قال: فلما انقضى أمر الناس دخل بيت المال، فرأى فيه البدر من الذهب، والفضة، فأنشأ يقول:

صلصلي صلصالك فلست من أشكالك

ثم قسمه من وقته بين الناس بالسوية، ثم رشه، وقال: (اشهد لي عند الله أني لم ادخر عن المسلمين شيئاً). انتهى.

في رجال هذا الإسناد أبو الأزهر سعيد بن مالك ووالده، وهما من رجال الزيدية وبقية الرجال قد تقدم الكلام عليهم.

[2722] **مجموع زيد بن علي -عليهما السلام-** [صـ242]: حدثني زيد بن علي، عن أبيه، عن جده، عن علي -عليهم السلام-، قال: (لا يسبى أهل القبلة ولا ينصب عليهم منجنيق، ولا يمنعون من الميرة ولا طعام ولا شراب، وإن كانت لهم فئة أجهز على جريحهم، واتبع مدبرهم، وإن لم تكن لهم فئة لم يجهز على جريحهم ولم يتبع مدبرهم، ولا يحل من ملكهم شيء إلاَّ ما كان في معسكرهم). انتهى.

[2723] **أبو طالب -عليه السلام- في الأمالي**[صـ55]: أخبرنا أبو الحسن [علي بن] إسماعيل الفقيه -رحمه الله-، قال: أخبرنا الناصر للحق الحسن بن علي رضي الله عنه، قال: حدَّثنا محمد بن منصور، قال: حدَّثنا إسماعيل بن موسى، عن عمرو بن القاسم، عن مسلم الملائي، وعن حبه العرني: أن علياً -عليه السلام- سار حين فارقته الخوارج، فاعترضوا الناس وأخذوا الأموال، والدواب، والكراع، والسلاح، فدخلوا القرية، وقتلوا، وساروا حتى انتهوا إلى النهروان، فأقام بها أياماً يدعوهم، ويحتج عليهم، فأبوا أن يجيبوه، وتعبَّوا لقتاله، فعبأ الناس، ثم خرج إليهم، فدعاهم، فأبوا أن يدخلوا، وبدؤوه بالقتال،

فقاتلهم وظهر عليهم، فقال لأصحابه: (فيهم رجل له علامة) قالوا: وما هي يا أمير المؤمنين ؟ فقال: (رجل أسود منتن الريح، وإحدى يديه مثل ثدي المرأة إذا مدت كانت بطول الأخرى، فإذا تركت كانت كثدي المرأة عليها شعرات مثل شعر الهرة) فذهبوا ثلاث مرات يطلبونه، وكل ذلك لا يجدونه، فرجعوا، وقالوا: يا أمير المؤمنين ما وجدناه، فقال: (والله ما كذبت، ولا كذبت، وإني لعلى بينة من الله، وإنه لفي القوم ائتوني بالبغلة، فأتوه بها، فركب وتبعه الناس، حتى انتهى إلى وهدة من الأرض، فيها قتلى بعضهم على بعض، فقال: اقلبوا قتيلاً على قتيل، فاستخرج الرجل وعليه قميص جديد، فقال: شقوا عنه، فشقوا عنه، فقال: مدوا يده، فإذا هي تطول الأخرى، فقال: دعوها، فإذا هي مثل ثدي المرأة، فقال: إن به علامة أخرى شامة حمراء على كتفه الأيمن، ثم قال -عليه السلام-: (الله أكبر) وكبر المسلمون، فقال: (صدق الله، وصدق رسوله، أمرني رسول الله -صلى الله عليه وآله وسلم- بقتالهم، وأخبرني أن فيهم هذا الرجل المخدج). انتهى.

الرجال:

أما إسماعيل بن موسى الفزاري، فهو شيخ محمد بن منصور وقد تقدم الكلام عليه وهو من ثقات محدثي الشيعة.

[ترجمة عمرو بن القاسم الكوفي]

وأما عمرو بن القاسم: فهو من رجال الشيعة وأحد رجال الزيدية:

وهو عمرو بن القاسم الكوفي، أبو علي التمار، عن أبيه، ويزيد بن أبي زياد، والأعمش.

وعنه إسماعيل بن موسى، وإسحاق بن محمد، وعباد بن يعقوب، توفي في عشر التسعين والمائة، هكذا ذكره علامة العصر عبدالله بن الإمام الهادي المؤيدي -رحمه الله- في الجداول.

[ترجمة مسلم الملائي]

وأما مسلم الملائي: فهو مسلم بن كيسان، أبو عبدالله الضبي الكوفي، الأعور الملائي.

عن أنس، وابن أبي ليلى، وحكم بن عتيبة، وحبة بن جوين، والنخعي.

وعنه شعبة، وشريك، والثوري، ووكيع، وغيرهم روى حديث الطير فزاغت قلوبهم منه(91)، توفي عشر الخمسين والمائة.

[ترجمة حبة بن جوين العرني]

وأما حبة بن جوين:

فهو حبة بن جوين العرني، أبو قدامة الكوفي، عن علي –عليه السلام–، وعُلَيم الكندي.

وعنه سلمة بن كهيل، ومسلم الملائي، وحكم بن عتيبة، وعمه كثير.

[وثقه العجلي]، عداده في ثقات محدثي الشيعة وعلمائهم.

روى أنه كان مع علي بصفين ثمانون بدرياً، فشق ذلك على الناصبة.

توفي سنة ست أو سبع وسبعين ذكر هذا وترجمة مسلم الملائي علامة العصر عبدالله بن الهادي –رحمه الله– في الجداول(92).

---

(91) قال علامة العصر عبد الله بن الإمام الهادي الحسن القاسمي في حاشية كرامة الأولياء (صـ332): مسلم الملائي: نالوا منه لروايته حديث الطير وغيره، وضعفه البخاري وأبو داود والنسائي وابن معين، والرجل تابعي، وأنت خبير أن التجريح لا بد فيه من المشاهدة، وقد سمع من مسلم أئمة كبار كشعبة وشريك والثوري ووكيع وغيرهم، وناهيك بمن سمع منه هؤلاء الأئمة، وخرج له الترمذي وابن ماجة، ومن أئمتنا الناصر الأطروش، وأبو طالب، ومحمد بن منصور. انتهى.

(92) وقال علامة العصر عبد الله بن الإمام الهادي الحسن القاسمي في حاشية كرامة الأولياء =

باب القول في غنيمة أهل البغي وقسمتها

[2724] **مجموع زيد بن علي -عليهما السلام- [صـ240]**: حدثني زيد بن علي، عن أبيه، عن جده، عن علي -عليهم السلام-، قال: (أسهم رسول الله -صلى الله عليه وآله وسلم- للفارس ثلاثة أسهم، سهم له وسهمان للفرس، وللراجل سهم). انتهى.

الجامع الكافي [8/ 282]: قال محمد: قلت لأحمد بن عيسى: ما تصنع بما في أيديهم لو ظهرت عليهم ؟

قال: كما صنع أمير المؤمنين -صلوات الله عليه- يوم الجمل، قسم ما أجلبوا به وما كان في بيت المال بين من كان معه.

وسئل أحمد عمَّا روي عن أمير المؤمنين -صلوات الله عليه- أنه كان يأخذ ما وجد في عسكرهم في حربه، فإذا انقضت رده عليهم، أو على ذراريهم، فقال: مكذوب عليه ذلك.

وقال القاسم: متى حل للمؤمنين ببغي الباغين ما كان محرماً من إصابة الدماء، حل معه ما أجلبوا به في الحرب على المحقين من السلاح والكراع وجميع

(صـ93): حبة بن جوين العرني بضم المهملة الأولى.

قال الذهبي في الميزان: من غلاة الشيعة وهو الذي حدث أن علياً كان معه بصفين ثمانون بدرياً، وهذا محال. قال الجوزجاني: غير ثقة، وحدث عنه سلمة بن كهيل والحكم وجماعة.

وروى سليمان بن معد عن يحيى بن معين: كان غير ثقة. قال النسائي: ليس بالقوي. وقال ابن معين وابن فراس: ليس بشيء. وقال أحمد بن عبدالله العجلي: تابعي ثقة. وروى يحيى بن سلمة بن كهيل عن أبيه قال: ما رأيت حبة العرني قط إلا يقول: سبحان الله والحمد لله إلا أن يكون يصلي أو يحدثنا. قال ابن عدي: ما رأيت له منكراً قد جاوز الحديث.

إلى قوله: وحَبّة حاشاه من الغلو كان من خيار التابعين، وثقات الرواة عن الوصي، متبع لأمر رسول الله صلى الله عليه وآله وسلم في محبته الثقلين، قائم بما يجب لهما منقاد لهما حيثما قاداه، ومن غمزه من الحشوية فلم يأت بشيء مما عليه المحققون من اتحاد المذهب، أو تبيين سبب الجرح، إلا ما ادعاه المخذول بدعوة رسول الله صلى الله عليه وآله وسلم الذهبي من المحال، وأين ذلك من ثبوت الجرح في الرواية؟. انتهى المراد.

الأشياء، وأمَّا ما أقروه في دورهم من الأموال فحاله في التحريم كالحال في قتل مأسورهم، [لا يغنم](93) منهم لا قليل ولا كثير ولا يغنم.

وقال الحسن بن يحيى: أجمع آل رسول الله -صلى الله عليه وآله وسلم- على أن يغنموا ما حوى عسكر أهل البغي مما أجلبوا به وأستعين به عليهم.

وفي رواية: إلاَّ مال امرأة، ومال تاجر.

[2725] وقال محمد: فيما حدَّثنا محمد بن أحمد التميمي، عن محمد بن محمد بن هارون، عن علي بن عمر، وعنه: ولا نعلم بين آل رسول الله -صلى الله عليه وآله وسلم- اختلافاً أن علي بن أبي طالب -صلوات الله عليه- غنم ما أجلب به عليه أهل البغي في عساكرهم، من مال، أو كراع، أو سلاح، تقوى به عليه في حروبه، وقسم ذلك بين أصحابه، منهم من شهد ذلك معه الحسن والحسين، ومحمد بن علي روى ذلك عنه رواية، ورواه أيضاً علي بن الحسين، وأبو جعفر محمد بن علي، وعبدالله بن الحسن، وزيد بن علي، ومحمد بن عبدالله -عليهم السلام-، وحكما به عند ظهورهما، وجعفر بن محمد، ويحيى بن زيد حكم به أيضاً عند ظهوره، وممن شهدنا منهم من علمائهم وأهل الفضل منهم مثل: أحمد بن عيسى، والقاسم بن إبراهيم، وعبدالله بن موسى -صلوات الله عليه-م ورضوانه.

[2726] وروي عن الشعبي والحكم أن علياً -عليه السلام- خمَّس ما كان في عسكر الخوارج.

[2727] وعن بريدة الأسلمي قال: قسم علي ما في عسكر أهل البصرة بين أصحابه.

---

(93) كتب فوقها بين قوسين ظ(لا يؤخذ) وكتب حاشية هكذا في الجامع الكافي وفي مسألة حكم إمام العدل في الجامع بعد أن حكى هذا عن القاسم (لايؤخذ) تمت مؤلف. وهي بلفظ (لا يؤخذ) في الجامع الكافي المطبوع.

[2728] وروي عن علي -عليه السلام- أنه أتي يوم صفين بأسير، فقال: لا تقتلني، قال: (إن لم أقتلك أفيك خير تبايع ؟ قال: نعم، فقال للذي جاء به: لك سلاحه).

وفيه [8/ 291]: وقال محمد -فيما أخبرني أبي -رضي الله عنه-، قال: حدَّثنا أبو ذر أحمد بن محمد البقار، قال: حدَّثنا علي بن أحمد بن عمرو، عنه-: ولا أعلم بين علماء آل رسول الله -صلى الله عليه وآله وسلم- اختلافاً في أن أمير المؤمنين علي بن أبي طالب -عليه السلام- غنم ما أجلبوا به عليه في حروبه، وقسم ذلك بين أصحابه، منهم من شهد ذلك معه الحسن والحسين، ومحمد بن علي روى ذلك عنه رواية.

ورواه أيضاً عنه علي بن الحسين، وأبو جعفر محمد بن علي، وعبدالله بن الحسن، وزيد بن علي، ومحمد بن عبدالله، وحكما به عند ظهورهما، وجعفر بن محمد، ويحيى بن زيد وحكم به عند ظهوره، وممن شاهدنا من علمائهم وأهل الفضل منهم: أحمد بن عيسى، والقاسم بن إبراهيم، وعبدالله بن موسى بن عبدالله بن الحسن -رحمة الله عليه-م جميعاً. انتهى.

[2729] **مجموع زيد بن علي -عليهما السلام- [صـ 243]**: حدثني زيد بن علي، عن أبيه، عن جده، عن علي -عليهم السلام-، أنه خمس ما حواه عسكر أهل النهروان، وأهل البصرة، ولم يعترض ما سوى ذلك. انتهى.

الجامع الكافي [8/ 315]: قال محمد: قلت لأحمد بن عيسى -عليه السلام-: ما تصنع بما في أيديهم لو ظهرت عليهم؟

قال: كما صنع أمير المؤمنين صلى الله عليه يوم الجمل، قسم [جميع] ما أجلبوا به وما كان في بيت المال بين كل من كان معه.

قلت: إذا ظهرت عليهم قسمت جميع ما في بيوت الأموال.

قال: نعم.

قلت: كيف تقسمه ؟

قال: على خمسة، خمس لمن سمى الله، وأربعة أخماس بين كل من قاتل عليه انتهى.

باب القول في الغلول

[2730] **مجموع زيد بن علي -عليهما السلام-** [صـ242]: حدثني زيد بن علي، عن أبيه، عن جده، عن علي -عليهم السلام-، قال: قال رسول الله -صلى الله عليه وآله وسلم-: ((لو لم تغل أمتي ما قوي عليهم عدوهم)).

سألت زيد بن علي -عليهم السلام-: عن الرجل من المسلمين يأكل الطعام قبل أن يقسم ويعلف دابته من العلف قبل أن يقسم ؟ قال: ليس ذلك بغلول.

وسألته -عليه السلام- عن السلاح ؟ فقال: يقاتل به، فإذا وضعت الحرب أوزارها رده في الغنائم. انتهى.

الغلول: الخيانة، غل غلولاً، خان، كأغل، وخاصٌّ بالفيء. انتهى قاموس.

باب القول في قسمة الفئ وكم يعطى كل إنسان

[2731] **الجامع الكافي** [8/ 352]: قال محمد: بلغنا أن علياً -صلوات الله عليه- كان لا يفضل أحداً على أحد في العطاء.

[2732] وبلغنا عن علي -صلوات الله عليه- أنه كان يقسم ما في بيوت أموال المسلمين كل جمعة، فإذا قسم الإمام الفيء أعطى المسلمين على قدر كثرة عيالهم وقلتهم.

[2733] وبلغنا عن النبي -صلى الله عليه وآله وسلم- أنه كان إذا أتاه فيءٌ قسمه في يومه فأعطى الأهل حظين، وأعطى العرب حظاً واحداً.

وفيه [8/ 355] قال محمد: فأما ما اجتمع من بيت المال من صدقة الذهب

والفضة والإبل والبقر والغنم والتمر والزبيب والحنطة والشعير والذرة فليس ذلك من الفيء، ولكن يوضع في الأصناف الثمانية التي سمى الله ﴿إِنَّمَا الصَّدَقَاتُ لِلْفُقَرَاءِ وَالْمَسَاكِينِ﴾[التوبة:60] الآية، وفي أي صنف من الثمانية وضع الإمام الصدقة أجزأه بعد أن يتحرى الصواب بجهده في النصح لله ولرسوله ولجماعة المسلمين.

وأمَّا المؤلفة قلوبهم: فقد اختلف الناس فيهم:

فقال قوم: سقطوا من الآية بعد [موت] النبي -صلى الله عليه وآله وسلم، كان ذلك خاصاً لرسول الله -صلى الله عليه وآله وسلم-، فذهبوا من الآية لذهابه، وبذلك كان علي -صلوات الله عليه- يعمل، لم يفضل أحداً على أحد في العطاء، ولم يتألف أحداً من بيت مال المسلمين، وبذلك سار في طلحة والزبير حيث قسم ما في بيت المال بينهم بالسوية، فأصاب كل إنسان ثلاثة دنانير، فاستزاد طلحة والزبير في ذلك، وقالا: ليس هكذا كان عمر يفعل بنا، وذَكَّرَاه فضلهما وهجرتهما، وعناءهما في الإسلام.

واحتج علي -صلوات الله عليه- بنفسه وسابقته وهجرته وعنائه وقرابته، ثم قال: ما أنا وأجيري هذا في بيت مال المسلمين إلاَّ سواء. انتهى.

باب القول في خمس الغنيمة لمن يكون

الهادي -عليه السلام- في الأحكام[2/361]: قال يحيى بن الحسين -صلوات الله عليه-: يؤمر بالخمس، فيقسم على ستة أجزاء، فجزء لله، وجزء لرسوله -صلى الله عليه وآله وسلم-، وجزء لقربى رسول الله -صلى الله عليه وآله وسلم-، وجزء لليتامى، وجزء لابن السبيل، وجزء للمساكين.

وفي ذلك ما يقول الله -سبحانه-: ﴿وَاعْلَمُوا أَنَّمَا غَنِمْتُم مِّن شَيْءٍ فَأَنَّ لِلَّهِ خُمُسَهُ وَلِلرَّسُولِ وَلِذِي الْقُرْبَى وَالْيَتَامَى وَالْمَسَاكِينِ وَابْنِ السَّبِيلِ﴾ [الأنفال:41].

فأما السهم الذي لله فيصرفه الإمام في أمور الله، وما يقرب إليه مما يصلح عباده من إصلاح طرقهم، وحفر بيارهم، ومؤنة قبلتهم، وبناء ما خرب من مساجدهم، وإحياء ما مات من مصالحهم، وغير ذلك مما يجتهد فيه رأيه مما يوفقه الله فيه لما لا يوفق له غيره.

وأمَّا السهم الذي لرسول الله -صلى الله عليه وآله وسلم- فهو لإمام الحق ينفق منه على عياله، وعلى خيله، وعلى غلمانه، ويصرفه فيما ينفع المسلمين، ويوفر أموالهم.

وأمَّا سهم قربى رسول الله -صلى الله عليه وآله وسلم- فهو لمن جعله الله فيهم، وهم الذين حرم الله عليهم الصدقات، وعوضهم إياه بدلاً منها، وهم أربعة بطون: وهم آل علي، وآل جعفر، وآل عقيل، وآل العباس، ويقسم ذلك بينهم قسماً سواء الذكر فيه والأنثى لا يزول عنهم أبداً؛ لأن الله -عز وجل- إنما أعطاهم ذلك لقرباهم من رسول الله -صلى الله عليه وآله وسلم- ومجاهدتهم، واجتهادهم له، ولا يزول عنهم حتى تزول القرابة، والقرابة فلا تزول أبداً منهم، ولا تخرج إلى غيرهم منهم، وهذه الأربعة بطون فهم الذين قسم عليهم رسول الله -صلى الله عليه وآله وسلم- الخمس.

[2734] وقد روي لنا أنه أعطى في الخمس بني المطلب، فبلغنا عن جبير بن مطعم، قال: لما قسم رسول الله -صلى الله عليه وآله وسلم-: سهم ذي القربى بين بني هاشم، وبني المطلب أتيته أنا وعثمان، فقلنا: يا رسول الله هولآء بنو هاشم لا ينكر فضلهم لمكانك الذي وضعك الله به منهم، أرأيت إخواينا من بني المطلب أعطيتهم ومنعتنا، وإنما نحن وهم منك بمنزلة واحدة، فقال النبي -صلى الله عليه وآله وسلم-: ((إنهم لم يفارقونا في جاهلية ولا إسلام، إنما بنو هاشم وبنو المطلب كهاتين، ثم شبك بين أصابعه)). انتهى.

الجامع الكافي [8/ 370]: قال أحمد بن عيسى: يقسم الخمس على خمسة:

خمس الله وخمس الرسول واحد، وخمس لذي القربى: وهم قرابة الرسول الذي حرم عليهم الصدقة، وهم: آل علي، وآل جعفر، وآل عقيل، وآل عباس، -عليهم السلام-، ويقسم الخمس بينهم بالسوية صغيرهم وكبيرهم، وذكرهم وأنثاهم فيه سواء، ليس لأحد فيه فضل على أحد.

وذكر أحمد بن عيسى، عن أبي جعفر محمد بن علي -عليه السلام- أنه: قال الخمس لغنينا وفقيرنا.

[2735] قال محمد: وحدَّثني أحمد بن عيسى عن محمد بن بكر، عن أبي الجارود، عن علي بن الحسين -عليه السلام-: أن سهم ذي القربى لجماعتهم، لغنيهم وفقيرهم.

[2736] وأخبرني أحمد بن عيسى، عن زيد بن علي -عليه السلام- أنه قال: الخمس لنا ما احتجنا إليه.

قال محمد: وقد روي عن زيد بن علي -عليه السلام- من وجه آخر أنه قال: الخمس لغنيهم وفقيرهم، ذكرهم وأنثاهم.

[2737] قال محمد: وسألت أحمد بن عيسى عن الخمس الذي عرضه عمر على علي -عليه السلام-، وهو الذي أتي به من السوس وجندي سابور، بنا عنه غنى وبالمسلمين إليه فاقة، قلت: خمس ما هو؟

قال: خمس الغنيمة، كما قال الله -عز وجل-، قال: وسمعت أحمد بن عيسى يقول: قسم رسول الله -صلى الله عليه وآله وسلم- خيبر.

وروى أحمد بن عمرويه، عن محمد بن منصور، قال: قلت لأحمد بن عيسى: إن بعض الناس يُعَجِّزُ علياً -صلوات الله عليه- في تركه الخمس حيث لم يقبضه من عمر يقول: أخرجه منا، فاستعظم ذلك أبو عبدالله، وقال: يعجز أمير المؤمنين وهو كان أعلم بالحق!.

قال: وقد جعله لهم حيث جاءه الحسن والحسين يسألانه الخمس؟.

فقال: هو لكم، ولكن طيبوه [لي] حتى أستعين به على حرب معاوية فطيبوه له. انتهى.

باب القول في الأسير الذي لا ينبغي أن يقتل

الهادي -عليه السلام- **في الأحكام**[2/364]: قال يحيى بن الحسين -صلوات الله عليه-: إذا أسر الأسير، وأوثق بوثاق يمنعه من البراح، والانفلات بنفسه لم يجز بعد ذلك قتله، ووجب حبسه والاستيثاق منه، إذا خشي منه أمر أو سبب مما يضر بالمسلمين، فإن بدت من الأسير أمور يباين فيها بعد أسره رب العالمين، وكانت الحرب بعد قائمة، ولم يكن الأسير صار إلى حبس المسلمين، فالإمام مخير في قتله.

[2738] كما فعل أمير المؤمنين علي بن أبي طالب -عليه السلام- في الأسير الذي أسره عمار حين بدت منه المكيدة لأمير المؤمنين، والحرب قائمة بين المحاربين. انتهى.

الجامع الكافي [8/301]: قال أحمد، والقاسم، ومحمد: إن أسير أهل البغي إذا رفع إلى الإمام فليس له أن يقتله.

قال محمد: سألت أحمد بن عيسى عن قتل أسير أهل البغي.

فقال: لا يقتل.

قلت: فأيش وجه حديث علي -صلوات الله عليه- في قتله لابن يثربي أسير عمار، فقال: يقولون: ما دامت الحرب قائمة.

وفيه [8/305]: وقال محمد: إذا استأسر أسير من أهل البغي بلا غلبة، ولا جراحة مثخنة، فقد حرم دمه وماله وما كان معه، أو على ظهره، أو ما في عسكره، وإذا أسر وهو محارب مدافع عن نفسه، فلمن أسره أن يقتله على مثل

الحد الذي قاتل عليه ابن يثربي، فإن عماراً -رحمة الله عليه- أسره فأتى به علياً، فقال لعلي: أدنني منك، فلم يفعل -صلوات الله عليه-، فقال له: أما لو أدنتني منك لقطعت أنفك، فأمر علي عماراً، فقتله، فهذا هو المحارب المدافع عن نفسه.

وكل حال حل بها دم الأسير، فماله حلال كدمه، يغنم جميع ما أجلب به، وما كان معه. انتهى.

باب القول في قتل الجاسوس

الهادي -عليه السلام- في الأحكام [2/ 379]: قال يحيى بن الحسين -صلوات الله عليه-: إن صح على الجاسوس أنه قُتِلَ بجساسته أحد من المسلمين قُتِلَ، وإلا حبس. انتهى.

الجامع الكافي [8/ 308]: قال أحمد بن عيسى: إن قتل بدلالة الجاسوس رجل قتل، وإلاَّ فلا يقتل.

وروى ذلك عن محمد بن عبدالله، قال: كان إبراهيم بن عبدالله يرى قتله.

وقال القاسم: يقتل الجاسوس.

[2739] وروي ذلك عن النبي -صلى الله عليه وآله وسلم-: قال محمد: وحدَّثنا عباد، وحرب بن الحسن، عن مخول بن إبراهيم، عن يعقوب بن عربي، قال: شهدت يحيى بن زيد بخراسان أتي بعين، فضرب عنقه،

قال مخول: فذكرت ذلك ليحيى بن عبدالله، فقال: لا يقتل حتى يعلم أنه قد قتل بغمزه إنسان انتهى.

الرجال:

أما عباد بن يعقوب فقد تقدم.

وأما حرب بن الحسن: فهو الطحان.

قال في الجداول: حرب بن الحسن الطحان، المحاربي، الشيعي الثبت.

عن شاذان الطحان، ويحيى بن يعلى، إلى أن قال: روى الصلوات الخمس بعدهن في يدي انتهى.

وقد تقدم الكلام عليه وإنما هذا يؤكد ما سبق.

وأما مخول[94] فهو مخول بن إبراهيم قد تقدم [الكلام عليه]، وهو من ثقات محدثي الشيعة رضي الله عنهم.

وأما يعقوب بن عربي:

فقال في الجداول: يعقوب بن عربي: عن منهال بن عمرو، ويحيى بن زيد.

وعنه حصين بن مخارق، كان أحد رجال الزيدية ومحدثيهم. انتهى.

باب القول البيات

الهادي -عليه السلام- في الأحكام [2/ 367]: قال يحيى بن الحسين -صلوات الله عليه-: لا يجوز أن تبيت العساكر العظام الكبار التي لا يؤمن أن يكون فيها بعض المتوصلين بها من أبناء السبيل أو التجار، أو النساء أو الصبيان.

كذلك لا يجوز بيات القرى والمدن، فأما ما كان من السرايا والعساكر التي قد أمن أن يكون فيها، أو معها أحد ممن لا يجوز قتله، فلا بأس أن يبيتوا ويقتلوا كثروا أم قلوا، إذا كانت الدعوة قبل ذلك قد شملتهم، وصارت إليهم، وبلغتهم، فأبوا قبولها ورفضوها، فإن بيت من ذلك شيء، فغنيمة ذلك لمن بيته

(94) مُخَوَّل: على وزن محمد، وقيل: مِخْوَل: بميم مكسورة وسكون المعجمة. قال مولانا الإمام الحجة مجد الدين المؤيدي في لوامع الأنوار (1/ 512): المبايع للإمام يحيى بن عبدالله بن الحسن (ع)، المحبوس لذلك بضع عشرة سنة، المتوفى سنة ثلاث وتسعين ومائة. خرّج له الناصر للحق، وأبو طالب، ومحمد بن منصور (ع).

وفيه الخمس. انتهى.

الجامع الكافي [8/ 332]: قال أحمد، والقاسم، ومحمد: يكره أن تبيت العساكر التي لا يؤمن أن يكون فيها من لا يجوز قتله، مثل: امرأة، أو صبي، أو مكره، أو مكار، أو تاجر، أو ابن سبيل، فأما العساكر والسرايا التي قد أمن أن يكون فيها من لا يجوز قتله، فلا بأس ببياتها.

قال محمد: سألت أحمد بن عيسى عن بيات أهل البغي.

فقال: لم يبيت أمير المؤمنين أحداً.

وفيه [8/ 334]: وروي عن إبراهيم بن عبدالله أنه كره بيات الفئة الباغية، فقيل له: أرأيت لو صافت القوم فهاج مطر وريح حال بين القوم وبينك، أكان يحرم عندك أن تنتهز تلك منهم؟.

فقال: إن السنة لا يضرب لها المقاييس. انتهى.

باب القول في حكم المرتد والمعاهد والذمي

[2740] **مجموع زيد بن علي -عليهما السلام-** [صـ241]: حدثني زيد بن علي، عن أبيه، عن جده، عن علي -عليهم السلام-: أنه كان يستتيب المرتد ثلاثاً، فإن تاب وإلاَّ [قتله]، وقسم ميراثه بين ورثته المسلمين.

[2741] حدثني زيد بن علي، عن أبيه، عن جده، عن علي -عليهم السلام-: قال: (إذا أسلم أحد الأبوين والولد صغار، فالولد مسلمون بإسلام من أسلم من الأبوين، فإن كبر الولد وأَبَوا الإسلام قتلوا، وإن كان الولد كبار بالغين لم يكونوا مسلمين بإسلام الأبوين).

[2742] حدثني زيد بن علي، عن أبيه، عن جده، عن علي -عليهم السلام-: قال: (لا يقبل من مشركي العرب إلاَّ الإسلام أو السيف، وأما مشركوا العجم فتؤخذ منهم الجزية، وأما أهل الكتاب من العرب والعجم، فإن أَبَوا أن يسلموا

أو سألونا أن يكونوا من أهل الذمة قبلنا منهم الجزية). انتهى.

باب القول في عطايا الظلمة وجوائزهم

الجامع الكافي[8/ 319]: قال محمد: قلت لأحمد بن عيسى: ما تقول في عطية السلطان؟ قال: جائز، سلفنا في ذلك الحسن والحسين -صلوات الله عليه-ما لسنا نستوحش معهما إلى غيرهما.

وقال: قد قبل الحسن بن علي -صلوات الله عليه- من معاوية ما لا يجوز لإمام عدل أن يجيز مثله.

[2743] وقال القاسم: قد كتب الحسن بن علي وعبدالله بن جعفر -عليهما السلام- إلى معاوية يسألانه مما في يديه، فقال لهما علي -صلوات الله عليه-: (أما استحييتما أن تكتبا إلى عدوكما تسألانه؟).

فقال له الحسن: أيش نصنع ليس تعطينا ما يكفينا.

وقال القاسم أيضاً -فيما حدَّثنا علي، عن ابن هارون، عن ابن سهل، عن عثمان بن حيان، عن القومسي، عنه-: وسئل عن جوائز العمال ما تقول فيه ؟ فقال: إن كان من الجائرين، فلا تحل.

وقال الحسن بن يحيى: أجمع آل رسول الله -صلى الله عليه وآله وسلم- على أن جائزة السلطان وعطيته جائزة لمن قبلها ما لم يعلم حراماً بعينه أو غصباً، [و] ما لم يكن المعطي أعطى على المعاونة على الظلم.

وفيه[8/ 318]: قال محمد: قلت لأحمد بن عيسى: ما تقول فيما أقطع أهل البغي وأعطوا، قال: أجيز من ذلك ما يجيزه إمام عدل.

قال: وقد قيل: أخذ الحسن بن علي صلى الله عليه من معاوية ما لا يجيزه إمام العدل.

قلت: وكم قبل الحسن بن علي من معاوية، قال: ألف ألف.

قال محمد: وفعل الحسن عند أحمد بن عيسى جائز صواب، وفي قول أحمد دليل على أنه جائز للإمام العدل أن يقطع.

قال القاسم: كل قطيعة أقطعها إمام عدل فهي جائزة، وكل قطيعة أقطعها غير إمام العدل فهي مردودة.

[2744] وروى محمد بإسناده عن علي -صلوات الله عليه- أنه نادى حين بايعه الناس: (ألا كل قطيعة أقطعها عثمان فهي مردودة إلى بيت مال المسلمين).

[2745] وعن النبي -صلى الله عليه وآله وسلم- أنه لما غزا بطن العشيرة، فقطع لعلي -عليه السلام- فيها قطيعة من أرض ينبع.

[2746] وروى محمد بإسناده عن بريدة الأسلمي قال: قسم علي -عليه السلام- ما في بيت مال البصرة بين أصحابه. انتهى.

الهادي -عليه السلام- في الأحكام[2/]: قال يحيى بن الحسين -صلوات الله عليه-: وأما قطائعهم وجوائزهم، فإنه يثبت من ذلك ما لم يكن سرفاً، وكانوا أعطوا ما أعطوا إياه على غير معاونة لهم على إطفاء نور الحق، وإخمال كلمة الصدق، وكان إعطاؤهم له إياه في صلاح المسلمين، أو بحكم واجب من رب العالمين، وأما ما أعطوه للهو والطرب، والأشر والكذب، ومضادة الحق والمحقين، ومصانعة على قتل المؤمنين، وإهلاك المسلمين، فإن ذلك مردود عليهم، مأخوذ من أيديهم. انتهى.

باب القول في فضل الإمام العادل والانتظار له

الهادي -عليه السلام- في الأحكام[2/377]: قال يحيى بن الحسين -صلوات الله عليه-: من حكم بحكم الله وعدل في العباد، وأصلح البلاد، من أهل بيت النبي المصطفى، فهو خليفة الله العلي الأعلى، إذا كانت فيه شروط

الإمامة، وعلاماتها، وحدودها، وصفاتها.

[2747] وفي ذلك ما بلغنا عن رسول الله -صلى الله عليه وآله وسلم- أنه قال: ((من أمر بالمعروف ونهى عن المنكر من ذريتي فهو خليفة الله في أرضه وخليفة كتابه وخليفة رسوله -صلى الله عليه وآله وسلم-)).

[2748] وبلغنا عنه -عليه السلام- أنه قال: (الوالي العادل المتواضع في ظل الله وذمته فمن نصحه في نفسه وفي عباد الله حشره الله في وفده يوم لا ظل إلاَّ ظله، ومن غشه في نفسه وفي عباد الله خذله الله يوم القيامة).

قال: (ويرفع للوالي العادل المتواضع في كل يوم وليلة كعمل ستين صديقاً كلهم عامل مجتهد في نفسه).

[2749] قال: وبلغنا عن رسول الله -صلى الله عليه وآله وسلم- أنه قال: (يقال للإمام العادل يوم القيامة في قبره ابشر فإنك رفيق محمد).

[2750] قال: وبلغنا عن رسول الله -صلى الله عليه وآله وسلم- أنه قال: ((من أحيا سنة من سنتي قد أميتت من بعدي فله أجر من عمل بها من الناس لا ينتقص ذلك من أجور الناس شيئاً، ومن ابتدع بدعة لا يرضاها الله ورسوله كان عليه إثم من عمل بها [من الناس] لا ينتقص ذلك من إثم الناس شيئاً)).

[2751] وقال رسول الله -صلى الله عليه وآله وسلم-: ((ثلاث من كنَّ فيه فقد استكمل خصال الإيمان: الذي إذا قدر لم يتعاطى ما ليس له، وإذا رضي لم يدخله رضاه في باطل، وإذا غضب لم يخرجه غضبه من الحق)).

وفيها [2/ 374] قال يحيى بن الحسين -صلوات الله عليه-: المنتظر للحق والمحقين، كالمجاهد في سبيل رب العالمين.

[2752] وفي ذلك ما بلغنا عن رسول الله -صلى الله عليه وآله وسلم- أنه قال: ((من حبس نفسه لداعينا أهل البيت أو كان منتظراً لقائمنا كان كالمتشحط

بين سيفه وترسه في سبيل الله بدمه)). انتهى.

[2753] **صحيفة علي بن موسى الرضا -عليهما السلام- [صـ496]**: عن أبيه عن آبائه، عن علي -عليهم السلام-، قال: قال رسول الله -صلى الله عليه وآله وسلم-: ((أفضل أعمال أمتي انتظار فرج الله)). انتهى.

❋❋❋

وإلى هنا انتهى الجزء الثالث من الصحيح المختار من علوم العترة الأطهار وذلك في يوم الأحد الموافق (21) من شهر شعبان من سنة ثمانية وسبعين وثلاثمائة وألف هجرية ويليه الجزء الرابع أوله كتاب المناقب نسأل الله أن يعيننا على التمام بحق محمد وآله الكرام صلى الله عليه وعلى آله الطاهرين وكان التمام في هجرة ضحيان حرسها الله باليمن والإيمان كتبه مؤلفه الفقير إلى الله محمد بن الحسن بن محمد بن يحيى بن أحمد بن الحسين العجري المؤيدي غفر الله له ولوالديه وللمؤمنين آمين.

كان الفراغ من نساخة هذا من المسودة مع زيادات مفيدة ومباحث مستدركة سديدة يوم الثلاثاء الموافق (17) من شهر ربيع الأول سنة 1394هـ بقلم مؤلفه الفقير إلى الله محمد بن الحسن العجري المؤيدي غفر الله له.